D1236403

Collection **L'Imaginaire**

Henry David Thoreau

WALDEN
OU
LA VIE DANS
LES BOIS

Traduit de l'anglais (États-Unis) par L. Fabulet

Gallimard

Titre original :

WALDEN

© *Éditions Gallimard, 1922, pour la traduction française.*

Henry David Thoreau est né le 12 juillet 1817 à Concord, Massachusetts, dans une famille pauvre — le père est marchand de crayons — où l'on cultive le souvenir du grand-père, corsaire et normand. Boursier grâce à la paroisse, Thoreau fait ses études à Harvard, revient à Concord comme maître d'école et se fait licencier pour avoir refusé d'appliquer la règle des châtiments corporels. Il fait la connaissance d'écrivains et de poètes parmi lesquels se trouvent Nathaniel Hawthorne et Emerson. Thoreau s'installe à vingt-huit ans sur les terres de ce dernier, dans une cabane qu'il a construite lui-même, au bord de l'étang de Walden. Il y vivra seul pendant deux ans et deux mois. *Walden ou La vie dans les bois*, tiré de cette expérience, paraîtra en 1854.

En 1860, après une vie partagée entre l'écriture, les vagabondages, la petite entreprise familiale de crayons et les prises de position publiques en faveur des opprimés ou des anarchistes, Thoreau contracte la tuberculose. Il meurt à Concord le 6 mai 1862, après que la guerre civile a éclaté.

ÉCONOMIE

Quand j'écrivis les pages suivantes, ou plutôt en écrivis le principal, je vivais seul, dans les bois, à un mille de tout voisinage, en une maison que j'avais bâtie moi-même, au bord de l'Étang de Walden, à Concord, Massachusetts, et ne devais ma vie qu'au travail de mes mains. J'habitai là deux ans et deux mois. À présent me voici pour une fois encore de passage dans le monde civilisé.

Je n'imposerais pas de la sorte mes affaires à l'attention du lecteur si mon genre de vie n'avait été de la part de mes concitoyens l'objet d'enquêtes fort minutieuses, que d'aucuns diraient impertinentes, mais que loin de prendre pour telles je juge, vu les circonstances, très naturelles et tout aussi pertinentes. Les uns ont demandé ce que j'avais à manger ; si je ne me sentais pas solitaire ; si je n'avais pas peur, etc. D'autres se sont montrés curieux d'apprendre quelle part de mon revenu je consacrais aux œuvres charitables ; et certains, chargés de famille, combien d'enfants pauvres je soutenais. Je prierai donc ceux de mes lecteurs qui ne s'intéressent point à moi particulièrement, de me pardonner si j'entreprends de répondre dans ce livre à quelques-unes de ces questions. En la plupart des livres il est fait omission du *Je*, ou première personne ; en celui-ci, le *Je* se verra retenu ; c'est, au regard de l'égotisme, tout ce qui fait la différence. Nous oublions ordinairement qu'en somme c'est toujours la première personne qui parle. Je ne m'étendrais pas tant sur moi-même s'il était quelqu'un d'autre que je connusse aussi bien. Malheureusement, je me vois réduit à ce thème par la pauvreté de mon savoir. Qui plus est, pour ma part, je revendique de tout écrivain, tôt ou tard, le récit simple et sincère de sa propre vie, et non pas simplement ce qu'il a entendu raconter de la vie des autres hommes ; tel récit que par exemple il enverrait aux siens d'un pays lointain ; car s'il a mené une vie sincère, ce doit selon moi avoir été en un pays lointain. Peut-être ces pages s'adressent-elles plus particulièrement aux étudiants pauvres. Quant au reste de mes lecteurs, ils en prendront telle part qui leur revient. J'espère que nul, en passant l'habit, n'en fera craquer les coutures, car il se peut prouver d'un bon usage pour celui auquel il ira.

Ce que je voudrais bien dire, c'est quelque chose non point tant concernant les Chinois et les habitants des îles Sandwich que vous-même qui lisez ces pages, qui passez pour habiter la Nouvelle-Angleterre ; quelque chose sur votre condition, surtout votre condition apparente ou l'état de vos affaires en ce monde, en cette ville, quelle que soit cette condition, s'il est nécessaire qu'elle soit si fâcheuse, si l'on ne pourrait, oui ou non, l'améliorer. J'ai pas mal voyagé dans Concord : et partout, dans les boutiques, les bureaux, les champs, il m'a semblé que les habitants faisaient pénitence de mille étranges façons. Ce que j'ai entendu raconter des bramines assis exposés au feu de quatre foyers et regardant le soleil en face ; ou suspendus la tête en bas au-dessus des flammes ; ou regardant au ciel par-dessus l'épaule, «jusqu'à ce qu'il leur devienne impossible de reprendre leur position normale, alors qu'en raison de la torsion du cou il ne peut leur passer que des liquides dans l'estomac» ; ou habitant, enchaînés pour leur vie, au pied d'un arbre ; ou mesurant de leur corps, à la façon des chenilles, l'étendue de vastes empires ; ou se tenant sur une jambe au sommet d'un pilier — ces formes elles-mêmes de pénitence consciente ne sont guère plus incroyables et plus étonnantes que les scènes auxquelles j'assiste chaque jour. Les douze travaux d'Hercule étaient vétille en comparaison de ceux que mes voisins ont entrepris ; car ils ne furent qu'au nombre de douze, et eurent une fin, alors que jamais je ne me suis aperçu que ces gens-ci aient égorgé ou capturé un monstre plus que mis fin à un travail quelconque. Ils n'ont pas d'ami Iolas pour brûler avec un fer rouge la tête de l'Hydre à la racine, et à peine est une tête écrasée qu'en voilà deux surgir.

Je vois des jeunes gens, mes concitoyens, dont c'est le malheur d'avoir hérité de fermes, maisons, granges, bétail, et matériel agricole ; attendu qu'on acquiert ces choses plus facilement qu'on ne s'en débarrasse. Mieux eût valu pour eux naître en plein herbage et se trouver allaités par une louve, afin d'embrasser d'un œil plus clair le champ dans lequel ils étaient appelés à travailler. Qui donc les a faits serfs du sol ? Pourquoi leur faudrait-il manger leurs soixante acres, quand l'homme est condamné à ne manger que son picotin d'ordure ? Pourquoi, à peine ont-ils vu le jour, devraient-ils se mettre à creuser leurs tombes ? Ils ont à mener une vie d'homme, en poussant toutes ces choses devant eux, et avancent comme ils peuvent. Combien ai-je rencontré de pauvres âmes immortelles, bien près d'être écrasées et étouffées sous leur fardeau, qui se traînaient le long de la route de la vie en poussant devant elles une grange de soixante-quinze pieds sur quarante, leurs écuries d'Augias jamais nettoyées, et cent acres de terre, labour, prairie, herbage, et partie de bois ! Les sans-dot, qui luttent à l'abri de pareils héritages comme de leurs inutiles charges, trouvent bien assez de travail à dompter et cultiver quelques pieds cubes de chair.

Mais les hommes se trompent. Le meilleur de l'homme ne tarde pas à passer dans le sol en qualité d'engrais. Suivant un apparent destin communément appelé nécessité, ils s'emploient, comme il est dit dans un vieux livre, à amasser des trésors que les vers et la rouille gâteront et que les larrons perceront et déroberont[1]. Vie d'insensé, ils s'en apercevront en arrivant au bout, sinon auparavant. On prétend que c'est en jetant des pierres par-dessus leur tête que Deucalion et Pyrrha créèrent les hommes :

Inde genus durum sumus, experiensque laborum
Et documenta damus quâ simus origine nati.

Ou comme Raleigh le rime à sa manière sonore :

From thence our kind hard-hearted is, enduring pain and
care,
Approving that our bodies of a stony nature are[2].

Tel est le fruit d'une aveugle obéissance à un oracle qui bafouille, jetant les pierres par-dessus leurs têtes derrière eux, et sans voir où elles tombaient.

En général, les hommes, même en ce pays relativement libre, sont tout simplement, par suite d'ignorance et d'erreur, si bien pris par les soucis factices et les travaux inutilement rudes de la vie, que ses fruits plus beaux ne savent être cueillis par eux. Ils ont pour cela, à cause d'un labeur excessif, les doigts trop gourds et trop tremblants. Il faut bien le dire, l'homme laborieux n'a pas le loisir qui convient à une véritable intégrité de chaque jour ; il ne saurait suffire au maintien des plus nobles relations d'homme à

---

1. Matthieu, VI, 19.
2. D'où la race au cœur dur, souffrant peine et souci,
   Preuve que de la pierre nos corps ont la nature.
                                                    OVIDE.

homme ; son travail en subirait une dépréciation sur le marché. Il n'a le temps d'être rien autre qu'une machine. Comment saurait se bien rappeler son ignorance — chose que son développement réclame — celui qui a si souvent à employer son savoir ? Ce serait pour nous un devoir, parfois, de le nourrir et l'habiller gratuitement, et de le ranimer à l'aide de nos cordiaux, avant d'en juger. Les plus belles qualités de notre nature, comme la fleur sur les fruits, ne se conservent qu'à la faveur du plus délicat toucher. Encore n'usons-nous guère à l'égard de nous-mêmes plus qu'à l'égard les uns des autres de si tendre traitement.

Certains d'entre vous, nous le savons tous, sont pauvres, trouvent la vie dure, ouvrent parfois, pour ainsi dire, la bouche pour respirer. Je ne doute pas que certains d'entre vous qui lisez ce livre sont incapables de payer tous les dîners qu'ils ont bel et bien mangés, ou les habits et les souliers qui ne tarderont pas à être usés, s'ils ne le sont déjà, et que c'est pour dissiper un temps emprunté ou volé que les voici arrivés à cette page, frustrant d'une heure leurs créanciers. Que basse et rampante, il faut bien le dire, la vie que mènent beaucoup d'entre vous, car l'expérience m'a aiguisé la vue ; toujours sur les limites, tâchant d'entrer dans une affaire et tâchant de sortir de dette, bourbier qui ne date pas d'hier, appelé par les Latins *œs alienum*, airain d'autrui, attendu que certaines de leurs monnaies étaient d'airain ; encore que vivant et mourant et enterrés grâce à cet airain d'autrui ; toujours promettant de payer, promettant de payer demain, et mourant aujourd'hui, insolvables ; cherchant à se concilier la faveur, à obtenir la pratique, de combien de façons, à part les délits punis de prison : mentant, flattant, votant, se rétrécissant dans une coquille de noix de civilité, ou se dilatant dans une atmosphère de légère et vaporeuse générosité, en vue de décider leur voisin à leur laisser fabriquer ses souliers, son chapeau, son habit, sa voiture, ou importer

pour lui son épicerie ; se rendant malades, pour mettre de
côté quelque chose en prévision d'un jour de maladie,
quelque chose qui ira s'engloutir dans le ventre de
quelque vieux coffre, ou dans quelque bas de laine derrière
la maçonnerie, ou, plus en sûreté, dans la banque de
briques et de moellons ; n'importe où, n'importe quelle
grosse ou petite somme.

Je me demande parfois comment il se peut que nous
soyons assez frivoles, si j'ose dire, pour prêter attention à
cette forme grossière, mais quelque peu étrangère, de
servitude appelée l'Esclavage Nègre[1], tant il est de fins et
rusés maîtres pour réduire en esclavage le Nord et le Sud
à la fois. Il est dur d'avoir un surveillant du Sud[2] ; il est
pire d'en avoir un du Nord ; mais le pis de tout, c'est d'être
le commandeur d'esclaves de vous-même. Qu'allez-vous
me parler de divinité dans l'homme ! Voyez le charretier
sur la grand-route, allant de jour ou de nuit au marché ;
nulle divinité l'agite-t-elle[3] ? Son devoir le plus élevé, c'est
de faire manger et boire ses chevaux ! Qu'est-ce que sa
destinée, selon lui, comparée aux intérêts de la navigation
maritime ? Ne conduit-il pas pour le compte de sieur
Allons-Fouette-Cocher ? Qu'a-t-il de divin, qu'a-t-il d'immortel ? Voyez comme il se tapit et rampe, comme tout le
jour vaguement il a peur, n'étant immortel ni divin, mais
l'esclave et le prisonnier de sa propre opinion de lui-même,
renommée conquise par ses propres hauts faits. L'opinion
publique est un faible tyran comparée à notre propre
opinion privée. Ce qu'un homme pense de lui-même, voilà
qui règle, ou plutôt indique, son destin. L'affranchisse-
ment de soi, quand ce serait dans les provinces des Indes-
Occidentales du caprice et de l'imagination — où donc le

---

1. L'auteur écrit à l'époque de l'agitation anti-esclavagiste.
2. Allusion aux surveillants d'esclaves des États du Sud.
3. *'Tis the divinity that stirs within us*. — C'est la divinité qui nous agite
(Addison).

Wilberforce[1] pour en venir à bout ? Songez, en outre, aux dames du pays qui font de la frivolité en attendant le jour suprême, afin de ne pas déceler un trop vif intérêt pour leur destin ! Comme si l'on pouvait tuer le temps sans insulter à l'éternité.

L'existence que mènent généralement les hommes, en est une de tranquille désespoir. Ce que l'on appelle résignation n'est autre chose que du désespoir confirmé. De la cité désespérée vous passez dans la campagne désespérée, et c'est avec le courage du vison et du rat musqué qu'il vous faut vous consoler. Il n'est pas jusqu'à ce qu'on appelle les jeux et divertissements de l'espèce humaine qui ne recouvre un désespoir stéréotypé, quoique inconscient. Nul plaisir en eux, car celui-ci vient après le travail. Mais c'est un signe de sagesse que de ne pas faire de choses désespérées.

Si l'on considère ce qui, pour employer les termes du catéchisme, est la fin principale de l'homme, et ce que sont les véritables besoins et moyens de l'existence, il semble que ce soit de préférence à tout autre, que les hommes, après mûre réflexion, aient choisi leur mode ordinaire de vivre. Toutefois ils croient honnêtement que nul choix ne leur est laissé. Mais les natures alertes et saines ne perdent pas de vue que le soleil s'est levé clair. Il n'est jamais trop tard pour renoncer à nos préjugés. Nulle façon de penser ou d'agir, si ancienne soit-elle, ne saurait être acceptée sans preuve. Ce que chacun répète en écho ou passe sous silence comme vrai aujourd'hui peut demain se révéler mensonge, simple fumée de l'opinion, que d'aucuns avaient prise pour le nuage appelé à répandre sur les champs une pluie fertilisante. Ce que les vieilles gens disent que vous ne pouvez faire, l'essayant

---

1. William Wilberforce (1759-1833), célèbre philanthrope, qui fit adopter par le Parlement sa motion en faveur de l'abolition de la traite des Noirs.

vous vous apercevez que vous le pouvez fort bien. Aux vieilles gens les vieux gestes, aux nouveaux venus les gestes nouveaux. Les vieilles gens ne savaient peut-être pas suffisamment, jadis, aller chercher du combustible pour faire marcher le feu ; les nouveaux venus mettent un peu de bois sec sous un pot et les voilà emportés autour du globe avec la vitesse des oiseaux, de façon à tuer les vieilles gens, comme on dit. L'âge n'est pas mieux qualifié, à peine l'est-il autant, pour donner des leçons, que la jeunesse, car il n'a pas autant profité qu'il a perdu. On peut à la rigueur se demander si l'homme le plus sage a appris quelque chose de réelle valeur au cours de sa vie. Pratiquement les vieux n'ont pas de conseil important à donner aux jeunes, tant a été partiale leur propre expérience, tant leur existence a été une triste erreur, pour de particuliers motifs, suivant ce qu'ils doivent croire ; et il se peut qu'il leur soit resté quelque foi capable de démentir cette expérience, seulement ils sont moins jeunes qu'ils n'étaient. Voilà une trentaine d'années que j'habite cette planète, et je suis encore à entendre de la bouche de mes aînés le premier mot de conseil précieux, sinon sérieux. Ils ne m'ont rien dit, et probablement ne peuvent rien me dire, à propos. Ici la vie, champ d'expérience de grande étendue inexploré par moi ; mais il ne me sert de rien qu'ils l'aient exploré. Si j'ai fait quelque découverte que je juge de valeur, je suis sûr, à la réflexion, que mes mentors ne m'en ont soufflé mot.

Certain fermier me déclare : « On ne peut pas vivre uniquement de végétaux, car ce n'est pas cela qui vous fait des os » ; sur quoi le voici qui religieusement consacre une partie de sa journée à soutenir sa thèse avec la matière première des os ; marchant, tout le temps qu'il parle, derrière ses bœufs, qui grâce à des os faits de végétaux, vont le cahotant, lui et sa lourde charrue, à travers tous les obstacles. Il est des choses réellement nécessaires à la vie dans certains milieux, les plus impuissants et les plus malades, qui dans d'autres sont uniquement de luxe, dans d'autres encore, totalement inconnues.

Il semble à d'aucuns que le territoire de la vie humaine ait été en entier parcouru par leurs prédécesseurs, monts et vaux tout ensemble, et qu'il n'est rien à quoi l'on n'ait pris garde. Suivant Evelyn, «le sage Salomon prescrivit des ordonnances relatives même à la distance des arbres ; et les prêteurs romains ont déterminé le nombre de fois qu'il est permis, sans violation de propriété, d'aller sur la terre de son voisin ramasser les glands qui y tombent, ainsi que la part qui revient à ce voisin». Hippocrate a été jusqu'à laisser des instructions sur la façon dont nous devrions nous couper les ongles : c'est-à-dire au niveau des doigts, ni plus courts ni plus longs ! Nul doute que la lassitude et l'ennui mêmes qui se flattent d'avoir épuisé toutes les ressources et les joies de la vie ne soient aussi vieux qu'Adam. Mais on n'a jamais pris les mesures de capacité de l'homme ; et on ne saurait, suivant nuls précédents, juger de ce qu'il peut faire, si peu on a tenté. Quels qu'aient été jusqu'ici tes insuccès, «ne pleure pas, mon enfant, car où donc est celui qui te désignera la partie restée inachevée de ton œuvre» ?

Il est mille simples témoignages par lesquels nous pouvons juger nos existences ; comme, par exemple, que le soleil qui mûrit mes haricots, illumine en même temps tout un système de terres comme la nôtre. M'en fussé-je souvenu que cela m'eût évité quelques erreurs. Ce n'est pas le jour sous lequel je les ai sarclés. Les étoiles sont les sommets de quels merveilleux triangles ! Quels êtres distants et différents dans les demeures variées de l'univers contemplent la même au même moment ! La nature et la vie humaine sont aussi variées que nos divers tempéraments. Qui dira l'aspect sous lequel se présente la vie à autrui ? Pourrait-il se produire miracle plus grand pour nous que de regarder un instant par les yeux des autres ?

Nous vivrions dans tous les âges du monde sur l'heure ; que dis-je ! dans tous les mondes des âges. Histoire, Poésie, Mythologie ! — Je ne sache pas de leçon de l'expérience d'autrui aussi frappante et aussi profitable que le serait celle-là.

Ce que mes voisins appellent bien, je le crois en mon âme, pour la majeure partie, être mal, et si je me repens de quelque chose, ce doit fort vraisemblablement être de ma bonne conduite. Quel démon m'a possédé pour que je me sois si bien conduit ? Vous pouvez dire la chose la plus sage que vous pouvez, vieillard — vous qui avez vécu soixante-dix années, non sans honneur d'une sorte — j'entends une voix irrésistible m'attirer loin de tout cela. Une génération abandonne les entreprises d'une autre comme des vaisseaux échoués.

Je crois que nous pouvons sans danger nous bercer de confiance un tantinet plus que nous ne faisons. Nous pouvons nous départir à notre égard de tout autant de souci que nous en dispensons honnêtement ailleurs. La nature est aussi bien adaptée à notre faiblesse qu'à notre force. L'anxiété et la tension continues de certains sont à bien peu de chose près une forme incurable de maladie. On nous porte à exagérer l'importance de ce que nous faisons de travail ; et cependant qu'il en est de non fait par nous ! ou que serait-ce si nous étions tombés malades ? Que vigilants nous sommes ! déterminés à ne pas vivre par la foi si nous pouvons l'éviter ; tout le jour sur le qui-vive, le soir nous disons nos prières de mauvaise grâce et nous confions aux éventualités. Ainsi bel et bien sommes-nous contraints de vivre, vénérant notre vie, et niant la possibilité de changement. C'est le seul moyen, déclarons-nous ; mais il est autant de moyens qu'il se peut tirer de rayons d'un centre. Tout changement est un miracle à contempler ; mais c'est un miracle renouvelé à tout instant. Confucius disait : « Savoir que nous savons ce que nous savons, et que nous ne savons pas ce que nous ne savons pas, en cela le vrai savoir. » Lorsqu'un homme aura réduit un fait de l'imagination à être un fait pour sa compréhension, j'augure que tous les hommes établiront enfin leurs existences sur cette base.

Examinons un moment ce qu'en grande partie peuvent bien être le trouble et l'anxiété dont j'ai parlé, et jusqu'où il est nécessaire que nous nous montrions troublés ou, tout au moins, soucieux. Il ne serait pas sans avantage de mener une vie primitive et de frontière, quoiqu'au milieu d'une civilisation apparente, quand ce ne serait que pour apprendre en quoi consiste le grossier nécessaire de la vie et quelles méthodes on a employées pour se le procurer ; sinon de jeter un coup d'œil sur les vieux livres de comptes des marchands afin de voir ce que c'était que les hommes achetaient le plus communément dans les boutiques, ce dont ils faisaient provision, c'est-à-dire ce qu'on entend par les plus grossières épiceries. Car les améliorations apportées par les siècles n'ont eu que peu d'influence sur les lois essentielles de l'existence de l'homme : de même que nos squelettes, probablement, n'ont pas à se voir distingués de ceux de nos ancêtres.

Par les mots, *nécessaire de la vie*, j'entends tout ce qui, fruit des efforts de l'homme, a été dès le début, ou est devenu par l'effet d'une longue habitude, si important à la vie humaine qu'il se trouvera peu de gens, s'il se trouve quiconque, pour tenter jamais de s'en passer, que ce soit à cause de vie sauvage, de pauvreté ou de philosophie. Pour maintes créatures il n'existe en ce sens qu'un seul nécessaire de la vie — le Vivre. Pour le bison de la prairie cela consiste en quelques pouces d'herbe tendre, avec de l'eau à boire ; à moins qu'il ne recherche le Couvert de la forêt ou l'ombre de la montagne. Nul représentant de la gent animale ne requiert plus que le Vivre et le Couvert. Les nécessités de la vie pour l'homme en ce climat peuvent, assez exactement, se répartir sous les différentes rubriques de Vivre, Couvert, Vêtement et Combustible; car il faut attendre que nous nous les soyons assurés pour aborder les vrais problèmes de la vie avec liberté et espoir de succès. L'homme a inventé non seulement les maisons, mais les vêtements, mais les aliments cuits; et il se peut que de la découverte accidentelle de la chaleur produite par le feu, et de l'usage qui en est la conséquence, luxe pour commencer, naquit la présente nécessité de s'asseoir près de lui. Nous voyons les chats et les chiens acquérir la même seconde nature. Grâce à un Couvert et à un Vêtement convenables nous retenons légitimement notre chaleur interne; mais avec un excès de ceux-là, ou de Combustible, c'est-à-dire avec une chaleur externe plus grande que notre chaleur interne, ne peut-on dire que commence proprement la cuisine? Darwin, le naturaliste, raconte à propos des habitants de la Terre de Feu, que dans le temps où ses propres compagnons, tous bien vêtus et assis près de la flamme, étaient loin d'avoir trop chaud, on remarquait, à sa grande surprise, que ces sauvages nus, qui se tenaient à l'écart, «ruisselaient de sueur pour se voir de la sorte rôtis». De même, nous dit-on, le Néo-Hollandais va impunément nu, alors que l'Européen grelotte dans ses vêtements. Est-il impossible d'unir la vigueur de ces sauvages à l'intellectualité de l'homme civilisé? Suivant Liebig, le corps de l'homme est un fourneau, et les vivres l'aliment qui entretient la combustion dans les poumons. En temps froid nous mangeons davantage, et moins en temps chaud. La chaleur animale est le résultat d'une combustion lente; est-elle trop rapide, que se produisent la maladie et la mort; soit par défaut d'aliment, soit par vice de tirage, le feu s'éteint. Il va sans dire que la chaleur vitale n'a pas à se voir confondue avec le feu; mais trêve d'analogie. Il apparaît donc d'après le tableau qui précède, que l'expression *vie animale* est presque synonyme de l'expression *chaleur animale* ; car tandis que le Vivre peut être considéré comme le Combustible qui entretient le feu en nous — et le Combustible ne sert qu'à préparer ce Vivre ou à accroître la chaleur de nos corps par addition venue du dehors — le Couvert et aussi le Vêtement ne servent qu'à retenir la *chaleur* ainsi engendrée et absorbée.

La grande nécessité, donc, pour nos corps, est de se tenir chauds, de retenir en nous la chaleur vitale. Que de peine, en conséquence, nous prenons à propos non seulement de notre Vivre, et Vêtement, et Couvert, mais de nos lits, lesquels sont nos vêtements de nuit, dépouillant nids et estomacs d'oiseaux pour préparer ce couvert à l'intérieur d'un couvert, comme la taupe a son lit d'herbe et de feuilles au fond de son terrier. Le pauvre homme est habitué à trouver que ce monde en est un bien froid ; et au froid non moins physique que social rattachons-nous directement une grande partie de nos maux. L'été, sous certains climats, rend possible à l'homme une sorte de vie paradisiaque. Le Combustible, sauf pour cuire son Vivre, lui devient alors inutile, le soleil est son feu, et beaucoup parmi les fruits se trouvent suffisamment cuits par ses rayons ; tandis que le Vivre, en général plus varié, se procure plus aisément, et que le Vêtement ainsi que le Couvert perdent totalement ou presque leur utilité. Au temps présent, et en ce pays, si j'en crois ma propre expérience, quelques ustensiles, un couteau, une hache, une bêche, une brouette, etc., et pour les gens studieux, lampe, papeterie, accès à quelques bouquins, se rangent immédiatement après le nécessaire, comme ils se procurent tous à un prix dérisoire. Ce qui n'empêche d'aucuns, non des plus sages, d'aller de l'autre côté du globe, dans des régions barbares et malsaines, se consacrer des dix ou vingt années au commerce en vue de pouvoir vivre —

c'est-à-dire se tenir confortablement chauds — et en fin de compte mourir dans la Nouvelle-Angleterre. Les luxueusement riches ne se contentent pas de se tenir confortablement chauds, mais s'entourent d'une chaleur contre nature ; comme je l'ai déjà laissé entendre, ils se font cuire, cela va sans dire, *à la mode.*

Le luxe, en général, et beaucoup du soi-disant bien-être, non seulement ne sont pas indispensables, mais sont un obstacle positif à l'ascension de l'espèce humaine. Au regard du luxe et du bien-être, les sages ont de tous temps mené une vie plus simple et plus frugale que les pauvres. Les anciens philosophes, chinois, hindous, persans et grecs, représentent une classe que pas une n'égala en pauvreté pour ce qui est des richesses extérieures, ni en richesses pour ce qui est des richesses intérieures. Nous ne savons pas grand-chose sur eux. Il est étonnant que *nous* sachions d'eux autant que nous faisons. La même remarque peut s'appliquer aux réformateurs et bienfaiteurs plus modernes de leur race. Nul ne peut se dire impartial ou prudent observateur de la vie humaine, qui ne se place sur le terrain avantageux de ce que *nous* appellerons la pauvreté volontaire. D'une vie de luxe le fruit est luxure, qu'il s'agisse d'agriculture, de commerce, de littérature ou d'art. Il y a de nos jours des professeurs de philosophie, mais pas de philosophes. Encore est-il admirable de professer pour quoi il fut jadis admirable de vivre. Être philosophe ne consiste pas simplement à avoir de subtiles pensées, ni même à fonder une école, mais à chérir assez la sagesse pour mener une vie conforme à ses préceptes, une vie de simplicité, d'indépendance, de magnanimité, et de confiance. Cela consiste à résoudre quelques-uns des problèmes de la vie, non pas en théorie seulement, mais en pratique. Le succès des grands savants et penseurs, en général, est un succès de courtisan, ni royal, ni viril. Ils s'accommodent de vivre tout bonnement selon la règle commune, presque comme faisaient leurs pères, et ne se montrent en nul sens les procréateurs d'une plus noble race d'hommes. Mais comment se fait-il que les hommes sans cesse dégénèrent? Qu'est-ce qui fait que les familles s'éteignent? De quelle nature est le luxe qui énerve et détruit les nations? Sommes-nous bien sûrs qu'il n'en soit pas de traces dans notre propre existence? Le philosophe est en avance sur son siècle jusque dans la forme extérieure de sa vie. Il ne se nourrit, ne s'abrite, ne se vêt ni ne se chauffe comme ses contemporains. Comment pourrait-on se dire philosophe à moins de maintenir sa chaleur vitale suivant de meilleurs procédés que les autres hommes?

Lorsqu'un homme est chauffé suivant les différents modes que j'ai décrits, que lui faut-il ensuite? Assurément nul surcroît de chaleur du même genre, ni nourriture plus abondante et plus riche, maisons plus spacieuses et plus splendides, vêtements plus beaux et en plus grand nombre, feux plus nombreux, plus continus et plus chauds, et le reste. Une fois qu'il s'est procuré les choses nécessaires à l'existence, s'offre une autre alternative que de se procurer les superfluités; et c'est de se laisser aller maintenant à l'aventure sur le vaisseau de la vie, ses vacances loin d'un travail plus humble ayant commencé. Le sol, semble-t-il, convient à la semence, car elle a dirigé sa radicule de haut en bas, et voici qu'en outre elle peut diriger sa jeune pousse de bas en haut avec confiance. Pourquoi l'homme a-t-il pris si fermement racine en terre, sinon pour s'élever en semblable proportion là-haut dans les cieux? — car les plantes nobles se voient prisées pour le fruit qu'elles finissent par porter dans l'air et la lumière, loin du sol, et reçoivent un autre traitement que les comestibles plus humbles, lesquels, tout biennaux qu'ils puissent être, se voient cultivés seulement jusqu'à ce qu'ils aient parfait leur racine, et souvent coupés au collet à cet effet, de sorte qu'en général on ne saurait les reconnaître au temps de leur floraison.

Je n'entends pas prescrire de règles aux natures fortes et vaillantes, lesquelles veilleront à leurs propres affaires tant au ciel qu'en enfer, et peut-être bâtiront avec plus de magnificence et dépenseront avec plus de prodigalité que les plus riches sans jamais s'appauvrir, ne sachant comment elles vivent, — s'il en est, à vrai dire, tel qu'on en a rêvé ; plus qu'à ceux qui trouvant leur courage et leur inspiration précisément dans le présent état de choses, le choient avec la tendresse et l'enthousiasme d'amoureux, — et, jusqu'à un certain point, je me reconnais de ceux-là ; je ne m'adresse pas à ceux qui ont un bon emploi, quelles qu'en soient les conditions, et ils savent s'ils ont un bon emploi ou non ; — mais principalement à la masse de mécontents qui vont se plaignant avec indolence de la dureté de leur sort ou des temps, quand ils pourraient les améliorer. Il en est qui se plaignent de tout de la façon la plus énergique et la plus inconsolable, parce qu'ils font, comme ils disent, leur devoir. J'ai en vue aussi cette classe opulente en apparence, mais de toutes la plus terriblement appauvrie, qui a accumulé la scorie, et ne sait comment s'en servir, ou s'en débarrasser, ayant ainsi de ses mains forgé ses propres chaînes d'or ou d'argent.

Si je tentais de raconter comment j'ai désiré employer ma vie au cours des années passées, il est probable que je surprendrais ceux de mes lecteurs quelque peu au courant de mon histoire actuelle ; il est certain que j'étonnerais ceux qui n'en connaissent rien. Je me contenterai de faire allusion à quelques-unes des entreprises qui ont été l'objet de mes soins.

En n'importe quelle saison, à n'importe quelle heure du jour ou de la nuit, je me suis inquiété d'utiliser l'encoche du temps, et d'en ébrécher en outre mon bâton ; de me tenir à la rencontre de deux éternités, le passé et l'avenir[1], laquelle n'est autre que le moment présent ; de me tenir de l'orteil sur cette ligne. Vous pardonnerez quelques obscurités, attendu qu'il est en mon métier plus de secrets qu'en celui de la plupart des hommes, secrets toutefois non volontairement gardés, mais inséparables de son caractère même. J'en dévoilerais volontiers tout ce que j'en sais, sans jamais peindre «Défense d'Entrer» sur ma barrière.

Je perdis, il y a longtemps, un chien de chasse, un cheval bai et une tourterelle, et suis encore à leur poursuite. Nombreux sont les voyageurs auxquels je me suis adressé à leur sujet, les décrivant par leurs empreintes et par les noms auxquels ils répondaient. J'en ai rencontré un ou deux qui avaient entendu le chien, le galop du cheval, et même vu la tourterelle disparaître derrière un nuage ; ils semblaient aussi soucieux de les retrouver que si ce fussent eux-mêmes qui les eussent perdus.

Anticipons, non point simplement sur le lever du soleil et l'aurore, mais, si possible, sur la Nature elle-même ! Que de matins, été comme hiver, avant que nul voisin fût à vaquer à ses affaires, déjà l'étais-je à la mienne. Sans doute nombre de mes concitoyens m'ont-ils rencontré revenant de cette aventure, fermiers partant à l'aube pour Boston, ou bûcherons se rendant à leur travail. C'est vrai, je n'ai jamais assisté d'une façon effective le soleil en son lever, mais, n'en doutez pas, il était de toute importance d'y être seulement présent.

Que de jours d'automne, oui, et d'hiver, ai-je passés hors de la ville, à essayer d'entendre ce qui était dans le vent, l'entendre et l'emporter bien vite ! Je faillis y engloutir tout mon capital et perdre le souffle par-dessus le marché, courant à son encontre. Cela eût-il intéressé l'un ou l'autre des partis politiques, en eût-il dépendu, qu'on l'eût vu

1. Thomas Moore (*Lalla Rookh*).

paraître dans la *Gazette* avec les nouvelles du matin. À d'autres moments guettant de l'observatoire de quelque rocher ou de quelque arbre, pour télégraphier n'importe quelle nouvelle arrivée; ou, le soir à la cime des monts, attendant que le ciel tombe, pour tâcher de surprendre quelque chose, quoique ce que je surpris ne fût jamais abondant, et, à l'instar de la manne, refondît au soleil.

Longtemps je fus reporter d'un journal, à tirage assez restreint, dont le directeur n'a jamais encore jugé à propos d'imprimer le gros de mes articles; et, comme il est trop ordinaire avec les écrivains, j'en fus uniquement pour mes peines. Toutefois, ici, en mes peines résida ma récompense.

Durant nombre d'années je fus inspecteur, par moi-même appointé, des tempêtes de neige comme des tempêtes de pluie, et fis bien mon service; surveillant, sinon des grand-routes, du moins des sentiers de forêt ainsi que de tous chemins à travers les lots de terre, veillant à les tenir ouverts, et à ce que des ponts jetés sur les ravins rendissent ceux-ci franchissables en toutes saisons, là où le talon public avait témoigné de leur utilité.

J'ai gardé le bétail sauvage de la ville, lequel en sautant par-dessus les clôtures n'est pas sans causer de l'ennui au pâtre fidèle; et j'ai tenu un œil ouvert sur les coins et recoins non fréquentés de la ferme, bien que parfois sans savoir lequel, de Jonas ou de Salomon, travaillait aujourd'hui dans tel champ — ce n'était pas mon affaire. J'ai arrosé la rouge gaylussacie, le ragouminier et le mico-coulier, le pin rouge et le frêne noir, le raisin blanc et la violette jaune[1], qui, autrement, auraient dépéri au temps de la sécheresse.

Bref, je continuai de la sorte longtemps, je peux le dire sans me vanter, à m'occuper fidèlement de mon affaire,

---

1. Toutes plantes rares à Concord, et choyées par Thoreau.

jusqu'au jour où il devint de plus en plus évident que mes concitoyens ne m'admettraient pas, après tout, sur la liste des fonctionnaires de la ville, plus qu'ils ne feraient de ma place une sinécure pourvue d'un traitement raisonnable. Mes comptes, que je peux jurer avoir tenus avec fidélité, jamais je n'arrivai, je dois le dire, à les voir apurés, encore moins acceptés, moins encore payés et réglés. Cependant je ne me suis pas arrêté à cela.

Il y a peu de temps, un Indien nomade s'en alla proposer des paniers chez un homme de loi bien connu dans mon voisinage. « Voulez-vous acheter des paniers ? » demanda-t-il. « Non, nous n'en avons pas besoin », lui fut-il répondu. « Eh quoi ! s'exclama l'Indien en s'éloignant, allez-vous nous faire mourir de faim ? » Ayant vu ses industrieux voisins blancs si à leur aise, — que l'homme de loi n'avait qu'à tresser des arguments, et que par l'effet d'on ne sait quelle sorcellerie il s'ensuivait argent et situation — il s'était dit : je vais me mettre dans les affaires : je vais tresser des paniers ; c'est chose à ma portée. Croyant que lorsqu'il aurait fait les paniers il aurait fait son devoir, et qu'alors ce serait celui de l'homme blanc de les acheter. Il n'avait pas découvert la nécessité pour lui de faire en sorte qu'il valût la peine pour l'autre de les acheter, ou tout au moins de l'amener à penser qu'il en fût ainsi, ou bien de fabriquer quelque chose autre que l'homme blanc crût bon d'acheter. Moi aussi j'avais tressé une espèce de panier d'un travail délicat, mais je n'avais pas fait en sorte qu'il valût pour quiconque la peine de les acheter. Toutefois n'en pensai-je pas moins, dans mon cas, qu'il valait la peine pour moi de les tresser, et au lieu d'examiner la question de faire en sorte que les hommes crussent bon d'acheter mes paniers, j'examinai de préférence celle d'éviter la nécessité de les vendre. L'existence que les hommes louent et considèrent comme réussie n'est que d'une sorte. Pourquoi exagérer une sorte aux dépens des autres ?

M'apercevant que mes concitoyens n'allaient vraisemblablement pas m'offrir de place à la mairie, plus
qu'ailleurs de vicariat ou de cure, mais qu'il me fallait me
tirer d'affaire comme je pourrais, je me retournai de façon
plus exclusive que jamais vers les bois, où j'étais mieux
connu. Je résolus de m'établir sur-le-champ, sans attendre
d'avoir acquis l'usuel pécule, en me servant des maigres
ressources que je m'étais déjà procurées. Mon but en
allant à l'Étang de Walden, était non pas d'y vivre à bon
compte plus que d'y vivre chèrement, mais de conclure
certaine affaire personnelle avec le minimum d'obstacles,
et qu'il eût semblé moins triste qu'insensé de se voir empê-
ché de mener à bien par défaut d'un peu de sens commun,
d'un peu d'esprit d'entreprise et de tour de main.

Je me suis toujours efforcé d'acquérir des habitudes
strictes en affaire ; elles sont indispensables à tout homme.
Est-ce avec le Céleste Empire que vous trafiquez, alors
quelque petit comptoir sur la côte, dans quelque port de
Salem, suffira comme point d'attache. Vous exporterez
tels articles qu'offre le pays, rien que des produits indigènes, beaucoup de glace et de bois de pin et un peu de
granit, toujours sous pavillon indigène. Ce seront là de
bonnes spéculations. Avoir l'œil sur tous les détails vous-
même en personne ; être à la fois pilote et capitaine, arma-
teur et assureur ; acheter et vendre, et tenir les comptes ;
lire toutes les lettres reçues, écrire ou lire toutes les lettres
à envoyer ; surveiller le déchargement des importations
nuit et jour ; se trouver sur nombre de points de la côte
presque à la même heure, — il arrivera souvent que le fret
le plus riche se verra déchargé sur une plage du New
Jersey ; — être votre propre télégraphe, balayant du regard
l'horizon sans relâche, hélant tous les vaisseaux qui passent
à destination de quelque point de la côte ; tenir toujours
prête une expédition d'articles, pour alimenter tel marché
aussi lointain qu'insatiable ; vous tenir vous-même informé

de l'état des marchés, des bruits de guerre et de paix
partout, et prévoir les tendances du commerce et de la
civilisation, — mettant à profit les résultats de tous les
voyages d'exploration, usant des nouveaux passages et de
tous les progrès de la navigation ; — les cartes marines à
étudier, la position des récifs, des phares nouveaux, des
bouées nouvelles à déterminer, et toujours et sans cesse
les tables de logarithmes à corriger, car il n'est pas rare
que l'erreur d'un calculateur fait que vient se briser sur un
rocher tel vaisseau qui eût dû atteindre une jetée hospitalière, — il y a le sort inconnu de La Pérouse ; — la science
universelle avec laquelle il faut marcher de pair, en
étudiant la vie de tous les grands explorateurs et navigateurs, grands aventuriers et marchands, depuis Hannon et
les Phéniciens jusqu'à nos jours ; enfin, le compte des
marchandises en magasin à prendre de temps à autre,
pour savoir où vous en êtes. C'est un labeur à exercer les
facultés d'un homme, — tous ces problèmes de profit et
perte, d'intérêt, de tare et trait, y compris le jaugeage de
toute sorte, qui demandent des connaissances universelles.

J'ai pensé que l'Étang de Walden serait un bon centre
d'affaires, non point uniquement à cause du chemin de fer
et du commerce de la glace ; il offre des avantages qu'il
peut ne pas être de bonne politique de divulguer ; c'est un
bon port et une bonne base. Pas de marais de la Néva à
combler ; quoiqu'il vous faille partout bâtir sur pilotis,
enfoncés de votre propre main. On prétend qu'une marée
montante, avec vent d'ouest, et de la glace dans la Néva,
balaieraient Saint-Pétersbourg de la face de la terre.

Attendu qu'il s'agissait d'une affaire où s'engager sans
le capital usuel, il peut n'être pas facile d'imaginer où ces
moyens, qui seront toujours indispensables à pareille
entreprise, se devaient trouver. En ce qui concerne le
vêtement, pour en venir tout de suite au côté pratique de

la question, peut-être en nous le procurant, sommes-nous guidés plus souvent par l'amour de la nouveauté, et certain souci de l'opinion des hommes, que par une véritable utilité. Que celui qui a du travail à faire se rappelle que l'objet du vêtement est, en premier lieu, de retenir la chaleur vitale, et, en second lieu, étant donné cet état-ci de société, de couvrir la nudité, sur quoi il évaluera ce qu'il peut accomplir de travail nécessaire ou important sans ajouter à sa garde-robe. Les rois et les reines, qui ne portent un costume qu'une seule fois, quoique fait par quelque tailleur ou couturière de leurs majestés, ignorent le bien-être de porter un costume qui vous va. Ce ne sont guère que chevalets de bois à pendre les habits du dimanche. Chaque jour nos vêtements s'assimilent davantage à nous-mêmes, recevant l'empreinte du caractère de qui les porte, au point que nous hésitons à les mettre au rancart, sans tel délai, tels remèdes médicaux et autres solennités de ce genre, tout comme nos corps. Jamais homme ne baissa dans mon estime pour porter une pièce dans ses vêtements : encore suis-je sûr qu'en général on s'inquiète plus d'avoir des vêtements à la mode, ou tout au moins bien faits et sans pièces, que d'avoir une conscience solide. Alors que l'accroc ne fût-il pas raccommodé, le pire des vices ainsi dévoilé n'est-il peut-être que l'imprévoyance. Il m'arrive parfois de soumettre les personnes de ma connaissance à des épreuves du genre de celle-ci : qui s'accommoderait de porter une pièce, sinon seulement deux coutures de trop, sur le genou ? La plupart font comme si elles croyaient que tel malheur serait la ruine de tout espoir pour elles dans la vie. Il leur serait plus aisé de gagner la ville à cloche-pied avec une jambe rompue qu'avec un pantalon fendu. Arrive-t-il un accident aux jambes d'un monsieur, que souvent on peut les raccommoder ; mais semblable accident arrive-t-il aux jambes de son pantalon, que le mal est sans remède ; car ce dont il fait cas, c'est non pas ce qui est vraiment respectable, mais ce qui est respecté. Nous connaissons peu d'hommes, mais combien de vestes et de culottes ! Habillez de votre dernière chemise un épouvantail, tenez-vous sans chemise à côté, qui ne s'empressera de saluer l'épouvantail ? Passant devant un champ de maïs l'autre jour, près d'un chapeau et d'une veste sur un pieu, je reconnus le propriétaire de la ferme. Il se ressentait seulement un peu plus des intempéries que lorsque je l'avais vu pour la dernière fois. J'ai entendu parler d'un chien qui aboyait après tout étranger approchant du bien de son maître, pourvu qu'il fût vêtu, et qu'un voleur nu faisait taire aisément. Il est intéressant de se demander jusqu'où les hommes conserveraient leur rang respectif si on les dépouillait de leurs vêtements. Pourriez-vous, en pareil cas, dire avec certitude d'une société quelconque d'hommes civilisés celui qui appartenait à la classe la plus respectée ? Lorsque Mme Pfeiffer, dans ses aventureux voyages autour du monde, de l'est à l'ouest, eut au retour atteint la Russie d'Asie, elle sentit, dit-elle, la nécessité de porter autre chose qu'un costume de voyage pour aller se présenter aux autorités, car elle «était maintenant en pays civilisé, où... l'on juge les gens sur l'habit». Il n'est pas jusque dans les villes démocratiques de notre Nouvelle-Angleterre, où la possession accidentelle de la richesse, avec sa manifestation dans la toilette et l'équipage seuls, ne vaillent au possesseur presque un universel respect. Mais ceux qui dispensent tel respect, si nombreux soient-ils, ne sont à cet égard que païens, et réclament l'envoi d'un missionnaire. En outre, les vêtements ont introduit la couture, genre de travail qu'on peut appeler sans fin ; une toilette de femme, en tout cas, jamais n'est terminée.

L'homme qui à la longue a trouvé quelque chose à faire, n'aura pas besoin d'acheter un costume neuf pour le mettre à cet effet ; selon lui l'ancien suffira, qui depuis un temps indéterminé reste à la poussière dans le grenier. De vieux souliers serviront à un héros plus longtemps qu'ils n'ont servi à son valet, — si héros jamais eut valet, — les pieds nus sont plus vieux que les souliers, et il peut les faire aller. Ceux-là seuls qui vont en soirée et fréquentent les salles d'assemblées législatives, doivent avoir des habits neufs, des habits à changer aussi souvent qu'en eux l'homme change. Mais si mes veste et culotte, mes chapeau et souliers, sont bons à ce que dedans je puisse adorer Dieu, ils feront l'affaire ; ne trouvez-vous pas ? Qui jamais vit ses vieux habits, — sa vieille veste, bel et bien usée, retournée à ses premiers éléments, au point que ce ne fût un acte de charité que de l'abandonner à quelque pauvre garçon, pour être, il se peut, abandonnée par lui à quelque autre plus pauvre encore, ou, dirons-nous, plus riche, qui pouvait s'en tirer à moins ? Oui, prenez garde à toute entreprise qui réclame des habits neufs, et non pas plutôt un porteur d'habits neuf. Si l'homme n'est pas neuf, comment faire aller les habits neufs ? Si vous avez en vue quelque entreprise, faites-en l'essai sous vos vieux habits. Ce qu'il faut aux hommes, ce n'est pas quelque chose *avec quoi faire*, mais quelque chose *à faire*, ou plutôt quelque chose *à être*. Sans doute ne devrions-nous jamais nous procurer de nouveau costume, si déguenillé ou sale que soit l'ancien, que nous n'ayons dirigé, entrepris ou navigué en quelque manière, de façon à nous sentir des hommes nouveaux dans cet ancien, et à ce que le garder équivaille à conserver du vin nouveau dans de vieilles outres. Notre saison de mue, comme celle des volatiles, doit être une crise dans notre vie. Le plongeon, pour la passer, se retire aux étangs solitaires. De même aussi le serpent rejette sa dépouille, et la chenille son habit véreux, grâce à un travail et une expansion intérieurs ; car les hardes ne sont que notre cuticule et *enveloppe mortelle*[1]

1. *Hamlet*, acte III, sc. 1.

extrêmes. Autrement on nous trouvera naviguant sous un faux pavillon, et nous serons inévitablement rejetés par notre propre opinion, aussi bien que par celle de l'espèce humaine.

Nous revêtons habit sur habit, comme si nous croissions à la ressemblance des plantes exogènes par addition externe. Nos vêtements extérieurs, souvent minces et illusoires, sont notre épiderme ou fausse peau, qui ne participe pas de notre vie, et dont nous pouvons nous dépouiller par-ci par-là sans sérieux dommage; nos habits plus épais, constamment portés, sont notre tégument cellulaire, ou « cortex »; mais nos chemises sont notre liber ou véritable écorce, qu'on ne peut enlever sans « charmer[1] » et par conséquent détruire l'homme. Je crois que toutes les races à certains moments portent quelque chose d'équivalent à la chemise. Il est désirable que l'homme soit vêtu avec une simplicité qui lui permette de poser les mains sur lui dans les ténèbres, et qu'il vive à tous égards dans un état de concision et de préparation tel que l'ennemi vînt-il à prendre la ville, il puisse, comme le vieux philosophe[2], sortir des portes les mains vides sans inquiétude. Quand un seul habit, en la plupart des cas, en vaut trois légers, et que le vêtement à bon marché s'acquiert à des prix faits vraiment pour contenter le client; quand on peut, pour cinq dollars, acheter une bonne veste, qui durera un nombre égal d'années, pour deux dollars un bon pantalon, des chaussures de cuir solide pour un dollar et demi la paire, un chapeau d'été pour un quart de dollar, et une casquette d'hiver pour soixante-deux cents et demi, laquelle fabriquée chez soi pour un coût purement nominal sera meilleure encore, où donc si pauvre qui de la sorte vêtu,

1. « Charmer », en langage forestier, signifie : faire une incision circulaire à un arbre, opération qui le fait périr.
2. Bias, l'un des sept Sages de la Grèce.

sur son propre salaire, ne trouve homme assez avisé, pour lui rendre hommage ?

Demandé-je des habits d'une forme particulière, que ma tailleuse de répondre avec gravité. «On ne les fait pas comme cela aujourd'hui », sans appuyer le moins du monde sur le «On» comme si elle citait une autorité aussi impersonnelle que le Destin, et je trouve difficile de faire faire ce que je veux, simplement parce qu'elle ne peut croire que je veuille ce que je dis, que j'aie cette témérité. Entendant telle sentence d'oracle, je reste un moment absorbé en pensée, et j'appuie intérieurement sur chaque mot l'un après l'autre, afin d'arriver à en déterminer le sens, afin de découvrir suivant quel degré de consanguinité *On* se trouve apparenté à *moi*, et l'autorité qu'il peut avoir en une affaire qui me touche de si près ; finalement, je suis porté à répondre avec un égal mystère, et sans davantage appuyer sur le «on». — «C'est vrai, on ne les faisait pas comme cela jusqu'alors, mais aujourd'hui on les fait comme cela.» À quoi sert de me prendre ces mesures si, oubliant de prendre celles de mon caractère, elle ne s'occupe que de la largeur de mes épaules, comme qui dirait une patère à pendre l'habit ? Ce n'est ni aux Grâces ni aux Parques que nous rendons un culte, mais à la Mode. Elle file, tisse et taille en toute autorité. Le singe en chef, à Paris, met une casquette de voyage, sur quoi tous les singes d'Amérique font de même. Je désespère parfois d'obtenir quoi que ce soit de vraiment simple et honnête fait en ce monde grâce à l'assistance des hommes. Il les faudrait auparavant passer sous une forte presse pour en exprimer les vieilles idées, de façon qu'ils ne se remettent pas sur pied trop tôt, et alors se trouverait dans l'assemblée quelqu'un pour avoir une lubie en tête, éclose d'un œuf déposé là Dieu sait quand, attendu que le feu même n'arrive pas à tuer ces choses, et vous en seriez pour vos frais.

Néanmoins, nous ne devons pas oublier qu'une momie passe pour nous avoir transmis du blé égyptien.

À tout prendre, je crois qu'on ne saurait soutenir que l'habillement s'est, en ce pays plus qu'en n'importe quel autre, élevé à la dignité d'un art. Aujourd'hui, les hommes s'arrangent pour porter ce qu'ils peuvent se procurer. Comme des marins naufragés ils mettent ce qu'ils trouvent sur la plage, et à petite distance, soit d'étendue, soit de temps, se moquent réciproquement de leur mascarade. Chaque génération rit des anciennes modes, tout en suivant religieusement les nouvelles. Nous portons un regard aussi amusé sur le costume d'Henri VIII ou de la reine Élisabeth que s'il s'agissait de celui du roi ou de la reine des îles Cannibales. Tout costume une fois ôté est pitoyable et grotesque. Ce n'est que l'œil sérieux qui en juge et la vie sincère passée en lui, qui répriment le rire et consacrent le costume de n'importe qui. Qu'Arlequin soit pris de la colique, et sa livrée devra servir à cette disposition également. Le soldat est-il atteint par un boulet de canon, que les lambeaux sont seyants comme la pourpre.

Le goût puéril et barbare qu'hommes et femmes manifestent pour les nouveaux modèles fait à Dieu sait combien d'entre eux secouer le kaléidoscope et loucher dedans afin d'y découvrir la figure particulière que réclame aujourd'hui cette génération. Les fabricants ont appris que ce goût est purement capricieux. De deux modèles qui ne diffèrent que grâce à quelques fils d'une certaine couleur en plus on en moins, l'un se vendra tout de suite, l'autre restera sur le rayon, quoique fréquemment il arrive qu'à une saison d'intervalle c'est le dernier qui devient le plus à la mode. En comparaison, le tatouage n'est pas la hideuse coutume pour laquelle il passe. Il ne saurait être barbare du fait seul que l'impression est à fleur de peau et inaltérable.

Je ne peux croire que notre système manufacturier soit pour les hommes le meilleur mode de se procurer le vêtement. La condition des ouvriers se rapproche de plus en plus chaque jour de celle des Anglais ; et on ne saurait s'en étonner, puisque, autant que je l'ai entendu dire ou par moi-même observé, l'objet principal est, non pas pour l'espèce humaine de se voir bien et honnêtement vêtue, mais, incontestablement, pour les corporations de pouvoir s'enrichir. Les hommes n'atteignent en fin de compte que ce qu'ils visent. Aussi, dussent-ils manquer sur-le-champ leur but, mieux vaut pour eux viser quelque chose de haut.

Pour ce qui est d'un Couvert, je ne nie pas que ce ne soit aujourd'hui un nécessaire de la vie, bien qu'on ait l'exemple d'hommes qui s'en soient passés durant de longues périodes en des contrées plus froides que celle-ci. Samuel Laing déclare que «le Lapon sous ses vêtements de peau, et dans un sac de peau qu'il se passe par-dessus la tête et les épaules, dormira toutes les nuits qu'on voudra sur la neige — par un degré de froid auquel ne résisterait la vie de quiconque à ce froid exposé sous n'importe quel costume de laine». Il les avait vus dormir de la sorte. Encore ajoute-t-il : «Ils ne sont pas plus endurcis que d'autres.» Mais probablement, l'homme n'était pas depuis longtemps sur la terre qu'il avait déjà découvert la commodité qu'offre une maison, le bien-être domestique, locution qui peut à l'origine avoir signifié les satisfactions de la maison plus que celles de la famille, toutes partielles et accidentelles qu'elles doivent être sous les climats où la maison s'associe dans nos pensées surtout à l'hiver et à la saison des pluies, et, les deux tiers de l'année, sauf pour servir de parasol, n'est nullement nécessaire. Sous notre climat, en été, ce fut tout d'abord presque uniquement un abri pour la nuit. Dans les gazettes indiennes un wigwam était le symbole d'une journée de marche, et une rangée de ces wigwams gravée ou peinte sur l'écorce d'un arbre signifiait que tant de fois on avait campé. L'homme n'a pas été fait si fortement charpenté ni si robuste, pour qu'il lui faille chercher à rétrécir son univers, et entourer de murs un espace à sa taille. Il fui tout d'abord nu et au grand air ; mais malgré le charme qu'il y pouvait trouver en temps calme et chaud, dans le jour, peut-être la saison pluvieuse et l'hiver, sans parler du soleil torride, eussent-ils détruit son espèce en germe s'il ne se fût hâté d'endosser le couvert d'une maison. Adam et Ève, suivant la fable, revêtirent le berceau de feuillage avant tout autres vêtements. Il fallut à l'homme un foyer, un lieu de chaleur, ou de bien-être, d'abord de chaleur physique, puis la chaleur des affections.

Il est possible d'imaginer un temps où, en l'enfance de la race humaine, quelque mortel entreprenant s'insinua en un trou de rocher pour abri. Tout enfant recommence le monde, jusqu'à un certain point, et se plaît à rester dehors, fût-ce dans l'humidité et le froid. Il joue à la maison tout comme au cheval, poussé en cela par un instinct. Qui ne se rappelle l'intérêt avec lequel, étant jeune, il regardait les rochers en surplomb ou les moindres abords de caverne ? C'était l'aspiration naturelle de cette part d'héritage laissée par notre plus primitif ancêtre qui survivait encore en nous. De la caverne nous sommes passés aux toits de feuilles de palmier, d'écorce et branchages, de toile tissée et tendue, d'herbe et paille, de planches et bardeaux, de pierres et tuiles. À la fin, nous ne savons plus ce que c'est que de vivre en plein air, et nos existences sont domestiques sous plus de rapports que nous ne pensons. De l'âtre au champ grande est la distance. Peut-être serait-ce un bien pour nous d'avoir à passer plus de nos jours et de nos nuits sans obstacle entre nous et les corps célestes, et que le poète parlât moins de sous un toit, ou que le saint n'y demeurât pas si longtemps. Les oiseaux ne chantent pas dans les cavernes, plus que les colombes ne cultivent leur innocence dans les colombiers.

Toutefois, se propose-t-on de bâtir une demeure, qu'il convient de montrer quelque sagacité yankee, pour ne pas, en fin de compte, se trouver à la place dans un work-house, un labyrinthe sans fil, un musée, un hospice, une prison ou quelque splendide mausolée. Réfléchissez d'abord à la légèreté que peut avoir l'abri absolument nécessaire. J'ai vu des Indiens Penobscot, en cette ville, habiter des tentes de mince cotonnade, alors que la neige était épaisse de près d'un pied autour d'eux, et je songeai qu'ils eussent été contents de la voir plus épaisse pour écarter le vent. Autrefois, lorsque la façon de gagner ma vie honnêtement, en ayant du temps de reste pour mes travaux personnels, était une question qui me tourmentait plus encore qu'elle ne fait aujourd'hui, car malheureusement je me suis quelque peu endurci, j'avais coutume de voir le long de la voie du chemin de fer une grande boîte, de six pieds de long sur trois de large, dans quoi les ouvriers serraient leurs outils le soir, et l'idée me vint que tout homme, à la rigueur, pourrait moyennant un dollar s'en procurer une semblable, pour, après y avoir percé quelques trous de vrille afin d'y admettre au moins l'air, s'introduire dedans lorsqu'il pleuvait et le soir, puis fermer le couvercle au crochet, de la sorte avoir liberté d'amour, en son âme être libre[1]. Il ne semblait pas que ce fût la pire, ni, à tout prendre, une méprisable alternative. Vous pouviez veiller aussi tard que bon vous semblait, et, à quelque moment que vous vous leviez, sortir sans avoir le propriétaire du sol ou de la maison à vos trousses rapport au loyer. Maint homme se voit harcelé à mort pour payer le loyer d'une boîte plus large et plus luxueuse, qui n'eût pas gelé à mort en une boîte comme celle-ci. Je suis loin de plaisanter. L'écono-mie est un sujet qui admet de se voir traité avec légèreté, mais dont on ne saurait se départir de même. Une maison

1. Richard Lovelace, *To Althea from Prison*.

confortable, pour une race rude et robuste, qui vivait le plus souvent dehors, était jadis faite ici presque entièrement de tels matériaux que la Nature vous mettait tout prêts sous la main. Gookin, qui fut surintendant des Indiens sujets de la colonie de Massachusetts, écrivant en 1674, déclare : « Les meilleures de leurs maisons sont couvertes fort proprement, de façon à tenir calfeutré et au chaud, d'écorces d'arbres, détachées de leurs troncs au temps où l'arbre est en sève, et transformées en grandes écailles, grâce à la pression de fortes pièces de bois, lorsqu'elles sont fraîches... Les maisons plus modestes sont couvertes de nattes qu'ils fabriquent à l'aide d'une espèce de jonc, et elles aussi tiennent passablement calfeutré et au chaud, sans valoir toutefois les premières... J'en ai vu de soixante ou cent pieds de long sur trente de large... Il m'est arrivé souvent de loger dans leurs wigwams, et je les ai trouvés aussi chauds que les meilleures maisons anglaises. » Il ajoute qu'à l'intérieur le sol était ordinairement recouvert et les murs tapissés de nattes brodées d'un travail excellent, et qu'elles étaient meublées d'ustensiles divers. Les Indiens étaient allés jusqu'à régler l'effet du vent au moyen d'une natte suspendue au-dessus du trou qui s'ouvrait dans le toit et mue par une corde. Dans le principe un abri de ce genre se construisait en un jour ou deux tout au plus, pour être démoli et emporté en quelques heures ; et il n'était pas de famille qui ne possédât la sienne, ou son appartement en l'une d'elles.

À l'état sauvage toute famille possède un abri valant les meilleurs, et suffisant pour ses besoins primitifs et plus simples ; mais je ne crois pas exagérer en disant que si les oiseaux du ciel ont leurs nids, les renards leurs tanières, et les sauvages leurs wigwams, il n'est pas dans la société civilisée moderne plus de la moitié des familles qui possède un abri. Dans les grandes villes et cités, où prévaut spécialement la civilisation, le nombre de ceux qui possèdent un

abri n'est que l'infime minorité. Le reste paie pour ce vêtement le plus extérieur de tous, devenu indispensable été
comme hiver, un tribut annuel qui suffirait à l'achat d'un
village entier de wigwams indiens, mais qui pour l'instant
contribue au maintien de sa pauvreté sa vie durant. Je ne
veux pas insister ici sur le désavantage de la location
comparée à la possession, mais il est évident que si le
sauvage possède en propre son abri, c'est à cause du peu
qu'il coûte, tandis que si l'homme civilisé loue en général
le sien, c'est parce qu'il n'a pas le moyen de le posséder ;
plus qu'il ne finit à la longue par avoir davantage le moyen
de le louer. Mais répond-on, il suffit au civilisé pauvre de
payer cette taxe pour s'assurer une demeure qui est un
palais comparée à celle du sauvage. Une redevance
annuelle de vingt-cinq à cent dollars — tels sont les prix
du pays — lui donne droit aux avantages des progrès réali-
sés par les siècles, appartements spacieux, peinture et
papier frais, cheminée Rumford, enduit de plâtre, jalou-
sies, pompe en cuivre, serrure à ressort, l'avantage d'une
cave, et maintes autres choses. Mais comment se fait-il
que celui qui passe pour jouir de tout cela soit si communément un civilisé *pauvre*, alors que le sauvage qui ne le
possède pas, soit riche comme un sauvage ? Si l'on affirme
que la civilisation est un progrès réel dans la condition de
l'homme — et je crois qu'elle l'est, mais que les sages
seulement utilisent leurs avantages, — il faut montrer
qu'elle a produit de meilleures habitations sans les rendre
plus coûteuses ; or le coût d'une chose est le montant de ce
que j'appellerai la vie requise en échange, immédiatement
ou à la longue. Une maison moyenne dans ce voisinage
coûte peut-être huit cents dollars, et pour amasser cette
somme il faudra de dix à quinze années de la vie du
travailleur, même s'il n'est pas chargé de famille — en
estimant la valeur pécuniaire du travail de chaque homme
à un dollar par jour, car si certains reçoivent plus, d'autres

reçoivent moins — de sorte qu'en général il lui aura fallu passer plus de la moitié de sa vie avant d'avoir gagné *son* wigwam. Le supposons-nous au lieu de cela payer un loyer, que c'est tout simplement le choix douteux entre deux maux. Le sauvage eût-il été sage d'échanger son wigwam contre un palais à de telles conditions ?

On devinera que je ramène, autant qu'il y a de l'individu, presque tout l'avantage de garder une propriété superflue comme fonds en réserve pour l'avenir, surtout au défraiement des dépenses funéraires. Mais peut-être l'homme n'est-il pas requis de s'ensevelir lui-même. Néanmoins voilà qui indique une distinction importante entre le civilisé et le sauvage ; et sans doute a-t-on des intentions sur nous pour notre bien, en faisant de la vie d'un peuple civilisé une *institution*, dans laquelle la vie de l'individu se voit à un degré considérable absorbée, en vue de conserver et perfectionner celle de la race. Mais je désire montrer grâce à quel sacrifice s'obtient actuellement cet avantage, et suggérer que nous pouvons peut-être vivre de façon à nous assurer tout l'avantage sans avoir en rien à souffrir du désavantage. Qu'entendez-vous en disant que le pauvre vous l'avez toujours avec vous, ou que les pères ont mangé des raisins verts, et les dents des enfants en sont agacées[1] ?

« Je suis vivant, dit le Seigneur, vous n'aurez plus lieu de dire ce proverbe en Israël.

« Voici, toutes les âmes sont à moi ; l'âme du fils comme l'âme du père, l'une et l'autre sont à moi ; l'âme qui pèche c'est celle qui mourra[2]. »

Si j'envisage mes voisins, les fermiers de Concord, au moins aussi à leur aise que les gens des autres classes, je constate que, pour la plupart, ils ont peiné vingt, trente ou

1. Jean, XII, 8 et Ézéchiel, XVIII, 2.
2. Ézéchiel, XVIII, 3, 4.

quarante années pour devenir les véritables propriétaires de leurs fermes, qu'en général ils ont héritées avec des charges, ou achetées avec de l'argent emprunté à intérêt, — et nous pouvons considérer un tiers de ce labeur comme représentant le coût de leurs maisons — mais qu'ordinairement ils n'ont pas encore payées. Oui, les charges quelquefois l'emportent sur la valeur de la ferme, au point que la ferme elle-même devient toute une lourde charge, sans qu'il manque de se trouver un homme pour en hériter, lequel déclare la connaître à fond, comme il dit. M'adressant aux répartiteurs d'impôts, je m'étonne d'apprendre qu'ils sont incapables de nommer d'emblée douze personnes de la ville en possession de fermes franches et nettes de toute charge. Si vous désirez connaître l'histoire de ces domaines, interrogez la banque où ils sont hypothéqués. L'homme qui a bel et bien payé sa ferme grâce au travail fourni dessus est si rare que tout voisin peut le montrer du doigt. Je me demande s'il en existe trois à Concord. Ce qu'on a dit des marchands, qu'une très forte majorité, même quatre-vingt-dix-sept pour cent, sont assurés de faire faillite, est également vrai des fermiers. Pour ce qui est des marchands, cependant, l'un d'eux déclare avec justesse que leurs faillites, en grande partie, ne sont pas de véritables faillites pécuniaires, mais de simples manquements à remplir leurs engagements, parce que c'est incommode, — ce qui revient à dire que c'est le moral qui flanche. Mais voilà qui aggrave infiniment le cas, et suggère, en outre, que selon toute probabilité les trois autres eux-mêmes ne réussissent pas à sauver leurs âmes, et sont peut-être banqueroutiers dans un sens pire que ceux qui font honnêtement faillite. La banqueroute et la dénégation de dettes sont les tremplins d'où s'élance pour opérer ses culbutes pas mal de notre civilisation, tandis que le sauvage, lui, reste debout sur la planche non élastique de la famine. N'empêche que le Concours Agricole du Middlesex se passe ici chaque année avec *éclat*[1], comme si tous les rouages de la machine agricole étaient bien graissés.

Le fermier s'efforce de résoudre le problème d'une existence suivant une formule plus compliquée que le problème lui-même. Pour se procurer ses cordons de souliers il spécule sur des troupeaux de bétail. Avec un art consommé il a tendu son piège à l'aide d'un cheveu pour attraper confort et indépendance, et voilà qu'en faisant demi-tour il s'est pris la jambe dedans. Telle la raison pour laquelle il est pauvre ; et c'est pour semblable raison que tous nous sommes pauvres relativement à mille conforts sautages, quoique entourés de luxe. Comme Chapinan le chante[2] :

> *The false society of men —*
> *— for earthly greatness*
> *All heavenly comforts rarefies to air*[3].

Et lorsque le fermier possède enfin sa maison, il se peut qu'au lieu d'en être plus riche il en soit plus pauvre, et que ce soit la maison qui le possède. Si je comprends bien, ce fut une solide objection présentée par Momus contre la maison que bâtit Minerve, qu'elle ne « l'avait pas faite mobile, grâce à quoi l'on pouvait éviter un mauvais voisinage » ; et encore peut-on la présenter, car nos maisons sont une propriété si difficile à remuer que bien souvent nous y sommes en prison plutôt qu'en un logis ; et le mauvais voisinage à éviter est bien la gale qui nous ronge.

1. En français dans le texte.
2. George Chapman (1559-1634), poète et auteur dramatique anglais, ayant eu le sens profond de son devoir et de sa responsabilité comme poète et penseur. Eut bien entendu maille à partir avec le gouvernement et les gens de son temps.
3. La fausse société des hommes —
   — pour la grandeur terrestre
   Dissout à néant toutes douceurs célestes.

Je connais en cette ville-ci une ou deux familles, pour le moins, qui depuis près d'une génération désirent vendre leurs maisons situées dans les environs pour aller habiter le village[1] sans pouvoir y parvenir, et que la mort seule délivrera.

Il va sans dire que la *majorité* finit par être à même soit de posséder soit de louer la maison moderne avec tous ses perfectionnements. Dans le temps qu'elle a passé à perfectionner nos maisons, la civilisation n'a pas perfectionné de même les hommes appelés à les habiter. Elle a créé des palais, mais il était plus malaisé de créer des gentilshommes et des rois. Et *si le but poursuivi par l'homme civilisé n'est pas plus respectable que celui du sauvage, si cet homme emploie la plus grande partie de sa vie à se procurer uniquement un nécessaire et un bien-être grossiers, pourquoi aurait-il une meilleure habitation que l'autre ?*

Mais quel est le sort de la pauvre *minorité* ? Peut-être reconnaîtra-t-on que juste en la mesure où les uns se sont trouvés au point de vue des conditions extérieures placés au-dessus du sauvage, les autres se sont trouvés dégradés au-dessous de lui. Le luxe d'une classe se voit contrebalancé par l'indigence d'une autre. D'un côté le palais, de l'autre les hôpitaux et le «pauvre honteux». Les myriades qui bâtirent les pyramides destinées à devenir les tombes des pharaons étaient nourries d'ail, et sans doute n'étaient pas elles-mêmes décemment enterrées. Le maçon qui met la dernière main à la corniche du palais, retourne le soir peut-être à une hutte qui ne vaut pas un wigwam. C'est une erreur de supposer que dans un pays où existent les témoignages usuels de la civilisation, la condition d'une très large part des habitants ne peut être aussi avilie que celle des sauvages. Je parle des pauvres avilis, non pas pour le moment des riches avilis. Pour l'apprendre nul

---

1. Les Américains de cette époque employaient le mot *village* pour *ville*.

besoin de regarder plus loin que les cabanes qui partout bordent nos voies de chemins de fer, ce dernier progrès de la civilisation ; où je vois en mes tournées quotidiennes des êtres humains vivre dans des porcheries, et tout l'hiver la porte ouverte, pour y voir, sans la moindre provision de bois apparente, souvent imaginable, où les formes des jeunes comme des vieux sont à jamais ratatinées par la longue habitude de trembler de froid et de misère, où le développement de tous leurs membres et facultés se trouve arrêté. Il est certainement bon de regarder cette classe grâce au labeur de laquelle s'accomplissent les travaux qui distinguent cette génération. Telle est aussi, à un plus ou moins haut degré, la condition des ouvriers de tout ordre en Angleterre, le grand workhouse[1] du monde. Encore pourrais-je vous renvoyer à l'Irlande, que la carte présente comme une de ses places blanches ou éclairées. Mettez en contraste la condition physique de l'Irlandais avec celle de l'Indien de l'Amérique du Nord, ou de l'insulaire de la mer du Sud, ou de toute autre race sauvage avant qu'elle se soit dégradée au contact de l'homme civilisé. Cependant je n'ai aucun doute que ceux qui gouvernent ce peuple ne soient doués d'autant de sagesse que la moyenne des gouvernants civilisés. Sa condition prouve simplement le degré de malpropreté compatible avec la civilisation. Guère n'est besoin de faire allusion maintenant aux travailleurs de nos États du Sud, qui produisent les objets principaux d'exportation de ce pays, et ne sont eux-mêmes qu'un produit marchand du Sud. Je m'en tiendrai à ceux qui passent pour être dans des conditions *ordinaires*.

On dirait qu'en général les hommes n'ont jamais réfléchi à ce que c'est qu'une maison, et sont réellement quoique inutilement pauvres toute leur vie parce qu'ils croient

---

1. *Workhouse*, qui veut dire «maison de travail», a le sens également de «pénitencier».

devoir mener la même que leurs voisins. Comme s'il fallait porter n'importe quelle sorte d'habit que peut vous couper le tailleur, ou, en quittant progressivement le chapeau de feuille de palmier ou la casquette de marmotte, se plaindre de la dureté des temps parce que vos moyens ne vous permettent pas de vous acheter une couronne! Il est possible d'inventer une maison encore plus commode et plus luxueuse que celle que nous avons, laquelle cependant tout le monde admettra qu'homme ne saurait suffire à payer. Travaillerons-nous toujours à nous procurer davantage, et non parfois à nous contenter de moins? Le respectable bourgeois enseignera-t-il ainsi gravement, de précepte et d'exemple, la nécessité pour le jeune homme de se pourvoir, avant de mourir, d'un certain nombre de «caoutchoucs» superflus, et de parapluies, et de vaines chambres d'amis pour de vains amis? Pourquoi notre mobilier ne serait-il pas aussi simple que celui de l'Arabe ou de l'Indien? Lorsque je pense aux bienfaiteurs de la race, ceux que nous avons apothéosés comme messagers du ciel, porteurs de dons divins à l'adresse de l'homme, je n'imagine pas de suite sur leurs talons, plus que de charretée de meubles à la mode. Ou me faudra-t-il reconnaître — singulière reconnaissance! — que notre mobilier doit être plus compliqué que celui de l'Arabe, en proportion de notre supériorité morale et intellectuelle sur lui? Pour le présent nos maisons en sont encombrées, et toute bonne ménagère en pousserait volontiers la majeure partie au fumier pour ne pas laisser inachevée sa besogne matinale. La besogne matinale! Par les rougeurs de l'Aurore et la musique de Memnon, quelle devrait être la *besogne matinale* de l'homme en ce monde? J'avais trois morceaux de pierre calcaire sur mon bureau, mais je fus épouvanté de m'apercevoir qu'ils demandaient à être épousetés chaque jour, alors que le mobilier de mon esprit était encore tout non épousseté. Écœuré, je les jetai par la fenêtre. Comment, alors, aurais-je eu une maison garnie de meubles? Plutôt me serais-je assis en plein air, car il ne s'amoncelle pas de poussière sur l'herbe, sauf où l'homme a entamé le sol.

C'est le voluptueux, c'est le dissipé, qui lancent les modes que si scrupuleusement suit le troupeau. Le voyageur qui descend dans les bonnes maisons, comme on les appelle, ne tarde pas à s'en apercevoir, car les aubergistes le prennent pour un Sardanapale, et s'il se soumettait à leurs tendres attentions, il ne tarderait pas à se voir complètement émasculé. Je crois qu'en ce qui concerne la voiture de chemin de fer nous inclinons à sacrifier plus au luxe qu'à la sécurité et la commodité, et que, sans atteindre à celles-ci, elle menace de ne devenir autre chose qu'un salon moderne, avec ses divans, ses ottomanes, ses stores, et cent autres choses orientales, que nous emportons avec nous vers l'ouest, inventées pour les dames du harem et ces habitants efféminés du Céleste Empire, dont Jonathan devrait rougir de connaître les noms. J'aimerais mieux m'asseoir sur une citrouille et l'avoir à moi seul, qu'être pressé par la foule sur un coussin de velours. J'aimerais mieux parcourir la terre dans un char à bœufs, avec une libre circulation d'air, qu'aller au ciel dans la voiture de fantaisie d'un train d'excursion en respirant la *malaria* tout le long de la route.

La simplicité et la nudité mêmes de la vie de l'homme aux âges primitifs impliquent au moins cet avantage, qu'elles le laissaient n'être qu'un passant dans la nature. Une fois rétabli par la nourriture et le sommeil il contemplait de nouveau son voyage. Il demeurait, si l'on peut dire, sous la tente ici-bas, et passait le temps à suivre les vallées, à traverser les plaines, ou à grimper au sommet des monts. Mais voici les hommes devenus les outils de leurs outils! L'homme qui en toute indépendance cueillait les fruits lorsqu'il avait faim, est devenu un fermier; et celui qui debout sous un arbre en faisait son abri, un maître de maison. Nous ne campons plus aujourd'hui pour une nuit, mais nous étant fixés sur la terre avons oublié le ciel. Nous avons adopté le christianisme simplement comme une méthode perfectionnée *d'agri*-culture. Nous avons bâti pour ce monde-ci une résidence de famille et pour le prochain une tombe de famille. Les meilleures œuvres d'art sont l'expression de la lutte que soutient l'homme pour s'affranchir de cet état, mais tout l'effet de notre art est de rendre confortable cette basse condition-ci et de nous faire oublier cette plus haute condition-là. Il n'y a véritablement pas place en ce village pour l'érection d'une œuvre des *beaux*-arts, s'il nous en était venu la moindre, car nos existences, nos maisons, nos rues, ne lui fournissent nul piédestal convenable. Il n'y a pas un clou pour y pendre un tableau, pas une planche pour recevoir le buste d'un héros ou d'un saint. Lorsque je réfléchis à la façon dont nos maisons sont bâties, au prix que nous les payons, ou ne payons pas, et à ce qui préside à la conduite comme à l'entretien de leur économie intérieure, je m'étonne que le plancher ne cède pas sous les pieds du visiteur dans le temps qu'il admire les bibelots couvrant la cheminée, pour le faire passer dans la cave jusqu'à quelque solide et honnête quoique terreuse fondation. Je ne peux m'empêcher de remarquer que cette vie prétendument riche et raffinée est une chose sur laquelle on a bondi, et je me rends malaisément compte des délices offertes par les *beaux*-arts qui l'adornent, mon attention étant tout entière absorbée par le bond ; je me rappelle en effet que le plus grand saut naturel dû aux seuls muscles humains, selon l'histoire, est celui de certains Arabes nomades, qui passent pour avoir franchi vingt-cinq pieds en terrain plat. Sans appui factice l'homme est sûr de revenir à la terre au-delà de cette distance. La première question que je suis tenté de poser au propriétaire d'une pareille impropriété est : « Qui vous étaye ? Êtes-vous l'un des quatre-vingt-dix-sept qui font faillite, ou l'un des trois qui réussissent? Répondez à ces questions, et peut-être alors pourrai-je regarder vos babioles en les trouvant ornementales. La charrue devant les bœufs n'est belle ni utile. Avant de pouvoir orner nos maisons de beaux objets, il faut en mettre à nu les murs, comme il faut mettre à nu nos existences, puis poser pour fondement une belle conduite de maison et une belle conduite de vie : or, c'est surtout en plein air, où il n'est maison ni maître de maison, que se cultive le goût du beau.

Le vieux Johnson en son *Wonder-Working Providence*[1], parlant des premiers colons de cette ville-ci, colons dont il était le contemporain, nous dit : «Ils se creusent un trou en guise de premier abri au pied de quelque versant de colline, et, après avoir lancé le déblai en l'air sur du bois de charpente, font un feu fumeux contre la terre, du côté le plus élevé.» Ils ne «se pourvurent de maisons, ajoute-t-il, que lorsque la terre, grâce à Dieu, produisit du pain pour les nourrir», et si légère fut la récolte de la première année, qu'«ils durent, pendant un bon moment, couper leur pain très mince». Le secrétaire de la province des Nouveaux-Pays-Bas, écrivant en hollandais, en 1650, pour l'enseignement de qui désirait y acquérir des terres, constate de façon plus spéciale que «ceux qui, dans les Nouveaux-Pays-Bas, et surtout en Nouvelle-Angleterre, n'ont pas les moyens de commencer par construire des maisons de ferme suivant leurs désirs, creusent une fosse carrée dans le sol, en forme de cave, de six à sept pieds de profondeur, de la longueur et de la largeur qu'ils jugent convenable, revêtent de bois la terre à l'intérieur tout autour du mur, et tapissent ce bois d'écorce d'arbre ou de quelque chose autre afin de prévenir les éboulements;

---

1. Traduction : *La Providence en travail de Merveilles*, histoire de la fondation et des premiers temps du Massachusetts.

planchéient cette cave, et la lambrissent au-dessus de la
tête en guise de plafond, élèvent un toit d'espars sur le
tout, et couvrent ces espars d'écorce ou de mottes d'herbe,
de manière à pouvoir vivre au sec et au chaud en ces
maisons, eux et tous les leurs, des deux, trois et quatre
années, étant sous-entendu qu'on fait traverser de cloisons
ces caves adaptées à la mesure de la famille. Les riches
et principaux personnages de la Nouvelle-Angleterre, au
début des colonies, commencèrent leurs premières habitations dans ce style, pour deux motifs : premièrement, afin
de ne pas perdre de temps à bâtir, et ne pas manquer de
nourriture à la saison suivante ; secondement, afin de ne
pas rebuter le peuple de travailleurs pauvres qu'ils ame-
naient par cargaisons de la mère patrie. Au bout de trois
ou quatre ans, le pays une fois adapté à l'agriculture, ils
se construisirent de belles maisons, auxquelles ils consa-
crèrent des milliers de dollars ».

En ce parti adopté par nos ancêtres il y avait tout au
moins un semblant de prudence, comme si leur principe
était de satisfaire d'abord aux plus urgents besoins. Mais
est-ce aux plus urgents besoins, que l'on satisfait aujour-
d'hui ? Si je songe a acquérir pour moi-même quelqu'une
de nos luxueuses habitations, je m'en vois détourné, car,
pour ainsi parler, le pays n'est pas encore adapté à l'*humaine* culture, et nous sommes encore forcés de couper
notre pain *spirituel* en tranches beaucoup plus minces que
ne faisaient nos ancêtres leur pain de froment. Non point
que tout ornement architectural soit à négliger même dans
les périodes les plus primitives ; mais que nos maisons
commencent par se garnir de beauté, là où elles se trouvent
en contact avec nos existences, comme l'habitacle du
coquillage, sans être étouffées dessous. Hélas ! j'ai pénétré
dans une ou deux d'entre elles et sais de quoi elles sont
garnies.

Bien que nous ne soyons pas dégénérés au point de ne

pouvoir à la rigueur vivre aujourd'hui dans une grotte ou dans un wigwam, sinon porter des peaux de bête, il est mieux certainement d'accepter les avantages, si chèrement payés soient-ils, qu'offrent l'invention et l'industrie du genre humain. En tel pays que celui-ci, planches et bardeaux, chaux et briques, sont meilleur marché et plus faciles à trouver que des grottes convenables, ou des troncs entiers, ou de l'écorce en quantités suffisantes, ou même de l'argile bien trempée ou des pierres plates. Je parle de tout cela en connaissance de cause, attendu que je m'y suis initié de façon à la fois théorique et pratique. Avec un peu plus d'entendement, nous pourrions employer ces matières premières à devenir plus riches que les plus riches d'aujourd'hui, et à faire de notre civilisation une grâce du ciel. L'homme civilisé n'est autre qu'un sauvage de plus d'expérience et de plus de sagesse. Mais hâtons-nous d'en venir à ma propre expérience.

Vers la fin de mars 1845, ayant emprunté une hache je m'en allai dans les bois qui avoisinent l'étang de Walden, au plus près duquel je me proposais de construire une maison, et me mis à abattre quelques grands pins Weymouth fléchus, encore en leur jeunesse, comme bois de construction. Il est difficile de commencer sans emprunter, mais sans doute est-ce la plus généreuse façon de souffrir que vos semblables aient un intérêt dans votre entreprise. Le propriétaire de la hache, comme il en faisait l'abandon, déclara que c'était la prunelle de son œil ; mais je la lui rendis plus aiguisée que je ne la reçus. C'était un aimable versant de colline que celui où je travaillais, couvert de bois de pins, à travers lesquels je promenais mes regards sur l'étang, et d'un libre petit champ au milieu d'eux, d'où s'élançaient des pins et des hickorys. La glace de l'étang qui n'avait pas encore fondu, malgré quelques espaces découverts, se montrait toute de couleur sombre et saturée d'eau. Il survint quelques légères chutes de neige dans le temps que je travaillais là ; mais en général lorsque je m'en revenais au chemin de fer pour rentrer chez moi, son amas de sable jaune s'allongeait au loin, miroitant dans l'atmosphère brumeuse, les rails brillaient sous le soleil printanier, et j'entendais l'alouette[1], le pewee et d'autres oiseaux déjà là pour inaugurer une nouvelle année avec nous. C'étaient d'aimables jours de printemps, où l'hiver du mécontentement de l'homme[2] fondait tout comme le gel de la terre, et où la vie après être restée engourdie commençait à s'étirer. Un jour que ma hache s'étant défaite j'avais coupé un hickory vert pour fabriquer un coin, enfoncé ce coin à l'aide d'une pierre, et mis le tout à tremper dans une mare pour faire gonfler le bois, je vis un serpent rayé entrer dans l'eau, au fond de laquelle il resta étendu, sans en paraître incommodé, aussi longtemps que je restai là, c'est-à-dire plus d'un quart d'heure ; peut-être parce qu'il était encore sous l'influence de la léthargie. Il me parut qu'à semblable motif les hommes doivent de rester dans leur basse et primitive condition présente ; mais s'ils venaient à sentir l'influence du printemps des printemps les réveiller, ils s'élèveraient nécessairement à une vie plus haute et plus éthérée. J'avais auparavant vu sur mon chemin, par les matins de gelée, les serpents attendre que le soleil dégelât des portions de leurs corps demeurées engourdies et rigides. Le premier avril il plut et la glace fondit, et aux premières heures du jour, heures d'épais brouillard, j'entendis une oie traînarde, qui devait voler à tâtons de côté et d'autre au-dessus de l'étang, cacarder comme perdue, ou telle l'esprit du brouillard.

Ainsi continuai-je durant quelques jours à couper et

1. Il s'agit ici de la *meadow-lark*, mot à mot : alouette des prés, se rapprochant de notre sansonnet.
2. Shakespeare, *Richard III*.

façonner du bois de charpente, aussi des étais et des chevrons, tout cela avec ma modeste hache, sans nourrir beaucoup de pensées communicables ou savantes, en me chantant à moi-même :

> *Men say they know many things;*
> *But lo! they have taken wings, —*
> *The arts and sciences,*
> *And a thousand appliances:*
> *The wind that blows*
> *Is all that anybody knows*[1].

Je taillai les poutres principales de six pouces carrés, la plupart des étais sur deux côtés seulement, les chevrons et solives sur un seul côté, en laissant dessus le reste de l'écorce, de sorte qu'ils étaient tout aussi droits et beaucoup plus forts que ceux qui passent par la scie. Il n'est pas de pièce qui ne fut avec soin mortaisée ou ténonnée à sa souche, car vers ce temps-là j'avais emprunté d'autres outils. Mes journées dans les bois n'en étaient pas de bien longues ; toutefois j'emportais d'ordinaire mon dîner de pain et de beurre, et lisais le journal qui l'enveloppait, à midi, assis parmi les rameaux verts détachés par moi des pins, taudis qu'à ma miche se communiquait un peu de leur senteur, car j'avais les mains couvertes d'une épaisse couche de résine. Avant d'avoir fini j'étais plutôt l'ami que l'ennemi des pins, quoique j'en eusse abattu quelques-uns, ayant fait avec eux plus ample connaissance. Parfois il arrivait qu'un promeneur dans le bois s'en vînt attiré par

1. L'homme prétend à maint savoir ;
   N'a-t-il les ailes de l'espoir —
   Les arts et les sciences,
   Et mille conséquences ?
   Le vent qui renaît,
   Voilà ce qu'on sait.

le bruit de ma hache, et nous bavardions gaiement par-dessus les copeaux dont j'étais l'auteur.

Vers le milieu d'avril, car je ne mis nulle hâte dans mon travail, et tâchai plutôt de le mettre à profit, la charpente de ma maison, achevée, était prête à se voir dressée. J'avais acheté déjà la cabane de James Collins, un Irlandais qui travaillait au chemin de fer de Fitchburg, pour avoir des planches. La cabane de James Collins passait pour particulièrement belle. Lorsque j'allai la voir il était absent. Je me promenai tout autour, d'abord inaperçu de l'intérieur, tant la fenêtre en était renfoncée et haut placée. De petites dimensions, elle avait un toit de cottage en pointe, et l'on n'en pouvait voir guère davantage, entourée qu'elle se trouvait d'une couche de boue épaisse de cinq pieds, qu'on eût prise pour un amas d'engrais. Le toit en était la partie la plus saine, quoique le soleil en eût déjeté et rendu friable une bonne portion. De seuil, il n'était question, mais à sa place un passage à demeure pour les poules sous la planche de la porte. Mrs. C. vint à cette porte et me demanda de vouloir bien prendre un aperçu de l'intérieur. Mon approche provoqua l'entrée préalable des poules. Il y faisait noir, et le plancher, rien qu'une planche par-ci par-là qui ne supporterait pas le déplacement, en grande partie recouvert de saleté, était humide, visqueux, et faisait frissonner. Elle alluma une lampe pour me montrer l'intérieur du toit et des murs, et aussi que le plancher s'étendait jusque sous le lit, tout en me mettant en garde contre une incursion dans la cave, sorte de trou aux ordures profond de deux pieds. Suivant ses propres paroles, c'étaient «de bonnes planches en l'air, de bonnes planches tout autour, et une bonne fenêtre», — de deux carreaux tout entiers à l'origine, sauf que le chat était dernièrement sorti par là. Il y avait un poêle, un lit, et une place pour s'asseoir, un enfant là tel qu'il était né, une ombrelle de soie, un miroir à cadre doré, un moulin à café neuf et breveté, cloué à un plançon de chêne, un point, c'est tout. Le marché fut tôt conclu, car James, sur les entrefaites, était rentré. J'aurais à payer ce soir quatre dollars vingt-cinq cents, et lui à déguerpir à cinq heures demain matin sans vendre à personne autre d'ici là : j'entrerais en possession à six heures. Il serait bon, ajouta-t-il, d'être là de bonne heure, afin de prévenir certaines réclamations pas très claires et encore moins justes rapport à la redevance et au combustible. C'était là, m'assura-t-il, le seul et unique ennui. À six heures je le croisai sur la route, lui et sa famille. Tout leur avoir — lit, moulin à café, miroir, poules — tenait en un seul gros paquet, tout sauf le chat ; ce dernier s'adonna aux bois, où il devint chat sauvage et, suivant ce que j'appris dans la suite, mit la patte dans un piège à marmottes, pour ainsi devenir en fin de compte un chat mort.

Je démolis cette demeure le matin même, en retirai les clous, et la transportai par petites charretées au bord de l'étang, où j'étendis les planches sur l'herbe pour y blanchir et se redresser au soleil. Certaine grive matinale lança une note ou deux en mon honneur comme je suivais en voiture le sentier des bois. Je fus traîtreusement averti par un jeune Patrick que dans les intervalles du transport le voisin Seeley, un Irlandais, transférait dans ses poches les clous, crampons et chevilles encore passables, droits et enfonçables, pour rester là, quand je revenais, à bavarder, et comme si de rien n'était, de son air le plus innocent, lever les yeux de nouveau sur le désastre ; il y avait disette d'ouvrage, comme il disait. Il était là pour représenter l'assistance et contribuer à ne faire qu'un de cet événement en apparence insignifiant avec l'enlèvement des dieux de Troie.

Je creusai ma cave dans le flanc d'une colline dont la pente allait sud, là où une marmotte avait autrefois creusé son terrier, à travers des racines de sumac et de ronces, et la plus basse tache de végétation, six pieds carrés sur sept de profondeur, jusqu'à un sable fin où les pommes de terre ne gèleraient pas par n'importe quel hiver. Les côtés furent laissés en talus, et non maçonnés ; mais le soleil n'ayant jamais brillé sur eux, le sable s'en tient encore en place. Ce fut l'affaire de deux heures de travail. Je pris un plaisir tout particulier à entamer ainsi le sol, car il n'est guère de latitudes où les hommes ne fouillent la terre, en quête d'une température égale. Sous la plus magnifique maison de la ville se trouvera encore la cave où l'on met en provision ses racines comme jadis, et longtemps après que l'édifice aura disparu la postérité retrouvera son encoche dans la terre. La maison n'est toujours qu'une sorte de porche à l'entrée d'un terrier.

Enfin, au commencement de mai, avec l'aide de quelques-unes de mes connaissances, plutôt pour mettre à profit si bonne occasion de voisiner que par toute autre nécessité, je dressai la charpente de ma maison. Nul ne fut jamais plus que moi honoré en la personne de ses fondateurs. Ils sont destinés, j'espère, à assister un jour à la fondation d'édifices plus majestueux. Je commençai à occuper ma maison le 4 juillet, dès qu'elle fut pourvue de planches et de toit, car les planches étant soigneusement taillées en biseau et posées en recouvrement, elle se trouvait impénétrable à la pluie ; mais avant d'y mettre les planches, je posai à l'une des extrémités les bases d'une cheminée, en montant de l'étang sur la colline deux charretées de pierre dans mes bras. Je construisis la cheminée après mon sarclage en automne, avant que le feu devînt nécessaire pour se chauffer, et fis, en attendant, ma cuisine dehors par terre, de bonne heure le matin ; manière de procéder que je crois encore à certains égards plus commode et plus agréable que la manière usuelle. Faisait-il de l'orage avant que mon pain fût cuit, que j'assujettissais quelques planches au-dessus du feu, m'asseyais dessous pour surveiller ma miche, et passais de la sorte quelques heures charmantes. En ce temps où mes mains étaient fort occupées je ne lus guère, mais les moindres bouts de papier traînant par terre, ma poignée ou ma nappe, me procuraient tout autant de plaisir, en fait remplissaient le même but que l'*Iliade*.

Il vaudrait la peine de construire avec plus encore de mûre réflexion que je ne fis, en se demandant, par exemple, où une porte, une fenêtre, une cave, un galetas, trouvent leur base dans la nature de l'homme, et peut-être n'élevant jamais d'édifice, qu'on ne lui ait trouvé une meilleure raison d'être que nos besoins temporels mêmes. Il y a chez l'homme qui construit sa propre maison un peu de cet esprit d'à-propos que l'on trouve chez l'oiseau qui construit son propre nid. Si les hommes construisaient de leurs propres mains leurs demeures, et se procuraient la nourriture pour eux-mêmes comme pour leur famille, simplement et honnêtement, qui sait si la faculté poétique ne se développerait pas universellement, tout comme les oiseaux universellement chantent lorsqu'ils s'y trouvent invités ? Mais, hélas ! nous agissons à la ressemblance de l'étourneau et du coucou, qui pondent leurs œufs dans des nids que d'autres oiseaux ont bâtis, et qui n'encouragent nul voyageur avec leur caquet inharmonieux. Abandonnerons-nous donc toujours le plaisir de la construction au charpentier ? À quoi se réduit l'architecture dans l'expérience de la masse des hommes ? Je n'ai jamais, au cours de mes promenades, rencontré un seul homme livré à l'occupation si simple et si naturelle qui consiste à construire sa maison. Nous dépendons de la communauté. Ce n'est pas le tailleur seul qui est la neuvième partie d'un homme[1] ; C'est aussi le prédicateur, le marchand, le fermier. Où

---

1. Allusion au dicton suivant lequel : *Il faut neuf tailleurs pour faire un homme.*

doit aboutir cette division du travail ? et quel objet finalement sert-elle ? Sans doute autrui *peut*-il aussi penser pour
moi ; mais il n'est pas à souhaiter pour cela qu'il le fasse à
l'exclusion de mon action de penser pour moi-même.

C'est vrai, il est en ce pays ce qu'on nomme des architectes, et j'ai entendu parler de l'un d'eux au moins comme
possédé de l'idée qu'il y a un fond de vérité, une nécessité,
de là une beauté dans l'acte qui consiste à faire des ornements d'architecture, à croire que c'est une révélation
pour lui. Fort bien peut-être à son point de vue, mais
guère mieux que le commun dilettantisme. En réformateur sentimental de l'architecture, c'est par la corniche
qu'il commença, non par les fondations. Ce fut seulement
l'embarras de savoir comment mettre un fond de vérité
dans les ornements qui valut à toute dragée de renfermer
en fait une amande ou un grain de carvi, — bien qu'à mon
sens ce soit sans le sucre que les amandes sont le plus
saines — et non pas comment l'hôte, l'habitant, pourrait
honnêtement bâtir à l'intérieur et à l'extérieur, en laissant
les ornements s'arranger à leur guise. Quel homme doué
de raison supposa jamais que les ornements étaient
quelque chose d'extérieur et de tout bonnement dans la
peau, — que si la tortue possédait une carapace tigrée, ou
le coquillage ses teintes de nacre, c'était suivant tel contrat
qui valut aux habitants de Broadway leur église de la
Trinité ? Mais un homme n'a pas plus à faire avec le style
d'architecture de sa maison qu'une tortue avec celui de sa
carapace : ni ne doit le soldat être assez vain pour essayer
de peindre la *couleur* précise de sa valeur sur sa bannière.
C'est à l'ennemi à la découvrir. Il se peut qu'il pâlisse au
moment de l'épreuve. Il me semblait voir cet homme se
pencher par-dessus la corniche pour murmurer timidement son semblant de vérité aux rudes occupants qui la
connaissaient, en réalité, mieux que lui. Ce que je vois
de beauté architecturale aujourd'hui, est venu, je le sais,

progressivement du dedans au dehors, des nécessités et du caractère de l'habitant, qui est le seul constructeur, — de certaine sincérité inconsciente, de certaine noblesse, sans jamais une pensée pour l'apparence; et quelque beauté additionnelle de ce genre qui soit destinée à se produire, sera précédée d'une égale beauté inconsciente de vie. Les plus intéressantes demeures, en ce pays-ci, le peintre le sait bien, sont les plus dénuées de prétention, les humbles huttes et les cottages de troncs de bois des pauvres en général; c'est la vie des habitants dont ce sont les coquilles, et non point simplement quelque particularité dans ces surfaces, qui les rend *pittoresque*s; et tout aussi intéressante sera la case suburbaine du citoyen, lorsque la vie de celui-ci sera aussi simple et aussi agréable à l'imagination, et qu'on sentira aussi peu d'effort visant à l'effet dans le style de sa demeure. Les ornements d'architecture, pour une large part, sont littéralement creux, et c'est sans dommage pour l'essentiel qu'un coup de vent de septembre les enlèverait, tels des plumes d'emprunt. Ceux-là peuvent s'en tirer sans *architecture*, qui n'ont ni olives ni vins au cellier. Que serait-ce si l'on faisait autant d'embarras à propos des ornements de style en littérature, et si les architectes de nos bibles dépensaient autant de temps à leurs corniches que font les architectes de nos églises? Ainsi des *belles-lettres* et des *beaux-arts*, et de leurs professeurs. Voilà qui touche fort un homme, vraiment, de savoir comment sont inclinés quelques bouts de bois au-dessus ou au-dessous de lui, et de quelles couleurs sa case est barbouillée! Cela signifierait quelque chose si, dans un esprit de ferveur, *il* les eût inclinés, *il* l'eût barbouillée; mais l'âme s'étant retirée de l'occupant, c'est tout de même que de construire son propre cercueil, — l'architecture de la tombe —, et «charpentier» n'est que synonyme de «fabricant de cercueils». Tel homme dit, en son désespoir ou son indifférence pour la vie: «Ramassez une poignée de la terre qui est à vos pieds, et peignez-moi votre maison de cette couleur-là.» Est-ce à sa dernière et étroite maison qu'il pense? Jouez-le à pile ou face. Qu'abondant doit être son loisir! Pourquoi ramasser une poignée de boue? Peignez plutôt votre maison de la couleur de votre teint; qu'elle pâlisse ou rougisse pour vous. Une entreprise pour améliorer le style de l'architecture des chaumières! Quand vous aurez là tout prêts mes ornements je les porterai.

Avant l'hiver je bâtis une cheminée, et couvris de bardeaux les côtés de ma maison, déjà imperméables à la pluie, de bardeaux imparfaits et pleins de sève, tirés de la première tranche de la bille, et dont je dus redresser les bords au rabot.

Je possède ainsi une maison recouverte étroitement de bardeaux et de plâtre, de dix pieds de large sur quinze de long, aux jambages de huit pieds, pourvue d'un grenier et d'un appentis, d'une grande fenêtre de chaque côté, de deux trappes, d'une porte à l'extrémité, et d'une cheminée de brique en face. Le coût exact de ma maison, au prix ordinaire de matériaux comme ceux dont je me servis, mais sans compter le travail, tout entier fait par moi, fut le suivant: et j'en donne le détail parce qu'il est peu de gens capables de dire exactement ce que coûtent leurs maisons, et moins encore, si seulement il en est, le coût séparé des matériaux divers dont elle se compose:

Planches	$ 8,03 1/2[1] ⎫	Planches de la cabane
	⎭	pour la plupart.
Bardeaux de rebut pour le toit et		
les côtés	4,00	
Lattes	1,25	
Deux fenêtres d'occasion avec		
verre	2,43	
Un mille de vieilles briques . . .	4,00	
Deux barils de chaux	2,40	C'était cher.

1. $ 8,03 1/2 = huit dollars trois cents et demi.

Crin 0,31	} Plus qu'il ne fallait.
Fer du manteau de cheminée . 0,15	
Clous 3,90	
Gonds et vis 0,14	
Loquet 0,10	
Craie 0,01	
Transport. 1,40	} J'en portai sur le dos } une bonne partie.

En tout . . . $ 28,12 1/2

C'est tout pour les matériaux, excepté le bois de charpente, les pierres et le sable, que je revendiquai suivant le droit du squatter[1]. J'ai aussi un petit bûcher attenant, fait principalement de ce qui resta après la construction de la maison.

Je me propose de me construire une maison qui surpassera en luxe et magnificence n'importe laquelle de la grand-rue de Concord, le jour où il me plaira, et qui ne me coûtera pas plus que ma maison actuelle.

Je reconnus de la sorte que l'homme d'études qui souhaite un abri, peut s'en procurer un pour la durée de la vie à un prix ne dépassant pas celui du loyer annuel qu'il paie à présent. Si j'ai l'air de me vanter plus qu'il ne sied, j'en trouve l'excuse dans ce fait que c'est pour l'humanité plutôt que pour moi-même que je crâne ; et ni mes faiblesses ni mes inconséquences n'affectent la véracité de mon dire. En dépit de grand jargon et moult hypocrisie, — balle que je trouve difficile de séparer de mon froment, mais qui me fâche plus que quiconque, — je respirerai librement et m'étendrai à cet égard, tant le soulagement est grand pour le système moral et physique ; et je suis résolu à ne pas devenir par humilité l'avocat du diable. Je

---

1. En Amérique, celui qui s'établit sur des terres ne lui appartenant pas.

m'emploierai à dire un mot utile en faveur de la vérité. Au collège de Cambridge[1], le simple loyer d'une chambre d'étudiant, à peine plus grande que la mienne, est de trente dollars par an, quoique la corporation eût l'avantage d'en construire trente-deux côte à côte et sous un même toit, et que l'occupant subisse l'incommodité de nombreux et bruyants voisins, sans compter peut-être la résidence au quatrième étage. Je ne peux m'empêcher de penser que si nous montrions plus de véritable sagesse à ces égards, non seulement moins d'éducation serait nécessaire, parce que, parbleu! on en aurait acquis déjà davantage, mais la dépense pécuniaire qu'entraîne une éducation disparaîtrait en grande mesure. Les commodités que réclame l'étudiant, à Cambridge ou ailleurs, lui coûtent, à lui ou à quelqu'un d'autre, un sacrifice de vie dix fois plus grand qu'elles ne feraient avec une organisation convenable d'une et d'autre part. Les choses pour lesquelles on demande le plus d'argent ne sont jamais celles dont l'étudiant a le plus besoin. L'instruction, par exemple, est un article important sur la note du trimestre, alors que pour l'éducation bien autrement précieuse qu'il acquiert en fréquentant les plus cultivés de ses contemporains ne s'ajoutent aucuns frais. La façon de fonder un collège consiste, en général, à ouvrir une souscription de dollars et de cents, après quoi, se conformant aveuglément au principe d'une division du travail poussée à l'extrême — principe auquel on ne devrait jamais se conformer qu'avec prudence, — à appeler un entrepreneur, lequel fait de la chose un objet de spéculation, et emploie des Irlandais ou autres ouvriers à poser réellement les fondations, pendant que les étudiants qui doivent l'être passent pour s'y préparer; et c'est pour ces bévues qu'il faut que successivement

---

1. L'Amérique, comme l'Angleterre, possède une ville universitaire de ce nom.

des générations paient. Je crois qu'il vaudrait mieux pour les étudiants, ou ceux qui désirent profiter de la chose, aller jusqu'à poser la fondation eux-mêmes. L'étudiant qui s'assure le loisir et la retraite convoités en esquivant systématiquement tout labeur nécessaire à l'homme, n'obtient qu'un vil et stérile loisir, se frustrant de l'expérience qui seule peut rendre le loisir fécond. «Mais, dira-t-on, entendez-vous que les étudiants traitent la besogne avec leurs mains au lieu de leur tête?» Ce n'est pas exactement ce que j'entends, mais j'entends quelque chose qu'on pourrait prendre en grande partie pour cela; j'entends qu'ils devraient ne pas *jouer* à la vie, ou se contenter de l'*étudier*, tandis que la communauté les entretient à ce jeu dispendieux, mais la *vivre* pour de bon du commencement à la fin. Comment la jeunesse pourrait-elle apprendre à mieux vivre qu'en faisant tout d'abord l'expérience de la vie? Il me semble que cela lui exercerait l'esprit tout autant que le font les mathématiques. Si je voulais qu'un garçon sache quelque chose des arts et des sciences, par exemple, je ne suivrais pas la marche ordinaire, qui consiste simplement à l'envoyer dans le voisinage de quelque professeur, où tout se professe et se pratique, sauf l'art de la vie; — surveiller le monde à travers un télescope ou un microscope, et jamais avec les yeux que la nature lui a donnés; étudier la chimie et ne pas apprendre comment se fait son pain, ou la mécanique, et ne pas apprendre comment on le gagne; découvrir de nouveaux satellites à Neptune, et non les pailles qu'il a dans l'œil, ni de quel vagabond il est lui-même un satellite; ou se faire dévorer par les monstres qui pullulent tout autour de lui, dans le temps qu'il contemple les monstres que renferme une goutte de vinaigre. Lequel aurait fait le plus de progrès au bout d'un mois — du garçon qui aurait fabriqué son couteau à l'aide du minerai extrait et fondu par lui, en lisant pour cela tout ce qui serait nécessaire, — ou du garçon qui pendant ce temps-là aurait suivi les cours de métallurgie à l'Institut et reçu de son père un canif de chez Rodgers ? Lequel serait avec le plus de vraisemblance destiné à se couper les doigts ?... À mon étonnement j'appris, en quittant le collège, que j'avais étudié la navigation ! — ma parole, fussé-je descendu faire un simple tour au port que j'en eusse su davantage à ce sujet. Il n'est pas jusqu'à l'étudiant *pauvre* qui n'étudie et ne s'entende professer l'économie *politique* seule, alors que cette économie de la vie, synonyme de philosophie, ne se trouve même pas sincèrement professée dans nos collèges. Le résultat, c'est que pendant qu'il lit Adam Smith, Ricardo et Say, il endette irréparablement son père.

Tel il en est de nos collèges, tel il en est de cent « perfectionnements modernes » ; on se fait illusion à leur égard ; il n'y a pas toujours progression positive. Le diable continue à exiger jusqu'au bout un intérêt composé pour son avance de fonds et ses nombreux placements à venir en eux. Nos inventions ont coutume d'être de jolis jouets, qui distraient notre attention des choses sérieuses. Ce ne sont que des moyens perfectionnés tendant à une fin non perfectionnée, une fin qu'il n'était déjà que trop aisé d'atteindre ; comme les chemins de fer mènent à Boston ou New York. Nous n'avons de cesse que nous n'ayons construit un télégraphe magnétique[1] du Maine au Texas ; mais il se peut que le Maine et le Texas n'aient rien d'important à se communiquer. L'un ou l'autre se trouve dans la situation de l'homme qui, empressé à se faire présenter à une femme aussi sourde que distinguée, une fois mis en sa présence et l'extrémité du cornet acoustique placée dans la main, ne trouva rien à dire. Comme s'il s'agissait de parler vite et non de façon sensée. Nous brûlons de percer un tunnel sous l'Atlantique et de rapprocher de quelques

---

1. L'auteur écrit au milieu du xix⁰ siècle.

semaines le vieux monde du nouveau; or, peut-être la première nouvelle qui s'en viendra frapper la vaste oreille battante de l'Amérique sera-t-elle que la princesse Adélaïde a la coqueluche. L'homme dont le cheval fait un mille à la minute n'est pas, après tout, celui qui porte les plus importants messages; ce n'est pas un évangéliste, ni ne s'en vient-il mangeant des sauterelles et du miel sauvage. Je doute que Flying Childers[1] ait jamais porté une mesure de froment au moulin.

On me dit: «Je m'étonne que vous ne mettiez pas d'argent de côté; vous aimez les voyages; vous pourriez prendre le chemin de fer, et aller à Fitchburg aujourd'hui pour voir le pays.» Mais je suis plus sage. J'ai appris que le voyageur le plus prompt est celui qui va à pied. Je réponds à l'ami: «Supposez que nous essayions de voir qui arrivera là le premier. La distance est de trente milles; le prix du billet, de quatre-vingt-dix cents. C'est là presque le salaire d'une journée. Je me rappelle le temps où les salaires étaient de soixante cents par jour pour les journaliers sur cette voie. Soit, me voici parti à pied, et j'atteins le but avant la nuit. J'ai voyagé de cette façon des semaines entières. Vous aurez pendant ce temps-là travaillé à gagner le prix de votre billet, et arriverez là-bas à une heure quelconque demain, peut-être ce soir, si vous avez la chance de trouver de l'ouvrage en temps. Au lieu d'aller à Fitchburg, vous travaillerez ici la plus grande partie du jour. Ce qui prouve que si le chemin de fer venait à faire le tour du monde, j'aurais, je crois, de l'avance sur vous; et pour ce qui est de voir le pays comme acquérir par là de l'expérience, il me faudrait rompre toutes relations avec vous.»

Telle est la loi universelle, que nul homme ne saurait éluder, et au regard du chemin de fer même, on peut dire que c'est bonnet blanc et blanc bonnet. Faire autour du

---

1. Nom d'un cheval de course célèbre au commencement du XVIIIᵉ siècle.

monde un chemin de fer profitable à tout le genre humain, équivaut à niveler l'entière surface de la planète. Les hommes ont une notion vague que s'ils entretiennent assez longtemps cette activité tant de capitaux par actions que de pelles et de pioches, tout à la longue roulera quelque part, en moins de rien, et pour rien; mais la foule a beau se ruer à la gare, et le conducteur crier. «Tout le monde en voiture!» la fumée une fois dissipée, la vapeur une fois condensée, on s'apercevra que pour un petit nombre à rouler, le reste est écrasé, — et on appellera cela, et ce sera: «Un triste accident.» Nul doute que puissent finir par rouler ceux qui auront gagné le prix de leur place, c'est-à-dire, s'ils vivent assez longtemps pour cela, mais il est probable que vers ce temps-là ils auront perdu leur élasticité et tout désir de voyager. Cette façon de passer la plus belle partie de sa vie à gagner de l'argent pour jouir d'une liberté problématique durant sa moins précieuse partie, me rappelle cet Anglais qui s'en alla dans l'Inde pour faire d'abord fortune, afin de pouvoir revenir en Angleterre mener la vie d'un poète. Que ne commença-t-il par monter au grenier! «Eh quoi», s'écrient un million d'Irlandais surgissant de toutes les cabanes du pays: «Ce chemin de fer que nous avons construit ne serait donc pas une bonne chose?» À cela je réponds: «Oui, *relativement* bonne — c'est-à-dire que vous auriez pu faire pis; mais je souhaiterais, puisque vous êtes mes frères, que vous puissiez mieux avoir employé votre temps qu'à piocher dans cette boue.»

Avant de finir ma maison, désirant gagner dix ou douze dollars suivant un procédé honnête et agréable, en vue de faire face à mes dépenses extraordinaires, j'ensemençai près d'elle deux acres et demi environ de terre légère et sablonneuse, principalement de haricots, mais aussi une petite partie de pommes de terre, maïs, pois et navets. Le lot est de onze acres en tout, dont le principal pousse en pins et hickorys, et fut vendu la saison précédente à raison de huit dollars huit cents l'acre. Certain fermier déclarait que ce n'était «bon à rien qu'à élever des piaillards d'écureuils». Je ne mis aucune sorte d'engrais dans ce sol, dont non seulement je n'étais que le «squatter», pas le propriétaire, mais ne comptais pas en outre recommencer à cultiver autant, et je ne sarclai pas complètement tout sur l'heure. En labourant je mis au jour plusieurs cordes de souche qui m'approvisionnèrent de combustible pour longtemps, et laissèrent de petits cercles de terreau vierge, aisément reconnaissables, tant que dura l'été, à une luxuriance plus grande de haricots en ces endroits-là. Le bois mort et en grande partie sans valeur marchande, qui se trouvait derrière ma maison, ainsi que le bois flottant de l'étang, ont pourvu au reste de mon combustible. Il me fallut louer une paire de chevaux et un homme pour le labour, bien que je conduisisse moi-même la charrue. Mes dépenses de fermage pour la première saison, en outils, semence, travail, etc., montèrent à 14 dollars 72 cents et demi. Le maïs de semence me fut donné. Il ne revient jamais à une somme appréciable, à moins qu'on ne sème plus qu'il ne faut. J'obtins douze boisseaux de haricots, et dix-huit de pommes de terre, sans compter un peu de pois et de maïs vert. Le maïs jaune et les navets furent trop tardifs pour produire quelque chose. Mon revenu de la ferme, tout compris, fut de :

	$ 23,44
Déduction des dépenses. . . .	14,72 1/2
Reste.	$ 8,71 1/2

Outre le produit consommé et le produit en réserve lors de cette évaluation, estimés à 4 dollars 50 cents — le montant de la réserve faisant plus que compenser la valeur d'un peu d'herbe que je ne fis pas pousser. Tout bien considéré, c'est-à-dire, considérant l'importance d'une âme d'homme et du moment présent, malgré le peu de temps que prit mon essai, que dis-je, en partie même à cause de son caractère passager, je crois que ce fut faire mieux que ne fit nul fermier de Concord cette année-là.

L'année suivante je fis mieux encore, car c'est à la bêche que je retournai toute la terre dont j'avais besoin, environ le tiers d'un acre, et j'appris par l'expérience de l'une et l'autre année, sans m'en laisser le moins du monde imposer par nombres d'ouvrages célèbres sur l'agriculture, Arthur Young comme le reste, que si l'on vivait simplement et ne mangeait que ce que l'on a fait pousser, si l'on ne faisait pousser plus que l'on ne mange, et ne l'échangeait contre une quantité insuffisante de choses plus luxueuses autant que plus coûteuses, on n'aurait besoin que de cultiver quelques verges de terre ; que ce serait meilleur marché de les bêcher que de se servir de bœufs pour les labourer, de choisir de temps à autre un nouvel endroit que de fumer l'ancien, et qu'on pourrait faire tout le travail nécessaire de sa ferme, comme qui dirait de la main gauche à ses moments perdus en été ; que de la sorte on ne serait pas lié à un bœuf, à un cheval, à une vache, ou à un cochon, comme à présent. Je tiens à m'expliquer sur ce point avec impartialité, et comme quelqu'un qui n'est pas intéressé dans le succès ou l'insuccès de la présente ordonnance économique et sociale. J'étais plus indépendant que nul fermier de Concord, car je n'étais enchaîné à maison ni ferme, et pouvais suivre à tout moment la courbe de mon esprit, lequel en est un fort tortueux. En outre, me trouvant déjà mieux dans mes affaires que ces gens, ma maison eût-elle brûlé ou ma récolte manqué, que je ne me fusse guère trouvé moins bien dans mes affaires qu'avant.

J'ai accoutumé de penser que les hommes ne sont pas tant les gardiens des troupeaux que les troupeaux sont les gardiens des hommes, tellement ceux-là sont plus libres. Hommes et bœufs font échange de travail, mais si l'on ne considère que le travail nécessaire, on verra que les bœufs ont de beaucoup l'avantage, tant leur ferme est la plus grande. L'homme fournit un peu de sa part de travail d'échange, en ses six semaines de fenaison, et ce n'est pas un jeu d'enfant. Certainement une nation vivant simplement sous tous rapports — c'est-à-dire une nation de philosophes — ne commettrait jamais telle bévue que d'employer le travail des animaux. Oui, il n'a jamais été ni ne semble devoir être de si tôt de nation de philosophes, pas plus, j'en suis certain, que l'existence en puisse être désirable. Toutefois, jamais je n'aurais, moi, dressé un cheval plus qu'un taureau, ni pris en pension en échange de quelque travail qu'il pût faire pour moi, de peur de devenir tout bonnement un cava-lier ou un bou-vier ; et la société, ce faisant, parût-elle la gagnante, sommes-nous certains que ce qui est gain pour un homme, n'est point perte pour un autre, et que le garçon d'écurie a les mêmes motifs que son maître de se trouver satisfait ? En admettant que sans cette aide quelques ouvrages publics n'eussent pas été construits, dont l'homme partage la gloire avec le bœuf et le cheval, s'ensuit-il qu'il n'eût pu dans ce cas accomplir des ouvrages encore plus dignes de lui ? Lorsque les hommes se mettent à faire un travail non pas simplement inutile ou artistique, mais de luxe et frivole, avec leur assistance, il va de soi qu'un petit nombre fait tout le travail d'échange avec les bœufs, ou, en d'autres termes, devient esclave des plus forts. L'homme ainsi non seulement travaille pour l'animal en lui, mais, en parfait symbole, travaille pour l'animal hors de lui. Malgré maintes solides maisons de brique ou de pierre, la prospérité du fermier se mesure encore suivant le degré auquel la grange couvre de son ombre la maison. Cette ville-ci passe pour posséder les plus grandes maisons de bœufs, de vaches et de chevaux qui soient aux alentours, et elle n'est pas en arrière pour ce qui est de ses édifices publics ; mais en fait de salles destinées à un libre culte ou à une libre parole, il en est fort peu dans ce comté. Ce n'est pas par leur architecture, mais pourquoi pas justement par leur pouvoir de pensée abstraite, que les nations devraient chercher à se commémorer ? Combien plus admirable le Bhagavad-Gîta que toutes les ruines de l'Orient ! Les tours et les temples sont le luxe des princes. Un esprit simple et indépendant ne peine pas sur l'invitation d'un prince. Le génie n'est de la suite d'aucun empereur, pas plus que ses matériaux d'argent, d'or, ou de marbre, sauf à un insignifiant degré. À quelle fin, dites-moi, tant de pierre travaillée ? En Arcadie, lorsque j'y fus, je ne vis point qu'on martelât de pierre. Les nations sont possédées de la démente ambition de perpétuer leur mémoire par l'amas de pierre travaillée qu'elles laissent. Que serait-ce si d'égales peines étaient prises pour adoucir et polir leurs mœurs ? Un seul acte de bon sens devrait être plus mémorable qu'un monument aussi haut que la lune. Je préfère voir les pierres en leur place. La grandeur de Thèbes fut une grandeur vulgaire. Plus sensé le cordon de pierre qui borne le champ d'un honnête homme qu'une Thèbes aux cent portes qui s'est écartée davantage du vrai but de la vie. La religion et la civilisation qui sont barbares et païennes construisent de splendides temples, mais ce que l'on pourrait appeler le Christianisme n'en construit pas. La majeure partie de la pierre qu'une nation travaille prend la route de sa tombe seulement. Cette nation s'enterre vivante. Pour les Pyramides, ce qu'elles offrent surtout d'étonnant, c'est qu'on ait pu trouver tant d'hommes assez avilis pour passer leur vie à la construction d'une tombe destinée à quelque imbécile ambitieux, qu'il eût été plus sage et plus mâle de noyer dans le Nil pour ensuite livrer son corps aux chiens. Je pourrais peut-être inventer quelque excuse en leur faveur et la sienne, mais je n'en ai pas le temps. Quant à la religion et l'amour de l'art des bâtisseurs, ce sont à peu près les mêmes par tout l'univers, que l'édifice soit un temple égyptien ou la Banque des États-Unis. Cela coûte plus que cela ne vaut. Le grand ressort, c'est la vanité, assistée de l'amour de l'ail et pain et beurre. Mr. Balcom, jeune architecte plein de promesses, le dessine sur le dos de son Vitruve, au crayon dur et à la règle, puis le travail est lâché à Dobson et Fils, tailleurs de pierre. Lorsque les trente siècles commencent à abaisser les yeux dessus, l'humanité commence à lever dessus les siens. Quant à vos hautes tours et monuments, il y eut jadis en cette ville-ci un cerveau brûlé qui entreprit de percer la terre jusqu'à la Chine, et il atteignit si loin que, à son dire, il entendit les marmites et casseroles chinoises résonner ; mais je crois bien que je ne me détournerai pas de mon chemin pour admirer le trou qu'il fit. Cela intéresse nombre de gens de savoir, à propos des monuments de l'Ouest et de l'Est, qui les a bâtis. Pour ma part, j'aimerais savoir qui, en ce temps-là, ne les bâtit point, — qui fut au-dessus de telles futilités. Mais poursuivons mes statistiques.

Grâce à des travaux d'arpentage, de menuiserie, à des journées de travail de diverses autres sortes dans le village entre-temps, car je compte autant de métiers que de doigts, j'avais gagné 13 dollars 34 cents. La dépense de nourriture pour huit mois, à savoir, du 4 juillet au 1er mars, époque où ces estimations furent faites, quoique j'habitasse là plus de deux ans — sans tenir compte des pommes de terre, d'un peu de maïs vert et de quelques pois que j'avais fait pousser, et sans avoir égard à la valeur de ce qui était en réserve à la dernière date, fut :

Riz . . . . $ 1,73 1/2

Mélasse 1,73   { La forme la moins
                                          chère de la saccharine.

Farine de seigle 1,04 3/4

Farine de maïs. . . . . 0,99 3/4 { Moins chère que le seigle.

Porc. 0,22

Fleur de farine. . . . . 0,88 { Revient plus cher que la farine de maïs, argent et ennuis à la fois.

Sucre. 0,80
Saindoux. 0,65
Pommes. 0,25
Pommes séchées. 0,22
Patates. 0,10
Une citrouille. 0,06
Un melon d'eau. 0,02
Sel. 0,03

} Tous essais qui faillirent.

Oui, je mangeai la valeur de 8 dollars 74 cents, en tout et pour tout; mais je ne divulguerais pas ainsi effrontément mon crime si je ne savais la plupart de mes lecteurs tout aussi criminels que moi, et que leurs faits et gestes n'auraient pas meilleur air une fois imprimés. L'année suivante je pris de temps à autre un plat de poisson pour mon dîner, et une fois j'allais jusqu'à égorger une marmotte qui ravageait mon champ de haricots, — opérer sa transmigration, comme dirait un Tartare, — et la dévorer, un peu à titre d'essai; mais si elle me procura une satisfaction momentanée, en dépit de certain goût musqué, je m'aperçus qu'à la longue ce ne serait pas une bonne habitude, dût-on faire préparer ses marmottes par le boucher du village.

L'habillement et quelques dépenses accessoires entre les mêmes dates, si peu qu'on puisse induire de cet article, montèrent à :

$ 8,40 3/4

Huile et quelques ustensiles de
ménage . . . . $ 2,00

De sorte que toutes les sortes d'argent, sauf pour le lavage et le raccommodage, qui, en grande partie, furent faits hors de la maison, et les notes n'en ont pas encore été reçues, — et ces dépenses sont toutes et plus que toutes les voies par lesquelles sort nécessairement l'argent en cette partie du monde, — furent:

Maison	$ 28,12 1/2
Ferme, une année	14,72 1/2
Nourriture, huit mois	8,74
Habillement, etc., huit mois .	8,40 3/4
Huile, etc., huit mois	2 00
En tout	$ 61,99 3/4

Je m'adresse en ce moment à ceux de mes lecteurs qui ont à gagner leur vie. Et pour faire face à cela j'ai vendu comme produits de ferme:

	$ 23,44
Gagné par le travail journalier	13,34
En tout	$ 36,78

qui, soustrait de la somme des dépenses, laisse une balance de 25 dollars 21 cents 3/4 d'un côté, ce qui représente à peu de chose près les moyens grâce auxquels je débutai, et la mesure des dépenses à prévoir, — de l'autre, outre le loisir, l'indépendance et la santé ainsi assurés, une maison confortable pour moi aussi longtemps qu'il me plaira de l'occuper.

Cette statistique, si accidentelle et par conséquent peu instructive qu'elle puisse paraître, étant assez complète, a par cela même une certaine valeur. Rien ne me fut donné dont je n'aie rendu quelque compte. Il résulte du précédent aperçu que ma nourriture seule me coûta en argent vingt-sept cents environ par semaine. Ce fut, au cours de presque deux années après cela, du seigle et de la farine de maïs sans levain, des pommes de terre, du riz, un tout petit peu de porc salé, de la mélasse, et du sel ; et ma boisson, de l'eau. Il était séant que je vécusse de riz, principalement, moi qui tant aimais la philosophie de l'Inde. Pour aller au-devant des objections de quelques chicaneurs invétérés, je peux aussi bien dire que si je dînai parfois dehors, comme j'avais toujours fait et crois que j'aurais encore occasion de le faire, ce fut souvent au détriment de mes arrangements domestiques. Mais le dîner dehors, étant, comme je l'ai établi, un facteur constant, n'affecte en rien un état comparatif comme celui-ci.

J'appris de mes deux années d'expérience qu'il en coûterait incroyablement peu de peine de se procurer sa nourriture nécessaire même sous cette latitude ; qu'un homme peut suivre un régime aussi simple que font les animaux, tout en conservant santé et force. J'ai dîné d'une façon fort satisfaisante, satisfaisante à plusieurs points de vue, simplement d'un plat de pourpier (*Portulaca oleracea*) que je cueillis dans mon champ de blé, fis bouillir et additionnai de sel. Je donne le latin à cause de la saveur du nom vulgaire. Et, dites-moi, que peut désirer de plus un homme raisonnable, en temps de paix, à l'ordinaire midi, qu'un nombre suffisant d'épis de maïs verts bouillis, avec l'addition de sel ? Il n'était pas jusqu'à la petite variété dont j'usais qui ne fût une concession aux demandes de l'appétit, et non de la santé. Cependant les hommes en sont arrivés à ce point que fréquemment ils meurent de faim, non par manque de nécessaire, mais par manque de luxe ; et je connais une brave femme qui croit que son fils a perdu la vie pour s'être mis à ne boire que de l'eau.

Le lecteur remarquera que je traite le sujet à un point de vue plutôt économique que diététique, et ne s'aventurera pas à mettre ma sobriété à l'épreuve qu'il n'ait un office bien garni.

Le pain, je commençai par me le faire de pure farine de maïs et sel, vrai *hoe cakes*[1], que je cuisis devant mon feu dehors sur un bardeau ou le bout d'une pièce de charpente sciée en construisant ma maison ; mais il avait coutume de prendre le goût de fumée et un arôme de résine. J'essayai aussi de la fleur de farine, mais ai fini par trouver un mélange de seigle et de farine de maïs aussi convenable qu'appétissant. Par temps froid ce n'était pas mince amusement que de cuire plusieurs petits pains de cette chose les uns après les autres, en les surveillant et les retournant avec autant de soin qu'un Égyptien ses œufs en cours d'éclosion. C'étaient autant de vrais fruits de céréales que je faisais mûrir, et qui avaient à mes sens un parfum rappelant celui d'autres nobles fruits, lequel je retenais aussi longtemps que possible en les enveloppant d'étoffe. Je fis une étude de l'art aussi antique qu'indispensable de faire du pain, consultant telles autorités qui s'offraient, retournant aux temps primitifs et à la première invention du genre sans levain, quand de la sauvagerie des noix et des viandes les hommes en vinrent d'abord à la douceur et au raffinement de ce régime ; et avançant peu à peu dans mes études, je passai par cet aigrissement accidentel de la pâte qu'on suppose avoir enseigné le procédé du levain, et par les diverses fermentations qui s'ensuivent, jusqu'au jour où j'arrivai « au bon pain frais et sain », soutien de la vie. Le levain, que d'aucuns estiment être l'âme du pain, le *spiritus* qui remplit son tissu cellulaire, que l'on conserve religieusement comme le feu des Vestales, — quelque précieuse bouteille, je suppose, transportée à l'origine à bord du *Mayflower*, fit l'affaire pour l'Amérique,

1. Galettes minces de farine de maïs, propres aux États-Unis.

et son action se lève, se gonfle, et se répand encore, en
flots céréaliens sur tout le pays, — cette semence, je me la
procurai régulièrement et fidèlement au village jusqu'à
ce qu'enfin, un beau matin, oubliant les prescriptions,
j'échaudai ma levure ; grâce à quel accident je découvris
que celle-ci même n'était pas indispensable, — car mes
découvertes ne se faisaient pas suivant la méthode synthé-
tique, mais la méthode analytique, — et je l'ai volontiers
négligée depuis, quoique la plupart des ménagères m'aient
sérieusement assuré qu'il ne saurait être de pain inoffensif
et salutaire sans levure, et les gens d'âge avancé prophétisé
un prompt dépérissement des forces vitales. Encore trouvé-
je que ce n'est pas un élément essentiel, et après m'en être
passé une année je suis toujours du domaine des vivants ;
en outre je m'applaudis d'échapper à la trivialité de promener dans ma poche une bouteille pleine, à laquelle il arrivait
parfois de «partir» et décharger son contenu à mon décon-
tenancement. Il est plus simple et plus comme il faut de la
négliger. L'homme est un animal qui mieux qu'un autre
peut s'adapter à tous climats et toutes circonstances. Non
plus ne mis-je de sel, ni soude, ni autre acide ou alcali,
dans mon pain. Il semblerait que je le fis suivant la recette
que donna Marcus Porcius Caton deux siècles environ
avant J.-C. : «*Panem depsticium sic facito. Manus morta-
riumque bene lavato. Farinam in mortarium indito, aquæ
paulatim addito, subigitoque pulchre. Ubi bene subegeris,
defingito, coquitoque sub testu.*» Ce que je comprends
signifier : «Faites ainsi le pain pétri. Lavez-vous bien les
mains et lavez de même la huche. Mettez la farine dans la
huche, arrosez d'eau progressivement, et pétrissez complètement. Une fois qu'elle est bien pétrie, façonnez-la et
cuisez à couvert», c'est-à-dire dans un four à pain. Pas un
mot du levain. Mais je n'usai pas toujours de ce soutien de
la vie. À certain moment, en raison de la platitude de ma
bourse, j'en fus sevré pendant plus d'un mois.

Il n'est pas un habitant de la Nouvelle-Angleterre qui ne puisse aisément faire pousser tous les éléments de son pain en ce pays de seigle et de maïs, sans dépendre à leur égard de marchés distants et flottants. Si loin sommes-nous cependant de la simplicité et de l'indépendance, qu'à Concord il est rare de trouver de fraîche et douce farine dans les boutiques, et que le hominy[1] comme le maïs sous une forme encore plus grossière sont d'un usage fort rare. La plupart du temps le fermier donne à son bétail et à ses cochons le grain de sa production et achète plus cher à la boutique une farine qui pour le moins n'est pas plus salutaire. Je compris que je pouvais facilement produire mon boisseau[2], sinon deux, de seigle et de maïs, car le premier poussera sur la terre la plus pauvre, alors que le second n'exige pas la meilleure, les moudre dans un moulin à bras, de la sorte m'en tirer sans riz et sans porc ; et s'il est nécessaire de quelques douceurs, je découvris par expérience que je pouvais tirer une fort bonne mélasse soit de la citrouille, soit de la betterave, puis reconnus qu'en faisant simplement pousser quelques érables[3], je me les procurais plus facilement encore, et qu'enfin dans le temps où ceux-ci poussaient, je pouvais employer divers succédanés en dehors de ceux que j'ai nommés. Car, ainsi les Ancêtres le chantaient :

We can make liquor to sweeten our lips
Of pumpkins and parsnips and walnut-tree chips[4].

1. Hominy, bouillie de maïs, très connue en Amérique et que l'on achète crue pour la faire cuire.
2. *Bushel*, boisseau, 35,24 litres aux États-Unis.
3. Érable à sucre, originaire du nord des États-Unis et du Canada.
4. Nous savons faire une liqueur adoucissante aux lèvres
De citrouille et panais et copeaux de noyer.
Vers tirés d'une chanson appelée *Les Ennuis de la Nouvelle-Angleterre*, composée par un des premiers colons, et qui passe pour la plus ancienne composition américaine connue.

Enfin, pour ce qui est du sel, ce produit si vulgaire d'épicerie, se le procurer pourrait être l'occasion d'une visite
au bord de la mer, à moins que n'arrivant à m'en passer
tout à fait, je n'en busse probablement que moins d'eau. Je
ne sache pas que les Indiens aient jamais pris la peine de
se mettre en quête de lui.

Ainsi pouvais-je éviter tout commerce, tout échange,
autant qu'il en allait de ma nourriture, et, pourvu déjà
d'un abri, il ne restait à se procurer que le vêtement et le
combustible. Le pantalon que je porte actuellement, fut
tissé dans une famille de fermiers — le Ciel soit loué qu'il
y ait encore tant de vertu dans l'homme ; car je tiens la
chute du fermier à l'ouvrier pour aussi grande et retentissante que celle de l'homme au fermier ; — et dans un pays
neuf le combustible est un encombrement. Pour ce qui est
d'un habitat, s'il ne m'était pas encore permis de m'établir
sur une terre ne m'appartenant pas, je pouvais me rendre
acquéreur d'un acre pour le prix auquel on vendait la
terre que je cultivais — à savoir, huit dollars huit cents.
Mais quoi qu'il en fût, j'estimai que c'était augmenter la
valeur de la terre que de m'établir dessus en squatter.

Il est certaine catégorie d'incrédules qui parfois me posent
des questions comme celle-ci : « Croyez-vous pouvoir vivre
uniquement de légumes ? » Pour atteindre tout de suite à
la racine de l'affaire — car la racine, c'est la foi, — j'ai
coutume de répondre à tels gens, que je peux vivre de
clous à sabot. S'ils ne peuvent comprendre cela, ils ne le
sauraient guère à ce que j'ai à dire. Pour ma part, ce n'est
pas sans plaisir que j'apprends qu'on tente des expériences
de ce genre-ci, par exemple qu'un jeune homme a essayé
pendant quinze jours de vivre de maïs dur, de maïs cru
sur l'épi, en se servant de ses dents pour tout mortier. La
gent écureuil tenta la même avec succès. La race humaine
est intéressée dans ces expériences, quand devraient

quelques vieilles femmes hors d'état de les tenter, ou qui possèdent en moulins leur usufruit, s'en alarmer.

Mon mobilier, dont je fabriquai moi-même une partie, le reste ne me coûta rien de quoi je n'aie rendu compte, consista en un lit, une table, un pupitre, trois chaises, un miroir de trois pouces de diamètre, une paire de pincettes et une autre de chenets, une bouillotte, une marmite, et une poêle à frire, une cuiller à pot, une jatte à laver, deux couteaux et deux fourchettes, trois assiettes, une tasse, une cuiller, une cruche à huile, une cruche à mélasse, et une lampe bronzée. Nul n'est si pauvre qu'il lui faille s'asseoir sur une citrouille. C'est manque d'énergie. Il y a dans les greniers de village abondance de ces chaises que j'aime le mieux, et qui ne coûtent que la peine de les enlever. Du mobilier ! Dieu merci, je suis capable de m'asseoir et de me tenir debout sans l'aide de tout un garde-meubles. Qui donc, sinon un philosophe, ne rougirait de voir son mobilier entassé dans une charrette et courant la campagne exposé à la lumière des cieux comme aux yeux des hommes, misérable inventaire de boîtes vides ? C'est le mobilier de Durand. Je n'ai jamais su dire à l'inspection de telle charretée si c'est à un soi-disant riche ou à un pauvre qu'elle appartenait ; le possesseur toujours en paraissait affligé de pauvreté. En vérité, plus vous possédez de ces choses, plus vous êtes pauvre. Il n'est pas une de ces charretées qui ne semble contenir le contenu d'une douzaine de cabanes ; et si une seule cabane est pauvre, cela l'est douze fois autant. Dites-moi pourquoi *déménageons*-nous, sinon pour nous débarrasser de notre mobilier, notre *exuviæ* ; à la fin passer de ce monde dans un autre meublé à neuf, et laisser celui-ci pour le feu ? C'est comme si tous ces pièges étaient bouclés à votre ceinture, et qu'il ne fût plus possible, sur le rude pays où sont jetées nos lignes, de se déplacer sans les traîner, — traîner son piège. Heureux le renard qui y laissa la queue. Le rat musqué se coupera de la dent jusqu'à la troisième patte pour être libre. Guère étonnant que l'homme ait perdu son élasticité. Que souvent il lui arrive d'être au point mort! «Monsieur, si vous permettez, qu'entendez-vous par le point mort?» Si vous êtes un voyant, vous ne rencontrez pas un homme que vous ne découvriez derrière lui tout ce qu'il possède, oui, et beaucoup qu'il feint de ne pas posséder, jusqu'à sa batterie de cuisine et tout le rebut qu'il met de côté sans le vouloir brûler, à quoi il semble attelé et poussant de l'avant comme il peut. Je crois au point mort celui qui ayant franchi un nœud de bois ou une porte cochère ne se peut faire suivre de son traîneau de mobilier. Je ne laisse pas de me sentir touché de compassion quand j'entends un homme bien troussé, bien campé, libre en apparence, tout sanglé, tout botté, parler de son «mobilier», comme étant assuré ou non. «Mais que ferai-je de mon mobilier?» Mon brillant papillon est donc empêtré dans une toile d'araignée. Il n'est pas jusqu'à ceux qui semblent longtemps n'en pas avoir, que, poussant plus loin votre enquête, vous ne découvriez en avoir amassé dans la grange de quelqu'un. Je considère l'Angleterre aujourd'hui comme un vieux gentleman qui voyage avec un grand bagage, friperie accumulée au cours d'une longue tenue de maison, et qu'il n'a pas le courage de brûler; grande malle, petite malle, carton à chapeau et paquet. Jetez-moi de côté les trois premiers au moins. Il serait de nos jours au-dessus des forces d'un homme bien portant de prendre son lit pour s'en aller, et je conseillerais certainement à celui qui serait malade de planter là son lit pour filer. Lorsqu'il m'est arrivé de rencontrer un immigrant qui chancelait sous un paquet contenant tout son bien — énorme tumeur, eût-on dit, poussée sur sa nuque — je l'ai pris en pitié, non parce que c'était, cela, tout son bien, mais parce qu'il avait tout *cela* à porter. S'il m'arrive d'avoir à traîner mon piège, j'aurai soin que c'en soit un léger et qu'il ne me pince pas en une partie vitale. Mais peut-être le plus sage serait-il de ne jamais mettre la patte dedans.

Je voudrais observer, en passant, qu'il ne m'en coûte rien en fait de rideaux, attendu que je n'ai d'autres curieux à exclure que le soleil et la lune, et que je tiens à ce qu'ils regardent chez moi. La lune ne fera tourner mon lait ni ne corrompra ma viande, plus que le soleil ne nuira à mes meubles ou ne fera passer mon tapis, et s'il se montre parfois ami quelque peu chaud, je trouve encore meilleure économie à battre en retraite derrière quelque rideau fourni par la nature qu'à ajouter un simple article au détail de mon ménage. Une dame m'offrit une fois un paillasson, mais comme je n'avais ni place de reste dans la maison, ni de temps de reste dedans ou dehors pour le secouer, je déclinai l'offre, préférant m'essuyer les pieds sur l'herbe devant ma porte. Mieux vaut éviter le mal à son début.

Il n'y a pas longtemps, j'assistais à la vente des effets d'un diacre, attendu que sa vie n'avait pas été inefficace :

The evil that men do lives after them[1].

Comme toujours, la friperie dominait, qui avait commencé à s'accumuler du vivant du père. Il y avait dans le tas un ver solitaire desséché. Et voici qu'après être restées un demi-siècle dans son grenier et autres niches à poussière, ces choses n'étaient pas brûlées ; au lieu d'un *autodafé* ou de leur purifiante destruction, c'était d'une *vente à l'encan* qu'il s'agissait, ou de leur mise en plus-value. Les voisins s'assemblèrent avec empressement pour les examiner, les achetèrent toutes et soigneusement les transportèrent en leurs greniers et niches à poussière, pour y rester jusqu'au règlement de leurs biens, moment où de nouveau elles se

---

1. Shakespeare, *Jules César*. Trad. : « Le mal que font les hommes leur survit. »

mettront en route. L'homme qui meurt chasse du pied la poussière.

Les coutumes de quelques tribus sauvages pourraient peut-être se voir imitées avec profit par nous ; ainsi lorsque ces tribus accomplissent au moins le simulacre de jeter au rebut annuellement leur dépouille[1]. Elles ont l'idée de la chose, qu'elles en aient la réalité ou non. Ne serait-il pas à souhaiter que nous célébrions pareil «busk» ou «fête des prémices», décrite par Bartram comme ayant été la coutume des Indiens Mucclasse ? «Lorsqu'une ville célèbre le *busk*, dit-il, après s'être préalablement pourvus de vêtements neufs, de pots, casseroles et autres ustensiles de ménage et meubles neufs, ses habitants réunissent leurs vêtements hors d'usage et autres saletés, balaient et nettoient leurs maisons, leurs places, la ville entière, de leurs immondices, dont, y compris tout le grain restant et autres vieilles provisions, ils font un tas commun qu'ils consument par le feu. Après avoir pris médecine et jeûné trois jours, on éteint tous les feux de la ville. Durant le jeûne on s'abstient de satisfaire tout appétit, toute passion, quels qu'ils soient. On proclame une amnistie générale ; tous les malfaiteurs peuvent réintégrer leur ville.

«Le matin du quatrième jour, le grand prêtre, en frottant deux morceaux de bois sec ensemble, produit du feu neuf sur la place publique, d'où chaque habitation de la ville est pourvue de la neuve et pure flamme.»

Alors ils se régalent de maïs et de fruits nouveaux, dansent et chantent trois jours, «et les quatre jours suivants ils reçoivent des visites et se réjouissent avec leurs amis venus des villes voisines, lesquels se sont de la même façon purifiés et préparés».

---

1. À Palerme, dans chaque quartier, a lieu encore annuellement un feu de joie alimenté des meubles et ustensiles de rebut dont se débarrassent les habitants.

Les Mexicains aussi pratiquaient semblable purification à la fin de tous les cinquante-deux ans, dans la croyance qu'il était temps pour le monde de prendre fin.

Je ne sais pas de sacrement, c'est-à-dire, selon le dictionnaire, de « signe extérieur et visible d'une grâce intérieure et spirituelle », plus honnête que celui-ci, et je ne doute pas que pour agir de la sorte ils n'aient à l'origine été inspirés directement du Ciel, quoiqu'ils ne possèdent pas de textes bibliques de la révélation.

Pendant plus de cinq ans je m'entretins de la sorte grâce au seul labeur de mes mains, et je m'aperçus qu'en travaillant six semaines environ par an, je pouvais faire face à toutes les dépenses de la vie. La totalité de mes hivers comme la plus grande partie de mes étés, je les eus libres et francs pour l'étude. J'ai bien et dûment essayé de tenir école, mais me suis aperçu que mes dépenses se trouvaient en proportion, ou plutôt en disproportion, de mon revenu, car j'étais obligé de m'habiller et de m'entraîner, sinon de penser et de croire, en conséquence, et que par-dessus le marché je perdais mon temps. Comme je n'enseignais pas pour le bien de mes semblables, mais simplement comme moyen d'existence, c'était une erreur. J'ai essayé du commerce ; mais je m'aperçus qu'il faudrait dix ans pour s'enrouter là-dedans, et qu'alors je serais probablement en route pour aller au diable. Je fus positivement pris de peur à la pensée que je pourrais pendant ce temps-là faire ce qu'on appelle une bonne affaire. Lorsque autrefois je regardais autour de moi en quête de ce que je pourrais bien faire pour vivre, ayant fraîche encore à la mémoire pour me reprocher mon ingénuité telle expérience malheureuse tentée sur les désirs de certains amis, je pensai souvent et sérieusement à cueillir des myrtils ; cela, sûrement, j'étais capable de le faire, et les petits profits en pouvaient suffire, — car mon plus grand talent a été de me contenter de peu, — si peu de capital requis, si peu de distraction de mes habitudes d'esprit, pensai-je follement. Tandis que sans hésiter mes connaissances entraient dans le commerce ou embrassaient les professions, je tins cette occupation pour valoir tout au moins la leur ; courir les montagnes tout l'été pour cueillir les baies qui se trouvaient sur ma route, en disposer après quoi sans souci ; de la sorte, garder les troupeaux d'Admète. Je rêvai aussi de récolter les herbes sauvages, ou de porter des verdures persistantes à ceux des villageois qui aimaient se voir rappeler les bois, même à la ville, plein des charrettes à foin. Mais j'ai appris depuis que le commerce est la malédiction de tout ce à quoi il touche ; et que commerceriez-vous de messages du ciel, l'entière malédiction du commerce s'attacherait à l'affaire.

Comme je préférais certaines choses à d'autres, et faisais particulièrement cas de ma liberté, comme je pouvais vivre à la dure tout en m'en trouvant fort bien, je n'avais nul désir pour le moment de passer mon temps à gagner de riches tapis plus qu'autres beaux meubles, cuisine délicate ni maison de style grec ou gothique. S'il est des gens pour qui ce ne soit pas interruption que d'acquérir ces choses, et qui sachent s'en servir une fois qu'ils les ont acquises, je leur abandonne la poursuite. Certains se montrent « industrieux », et paraissent aimer le labeur pour lui-même, ou peut-être parce qu'il les préserve de faire pis ; à ceux-là je n'ai présentement rien à dire. À ceux qui ne sauraient que faire de plus de loisir que celui dont ils jouissent actuellement, je conseillerais de travailler deux fois plus dur qu'ils ne font, — travailler jusqu'à ce qu'ils paient leur dépense, et obtiennent leur licence. Pour ce qui est de moi je trouvai que la profession de journalier était la plus indépendante de toutes, en ceci principalement qu'elle ne réclamait que trente ou quarante jours de l'année pour vous faire vivre. La journée du journalier prend fin avec le coucher du soleil, et il est alors libre de se consacrer à telle occupation de son choix, indépendante de son labeur ; tandis que son employeur, qui spécule d'un mois sur l'autre, ne connaît de répit d'un bout à l'autre de l'an.

En un mot je suis convaincu, et par la foi et par l'expérience, que s'entretenir ici-bas n'est point une peine, mais un passe-temps, si nous voulons vivre avec simplicité et sagesse ; de même que les occupations des nations plus simples sont encore les sports de celles qui sont plus artificielles. Il n'est pas nécessaire pour l'homme de gagner sa vie à la sueur de son front, si toutefois il ne transpire plus aisément que je ne fais.

Certain jeune homme de ma connaissance, qui a hérité de quelques acres de terre, m'a confié que selon lui il vivrait comme je fis, *s'il en avait les moyens.* Je ne voudrais à aucun prix voir quiconque adopter *ma* façon de vivre ; car, outre que je peux en avoir trouvé pour moi-même une autre avant qu'il ait pour de bon appris celle-ci, je désire qu'il se puisse être de par le monde autant de gens différents que possible ; mais ce que je voudrais voir, c'est chacun attentif à découvrir et suivre *sa* propre voie, et non pas à la place celle de son père ou celle de sa mère ou celle de son voisin. Que le jeune homme bâtisse, plante ou navigue, mais qu'on ne l'empêche pas de faire ce que, me dit-il, il aimerait à faire. C'est seulement grâce à un point mathématique que nous sommes sages, de même que le marin ou l'esclave en fuite ne quitte pas du regard l'étoile polaire ; mais c'est, cela, une direction suffisante pour toute notre vie. Nous pouvons ne pas arriver à notre port dans un délai appréciable, mais ce que nous voudrions, c'est ne pas nous écarter de la bonne route.

Sans doute, en ce cas, ce qui est vrai pour un l'est plus encore pour mille, de même qu'une grande maison n'est pas proportionnément plus coûteuse qu'une petite, puisqu'un seul toit peut couvrir, une seule cave soutenir, et un seul mur séparer plusieurs pièces. Mais pour ma part, je préférai la demeure solitaire. De plus, ce sera ordinairement meilleur marché de bâtir le tout vous-même que de convaincre autrui de l'avantage du mur commun ; et si vous avez fait cette dernière chose, la cloison commune, pour être de beaucoup moins chère, en doit être une mince, et il se peut qu'autrui se révèle mauvais voisin, aussi qu'il ne tienne pas son côté en bon état de réparations. La seule coopération possible, en général, est extrêmement partielle et tout autant superficielle ; et le peu de vraie coopération qu'il soit, est comme s'il n'en était pas, étant une harmonie inaccessible à l'oreille des hommes. Un homme a-t-il la foi qu'il coopérera partout avec ceux de foi égale ; s'il n'a pas la foi, il continuera de vivre comme le reste de la foule, quelle que soit la compagnie à laquelle il se trouve associé. Coopérer au sens le plus élevé comme au sens le plus bas du mot, signifie *gagner notre vie ensemble*. J'ai entendu dernièrement proposer de faire parcourir ensemble le monde à deux jeunes gens, l'un sans argent, gagnant sa vie en route, au pied du mât et derrière la charrue, l'autre ayant en poche une lettre de change. Il était aisé de comprendre qu'ils ne pourraient rester longtemps compagnons ou coopérer, puisque l'un des deux *n'opérerait* pas du tout. Ils se sépareraient à la première crise intéressante de leurs aventures. Par-dessus tout, comme je l'ai laissé entendre, l'homme qui va seul peut partir aujourd'hui ; mais il faut à celui qui voyage avec autrui attendre qu'autrui soit prêt, et il se peut qu'ils ne décampent de longtemps.

Mais tout cela est fort égoïste, ai-je entendu dire à quelques-uns de mes concitoyens. Je confesse que je me suis jusqu'ici fort peu adonné aux entreprises philanthropiques. J'ai fait quelques sacrifices à certain sentiment du devoir, et entre autres ai sacrifié ce plaisir-là aussi. Il est des gens pour avoir employé tout leur art à me persuader de me faire le soutien de quelque famille pauvre de la ville; et si je n'avais rien à faire, — car le Diable trouve de l'ouvrage pour les paresseux, — je pourrais m'essayer la main à quelque passe-temps de ce genre. Cependant, lorsque j'ai songé à m'accorder ce luxe, et à soumettre leur Ciel à une obligation en entretenant certaines personnes pauvres sur un pied de confort égal en tous points à celui sur lequel je m'entretiens moi-même, suis allé jusqu'à risquer de leur en faire l'offre, elles ont toutes sans exception préféré d'emblée rester pauvres. Alors que mes concitoyens et concitoyennes se dévouent de tant de manières au bien de leurs semblables, j'estime qu'on peut laisser au moins quelqu'un à d'autres et moins compatissantes recherches. La charité comme toute autre chose réclame des dispositions particulières. Pour ce qui est de faire le bien, c'est une des professions au complet. En outre, j'en ai honnêtement fait l'essai, et, aussi étrange que cela puisse paraître, suis satisfait qu'elle ne convienne pas à mon tempérament. Il est probable que je ne m'écarterais pas sciemment et de propos délibéré de ma vocation particulière à faire le bien que la société requiert de moi, s'agît-il de sauver l'univers de l'anéantissement; et je crois qu'une semblable, mais infiniment plus grande constance ailleurs, est tout ce qui le conserve aujourd'hui. Mais loin de ma pensée de m'interposer entre quiconque et son génie; et à qui met tout son cœur, toute son âme, toute sa vie dans l'exécution de ce travail, que je décline, je dirai: Persévérez, dût le monde appeler cela faire le mal, comme fort vraisemblablement il l'appellera.

Je suis loin de supposer que mon cas en soit un spécial; nul doute que nombre de mes lecteurs se défendraient de la même façon. Pour ce qui est de faire quelque chose — sans jurer que mes voisins déclareront cela bien — je n'hésite pas à dire que je serais un rude gaillard à louer ; mais pour ce qui en est de cela, c'est à mon employeur de s'en apercevoir. Le *bien* que je fais, au sens ordinaire du mot, doit être en dehors de mon sentier principal, et la plupart du temps tout inintentionnel. En pratique on dit : Commencez où vous êtes et tel que vous êtes, sans viser principalement à plus de mérite, et avec une bonté étudiée allez faisant le bien. Si je devais le moins du monde prêcher sur ce ton, je dirais plutôt : Appliquez-vous à être bon. Comme si le soleil s'arrêtait lorsqu'il a embrasé de ses feux là-haut la splendeur d'une lune ou d'une étoile de sixième grandeur, pour aller, tel un lutin domestique, risquer un œil à la fenêtre de chaque chaumière, faire des lunatiques, gâter les mets, et rendre les ténèbres visibles, au lieu d'accroître continûment sa chaleur comme sa bienfaisance naturelles jusqu'à en prendre un tel éclat qu'il n'est pas de mortel pour le regarder en face, et, alors, tourner autour du monde dans sa propre orbite, lui faisant du bien, ou plutôt, comme une philosophie plus vraie l'a découvert, le monde tournant autour de lui et en tirant du bien. Lorsque Phaéton, désireux de prouver sa céleste origine par sa bienfaisance, eut à lui le char du soleil un seul jour, et s'écarta du sentier battu, il brûla plusieurs groupes de maisons dans les rues basses du ciel, roussit la surface de la terre, dessécha toutes les sources, et fit le grand désert du Sahara, tant qu'enfin, d'un coup de foudre, Jupiter le précipita tête baissée sur notre monde, pour le soleil en deuil de sa mort cesser toute une année de briller.

Il n'est pas odeur aussi nauséabonde que celle qui émane de la bonté corrompue. C'est humaine, c'est divine charogne. Si je tenais pour certain qu'un homme soit venu chez moi dans le dessein bien entendu de me faire du bien, je chercherais mon salut dans la fuite comme s'il s'agissait de ce vent sec et brûlant des déserts africains appelé le simoun, lequel vous remplit la bouche, le nez, les oreilles et les yeux de sable jusqu'à l'asphyxie, de peur de me voir gratifié d'une parcelle de son bien — de voir une parcelle de son virus mélangé à mon sang. Non, — en ce cas plutôt souffrir le mal suivant la voie naturelle. Un homme n'est pas un *homme* bon, à mon sens, parce qu'il me nourrira si je meurs de faim, ou me chauffera si je gèle, ou me tirera du fossé, si jamais il m'arrive de tomber dans un fossé. Je vous trouverai un chien de Terre-Neuve pour en faire autant. La philanthropie dans le sens le plus large n'est pas l'amour pour votre semblable. Howard[1] était sans doute à sa manière le plus digne comme le plus excellent homme, et il a sa récompense ; mais, relativement, que nous font cent Howards, à *nous*, si leur philanthropie ne *nous* est d'aucune aide lorsque nous sommes en bon point, moment où nous méritons le plus que l'on nous aide ? Je n'ai jamais entendu parler de réunion philanthropique où l'on ait sincèrement proposé de me faire du bien, à moi ou à mes semblables.

Les Jésuites se virent complètement joués par ces Indiens qui, sur le bûcher, suggéraient l'idée de nouveaux modes de torture à leurs tortionnaires. Au-dessus de la souffrance physique, il se trouva parfois qu'ils étaient au-dessus de n'importe quelle consolation que les missionnaires pouvaient offrir ; et la loi qui consiste à faire aux autres ce que vous voudriez qu'on vous fît, tomba avec moins de persuasion dans les oreilles de gens qui, pour leur part, ne se souciaient guère de ce qu'on leur faisait, aimaient leurs ennemis suivant un mode nouveau, s'en venaient là volontiers tout près leur pardonnant ce qu'ils faisaient.

Assurez-vous que l'assistance que vous donnez aux pauvres est bien celle dont ils ont le plus besoin, s'agît-il

---

1. Howard (John), 1726-1790, célèbre philanthrope anglais à qui l'on doit l'amélioration du sort des prisonniers.

de votre exemple qui les laisse loin derrière. Si vous
donnez de l'argent, dépensez-vous avec, et ne vous conten-
tez pas de le leur abandonner. Il nous arrive de faire de
curieuses méprises. Souvent le pauvre n'a pas aussi froid
ni aussi faim qu'il est sale, déguenillé et ignorant. Il y va
en partie de son goût, non pas seulement de son infortune.
Si vous lui donnez de l'argent, peut-être n'en achètera-t-il
que plus de guenilles. J'avais coutume de m'apitoyer sur
ces balourds d'ouvriers irlandais qui taillent la glace sur
l'étang, sous des hardes si minces et si déguenillées, alors
que je grelottais dans mes vêtements plus propres et
quelque peu plus élégants, lorsque, par un jour de froid
noir, l'un d'eux ayant glissé dans l'eau vint chez moi se
réchauffer, sur quoi je vis qu'il dépouillait trois pantalons,
plus deux paires de bas, avant d'arriver à la peau, quoique
assez sales et assez en loques, il est vrai, et qu'il pouvait se
permettre de refuser les vêtements d'*extra* que je lui offris,
tant il en avait d'*intra*. Ce plongeon était la vraie chose
dont il eût besoin. Sur quoi je me mis à m'apitoyer sur
moi-même, et compris que ce serait une charité plus
grande de m'octroyer une chemise de flanelle qu'à lui tout
un magasin de confection. Il en est mille pour massacrer
les branches du mal contre un qui frappe à la racine, et il
se peut que celui qui consacre la plus large somme de
temps et d'argent aux nécessiteux contribue le plus par sa
manière de vivre à produire cette misère qu'il tâche en
vain de soulager. C'est le pieux éleveur d'esclaves consacrant le produit de chaque dixième esclave à acheter un
dimanche de liberté pour les autres. Certaines gens montrent
leur bonté pour les pauvres en les employant dans leurs
cuisines. N'y aurait-il pas plus de bonté de leur part à s'y
employer eux-mêmes ? Vous vous vantez de dépenser un
dixième de votre revenu en charité ; peut-être devriez-vous
en dépenser ainsi les neuf dixièmes, et qu'il n'en soit plus
question. La société ne recouvre alors qu'un dixième de la

propriété. Est-ce dû à la générosité de celui en la possession duquel cette propriété se trouve, ou bien au manque de zèle des officiers de justice ?

La philanthropie est pour ainsi dire la seule vertu suffisamment appréciée de l'humanité. Que dis-je, on l'estime beaucoup trop haut ; et c'est notre égoïsme qui en exagère la valeur. Un homme pauvre autant que robuste, certain jour ensoleillé ici à Concord, me faisait l'éloge d'un concitoyen, parce que, selon lui, il se montrait bon pour le pauvre, voulant dire lui-même. Les bons oncles et les bonnes tantes de la race sont plus estimés que ses vrais pères et mères spirituels. Il m'est jadis arrivé d'entendre un véritable conférencier, homme de savoir et d'intelligence, qui, faisant un cours sur l'Angleterre, venait d'en énumérer les gloires scientifiques, littéraires et politiques, Shakespeare, Bacon, Cromwell, Milton, Newton, et autres, parler après cela de ses héros chrétiens, et les mettre, comme si sa profession l'exigeait de lui, bien au-dessus du reste, les donner pour les plus grands parmi les grands. C'étaient Penn, Howard et Mrs. Fry[1]. Qui ne sentira la fausseté et l'hypocrisie de la chose ? Ce n'étaient là ni les grands hommes ni les grandes femmes d'Angleterre ; seulement, peut-être, ses grands philanthropes.

Je voudrais ne rien soustraire à la louange que requiert la philanthropie, mais simplement réclamer justice en faveur de tous ceux qui par leur vie et leurs travaux sont une bénédiction pour l'humanité. Ce que je prise le plus chez un homme, ce n'est ni la droiture ni la bienveillance, lesquelles sont, pour ainsi dire, sa tige et ses feuilles. Les plantes dont la verdure, une fois desséchée, nous sert à faire de la tisane pour les malades, ne servent qu'à un humble usage, et se voient surtout employées par les char-

---

1. Penn (William), 1644-1718 ; Howard (John), 1726-1790 ; Fry (Élisabeth), 1780-1845, philanthropes.

latans. Ce que je veux, c'est la fleur et le fruit de l'homme ;
qu'un parfum passe de lui à moi, et qu'un arôme de maturité soit notre commerce. Sa bonté doit être non pas un
acte partiel plus qu'éphémère, mais un constant superflu,
qui ne lui coûte rien et dont il reste inconscient. Cette
charité qui nous occupe couvre une multitude de péchés[1].
Le philanthrope entoure trop souvent l'humanité du souvenir de ses chagrins de rebut comme d'une atmosphère,
et appelle cela sympathie. C'est notre courage que nous
devrions partager, non pas notre désespoir, c'est notre
santé et notre aise, non pas notre malaise, et prendre
garde à ce que celui-ci ne se répande par contagion. De
quelles plaines australes se font entendre les cris lamen-
tables ? Sous quelles latitudes résident les païens à qui
nous voudrions envoyer la lumière ? Qui cet homme intem-
pérant et brutal que nous voudrions racheter ? Quelqu'un
éprouve-t-il le moindre mal l'empêchant d'accomplir ses
fonctions, ne ressent-il qu'une simple douleur d'entrailles,
— car c'est là le siège de la sympathie, — qu'il se met sur
l'heure en devoir de réformer — le monde. En sa qualité
de microcosme lui-même, il découvre — et c'est là une
vraie découverte, et il est l'homme désigné pour la faire
— que le monde s'est amusé à manger des pommes vertes ;
à ses yeux, en fait, le globe est une grosse pomme verte,
qu'il y a un affreux danger de penser que les enfants des
hommes puissent grignoter avant qu'elle soit mûre ; sur
quoi voilà sa philanthropie drastique en quête des Esquimaux et des Patagons, et qui embrasse les villages
populeux de l'Inde et de la Chine ; ainsi, en quelques
années d'activité philanthropique, les puissances, dans
l'intervalle, usant de lui en vue de leurs propres fins, pas
de doute, il se guérit de sa dyspepsie, le globe acquiert un
semblant de rouge sur une ou deux joues, comme s'il

1. Pierre, Ire Épître, IV, 8,

commençait à mûrir, et la vie perdant de sa crudité est une fois encore douce et bonne à vivre. Je n'ai jamais rêvé d'énormités plus grandes que je n'en ai commises. Je n'ai jamais connu, et ne connaîtrai jamais, d'homme pire que moi.

Je crois que ce qui assombrit à ce point le réformateur, ce n'est pas sa sympathie pour ses semblables en détresse, mais, fût-il le très saint fils de Dieu, c'est son mal personnel. Qu'il en guérisse, que le printemps vienne à lui, que le matin se lève sur sa couche, et il plantera là ses généreux compagnons sans plus de cérémonies. Mon excuse pour ne pas faire de conférence contre l'usage du tabac est... que je n'en ai jamais chiqué ; c'est une pénalité que les chiqueurs de tabac corrigés ont à subir ; quoiqu'il y ait assez de choses que j'aie chiquées et contre lesquelles je pourrais faire des conférences. Si jamais il vous arrivait de vous trouver entraîné en quelqu'une de ces philanthropies, que votre main gauche ne sache pas ce que fait votre droite, cela n'en vaut pas la peine. Sauvez qui se noie et renouez vos cordons de soulier. Prenez votre temps, et attelez-vous à quelque libre labeur.

Nos façons d'agir ont été corrompues par la communication avec les saints. Nos recueils d'hymnes résonnent d'une mélodieuse malédiction de Dieu et endurance de Lui à jamais. On dirait qu'il n'est pas jusqu'aux prophètes et rédempteurs qui n'aient consolé les craintes plutôt que confirmé les espérances de l'homme. Nulle part ne s'enregistre une simple et irrépressible satisfaction du don de la vie, la moindre louange remarquable de Dieu. Toute annonce de santé et de succès me fait du bien, aussi lointain et retiré que soit le lieu où ils se manifestent ; toute annonce de maladie et de non-réussite contribue à me rendre triste et me fait du mal, quelque sympathie qui puisse exister d'elle à moi ou de moi à elle. Si donc nous voulons en effet rétablir l'humanité suivant les moyens vraiment indiens, botaniques, magnétiques, ou naturels, commençons par être nous-mêmes aussi simples et aussi bien portants que la Nature, dissipons les nuages suspendus sur nos propres fronts, et ramassons un peu de vie dans nos pores. Ne restez pas là à remplir le rôle d'inspecteur des pauvres, mais efforcez-vous de devenir une des gloires du monde.

Je lis dans le *Goulistan*, ou *Jardin des roses*, du cheik Saadi de Chiraz, ceci : «On posa cette question à un sage, disant : Des nombreux arbres célèbres que le Dieu Très Haut a créés altiers et porteurs d'ombre, on n'en appelle aucun azad, ou libre, hormis le cyprès, qui ne porte pas de fruits ; quel mystère est ici renfermé ? Il répondit : Chacun d'eux a son juste produit, et sa saison désignée, en la durée de laquelle il est frais et fleuri, et en son absence sec et flétri ; à l'un plus que l'autre de ces états n'est le cyprès exposé, toujours florissant qu'il est ; et de cette nature sont les azads, ou indépendants en matière de religion. — Ne fixe pas ton cœur sur ce qui est transitoire ; car le Dijlah, ou Tigre, continuera de couler à travers Bagdad que la race des califes sera éteinte : si ta main est abondante, sois généreux comme le dattier ; mais si elle n'a rien à donner, soit un azad, ou homme libre, comme le cyprès.»

LES PRÉTENTIONS DE PAUVRETÉ

Tu présumes fort, pauvre être besogneux,
Qui prétends à place dans le firmament,
Parce que ta chaumière, ou ton tonneau,
Nourrit quelque vertu oisive ou pédantesque
Au soleil à bon compte, à l'ombre près des sources,
De racines et d'herbes potagères ; où ta main droite
Arrachant de l'âme ces passions humaines,
Dont la souche fleurit en bouquets de vertus

Dégrade la nature, engourdit le sens,
Et, Gorgone, fait de l'homme actif un bloc de pierre.
Nous ne demandons pas la piètre société
De votre tempérance rendue nécessaire,
Non plus cette impie stupidité
Qui ne sait joie ou chagrin; ni votre force d'âme
Forcée, passive, à tort exaltée
Au-dessus de l'active. Cette abjecte engeance,
Qui situe son siège dans la médiocrité,
Sied à vos âmes serviles; nous autres honorons
Telles vertus seules qui admettent excès,
Gestes fiers, généreux, magnificence royale,
Prudence omnivoyante, magnanimité
Ignorante de bornes, et l'héroïque vertu
Pour qui l'Antiquité n'a pas transmis de nom,
Cependant des modèles, tel Hercule,
Achille, Thésée. Arrière à ta cellule;
Et si tu vois la sphère éclairée à nouveau,
Apprends à ne savoir d'autres que ces gloires-là.

THOMAS CAREW
(*traduction*).

OÙ JE VÉCUS, ET CE POUR QUOI
JE VÉCUS

À certaine époque de notre vie nous avons coutume de regarder tout endroit comme le site possible d'une maison. C'est ainsi que j'ai inspecté de tous côtés la campagne dans un rayon d'une douzaine de milles autour de là où j'habite. En imagination j'ai acheté toutes les fermes successivement, car toutes étaient à acheter, et je sus leur prix. Je parcourus le bien-fonds de chaque fermier, en goûtai les pommes sauvages, m'y entretins d'agriculture, pris la ferme pour la somme qu'on en demandait, pour n'importe quelle somme, l'hypothéquant en pensée au profit du propriétaire ; même l'estimai plus haut encore — pris tout sauf suivant acte — pris la parole du propriétaire pour son acte, car j'aime ardemment causer, — la cultivai, la ferme, et lui aussi jusqu'à un certain point, j'ose dire, puis me retirai lorsque j'en eus suffisamment joui, le laissant la faire marcher. Cette expérience me valut de passer aux yeux de mes amis pour une sorte de courtier en immeubles. N'importe où je m'asseyais, là je pouvais vivre, et le paysage irradiait de moi en conséquence. Qu'est-ce qu'une maison sinon un *sedes*, un siège ? — mieux si un siège de campagne. Je découvris maint site pour une maison non apparemment à utiliser de si tôt, que certains auraient jugé trop loin du village, alors qu'à mes yeux c'était le village qui en était trop loin. Oui, je pourrais vivre là, disais-je ; et là je vécus, durant une heure, la vie d'un été, d'un hiver ; compris comment je pourrais laisser les années s'enfuir, venir à bout d'un hiver, et voir le printemps arriver. Les futurs habitants de cette région, où qu'ils puissent placer leurs maisons, peuvent être sûrs d'avoir été devancés. Un après-midi suffisait pour dessiner la terre en verger, partie de bois et pacage, comme pour décider quels beaux chênes ou pins seraient à laisser debout devant la porte, et d'où le moindre arbre frappé par la foudre pouvait paraître à son avantage ; sur quoi je laissais tout là, en friche peut-être, attendu qu'un homme est riche en proportion du nombre de choses qu'il peut arriver à laisser tranquilles.

Mon imagination m'entraîna si loin que j'éprouvai même le refus de plusieurs fermes, le refus était tout ce que je demandais, mais n'eus jamais les doigts brûlés par la possession effective. Le plus près que j'approchai de la possession effective fut lorsque ayant acheté la terre de Hollowell, j'eus commencé à choisir mes graines, et rassemblé de quoi fabriquer une brouette pour la faire marcher, sinon l'emporter ; mais le propriétaire ne m'avait pas encore donné l'acte, que sa femme — tout homme a telle femme — changea d'idée et voulut la garder, sur quoi il m'offrit dix dollars pour le dégager de sa parole. Or, à dire vrai, je ne possédais au monde que dix cents, et il fut au-dessus de mon arithmétique de dire si j'étais l'homme qui possédait dix cents, ou possédait une ferme, ou dix dollars, ou le tout ensemble. Néanmoins je le laissai garder les dix dollars et la ferme avec, attendu que je l'avais, lui, fait suffisamment marcher ; ou plutôt, pour être généreux, je lui vendis la ferme juste le prix que j'en donnai, et, comme il n'était pas riche, lui fis présent de dix dollars ; encore me resta-t-il mes dix cents, mes graines et de quoi fabriquer une brouette. Je découvris par là que j'avais été riche sans nul dommage pour ma pauvreté. Mais je conservai le paysage, et depuis ai annuellement emporté sans brouette ce qu'il rapportait. Pour ce qui est des paysages :

> *I am monarch of all I survey,*
> *My right there is none to dispute*[1].

Il m'est arrivé fréquemment de voir un poète s'éloigner, après avoir joui du bien le plus précieux d'une ferme, alors que pour le fermier bourru il n'avait fait que prendre quelques pommes sauvages. Comment, mais le propriétaire reste des années sans le savoir lorsqu'un poète a mis sa ferme en vers, la plus admirable forme de clôture invisible, l'a bel et bien mise en fourrière, en a tiré le lait, la crème, pris toute la crème pour ne laisser au fermier que le petit-lait.

Les véritables agréments de la ferme de Hollowell, à mes yeux, étaient : sa situation complètement retirée, à deux milles environ qu'elle se trouvait du village, à un demi-mille du plus proche voisin, et séparée de la grand-route par un vaste champ ; bornée par la rivière, que le propriétaire prétendait la protéger des gelées de printemps, grâce à ses brouillards, quoique cela me fût bien égal ; la teinte grisâtre et l'état de ruines de la maison comme de la grange, et les clôtures délabrées qui mettaient un tel intervalle entre moi et le dernier occupant ; les pommiers creux et couverts de lichen, rongés par les lapins, montrant le genre de voisins qui seraient les miens ; mais par-dessus tout, le souvenir que j'en avais depuis mes tout premiers voyages en amont de la rivière, quand la maison était cachée derrière un épais groupe d'érables rouges, à travers lequel j'entendais le chien de garde aboyer. J'avais hâte

---

1. Je suis roi de tout ce que je contemple,
   Mon droit ici n'est pas à discuter.
                W. Cowper (1731-1800),
          The Solitude of Alexander Selkirk.

de l'acheter, avant que le propriétaire eût fini d'enlever quelques rochers, d'abattre les pommiers creux, d'arracher quelques jeunes bouleaux qui avaient crû dans le pacage, bref, eût poussé plus loin ses améliorations. Pour jouir de ces avantages, j'étais prêt à faire marcher l'affaire ; ou, comme Atlas, à prendre le monde sur mes épaules, — je n'ai jamais su quelle compensation il reçut pour cela, — et à accomplir toutes fortes de choses dont le seul motif ou la seule excuse était que je pouvais la payer et ne pas être inquiété dans ma possession ; car je n'ignorai pas un seul instant qu'elle produirait la plus abondante récolte du genre qu'il me fallait, si seulement je pouvais faire en sorte de la laisser tranquille. Mais il en advint comme j'ai dit.

Tout ce que je pouvais prétendre, donc, au regard de l'exploitation sur une grande échelle (j'ai toujours cultivé un jardin), était que j'avais tenu mes semences prêtes. Beaucoup pensent que les semences s'améliorent en vieillissant. Je ne doute pas que le temps ne distingue entre les bonnes et les mauvaises ; et quand je finirai par semer, je serai moins susceptible apparemment de me voir déçu. Mais ce que je voudrais dire à mes semblables, une fois pour toutes, c'est de vivre aussi longtemps que possible libres et sans chaînes. Il est peu de différence entre celles d'une ferme et celles de la prison du comté.

Le vieux Caton, dont le *De re rustica* est mon « Cultivator », dit, et la seule traduction que j'en aie vue fait du passage une pure absurdité : « Si vous songez à prendre une ferme, mettez-vous bien dans l'esprit de ne pas acheter les yeux fermés, ni épargner vos peines pour ce qui est de la bien examiner, et ne croyez pas qu'il suffise d'en faire une fois le tour. Plus souvent vous vous y rendrez, plus elle vous plaira, si elle en vaut la peine. » Je crois que je n'achèterai pas les yeux fermés, mais en ferai et referai le tour aussi longtemps que je vivrai, et commencerai par y être enterré pour qu'à la fin elle ne m'en plaise que davantage.

Le présent fut mon essai suivant de ce genre, que je me propose de décrire plus au long, par commodité, mettant l'expérience de deux années en une seule. Je l'ai dit, je n'ai pas l'intention d'écrire une ode à l'abattement, mais de claironner avec toute la vigueur de Chanteclair au matin, juché sur son juchoir, quand ce ne serait que pour réveiller mes voisins.

Lorsque pour la première fois je fixai ma demeure dans les bois, c'est-à-dire commençai à y passer mes nuits aussi bien que mes jours, ce qui, par hasard, tomba le jour anniversaire de l'Indépendance, le 4 juillet 1845, ma maison, non terminée pour l'hiver, n'était qu'une simple protection contre la pluie, sans plâtrage ni cheminée, les murs en étant de planches raboteuses, passées au pinceau des intempéries, avec de larges fentes, ce qui la rendait fraîche la nuit. Les étais verticaux nouvellement taillés, la porte fraîchement rabotée et l'emplacement des fenêtres lui donnaient un air propre et aéré, surtout le matin, alors que la charpente en était saturée de rosée au point de me laisser croire que vers midi il en exsudrait quelque gomme sucrée. À mon imagination elle conservait au cours de la journée plus ou moins de ce caractère auroral, me rappelant certaine maison sur une montagne, que j'avais visitée l'année précédente. C'était, celle-ci, une case exposée au grand air, non plâtrée, faite pour recevoir un dieu en voyage, et où pouvait une déesse laisser sa robe traîner. Les vents qui passaient au-dessus de mon logis, étaient de ceux qui courent à la cime des monts, porteurs des accents brisés, ou des parties célestes seulement, de la musique terrestre. Le vent du matin souffle à jamais, le poème de la création est ininterrompu ; mais rares sont les oreilles qui l'entendent. L'Olympe n'est partout que la capsule de la terre.

La seule maison dont j'eusse été auparavant le propriétaire, si j'excepte un bateau, était une tente, dont je me servais à l'occasion lorsque je faisais des excursions en été, et elle est encore roulée dans mon grenier, alors que le bateau, après être passé de main en main, a descendu le cours du temps. Avec cet abri plus résistant autour de moi, j'avais fait quelque progrès pour ce qui est de se fixer dans le monde. Cette charpente, si légèrement habillée, m'enveloppait comme d'une cristallisation, et réagissait sur le constructeur. C'était suggestif, quelque peu l'esquisse d'un tableau. Je n'avais pas besoin de sortir pour prendre l'air, car l'atmosphère intérieure n'avait rien perdu de sa fraîcheur. C'était moins portes closes que derrière une porte que je me tenais, même par les plus fortes pluies. Le Harivansa dit — «Une demeure sans oiseaux est comme un mets sans assaisonnement.» Telle n'était pas ma demeure, car je me trouvai soudain le voisin des oiseaux; non point pour en avoir emprisonné le moindre, mais pour m'être mis moi-même en cage près d'eux. Ce n'était pas seulement de ceux qui fréquentent d'ordinaire le jardin et le verger que j'étais plus près, mais de ces chanteurs plus sauvages et plus pénétrants de la forêt, qui jamais ne donnent, ou rarement, la sérénade au citadin, — la grivette, la litorne, le scarlatte, le friquet, le whippoorwill et quantité d'autres.

Je me trouvais installé sur le bord d'un petit étang, à un mille et demi environ au sud du village de Concord et tant soit peu plus haut que lui, au milieu d'un bois spacieux qui s'étendait entre cette bourgade et Lincoln, et à deux milles environ au sud de ce seul champ que nous connaisse la renommée, le champ de bataille de Concord; mais j'étais si bas dans les bois que la rive opposée, à un demi-mille de là, couverte de bois comme le reste, était mon plus lointain horizon. La première semaine, toutes les fois que je promenai mes regards sur l'étang, il me produisit l'impression d'un «tarn»[1] en l'air sur le seul flanc d'une montagne, son fond bien au-dessus de la surface des autres lacs, et, au moment où le soleil se levait, je le voyais rejeter son brumeux vêtement de nuit, pour, çà et là, peu à peu, ses molles rides se révéler ou le poli de sa surface réfléchissante, pendant que les vapeurs, telles des fantômes, se retiraient furtivement de tous côtés dans les bois, ainsi qu'à la sortie de quelque conventicule nocturne. La rosée même semblait s'accrocher aux arbres plus tard dans le jour que d'habitude, comme sur les flancs de montagne.

Ce petit lac était sans prix comme voisin dans les intermittences d'une douce pluie d'août, lorsque à la fois l'air et l'eau étant d'un calme parfait, mais le ciel découvert, le milieu de l'après-midi avait toute la sérénité du soir, et que la grivette chantait tout à l'entour, perçue de rive à rive. Un lac comme celui-ci n'est jamais plus poli qu'à ce moment-là ; et la portion d'air libre suspendue au-dessus de lui étant peu profonde et assombrie par les nuages, l'eau, remplie de lumières et de réverbérations, devient elle-même un ciel inférieur d'autant plus important. Du sommet d'une colline proche, où le bois avait été récemment coupé, il était une échappée charmante vers le sud au-delà de l'étang, par une large brèche ouverte dans les collines qui là forment la rive, et où leurs versants opposés descendant l'un vers l'autre suggéraient l'existence d'un cours d'eau en route dans cette direction à travers une vallée boisée, quoique de cours d'eau il n'en fût point. Par là mes regards portaient entre et par-dessus les vertes collines proches sur d'autres lointaines et plus hautes à l'horizon, teintées de bleu. Que dis-je ! en me dressant sur la pointe des pieds, je pouvais entrevoir quelques pics des

1. Petit lac parmi les montagnes.

chaînes plus bleues et plus lointaines encore au nord-ouest, ces coins vrai-bleu de la frappe même du ciel, ainsi qu'une petite partie du village. Mais dans les autres directions, même de ce point, je ne pouvais voir par-dessus ou par-delà les bois qui m'entouraient. Il est bien d'avoir de l'eau dans son voisinage, pour donner de la balance à la terre et la faire flotter. Il n'est pas jusqu'au plus petit puits dont l'une des valeurs est que si vous regardez dedans vous voyez la terre n'être pas continent, mais insulaire. C'est aussi important que sa propriété de tenir le beurre au frais. Lorsque je regardais du haut de ce pic par-dessus l'étang du côté des marais de Sudbury, qu'en temps d'inondation je distinguais surélevés peut-être par un effet de mirage dans leur vallée fumante, comme une pièce de monnaie dans une cuvette, toute la terre au-delà de l'étang semblait une mince croûte isolée et mise à flot rien que par cette simple petite nappe d'eau intermédiaire, et cela me rappelait que celle sur laquelle je demeurais n'était que la *terre sèche*.

Quoique de ma porte la vue fût encore plus rétrécie, je ne me sentais le moins du monde à l'étroit plus qu'à l'écart. Il y avait suffisante pâture pour mon imagination. Le plateau bas de chênes arbrisseaux jusqu'où s'élevait la rive opposée de l'étang, s'étendait vers les prairies de l'Ouest et les steppes de la Tartarie, offrant place ample à toutes les familles d'hommes vagabondes. « Il n'est d'heureux de par le monde que les êtres qui jouissent en liberté d'un large horizon », disait Damodara, lorsque ses troupeaux réclamaient de nouvelles et plus larges pâtures.

Lieu et temps à la fois se trouvaient changés, et je demeurais plus près de ces parties de l'univers et de ces ères de l'histoire qui m'avaient le plus attiré. Où je vivais était aussi loin que mainte région observée de nuit par les astronomes. Nous avons coutume d'imaginer des lieux rares et délectables en quelque coin reculé et plus céleste du système, derrière la Chaise de Cassiopée, loin du bruit et de l'agitation. Je découvris que ma maison avait bel et bien son emplacement en telle partie retirée, mais à jamais neuve et non profanée, de l'univers. S'il valait la peine de s'établir en ces régions voisines de la Pléiade ou des Hyades, d'Aldébaran ou d'Altaïr, alors c'était bien là que j'étais, ou à une égale distance de la vie que j'avais laissée derrière, rapetissé et clignant de l'œil avec autant d'éclat à mon plus proche voisin, et visible pour lui par les seules nuits sans lune. Telle était cette partie de la création où je m'étais établi :

> *There was a sheperd that did live,*
> *And held his thoughts as high*
> *As were the mounts whereon his flocks*
> *Did hourly feed him by*[1].

Que penserions-nous de la vie du berger si ses troupeaux s'éloignaient toujours vers des pâturages plus élevés que ses pensées ?

Il n'était pas de matin qui ne fût une invitation joyeuse à égaler ma vie en simplicité, et je peux dire en innocence, à la Nature même. J'ai été un aussi sincère adorateur de l'Aurore que les Grecs. Je me levais de bonne heure et me baignais dans l'étang ; c'était un exercice religieux, et l'une des meilleures choses que je fisse. On prétend que sur la baignoire du roi Tching-thang des caractères étaient gravés à cette intention : « Renouvelle-toi complètement chaque jour ; et encore, et encore, et encore à jamais. » Voilà que je comprends. Le matin ramène les âges héroïques. Le léger bourdonnement du moustique en train d'accomplir

---

1. Il était, une fois, un berger
   Qui tenait ses pensées aussi hautes
   Qu'étaient hauts les monts où ses troupeaux
   D'heure en heure allaient le nourrissant.

son invisible et inconcevable tour dans mon appartement à la pointe de l'aube, lorsque j'étais assis porte et fenêtre ouvertes, me causait tout autant d'émotion que l'eût pu faire nulle trompette qui jamais chanta la renommée. C'était le *requiem* d'Homère ; lui-même une *Iliade* et *Odyssée* dans l'air, chantant son ire à lui et ses courses errantes. Il y avait là quelque chose de cosmique ; un avis constant jusqu'à plus ample informé, de l'éternelle vigueur et fertilité du monde. Le matin, qui est le plus notable moment du jour, est l'heure du réveil. C'est alors qu'il est en nous le moins de somnolence ; et pendant une heure, au moins, se tient éveillée quelque partie de nous-même, qui tout le reste du jour et de la nuit sommeille. Il n'est guère à attendre du jour, s'il peut s'appeler un jour, où ce n'est point notre Génie qui nous éveille, mais le toucher mécanique de quelque serviteur, où ce n'est point, qui nous éveillent, notre reprise de force ni nos aspirations intérieures, accompagnées des ondes d'une céleste musique en guise de cloches d'usine, et alors qu'un parfum remplit l'air — pour une vie plus haute que celle d'où nous tombâmes endormis ; ainsi la ténèbre porte son fruit, et prouve son bienfait, non moins que la lumière. L'homme qui ne croit pas que chaque jour comporte une heure plus matinale, plus sacrée, plus aurorale qu'il n'en a encore profanée, a désespéré de la vie et suit une voie descendante, de plus en plus obscure. Après une cessation partielle de la vie des sens, l'âme de l'homme, ou plutôt ses organes, reprennent vigueur chaque jour, et son Génie essaie de nouveau quelle vie noble il peut mener. Tous les événements notables, dirai-je même, ont lieu en temps matinal et dans une atmosphère matinale. Les Védas disent : « Toutes intelligences s'éveillent avec le matin. » La poésie et l'art, et les plus nobles comme les plus notables actions des hommes, datent de cette heure-là. Tous les poètes, tous les héros sont, comme Memnon, les enfants de l'Aurore, et émettent leur musique au lever du soleil. Pour celui dont la pensée élastique et vigoureuse marche de pair avec le soleil, le jour est un éternel matin. Peu importe ce que disent les horloges ou les attitudes et travaux des hommes. Le matin, c'est quand je suis éveillé et qu'en moi il est une aube. La réforme morale est l'effort accompli pour secouer le sommeil. Comment se fait-il que les hommes fournissent de leur journée un si pauvre compte s'ils n'ont passé le temps à sommeiller ? Ce ne sont pas si pauvres calculateurs. S'ils n'avaient succombé à l'assoupissement ils auraient accompli quelque chose. Les millions sont suffisamment éveillés pour le labeur physique ; mais il n'en est sur un million qu'un seul de suffisamment éveillé pour l'effort intellectuel efficace, et sur cent millions qu'un seul à une vie poétique ou divine. Être éveillé, c'est être vivant. Je n'ai jamais encore rencontré d'homme complètement éveillé. Comment eussé-je pu le regarder en face ?

Il nous faut apprendre à nous réveiller et tenir éveillés, non grâce à des secours mécaniques, mais à une attente sans fin de l'aube, qui ne nous abandonne pas dans notre plus profond sommeil. Je ne sais rien de plus encourageant que l'aptitude incontestable de l'homme à élever sa vie grâce à un conscient effort. C'est quelque chose d'être apte à peindre tel tableau, ou sculpter une statue, et ce faisant rendre beaux quelques objets ; mais que plus glorieux il est de sculpter et de peindre l'atmosphère comme le milieu même que nous sondons du regard, ce que moralement il nous est loisible de faire. Avoir action sur la qualité du jour, voilà le plus élevé des arts. Tout homme a pour tâche de rendre sa vie, jusqu'en ses détails, digne de la contemplation de son heure la plus élevée et la plus sévère. Rejetterions-nous tel méchant avis qui nous est fourni, ou plutôt en userions-nous jusqu'à parfaite usure, que les oracles nous instruiraient clairement de la façon dont nous devons nous y prendre.

Je gagnai les bois parce que je voulais vivre suivant mûre réflexion, n'affronter que les actes essentiels de la vie, et voir si je ne pourrais apprendre ce qu'elle avait à enseigner, non pas, quand je viendrais à mourir, découvrir que je n'avais pas vécu. Je ne voulais pas vivre ce qui n'était pas la vie, la vie est si chère ; plus que je ne voulais pratiquer la résignation, s'il n'était tout à fait nécessaire. Ce qu'il me fallait, c'était vivre abondamment, sucer toute la moelle de la vie, vivre assez résolument, assez en Spartiate, pour mettre en déroute tout ce qui n'était pas la vie, couper un large andain et tondre ras, acculer la vie dans un coin, la réduire à sa plus simple expression, et, si elle se découvrait mesquine, eh bien, alors ! en tirer l'entière, authentique mesquinerie, puis divulguer sa mesquinerie au monde ; ou si elle était sublime, le savoir par expérience, et pouvoir en rendre un compte fidèle dans ma suivante excursion. Car pour la plupart, il me semble, les hommes se tiennent dans une étrange incertitude à son sujet, celle de savoir si elle est du diable ou de Dieu, et ont *quelque peu hâtivement* conclu que c'est la principale fin de l'homme ici-bas que de «Glorifier Dieu et de s'En réjouir à jamais».

Encore vivons-nous mesquinement, comme des fourmis ; quoique suivant la fable il y ait longtemps que nous fûmes changés en hommes ; tels des pygmées nous luttons contre des grues ; c'est là erreur sur erreur, rapiéçage sur rapiéçage, et c'est une infortune superflue autant qu'évitable qui fournit à notre meilleure vertu l'occasion de se manifester. Notre vie se gaspille en détails. Un honnête homme n'a guère besoin de compter plus que ses dix doigts, ou dans les cas extrêmes peut-il y ajouter ses dix doigts de pied, et mettre le reste en bloc. De la simplicité, de la simplicité, de la simplicité ! Oui, que vos affaires soient comme deux ou trois, et non cent ou mille ; au lieu d'un million comptez par demi-douzaine, et tenez vos comptes sur l'ongle du pouce. Au centre de cette mer clapoteuse qu'est la vie civilisée, tels sont les nuages et tempêtes et sables mouvants et mille et un détails dont il faut tenir compte, que s'il ne veut sombrer et aller au fond sans toucher le port, l'homme doit vivre suivant la route estimée; or, grand calculateur en effet doit être qui réussit. Simplifiez, simplifiez. Au lieu de trois repas par jour, s'il est nécessaire n'en prenez qu'un; au lieu de cent plats, cinq; et réduisez le reste en proportion. Notre vie est comme une Confédération germanique, faite de tout petits États, aux bornes à jamais flottantes, au point qu'un Allemand ne saurait vous dire comment elle est bornée à un moment quelconque. La nation elle-même, avec tous ses prétendus progrès intérieurs, lesquels, soit dit en passant, sont tous extérieurs et superficiels, n'est autre qu'un établissement pesant, démesuré, encombré de meubles et se prenant le pied dans ses propres frusques, ruiné par le luxe, comme par la dépense irréfléchie, par le manque de calcul et de visée respectable, à l'instar des millions de ménages que renferme le pays; et l'unique remède pour elle comme pour eux consiste en une rigide économie, une simplicité de vie et une élévation de but rigoureuses et plus que spartiates. Elle vit trop vite. Les hommes croient essentiel que la *Nation* ait un commerce, exporte de la glace, cause par un télégraphe, et parcoure trente milles à l'heure, sans un doute, que ce soit *eux-mêmes* ou non qui le fassent; mais que nous vivions comme des babouins ou comme des hommes, voilà qui est quelque peu incertain. Si au lieu de fabriquer des traverses, et de forger des rails, et de consacrer jours et nuits au travail, nous employons notre temps à battre sur l'enclume nos *existences* pour *les* rendre meilleures, qui donc construira des chemins de fer? Et si l'on ne construit pas de chemins de fer, comment atteindrons-nous le ciel en temps? Mais si nous restons chez nous à nous occuper de ce qui nous regarde, qui donc aura besoin de chemins de fer ? Ce n'est pas nous qui roulons en chemin de fer ; c'est lui qui roule sur nous. Avez-vous jamais pensé à ce que sont ces dormants qui supportent le chemin de fer ? Chacun est un homme, un Irlandais, ou un Yankee. C'est sur eux que les rails sont posés, ce sont eux que le sable recouvre, c'est sur eux que les wagons roulent sans secousse. Ce sont de profonds dormants je vous assure. Et peu d'années s'écoulent sans qu'on n'en couche un nouveau tas sur lequel encore on roule ; de telle sorte que si quelques-uns ont le plaisir de passer sur un rail, d'autres ont l'infortune de se voir passer dessus. Et s'il arrive qu'on passe sur un homme qui marche en son sommeil, « dormant » surnuméraire dans la mauvaise position, et qu'on le réveille, voilà qu'on arrête soudain les wagons et pousse des cris de paon, comme s'il s'agissait d'une exception. Je suis bien aise de savoir qu'il faut une équipe d'hommes par cinq milles pour maintenir les « dormants » en place et de niveau dans leurs lits tels qu'ils sont ; car c'est signe qu'ils peuvent à quelque jour se relever.

Pourquoi vivre avec cette hâte et ce gaspillage de vie ? Nous sommes décidés à être réduits par la faim avant d'avoir faim. Les hommes déclarent qu'un point fait à temps en épargne cent, sur quoi les voilà à faire mille points aujourd'hui pour en épargner cent demain. Du *travail* ! nous n'en avons pas qui tire à conséquence. Ce que nous avons, c'est la danse de Saint-Guy, sans possibilité, je le crains, de nous tenir la tête tranquille. M'arrivât-il seulement de donner quelques branles à la corde de la cloche paroissiale, comme pour sonner au feu, c'est-à-dire sans laisser reposer la cloche, qu'il n'y aurait guère d'homme sur sa ferme aux environs de Concord, malgré cette foule d'engagements qui lui servirent tant de fois d'excuse ce matin, ni de gamin, ni de femme, dirai-je presque, pour ne pas tout planter là et suivre la direction

du son, non point tant dans le but de sauver des flammes
un bien quelconque, que, faut-il confesser la vérité? dans
celui surtout de le voir brûler, puisque brûler il doit, et
que ce n'est pas nous, qu'on le sache, qui y avons mis le
feu, — ou dans celui de le voir éteindre, et d'être pour
quelque chose dans cette extinction, si l'ouvrage est tant
soit peu bien fait; oui, s'agît-il de l'église paroissiale elle-
même. À peine un homme fait-il un somme d'une demi-
heure après dîner, qu'en s'éveillant il dresse la tête et
demande: «Quelles nouvelles?» comme si le reste de l'humanité s'était tenu en faction près de lui. Il en est qui
donnent l'ordre de les réveiller toutes les demi-heures,
certes sans autre but; sur quoi en guise de paiement ils
racontent ce qu'ils ont rêvé. Après une nuit de sommeil les
nouvelles sont aussi indispensables que le premier déjeuner. «Dites-moi, je vous prie, n'importe ce qui a pu arriver
de nouveau à quelqu'un, n'importe où sur ce globe?» —
puis on lit par-dessus café et roulette qu'un homme a eu
les yeux désorbités[1] ce matin sur le fleuve Wachito; sans
songer un instant qu'on vit dans la ténèbre de l'insondable
grotte de mammouth qu'est ce monde, et qu'on ne possède
soi-même que le rudiment d'un œil.

Pour ma part je me passerais fort bien de poste aux
lettres. Je la crois l'agent de fort peu de communications
importantes. Pour être exact, je n'ai jamais reçu plus d'une
ou deux lettres dans ma vie — je l'ai écrit il y a quelques
années — qui valussent la dépense du timbre. La poste à
deux sous est, en général, une institution grâce à laquelle
on offre sérieusement à un homme pour savoir ce qu'il
pense ces deux sous que si souvent on offre en toute sécurité pour rire[2]. Et je suis sûr de n'avoir jamais lu dans un

---

1. Supplice alors pratiqué par les habitants de cette région.
2. En Angleterre, quelqu'un semble-t-il rêveur, qu'il est d'usage de lui
demander à brûle-pourpoint, en manière de plaisanterie: «Deux sous pour
savoir ce que vous pensez.»

journal aucune nouvelle qui en vaille la peine. Lisons-nous qu'un homme a été volé, ou assassiné, ou tué par accident, qu'une maison a brûlé, un navire fait naufrage, un bateau à vapeur explosé, une vache a été écrasée sur le Western Railroad, un chien enragé tué, ou qu'un vol de sauterelles a fait apparition en hiver, que point n'est besoin de lire la réédition du fait. Une fois suffit. Du moment que le principe nous est connu, qu'importe une myriade d'exemples et d'applications ? Pour le philosophe, toute *nouvelle*, comme on l'appelle, est commérage, et ceux qui l'éditent aussi bien que ceux qui la lisent ne sont autres que commères attablées à leur thé. Toutefois sont-ils en nombre, qui se montrent avides de ces commérages. Il y eut telle cohue l'autre jour, paraît-il, à l'un des bureaux du journal pour apprendre les dernières nouvelles arrivées de l'étranger, que plusieurs grandes vitres appartenant à l'établissement furent brisées par la pression — nouvelles qu'avec quelque facilité d'esprit, on pourrait, je le crois sérieusement, écrire douze mois sinon douze années à l'avance, sans trop manquer d'exactitude. Pour ce qui est de l'Espagne, par exemple, si vous savez la façon de faire intervenir Don Carlos et l'Infante, Don Pedro, Séville et Grenade, de temps à autre dans les proportions voulues — il se peut qu'on ait changé un peu les noms depuis que j'ai lu les feuilles — et de servir une course de taureaux lorsque les autres divertissements font défaut, ce sera vrai à la lettre, et nous donnera une aussi bonne idée de l'état exact ou de la ruine des choses en Espagne que les rapports les plus succincts comme les plus lucides sous cette rubrique dans les journaux ; quant à l'Angleterre, la dernière bribe de nouvelle significative qui nous soit venue de ce côté-là est, si l'on peut dire, la Révolution de 1649 ; et, une fois apprise l'histoire de ses récoltes au cours d'une année moyenne, nul besoin d'y revenir, à moins que vos spéculations n'aient un caractère purement pécuniaire. S'il est permis à qui rarement regarde les journaux de porter un jugement, rien de nouveau jamais n'arrive à l'étranger, pas même une Révolution française.

Quelles nouvelles! que plus important il est de savoir ce que c'est qui jamais ne fut vieux. «Kieou-he-yu (grand dignitaire de l'État de Wei) envoya vers Khoung-tseu quelqu'un prendre de ses nouvelles. Khoung-tseu fit asseoir le messager près de lui, et le questionna en ces termes: «Que fait ton maître?» Le messager répondit avec respect: «Mon maître souhaite de diminuer le nombre de ses défauts, mais il ne peut jamais en venir à bout.» Le messager parti, le philosophe observa: «Quel digne messager! quel digne messager!» Le prédicateur, au lieu de rebattre les oreilles des fermiers assoupis en leur jour de repos à la fin de la semaine, — car le dimanche est la digne conclusion d'une semaine mal employée, et non le frais et vaillant début d'une nouvelle, — avec cet autre lambeau de sermon, devrait crier d'une voix de tonnerre: «Arrête! Halte-là! Pourquoi cet air d'aller vite, quand tu es d'une mortelle lenteur?»

Imposture et illusion passent pour bonne et profonde vérité, alors que la réalité est fabuleuse. Si les hommes, résolument, n'avaient d'yeux que pour les réalités, sans admettre qu'on les abuse, la vie, pour emprunter des comparaisons connues, ressemblerait à un conte de fées et aux récits des *Mille et Une Nuits*. Si nous ne respections que ce qui est inévitable et a droit à être respecté, musique et poésie retentiraient le long des rues. Aux heures de mesure et de sagesse, nous découvrons que seules les choses grandes et dignes sont douées de quelque existence permanente et absolue, — que les petites peurs et les petits plaisirs ne sont que l'ombre de la réalité. Celle-ci toujours est réjouissante et sublime. En fermant les yeux et sommeillant, en consentant à se laisser tromper par les apparences, les

hommes établissent et consolident leur vie quotidienne de
routine et d'habitude partout, qui encore est bâtie sur des
fondations purement illusoires. Les enfants, qui jouent à
la vie, discernent sa véritable loi et ses véritables relations
plus clairement que les hommes, qui faillent à la vivre
dignement, et se croient plus sages par l'expérience, c'est-
à-dire par la faillite. J'ai lu dans un livre hindou qu'«il
était un fils de roi, lequel, banni en son enfance de sa ville
natale, fut élevé par un habitant des forêts, et, en parve-
nant à la maturité dans cette condition, s'imagina qu'il
appartenait à la race barbare avec laquelle il vivait. Un
des ministres de son père l'ayant découvert, lui révéla ce
qu'il était ; sur quoi la conception erronée qu'il avait de sa
qualité changea, et il se reconnut pour prince. C'est ainsi
que l'âme, continue le philosophe hindou, suivant les circonstances où elle se trouve placée, se méprend sur sa
qualité, jusqu'au jour où la vérité lui est révélée par quelque
saint prédicateur ; alors, elle se reconnaît *brahme*». J'observe que nous autres habitants de la Nouvelle-Angleterre
devons de mener cette vie médiocre nôtre à ce que notre
vision ne pénètre pas la surface des choses. Nous croyons
que cela *est* qui *paraît* être. Admettez qu'un homme se
promenant à travers cette ville, n'en voie que la réalité,
qu'en serait-il, croyez-vous, du «Mill dam[1]» ? S'il nous
rendait compte des réalités vues là, nous ne reconnaîtrions
pas l'endroit dans sa description. Regardez une chapelle,
un palais de justice, une geôle, une boutique, une habitation, et dites ce qu'est vraiment cette chose devant un
regard sincère, ils tomberont tous en pièces dans le récit
que vous en ferez. Les hommes estiment que la vérité s'est
retirée, aux confins du système, derrière la plus lointaine
étoile, avant Adam et après le dernier homme. En l'éter-

---

1. Centre du village de Concord, où les habitants se réunissaient pour bavarder.

nité réside, oui-da, quelque chose de vrai et de sublime. Mais tous ces temps, lieux et circonstances-ci sont maintenant et ici. Dieu lui-même est au zénith au moment où je parle, et ne sera jamais plus divin au cours de tous les âges. Et c'est seulement à la perpétuelle instillation comme imbibaison de la réalité qui nous environne que nous devons d'être aptes à saisir tout ce qui est sublime et noble. L'univers répond constamment et dévotement à nos conceptions ; que nous voyagions vite ou lentement, la voie est posée pour nous. Employons donc nos existences à concevoir. Le poète ou l'artiste jamais encore n'eut si beau et si noble dessein que quelques-uns de sa postérité au moins ne puissent accomplir.

Passons un seul jour avec autant de mûre réflexion que la Nature, et sans nous laisser rejeter de la voie par la coquille de noix et l'aile de moustique qui tombe sur les rails. Levons-nous tôt et jeûnons, ou déjeunons, tranquillement et sans trouble, qu'arrive de la compagnie et s'en aille la compagnie, que les cloches sonnent et les enfants crient, — résolus à en faire un jour. Pourquoi se rendre et s'abandonner au courant ? Ne nous laissons pas renverser et engloutir dans ce terrible rapide, ce gouffre, qu'on appelle un dîner, situé dans les bancs de sable méridiens. Résistez à ce danger et vous voilà sauf, car le reste de la route va en descendant. Les nerfs d'aplomb, la vigueur du matin dans les veines, passez auprès, les yeux ailleurs, attaché au mât comme Ulysse. Si la locomotive siffle, qu'elle siffle à en perdre la voix pour sa peine. Si la cloche sonne, pourquoi courir ? Nous réfléchirons à quelle sorte de musique elles ressemblent. Halte ! et là en bas faisons jouer nos pieds et se frayer un chemin à travers la fange et le gâchis de l'opinion, du préjugé, de la tradition, de l'illusion, de l'apparence, cette alluvion qui couvre le globe, à travers Paris et Londres, à travers New York et Boston et Concord, à travers Église et État, à travers poésie et philosophie et religion, jusqu'à ce que nous atteignions un fond solide, des rocs en place, que nous puissions appeler *réalité*, et disions : Voici qui est, et qui est bien ; sur quoi commencez, ayant un *point d'appui*[1], au-dessous de la crue et du gel et du feu, une place où vous puissiez fonder un mur ou un État, sinon fixer en sûreté un réverbère, peut-être une jauge, pas un Nilomètre, mais un Réalomètre, en sorte que les âges futurs sachent la profondeur que de temps à autre avait atteinte une inondation d'impostures et d'apparences. Si vous vous tenez debout devant le fait, l'affrontant face à face, vous verrez le soleil luire sur ses deux surfaces à l'instar d'un cimeterre, et sentirez son doux tranchant vous diviser à travers le cœur et la moelle, sur quoi conclurez heureusement à votre mortelle carrière. Vie ou mort, ce que nous demandons, c'est la réalité. Si nous sommes réellement mourants, écoutons le râle de notre gorge et sentons le froid aux extrémités ; si nous sommes en vie, vaquons à notre affaire.

Le temps n'est que le ruisseau dans lequel je vais pêchant. J'y bois ; mais tout en buvant j'en vois le fond de sable et découvre le peu de profondeur. Son faible courant passe, mais l'éternité demeure. Je voudrais boire plus profond ; pêcher dans le ciel, dont le fond est caillouté d'étoiles. Je ne sais pas compter jusqu'à un. Je ne sais pas la première lettre de l'alphabet. J'ai toujours regretté de n'être pas aussi sage que le jour où je suis né. L'intelligence est un fendoir ; elle discerne et s'ouvre son chemin dans le secret des choses. Je ne désire être en rien plus occupé de mes mains qu'il n'est nécessaire. Ma tête, voilà mains et pieds. Je sens concentrées là mes meilleures facultés. Mon instinct me dit que ma tête est un organe pour creuser, comme d'autres créatures emploient leurs groin et pattes de devant, et avec

1. En français dans le texte.

elle voudrais-je miner et creuser ma route à travers ces collines. Je crois que la plus riche veine se trouve quelque part près d'ici ; tel en jugé-je grâce à la baguette divinatoire et aux filets de vapeur qui s'élèvent ; or, ici commencerai-je à miner.

LECTURE

Avec un peu plus de réflexion dans le choix de leurs poursuites, les hommes deviendraient peut-être tous essentiellement des hommes d'études et des observateurs, car il est certain que leur nature et leur destinée à tous sans distinction sont intéressantes. En accumulant la propriété pour nous-mêmes ou pour notre postérité, en fondant une famille ou un État, ou même en acquérant la renommée, nous sommes mortels ; mais en traitant avec la vérité, nous sommes immortels, et n'avons lieu de craindre changement plus qu'accident. Le plus ancien philosophe égyptien ou hindou souleva un coin du voile qui recouvre la statue de la divinité ; et la tremblante robe demeure encore soulevée, pendant que je reste ébloui devant une splendeur aussi fraîche que celle qui l'éblouit, puisque c'était moi en lui qui eut alors cette audace, et que c'est lui en moi qui aujourd'hui recouvre la vision. Nul grain de poussière ne s'est déposé sur cette robe ; nul temps ne s'est écoulé depuis que fut révélée cette divinité. Ce temps que nous perfectionnons en effet, ou qui est perfectible, n'est ni passé, ni présent, ni futur.

Ma résidence était plus favorable, non seulement à la pensée, mais à la lecture sérieuse, qu'une université, et quoique le cabinet de lecture fût en dehors de mon rayon ordinaire de circulation, je me trouvais plus que jamais sous l'influence de ces livres qui circulent autour du monde, et dont les phrases d'abord écrites sur de l'écorce, se voient aujourd'hui simplement copiées de temps à autre sur du papier de chiffon. Dit le poète, Mir Camar Uddin Mast : «Étant assis, courir par les régions du monde spirituel ; j'ai connu ce privilège dans les livres. Être enivré par un simple verre de vin ; j'ai éprouvé ce plaisir en buvant la liqueur des doctrines ésotériques.» J'ai gardé l'*Iliade* d'Homère sur ma table tout l'été, quoique je l'aie feuilletée seulement de temps à autre. L'incessant labeur de mes mains, pour commencer, car j'avais à la fois ma maison à terminer et mes haricots à sarcler, rendait impossible plus d'étude. Toutefois je me soutenais par la perspective de telle lecture dans l'avenir. Je lus un ou deux livres faciles de voyages dans les intervalles de mon travail, jusqu'à ce que cet emploi de mon temps me rendant honteux de moi-même, je me demandai où donc était-ce que moi je vivais.

L'homme d'études peut lire Homère ou Eschyle dans le grec sans danger pour lui de dissipation ou de volupté, car cela implique qu'il rivalise en quelque mesure avec leurs héros, et consacre les heures matinales à leurs pages. Les livres héroïques, même imprimés dans le caractère de notre langue maternelle, le seront toujours en langue morte pour les époques dégénérées ; et il nous faut rechercher laborieusement la signification de chaque mot, de chaque ligne, en imaginant un sens plus large que l'usage courant ne le permet avec ce que nous avons et de sagesse et de valeur et de générosité. Le livre moderne, aussi fécond qu'à bas prix, malgré toutes ses traductions, n'a pas fait grand-chose pour nous rapprocher des écrivains héroïques de l'Antiquité. Ils semblent tout aussi solitaires, et la lettre dans laquelle ils sont imprimés aussi rare et curieuse, que jamais. Cela vaut la dépense de jours de jeunesse et d'heures précieuses, d'apprendre rien que

quelques mots d'une langue ancienne, qui sortent du
langage ordinaire de la rue, pour servir de suggestions et de
stimulants perpétuels. Ce n'est pas en vain que le fermier
se rappelle et répète le peu de mots latins qu'il a entendus.
On a l'air parfois de dire que l'étude des classiques devrait
à la fin céder la place à des études plus modernes et plus
pratiques ; mais l'homme d'études entreprenant étudiera
toujours les classiques, en quelque langue qu'ils soient
écrits, et quelque anciens qu'ils puissent être. Qu'est-ce en
effet que les classiques sinon les plus nobles pensées enre-
gistrées de l'homme ? Ce sont les seuls oracles que n'ait
point atteints la décrépitude, et quelque moderne que soit
la question posée, elle trouvera en eux des réponses telles
que jamais n'en fournirent Delphes ni Dodone. Nous pourrions aussi bien omettre d'étudier la Nature sous prétexte
qu'elle est vieille. Lire bien — c'est-à-dire lire des livres
sincères dans un sincère esprit — constitue un noble exercice, et qui mettra le lecteur à l'épreuve mieux que nuls des
exercices en honneur de nos jours. Il réclame un entraîne-
ment pareil à celui que subissaient les athlètes, l'application
soutenue presque de la vie entière à cet objet. Les livres
doivent être lus avec autant de réflexion et de réserve qu'ils
furent écrits. Il ne suffit pas même de savoir parler la langue
du pays dans laquelle ils sont écrits, car il y a un intervalle
considérable entre la langue parlée et la langue écrite, la
langue entendue et la langue lue. L'une est en général
transitoire — un son, une langue, un simple dialecte, quelque chose de bestial, et nous l'apprenons de nos mères
inconsciemment, comme les bêtes. L'autre en est la maturité et l'expérience ; si l'une est notre langue maternelle,
l'autre est notre langue paternelle, une façon de s'exprimer circonspecte et choisie, trop significative pour être
perçue par l'oreille, et qu'il nous faut naître de nouveau[1]

---

1. Jean, III, 3.

pour parler. La foule de gens qui au Moyen Âge se conten-
taient de *parler* les langues grecque et latine, n'étaient pas
qualifiés par l'accident de la naissance pour *lire* les ouvrages de génie écrits en ces langues ; car ceux-ci n'étaient
écrits ni dans ce grec ni dans ce latin qu'ils savaient, mais
dans le langage choisi de la littérature. Ils n'avaient pas
appris les dialectes plus nobles de la Grèce et de Rome, et
il n'était pas jusqu'à la matière elle-même sur laquelle ils
étaient écrits qui ne fût pour eux que du papier de rebut ;
ce qu'ils prisaient à la place n'était qu'une triste littérature
contemporaine. Mais lorsque les diverses nations d'Europe eurent acquis des langages écrits distincts quoique
rudes, et bien à elles, suffisant aux besoins de leurs littératures naissantes, alors revécut le premier savoir, et les
érudits devinrent capables de distinguer de cette parenté
éloignée les trésors de l'Antiquité. Ce que la multitude
romaine et grecque ne pouvait entendre, quelques érudits,
après l'écoulement des siècles, le *lurent*, et quelques érudits
seulement le lisent encore.

Nous avons beau professer de l'admiration pour les
mouvements accidentels d'éloquence de l'orateur, les mots
écrits les plus nobles se tiennent en général aussi loin
derrière les fluctuations de la langue parlée ou aussi loin
au-dessus d'elles, que l'est derrière les nuages le firmament
avec ses étoiles. *Là* sont les étoiles, et peuvent les déchif-
frer ceux qui en sont capables. Les astronomes éternellement dissertent à leur propos et les observent. Ce ne sont
pas des météores, ou exhalaisons[1], à l'instar de nos collo-
ques journaliers et la vapeur de nos haleines. Ce qu'on
appelle éloquence au forum passe en général pour rhéto-
rique dans le cabinet d'études. L'orateur obéit à l'inspiration d'un sujet éphémère, et parle à la masse qu'il a devant
lui, à ceux qui peuvent l'*entendre* ; mais l'écrivain, dont la

---

1. En langue anglaise le même mot signifie *météore* et *exhalaison*.

vie plus égale est le sujet, et que troubleraient l'événement comme la foule qui inspirent l'orateur, parle à l'intelligence et au cœur de l'humanité, à tous ceux qui de n'importe quelle génération peuvent le *comprendre*.

Rien d'étonnant à ce qu'Alexandre, au cours de ses expéditions, portât l'*Iliade* avec lui dans une précieuse cassette. Un mot écrit est la plus choisie des reliques. C'est quelque chose de tout de suite plus intime avec nous et plus universel que toute autre œuvre d'art. C'est l'œuvre d'art qui se rapproche le plus de la vie même. Il peut se traduire en toutes langues, et non seulement se lire mais s'exhaler en réalité de toutes lèvres humaines ; — non seulement se représenter sur la toile ou dans le marbre, mais se tailler à même le souffle, oui, de la vie. Le symbole de la pensée d'un homme de l'Antiquité devient la parole d'un homme moderne. Deux mille étés n'ont fait qu'impartir aux monuments de la littérature grecque, comme à ses marbres, une touche plus mûre d'or automnal, car ces monuments ont porté leur propre sereine et céleste atmosphère en tous pays afin de se préserver de la corrosion du temps. Les livres sont la fortune thésaurisée du monde et le dû héritage des générations et nations. Les livres, les plus vieux et les meilleurs, ont leur place naturelle et marquée sur les rayons de la moindre chaumière. Ils n'ont rien à plaider pour eux-mêmes, mais tant qu'ils éclaireront et soutiendront le lecteur, son bon sens ne saurait les rejeter. Leurs auteurs sont l'aristocratie naturelle et irrésistible de toute société, et, plus que rois ou empereurs, exercent une influence sur le genre humain. Lorsque le commerçant illettré et il se peut dédaigneux, ayant conquis à force d'initiative et d'industrie le loisir et l'indépendance convoités, se voit admis dans les cercles de l'opulence et du beau monde, il finit inévitablement par se retourner vers ceux encore plus élevés mais toutefois inaccessibles de l'intelligence et du génie, n'est plus sensible qu'à l'imperfection de sa culture ainsi qu'à la vanité et l'insuffisance de toutes ses richesses, et de plus montre son bon sens par les peines qu'il prend en vue d'assurer à ses enfants cette culture intellectuelle dont il sent si vivement la privation ; ainsi devient-il le fondateur d'une famille.

Ceux qui n'ont pas appris à lire les anciens classiques dans la langue où ils furent écrits, doivent avoir une connaissance fort imparfaite de l'histoire de la race humaine ; car il est à remarquer que nulle transcription n'en a jamais été donnée en aucune langue moderne, à moins que notre civilisation elle-même puisse passer pour telle transcription. Homère n'a jamais encore été imprimé en anglais, ni Eschyle, ni même Virgile, — œuvres aussi raffinées, aussi solidement faites, et presque aussi belles que le matin lui-même ; car les écrivains venus après, quoi qu'on puisse dire de leur génie, ont rarement, si jamais, égalé la beauté, comme le fini laborieux des anciens, et les travaux littéraires héroïques auxquels ils consacraient une vie. Ceux-là seulement parlent de les oublier, qui jamais ne les connurent. Il sera bien assez tôt de les oublier lorsque nous aurons le savoir et le génie qui nous permettront d'y prendre garde et de les apprécier. Le temps, en vérité, sera riche, où ces reliques, que nous appelons les Classiques, et les Écritures encore plus anciennes et plus que classiques, mais encore moins connues, des nations, se seront davantage encore accumulées, où les vaticans seront remplis de Védas et Zend-Avestas et Bibles, d'Homères et Dantes et Shakespeares, et où tous les siècles à venir auront successivement déposé leurs trophées sur le forum de l'univers. Grâce à quelle pile nous pouvons espérer enfin escalader le ciel.

Les œuvres des grands poètes n'ont jamais encore été lues par l'humanité, car seuls peuvent les lire les grands poètes. Elles ont été lues seulement comme le vulgaire lit les étoiles, tout au plus dans le sens astrologique, non pas astronomique. La plupart des hommes ont appris à lire pour obéir à une misérable commodité, comme ils ont appris à chiffrer en vue de tenir des comptes et ne pas être trompés en affaires ; mais pour ce qui est de la lecture en tant que noble exercice intellectuel ils ne savent guère sinon rien ; cependant cela seul est lecture, au sens élevé du mot, non pas ce qui nous berce comme quelque luxure et souffre que dorment ce faisant les facultés nobles, mais ce qu'il faut se tenir sur la pointe des pieds pour lire en y consacrant nos moments les plus dispos et les plus lucides.

Je crois qu'une fois nos lettres apprises nous devrions lire ce qu'il y a de meilleur en littérature, sans être là toujours à répéter nos *a*, *b*, *ab*, et les mots d'une seule syllabe, dans la classe des petits, assis toutes nos existences sur le premier banc d'en bas. La plupart des hommes sont satisfaits s'ils lisent ou entendent lire, et ont eu la chance de se trouver convaincus par la sagesse d'un seul bon livre, la Bible, pour le reste de leur vie végéter et dissiper leurs facultés dans ce qu'on appelle les lectures faciles. Il existe à notre cabinet de lecture un ouvrage en plusieurs volumes intitulé *Little Reading*[1], que je croyais se référer à une ville de ce nom, où je ne suis pas allé. Il y a des gens pour, à l'instar des cormorans et autruches, digérer toutes sortes de choses de ce genre, même après le repas de viandes et légumes le plus plantureux, car ils ne souffrent pas qu'il y ait rien de perdu. Si d'autres sont les machines à pourvoir de telle provende, ce sont, ceux-ci, les machines à l'absorber. Ils lisent le neuf millième conte sur Zébulon et Sophronia, et comment ces personnes aimèrent mieux que jamais auparavant quiconque n'avait aimé, sans qu'aucun des deux fît que *le cours de leur amour sincère devînt paisible*[2],

---

1. La traduction de ces mots est : *Petite Lecture*. Reading est, en outre, un nom de ville.
2. Shakespeare : *Le Songe d'une nuit d'été*, acte I, sc. I.

— en tout cas, comment il suivit son cours et s'embarrassa, et se dégagea, et allez donc! comment quelque pauvre infortuné monta à un clocher, qui tout aussi bien eût fait de ne jamais dépasser le beffroi; sur quoi, l'ayant sans nécessité mis là-haut, l'heureux romancier sonne la cloche pour que tout le monde se rassemble et entende, ô, Seigneur! comment il redescendit! Pour ma part, je crois qu'ils feraient aussi bien de métamorphoser tous ces aspirants héros du roman universel en hommes-girouettes, suivant l'ancien usage qui consistait à mettre les héros parmi les constellations, et de les laisser là virer jusqu'à la rouille sans plus jamais redescendre pour assommer de leurs espiègleries les honnêtes gens. La prochaine fois que le romancier sonne la cloche je ne bronche pas, le temple brûlât-il de la base au faîte. «*Sur la Pointe du Pied-Hop-Et Je Cabriole*, roman du Moyen Âge, par le célèbre auteur de *La-Ri-Fla-Fla-Fla*, pour paraître en fascicules mensuels; il y a foule; ne venez pas tous à la fois.» Tout cela, ils le lisent les yeux grands comme des soucoupes, la curiosité en éveil, une curiosité primitive, et le gésier infatigable, dont les corrugations n'ont même pas besoin de stimulant, absolument comme quelque petit écolier de quatre ans son édition à deux sous et à couverture dorée de *Cendrillon*, — sans aucun progrès, cela, je m'en aperçois, pas plus dans la prononciation que dans l'accent ou la diction, on plus de talent à en extraire ou y insérer la morale. Le résultat, c'est l'affaiblissement de la vue, une stagnation de la circulation vitale, une déliquescence générale et le dépouillement de toutes les facultés intellectuelles. Cette sorte de pain d'épice se cuit quotidiennement avec plus d'assiduité que le pur froment ou le seigle et maïs dans presque tous les fours, et trouve un plus sûr débouché.

Les meilleurs livres ne sont pas lus même de ceux que

l'on appelle les bons lecteurs. Quelle est la somme de lecture de notre Concord? À quelques rares exceptions près aucun goût ne se manifeste dans cette ville pour les meilleurs ou pour les très bons livres, fût-ce en littérature anglaise, dont les mots peuvent être lus et épelés de tous. Il n'est pas jusqu'aux hommes élevés au collège et soi-disant pourvus d'une éducation libérale, ici aussi bien qu'ailleurs, qui n'aient, en effet, qu'une bien petite connaissance, si seulement ils en ont aucune, des classiques anglais; et pour ce qui est de la sagesse enregistrée de l'humanité, les classiques anciens et les Bibles, accessibles à tous ceux qui voudront en connaître, leur recherche n'est n'importe où l'objet que des plus faibles efforts. Je sais un bûcheron, entre deux âges, qui prend un journal français non pas à cause des nouvelles, comme il dit, car il est au-dessus de cela, mais histoire de «s'entretenir», Canadien qu'il est de naissance; et si je lui demande ce qu'il considère comme la meilleure chose à faire pour lui en ce monde, il déclare, en outre, que c'est d'entretenir son anglais et d'y ajouter. C'est à peu près tout ce que font ou aspirent à faire, en général, ceux qui ont été élevés au collège, et ils prennent pour cela un journal anglais. Combien celui qui vient de lire peut-être l'un des meilleurs livres anglais trouvera-t-il de gens avec qui pouvoir en causer? Ou supposez qu'il vienne de lire dans l'original un de ces classiques grecs ou latins, à l'éloge desquels sont familiers même ce qu'on appelle les illettrés; il ne trouvera pas âme à qui en parler, et il doit garder le silence dessus. À dire vrai, il n'y a guère que le professeur de nos collèges, s'il a surmonté les difficultés de la langue, qui ait surmonté en proportion les difficultés de l'esprit comme de la poésie d'un poète grec, et ait quelque sympathie à accorder au lecteur vigilant autant qu'héroïque; et pour ce qui est des Écritures sacrées, ou des Bibles de l'humanité, qui donc en cette ville saurait m'en dire seulement les titres? La plupart des gens ne savent pas qu'aucune nation autre que les Hébreux ait possédé une écriture. Un homme, tout homme, s'écartera considérablement de sa route pour ramasser un dollar d'argent; mais voici des paroles d'or, sorties de la bouche des plus grands sages de l'Antiquité, et dont le mérite nous a été affirmé par les sages de chaque siècle l'un après l'autre; — cependant nous n'apprenons à lire que jusqu'à la Lecture Facile, les abécédaires, les livres de classe, puis, quand nous quittons l'école, la «Little Reading», les livres d'historiettes, destinés aux petits garçons et commençants, et notre lecture, notre conversation, notre pensée sont toutes à un niveau très bas, digne tout au plus de pygmées et de nabots.

J'aspire à faire la connaissance d'hommes plus sages que ce sol nôtre de Concord n'en a produits, d'hommes dont les noms ne sont guère connus ici. Ou bien entendrai-je le nom de Platon sans jamais lire son livre? Comme si Platon étant mon concitoyen je ne l'eusse jamais vu, — mon proche voisin et ne l'eusse jamais entendu parler ou n'eusse pris garde à la sagesse de ses paroles. Mais comment cela vraiment se fait-il? Ses Dialogues, qui contiennent ce qu'il y avait en lui d'immortel, gisent là sur le rayon, sans que cependant je les aie jamais lus. Nous sommes d'éducation inférieure, de basse condition, illettrés; sous ce rapport j'avoue ne pas faire grande différence entre l'ignorance de ceux de mes concitoyens qui ne savent pas lire du tout, et l'ignorance de celui qui n'a appris à lire que ce qui est pour enfants et petits entendements. Nous devrions valoir les grands hommes de l'Antiquité, quand ce ne serait qu'en commençant par connaître ce qu'ils valaient. Nous ne sommes qu'une race de marmousets et ne nous élevons guère plus haut en nos vols intellectuels que les colonnes du journal quotidien.

Ce ne sont pas tous les livres qui sont aussi bornés que leurs lecteurs. Il existe probablement des paroles adressées précisément à notre condition qui, si nous pouvions vraiment les entendre et comprendre, seraient plus salutaires à nos existences que le matin ou le printemps, peut-être nous feraient voir la face des choses sous un nouvel aspect. Que d'hommes ont fait dater de la lecture d'un livre une ère nouvelle dans leur vie ! Le livre existe pour nous peut-être qui expliquera nos miracles et en révélera de nouveaux. Les choses à présent inexprimables, il se peut que nous les trouvions quelque part exprimées. Ces mêmes questions qui nous troublent, embarrassent et confondent, se sont en leur temps présentées à l'esprit de tous les sages ; pas une n'a été omise ; et chacun y a répondu suivant son degré d'aptitude, par ses paroles et sa vie. En outre, avec la sagesse nous apprendrons la libéralité. L'homme solitaire, loué à la journée dans quelque ferme aux abords de Concord, qui, pourvu de sa seconde naissance[1] et d'une expérience religieuse à lui, se trouve amené, comme il le croit, à la gravité silencieuse et à l'exclusivisme par sa foi, peut penser que ce n'est pas vrai ; mais Zoroastre, il y a des milliers d'années, suivit la même voie et acquit la même expérience ; or lui, en sa qualité de sage, connut qu'elle était universelle, sur quoi il traita ses voisins en conséquence, et passe même pour avoir inventé et établi le culte parmi les hommes. Qu'il confère donc humblement avec Zoroastre, puis, en passant par l'influence libéralisante de tous les hommes illustres, avec Jésus-Christ Lui-même, et laisse « notre Église » tomber par-dessus bord.

Nous nous vantons d'appartenir au XIXe siècle, et faisons les enjambées les plus rapides qu'aucune nation ait faites. Mais réfléchissez au peu que fait ce village-ci pour sa propre culture. Je ne désire ni flatter mes concitoyens, ni me voir flatté par eux, car cela n'avancera pas plus l'un

---

1. Jean, III.

que les autres. Nous avons besoin qu'on nous provoque, — qu'on nous aiguillonne, comme des bœufs, que nous sommes, pour être mis au trot. Nous possédons un système comparativement décent d'écoles communes, écoles pour enfants en bas âge seulement ; mais sauf en hiver le lycée à demi mort de faim, et récemment le timide début d'une bibliothèque inspirée par l'État, aucune école pour nous-mêmes. Nous dépensons plus pour presque n'importe quel article d'alimentation destiné à faire la joie sinon la douleur de notre ventre que pour notre alimentation mentale. Il est temps que nous ayons des écoles non communes, que nous ne renoncions pas à notre éducation lorsque nous commençons à devenir hommes et femmes. Il est temps que les villages soient des universités, et les aînés de leurs habitants les *fellows*[1] d'universités, avec loisir — s'ils sont en effet si bien à leur affaire — de poursuivre des études libérales le reste de leur vie. Le monde à jamais se bornera-t-il à un Paris ou un Oxford ? Ne se peut-il faire que des étudiants prennent pension ici et reçoivent une éducation libérale sous le ciel de Concord ? Ne pouvons-nous prendre à gages quelque Abélard pour nous faire des cours ? Hélas, tant à nourrir le bétail qu'à garder la boutique on nous tient trop longtemps loin de l'école, et notre éducation se voit tristement négligée. En ce pays-ci, le village devrait à certains égards prendre la place du noble d'Europe. Il devrait être le patron des beaux-arts. Il est assez riche. Il ne lui manque que la magnanimité et le raffinement. Il peut dépenser l'argent nécessaire à telles choses dont les fermiers et les commerçants font cas, mais on croit que c'est demander la lune que de proposer une dépense d'argent pour des choses que de plus intelligents savent de beaucoup plus de prix.

---

1. On appelle *fellow*, dans les universités anglaises, celui qui, ses études terminées, consent à rester l'un des familiers de son collège.

Cette ville-ci a dépensé dix-sept mille dollars pour un hôtel de ville, la fortune ou la politique en soient louées, mais probablement ne dépensera-t-elle pas autant pour l'esprit vivant, la vraie viande à mettre dans cette coquille, en cent ans. Les cent vingt-cinq dollars annuellement souscrits pour un lycée en hiver sont mieux dépensés que toute autre égale somme imposée dans la ville. Si nous vivons au xixᵉ siècle, pourquoi ne jouirions-nous pas des avantages qu'offre le xixᵉ siècle? Pourquoi notre vie serait-elle à aucun égard provinciale? Si nous tenons à lire les journaux, pourquoi ne pas éviter les cancans de Boston et prendre tout de suite le meilleur journal du monde? — sans être là à téter la mamelle des journaux pour «familles neutres», ou brouter les *Branches d'olivier*[1] ici, en Nouvelle-Angleterre. Que les rapports de toutes les sociétés savantes viennent jusqu'à nous, et nous verrons si elles savent quelque chose. Pourquoi laisserions-nous à Harper et Frères comme à Redding et Cⁱᵉ le soin de choisir nos lectures? De même que le noble de goût cultivé s'entoure de tout ce qui contribue à sa culture, — génie — savoir — esprit — livres — tableaux — sculptures — musique — instruments de précision, et le reste; ainsi fasse le village qu'il ne s'arrête pas à un pédagogue, un curé, un sacristain, une bibliothèque de paroisse, et trois hommes d'élite, parce que nos pèlerins d'ancêtres passèrent jadis avec ceux-ci tout un froid hiver sur un rocher exposé aux vents. Agir collectivement est conforme à l'esprit de nos institutions; et j'ai la certitude que, nos affaires étant plus florissantes que les siennes, nous disposons de plus de moyens que le noble. La Nouvelle-Angleterre peut prendre à gages tous les sages de l'univers pour venir l'enseigner, et les loger comme les nourrir tout le temps chez l'habitant, sans le moins du monde se montrer provinciale. Voilà

---

1. Journal hebdomadaire publié à Boston.

l'école *non commune* qu'il nous faut. Au lieu d'hommes nobles, ayons de nobles villages d'hommes. S'il est nécessaire, omettez un pont sur la rivière, faites un petit détour par là, et jetez une arche sur le gouffre plus sombre d'ignorance qui nous entoure.

BRUITS

Mais pendant que nous nous confinons dans les livres, encore que les plus choisis et les plus classiques, pour ne lire que de particuliers langages écrits, eux-mêmes simples dialectes, et dialectes provinciaux, nous voici en danger d'oublier le langage que toutes choses comme tous événements parlent sans métaphore, le seul riche, le seul langage-étalon. Beaucoup s'en publie, mais peu s'en imprime. Les rayons qui pénètrent par le volet ne seront plus dans le souvenir le volet une fois grand ouvert. Ni méthode, ni discipline ne sauraient suppléer à la nécessité de se tenir éternellement sur le qui-vive. Qu'est-ce qu'un cours d'histoire ou de philosophie, voire de poésie, quelque choix qui y ait présidé, ou la meilleure société, ou la plus admirable routine d'existence, comparés à la discipline qui consiste à toujours regarder ce qui est à voir ? Voulez-vous être un lecteur, simplement un homme d'études, ou un voyant ? Lisez votre destinée, voyez ce qui est devant vous, et faites route dans la futurité.

Je ne lus pas de livres le premier été ; je sarclai des haricots. Que dis-je ! Je fis souvent mieux que cela. Il y eut des heures où je ne me sentis pas en droit de sacrifier la fleur du moment présent à nul travail soit de tête, soit de mains. J'aime une large marge à ma vie. Quelquefois, par un matin d'été, ayant pris mon bain accoutumé, je restais assis sur mon seuil ensoleillé du lever du soleil à midi, perdu en rêve, au milieu des pins, les hickorys et les sumacs, au sein d'une solitude et d'une paix que rien ne troublait, pendant que les oiseaux chantaient à la ronde ou voletaient sans bruit à travers la maison, jusqu'à ce que le soleil se présentant à ma fenêtre de l'ouest, ou le bruit de quelque chariot de voyageur là-bas sur la grand-route, me rappelassent le temps écoulé. Je croissais en ces moments-là comme maïs dans la nuit, et nul travail des mains n'en eût égalé le prix. Ce n'était point un temps soustrait à ma vie, mais tellement en sus de ma ration coutumière. Je me rendais compte de ce que les Orientaux entendent par contemplation et le délaissement des travaux. En général je ne m'inquiétais pas de la marche des heures. Le jour avançait comme pour éclairer quelque travail mien ; c'était le matin, or, voyez ! c'est le soir, et rien de remarquable n'est accompli. Au lieu de chanter comme les oiseaux, je souriais silencieusement à ma bonne fortune continue. De même que la fauvette, perchée sur l'hickory devant ma porte, avait son trille, de même avais-je mon rire intérieur ou gazouillement étouffé qu'elle pouvait entendre sortir de mon nid. Mes jours n'étaient pas les jours de la semaine portant l'estampille de quelque déité païenne, plus que n'étaient hachés en heures et rongés par le tic-tac d'une horloge ; car je vivais comme les Indiens Puri, dont on dit que « pour hier, aujourd'hui et demain ils n'ont qu'un seul mot, et expriment la diversité de sens en pointant le doigt derrière eux pour hier, devant eux pour demain, au-dessus de leur tête pour le jour qui passe ». Ce n'était autre que pure paresse aux yeux de mes concitoyens, sans doute ; mais les oiseaux et les fleurs m'eussent-ils jugé suivant leur loi, que point n'eussé-je été pris en défaut. L'homme doit trouver ses motifs en lui-même, c'est certain. La journée naturelle est très calme, et ne réprouvera guère son indolence.

J'avais dans ma façon de vivre au moins cet avantage sur les gens obligés de chercher leur amusement au-dehors, dans la société et le théâtre, que ma vie elle-même était devenue mon amusement et jamais ne cessa d'être nouvelle. C'était un drame en maintes scènes et sans fin. Si toujours en effet nous gagnions notre vie et la réglions suivant la dernière et meilleure façon de nous apprise, nous ne serions jamais tourmentés par l'ennui. Suivez votre génie d'assez près, et il ne faillira pas à vous montrer d'heure en heure un point de vue nouveau. Le ménage était un gai passe-temps. Mon plancher était-il sale, que je me levais de bonne heure, et, installant dehors tout mon mobilier sur l'herbe, lit et bois de lit en un seul paquet, aspergeais d'eau le plancher, le saupoudrais de sable pris à l'étang, puis avec un balai le frottais à blanc ; et les villageois n'avaient pas rompu le jeûne que le soleil du matin avait suffisamment séché ma maison pour me permettre d'y aménager de nouveau, de sorte que mes méditations se trouvaient presque ininterrompues. Rien n'était amusant comme de voir tous mes ustensiles de ménage sur l'herbe, en petit tas comme un ballot de bohémien, et ma table à trois pieds, d'où je n'avais enlevé les livres non plus que la plume ni l'encre, là debout au milieu des pins et des noyers. Ils avaient l'air contents eux-mêmes de sortir, et comme peu disposés à se voir rentrés. J'avais parfois envie de tendre une toile au-dessus d'eux et de m'établir là. C'était une joie de voir le soleil briller sur le tout et d'entendre souffler dessus la libre brise ; tant les objets les plus familiers paraissent plus intéressants dehors que dans la maison. Un oiseau perche sur la branche voisine, l'immortelle croît sous la table aux pieds de laquelle la ronce s'enroule ; des pommes de pins, des bogues de châtaignes, des feuilles de fraisier jonchent le sol. Il semblait que ce fût la façon dont ces formes en étaient venues à se transmettre à notre mobilier, aux tables, chaises, et bois de lit, — parce qu'ils s'étaient jadis tenus parmi elles.

Ma maison était située à flanc de coteau, immédiatement sur la lisière des plus grands arbres, au milieu d'une jeune forêt de pitchpins et hickorys, à une demi-douzaine de verges de l'étang, auquel conduisait un étroit sentier descendant de la colline. Dans ma cour de devant poussaient la fraise, la mûre, et l'immortelle, l'herbe de la Saint-Jean et la verge d'or, les chênes arbrisseaux et le cerisier nain, l'airelle et la noix de terre. Vers la fin de mai, le cerisier nain (*Cerasus pumila*) adornait les côtés du sentier de ses fleurs délicates disposées en ombelles autour de ses courtes tiges, lesquelles, à l'automne, s'affaissaient sous le poids de grosses et belles cerises, pour retomber en guirlandes comme des rayons de tous les côtés. J'y goûtai, en compliment à la Nature, toutes peu délectables qu'elles fussent. Le sumac (*Rhus glabra*) croissait en abondance autour de la maison, se frayant un chemin à travers le remblai que j'avais fait, et poussant de cinq ou six pieds dès la première saison. Sa large pinnée des tropiques était plaisante quoique étrange à regarder. Les gros bourgeons qui tard dans le printemps sortaient soudain des tiges sèches qu'on avait pu croire mortes, se développaient comme par magie en gracieux rameaux verts et tendres, d'un pouce de diamètre ; et parfois si étourdiment poussaient-ils et mettaient à l'épreuve leurs faibles articulations, qu'assis à ma fenêtre il m'arrivait d'entendre quelque frais et délicat rameau soudain retomber à la façon d'un éventail jusqu'au sol, en l'absence du moindre souffle d'air, brisé par son propre poids. En août les lourdes masses de baies, qui, en fleur, avaient attiré quantités d'abeilles sauvages, prenaient peu à peu leur belle teinte de velours cramoisi, et par l'effet de leur poids de nouveau courbaient et brisaient les membres délicats.

Tandis que je suis assis à ma fenêtre cet après-midi d'été, des busards se meuvent en cercle à proximité de mon défrichement ; la fanfare de pigeons sauvages, volant par deux ou trois en travers du champ de ma vue, ou se perchant d'une aile agitée sur les branches des pins du nord derrière ma maison, donne une voix à l'air ; un balbuzard ride la surface limpide de l'étang et ramène un poisson ; un vison se glisse hors du marais, devant ma porte, et saisit une grenouille près de la rive ; le glaïeul plie sous le poids des «babillards» qui çà et là voltigent ; et toute la dernière demi-heure j'ai entendu, tantôt mourant au loin et tantôt revivant tel le tambour d'une gelinotte, le roulement des wagons de chemin de fer qui transportent les voyageurs de Boston à la campagne. Car je ne vivais pas aussi en dehors du monde que ce garçon qui, paraît-il, envoyé chez un fermier dans la partie est du bourg, ne tarda pas à s'échapper pour rentrer à la maison, déprimé à n'en pouvoir mais et avec le mal du pays. Il n'avait jamais vu d'endroit si triste et si loin de tout ; les gens étaient tous partis je ne sais où ; oui, on n'entendait même pas le sifflet des locomotives ! Je me demande s'il est encore un endroit de cette sorte aujourd'hui dans le Massachussetts :

> *In truth, our village has become a butt*
> *For one of those fleet railroad shafts, and o'er*
> *Our peaceful plain its soothing sound is — Concord*[1].

Le chemin de fer de Fitchburg touche l'étang à environ cent verges au sud de là où j'habite. Je me rends d'ordinaire au village le long de sa chaussée, et me trouve pour

---

1. Oui-da, voilà notre village un but
   Pour l'un de ces prompts traits de fer, et sur
   Notre vaste et paisible plaine
   Le bruit calmant en est — Concord.
   (Tiré d'un poème de W. E. Channing, ami de Thoreau.)

ainsi dire relié au monde par ce chaînon. Les hommes
des trains de marchandises, qui font le trajet d'un bout à
l'autre, me saluent comme une vieille connaissance, tant
souvent ils me dépassent, et ils me prennent apparemment
pour quelque employé : ce que je suis. Moi aussi me
verrais-je volontiers réparateur de la voie quelque part
dans l'orbite de la terre.

Le sifflet de la locomotive pénètre dans mes bois été
comme hiver, faisant croire au cri d'une buse en train de
planer sur quelque cour de ferme, et portant à ma connaissance que nombre de marchands agités de la grand-ville
arrivent dans l'enceinte de la petite, ou d'aventureux
commerçants de la campagne s'en viennent de l'autre
versant. En atteignant un horizon, ils crient leur avertisse-
ment pour livrer la voie à l'autre, entendu parfois de l'enceinte de deux villes. Voici venir votre épicerie, campagnes ;
vos rations, campagnards ! Il n'est pas d'homme assez
indépendant sur sa ferme pour être capable de leur dire
nenni. Et en voici le paiement ! crie le sifflet du campagnard ; le bois de charpente comme de longs béliers se
ruant à vingt milles à l'heure à l'assaut des murs de la cité,
et des chaises assez pour asseoir tous les gens fatigués,
accablés sous le faix, qui habitent derrière eux. C'est la politesse énorme et encombrante avec laquelle la campagne
tend une chaise à la ville. Toutes les collines indiennes à
myrtilles se voient dépouillées, tous les marais couverts de
canneberges se voient ratissés dans la ville. S'en va le coton,
s'en vient le tissu, s'en va la soie, s'en vient le lainage ; s'en
vont les livres, mais s'en vient l'esprit qui les écrit.

Lorsque je rencontre la locomotive avec son train de
wagons qui s'éloigne d'un mouvement planétaire, — ou,
plutôt, à l'instar d'une comète, car l'observateur ne sait si
avec cette vitesse et cette direction elle revisitera jamais ce
système, puisque son orbite ne ressemble pas à une courbe
de retour, — avec son nuage de vapeur, bannière flottant

à l'arrière en festons d'or et d'argent, tel maint nuage duveteux que j'ai vu, haut dans les cieux, déployer ses masses à la lumière, — comme si ce demi-dieu en voyage, cet amonceleur de nuages, devait ne tarder à prendre le ciel du couchant pour la livrée de sa suite ; lorsque j'entends le cheval de fer éveiller de son ébrouement comme d'un tonnerre les échos de la montagne, de ses pieds ébranler la terre, et souffler feu et fumée par les narines (quelle espèce de cheval ailé ou de dragon jeteur de feu mettra-t-on dans la nouvelle Mythologie, je ne sais), c'est comme si la terre avait enfin une race digne aujourd'hui de l'habiter. Si tout était comme il semble, et que les hommes fissent des éléments leurs serviteurs pour de nobles fins ! Si le nuage en suspens au-dessus de la locomotive était la sueur de faits héroïques, ou portait le bienfait de celui qui flotte au-dessus des champs du fermier, alors les éléments et la Nature elle-même accompagneraient de bon cœur les hommes en leurs missions et leur seraient escorte.

Je guette le passage des wagons du matin dans le même sentiment que je fais le lever du soleil, à peine plus régulier. Leur train de nuages qui s'étire loin derrière et s'élève de plus en plus haut, allant au ciel tandis que les wagons vont à Boston, dérobe le soleil une minute et plonge dans l'ombre mon champ lointain, train céleste auprès duquel le tout petit train de wagons qui embrasse la terre n'est que le barbillon du harpon. Le palefrenier du cheval de fer était levé de bonne heure en ce matin d'hiver à la lueur des étoiles au milieu des montagnes, pour donner le fourrage et mettre le harnais à son coursier. Le feu, lui aussi, était éveillé pareillement de bonne heure pour lui communiquer la chaleur vitale et l'enlever. Si l'aventure était aussi innocente qu'elle est matinale ! La neige est-elle épaisse, qu'ils attachent au coursier ses raquettes, et avec la charrue géante tracent un sillon des montagnes à la mer, dans lequel les wagons, comme un semoir à la suite, sèment tous les hommes agités et toute la marchandise flottante dans la campagne comme une graine. Tout le jour le coursier de fer vole à travers la campagne, ne s'arrêtant que pour permettre à son maître de se reposer, et je suis réveillé à minuit par son galop et son ébrouement de défi, lorsqu'en quelque gorge écartée des bois il fait tête aux éléments sous son armature de glace et de neige et ce n'est qu'avec l'étoile du matin qu'il regagnera sa stalle, pour se lancer de nouveau en ses voyages sans repos ni sommeil. Ou peut-être, le soir, l'entends-je en son écurie, qui chasse de ses poumons l'énergie superflue de la journée, afin de se calmer les nerfs, se rafraîchir le sang et la tête durant quelques heures d'un sommeil de fer. Si l'aventure était aussi héroïque, aussi imposante qu'elle est prolongée, qu'elle est infatigable !

Au loin à travers des bois solitaires situés sur les confins de villes, là où jadis seul le chasseur pénétrait de jour, dans la nuit la plus sombre dardent ces salons éclatants à l'insu de leurs hôtes ; en ce moment qui s'arrêtent à quelque brillante gare, dans la ville, dans le bourg, où s'est rassemblée une foule courtoise, tout à l'heure dans le Marais Lugubre, effarouchant hibou et renard. Les départs et les arrivées des wagons font aujourd'hui époque dans la journée du village. Ils vont et viennent avec une telle régularité, une telle précision, leur sifflet s'entend si loin, que les fermiers règlent sur eux leurs horloges, et qu'ainsi une seule institution bien conduite règle tout un pays. Les hommes n'ont-ils pas fait quelque progrès en matière de ponctualité depuis qu'on a inventé le chemin de fer ? Ne parlent-ils et ne pensent-ils plus vite dans la gare qu'ils ne faisaient dans les bureaux de la diligence ? Il y a quelque chose d'électrisant dans l'atmosphère du premier de ces endroits. J'ai été surpris des miracles accomplis par lui ; que certains de mes voisins, qui, je l'aurais une fois pour toutes prophétisé, ne devaient jamais atteindre à Boston, grâce à si prompt moyen de transport, soient là tout prêts quand la cloche sonne. Faire les choses « à la mode du chemin de fer » est maintenant passé en proverbe ; et cela en vaut la peine, d'être si souvent et sincèrement averti par une autorité quelconque d'avoir à se tenir éloigné de sa voie. Pas d'empêchement à lire la loi contre les attroupements, pas de feu de mousqueterie au-dessus des têtes de la foule, en ce cas. Nous avons bâti de toutes pièces un destin, un *Atropos*, qui jamais ne se détourne. (Que ce soit là le nom de votre machine.) Les hommes sont avertis qu'à certaine heure et minute ces flèches seront lancées vers tels points cardinaux ; encore ne gêne-t-il les affaires de personne, et les enfants vont-ils à l'école sur l'autre voie. Nous n'en vivons que sur un pied plus ferme. Nous sommes ainsi tous élevés à nous voir les fils de Tell. L'air est rempli de flèches invisibles. Tout sentier qui n'est pas le vôtre est le sentier du destin. Gardez donc votre voie.

Ce qui me recommande le commerce, c'est sa hardiesse et sa bravoure. Il ne joint pas les mains pour prier Jupiter. Je vois ces gens chaque jour aller à leur affaire avec plus ou moins de courage et de contentement, faisant plus même qu'ils ne soupçonnent, et peut-être mieux employés qu'ils ne pouvaient sciemment imaginer. L'héroïsme qui les fit tenir bon toute une demi-heure sur le front de bataille à Buena Vista[1], me touche moins que la ferme et joyeuse vaillance de ceux qui font de la charrue à neige leurs quartiers d'hiver ; qui ne se contentent pas du courage de trois heures du matin, lequel Bonaparte tenait pour le plus rare, mais dont le courage ne va pas se reposer de si bonne heure, qui ne vont dormir que lorsque dort la tempête ou que les muscles de leur coursier de fer sont gelés. En ce matin de la Grande Neige, peut-être, encore en plein courroux et qui glace le sang des hommes, j'en-

---

1. Bataille remontant à la guerre mexicaine de 1847.

tends l'accent assourdi de leur cloche de locomotive sortir
du banc de brouillard que forme leur haleine refroidie,
pour annoncer que les wagons *arrivent*, sans plus de délai,
nonobstant le veto d'une tempête de neige au nord-est de
la Nouvelle-Angleterre, et j'aperçois les laboureurs couverts
de neige et de frimas, la tête pointant au-dessus d'un
versoir qui retourne autre chose que des pâquerettes et les
nids de mulots[1], tels ces quartiers de roche de la Sierra
Nevada, qui occupent une place à part dans l'univers.

Le commerce est contre toute attente confiant et serein,
alerte, aventureux et inlassable. Il est très naturel en ses
méthodes, d'ailleurs, beaucoup plus que maintes entreprises fantastiques et sentimentales expériences, d'où son
singulier succès. Je me sens ragaillardi et tout épanoui,
lorsque le train de marchandises me dépassant avec fracas,
je flaire les denrées qui vont dispensant leurs parfums tout
le long de la route depuis le Long Embarcadère[2] jusqu'au
lac Champlain, et me parlant de pays étrangers, de récifs
de corail, et d'océans indiens, et de ciels des tropiques, et
de l'étendue du globe. Je me sens davantage un citoyen du
monde à la vue de la feuille de palmier qui couvrira tant
de têtes blondes de la Nouvelle-Angleterre l'été prochain,
du chanvre de Manille et des enveloppes de noix de coco,
du vieux cordage, des balles de café, de la ferraille et des
clous rouillés. Ce plein wagon de voiles déchirées est plus
instructif et plus intéressant aujourd'hui que si elles étaient
transformées en papier et bouquins imprimés. Qui saurait
comme l'ont fait ces déchirures écrire avec ce pittoresque
l'histoire des tempêtes qu'elles ont essuyées ? Elles sont les
épreuves qui n'ont besoin de nulle correction. Voici aller
le bois de charpente des forêts du Maine, qui ne s'en alla
pas à la mer lors de la dernière crue, renchéri de quatre

1. Allusion à deux poèmes de Robert Burn.
2. À Boston.

dollars le mille à cause de ce qui s'en est allé ou s'est brisé en éclats ; pin, sapin noir, cèdre, — première, seconde, troisième et quatrième qualités, si récemment tous d'une seule qualité pour onduler au-dessus de l'ours, de l'élan et du caribou. Après vient la chaux de Thomaston, un lot de choix qui sera là-bas, tout au fond des montagnes, avant de s'éteindre. Ces chiffons en balles, de toutes nuances et qualités, la plus basse condition à laquelle descendent la cotonnade et la toile, le résultat final de la toilette, — de dessins qui ne sont plus aujourd'hui prisés, à moins que ce ne soit dans le Milwaukee, comme ces splendides articles, indiennes, guingans, mousselines, anglais, français, améri-cains, etc., — ramassés dans tous les quartiers tant du beau monde que de l'indigence, s'en vont se convertir en papier d'une seule couleur ou seulement de peu de teintes, sur lequel, parbleu, ou écrira des contes de la vie réelle, haute et basse, et fondés sur le fait ! Ce wagon fermé sent le poisson salé, le fort arôme de la Nouvelle-Angleterre et du commerce, m'évoquant les Grands Bancs et les Pêche-ries. Qui n'a vu un poisson salé, fumé à fond pour la durée de ce monde, en sorte que rien ne saurait le corrompre, forçant à rougir la persévérance des saints ? avec quoi se peut balayer ou paver les rues, et fendre le menu bois, derrière quoi le voiturier s'abritera du soleil, du vent comme de la pluie, lui et son chargement, — et que le commerçant, comme fit une fois un commerçant de Concord, peut pendre à sa porte en guise d'enseigne lorsqu'il s'éta-blit, et laisser là jusqu'à ce qu'il devienne impossible à son plus ancien client de dire si la chose est animale, végétale ou minérale, encore qu'elle sera restée aussi pure qu'un flocon de neige, et que mise au pot à bouillir elle en sorte excellent poisson doré pour un dîner du samedi[1]. Ensuite,

1. C'était la coutume, jadis, en Nouvelle-Angleterre, de faire un dîner de poisson salé le samedi.

des peaux espagnoles, la queue encore tordue et à l'angle d'élévation qu'elle avait lorsque les bœufs qui en étaient porteurs couraient par les pampas du territoire espagnol, — marque de toute opiniâtreté, preuve qu'à peu près désespérés et incurables sont tous les vices constitutionnels. J'avoue que pratiquement parlant lorsque j'ai appris la vraie disposition d'un homme, je ne nourris nul espoir de la changer pour une meilleure ou une pire en cette condition-ci d'existence. Comme disent les Orientaux : «Chauffez, comprimez, entourez de ligatures la queue d'un roquet, qu'au bout de douze années consacrées à ce labeur encore reprendra-t-elle sa forme naturelle.» Le seul remède efficace à des maux invétérés comme ceux qu'exhibent ces queues est de faire d'elles de la glu, ce dont je crois que d'ordinaire on en fait, sur quoi elles restent en place et collent. Voici un foudre de mélasse ou d'eau-de-vie adressé à John Smith, Cuttingsville, Vermont, quelque négociant au fond des Montagnes Vertes, qui importe pour les fermiers voisins de son défrichement, et se tient peut-être à l'heure qu'il est sur les volets de sa cave[1] à penser aux dernières arrivées sur la côte, à la façon dont elles peuvent affecter les prix pour lui, racontant à ses clients en ce moment même, comme il le leur a raconté vingt fois avant ce matin, qu'il en attend de première qualité par le prochain train. Elle est annoncée dans le *Cuttingsville Times*.

Pendant que tout cela s'en va d'autres choses s'en viennent. Averti par le bruit sifflant, je lève les yeux de dessus mon livre et aperçois quelque grand pin, coupé là-bas sur les collines du Nord, qui a pris son vol par-dessus les Montagnes Vertes et le Connecticut, lancé comme flèche d'un bout à l'autre du territoire de la commune en dix minutes, et c'est à peine si un autre œil le contemple ; s'en allant

---

1. Cave à entrée extérieure adossée à la maison.

> *to be the mast*
> *Of some great ammiral*[1].

Et écoutez! voici venir le train de bestiaux porteur du bétail de mille montagnes[2], parcs à moutons, étables, et cours de ferme en l'air, les conducteurs armés de leurs bâtons, les petits bergers au centre de leurs troupeaux, tout sauf les pâturages des monts, emporté dans un tourbillon telles les feuilles qu'enlèvent aux montagnes les coups de vent de septembre. L'air est rempli du mugissement des veaux, du bêlement des moutons, du bruit de tassement des bœufs, comme si passait par là quelque vallée pastorale. Lorsque le vieux sonnailler qui est en tête fait retentir sa sonnette, les montagnes, oui-da, sautent comme des béliers, et les collines comme des agneaux[3]. Un plein wagon de bouviers aussi, au milieu, actuellement au niveau de leurs troupeaux, leur emploi disparu, bien que cramponnés encore à leurs inutiles bâtons comme à l'insigne de leurs fonctions. Mais leurs chiens, où sont-ils ? C'est pour eux la panique ; ils ont, cette fois, perdu la voie ; bel et bien en défaut sont-ils. M'est avis que je les entends aboyer derrière les monts de Peterborough, ou haleter à l'ascension du versant occidental des Montagnes Vertes. Ils ne seront pas à l'hallali. Leur emploi, à eux aussi, est perdu. Voilà leur fidélité, leur sagacité au-dessous du pair. Ils se glisseront au retour dans leur chenil la queue basse, ou peut-être deviendront sauvages et feront trêve avec le loup comme avec le renard. Ainsi déjà loin passée en tourbillon est votre vie patorale. Mais la cloche sonne,

1   ... être le mât
   De quelque grand amiral.
      MILTON, *Paradis perdu*.
2. *Psaumes*, L, 10.
3. *Psaumes*, CXIV, 4.

et il me faut m'écarter de la voie pour laisser passer les wagons:

> *What is the railroad to me?*
> *I never go to see*
> *Where it ends.*
> *Il fills a few hollows,*
> *And makes banks for the swallows,*
> *It sets the sand a-blowing,*
> *And the blackberries a-growing*[1].

mais je la franchis comme on franchit un sentier de charrettes dans les bois. Je n'aurai, non, les yeux crevés plus que les oreilles déchirées par sa fumée, et sa vapeur, et son sifflet.

Maintenant que les wagons sont passés et avec eux tout le turbulent univers, que dans l'étang les poissons ne sentent plus leur grondement, je suis plus seul que jamais. Tout le reste du long après-midi, peut-être, mes méditations ne sont interrompues que par le roulement ou le cliquetis affaiblis d'une voiture ou d'un attelage tout là-bas le long de la grand-route.

Parfois, le dimanche, j'entendais les cloches, la cloche de Lincoln, d'Acton, de Bedford ou de Concord, lorsque le vent se trouvait favorable, comme une faible, douce, et eût-on dit, naturelle mélodie, digne d'importation dans la solitude. À distance suffisante par-dessus les bois ce bruit acquiert un certain bourdonnement vibratoire, comme si

---

1. Que me fait le chemin de fer, à moi?
   Jamais je ne vais voir
   Où il aboutit.
   Quelques creux il remplit,
   Fait des terrasses pour les hirondelles
   Le sable se soulever,
   Et la ronce pousser.

les aiguilles de pin à l'horizon étaient les cordes d'une harpe que ce vent effleurât. Tout bruit perçu à la plus grande distance possible ne produit qu'un seul et même effet, une vibration de la lyre universelle, tout comme l'atmosphère intermédiaire rend une lointaine arête de terre intéressante à nos yeux par la teinte d'azur qu'elle lui impartit. Il m'arrivait, en ce cas, une mélodie que l'air avait filtrée, et qui avait conversé avec chaque feuille, chaque aiguille du bois, telle part du bruit que les éléments avaient reprise, modulée, répétée en écho de vallée en vallée. L'écho, jusqu'à un certain point, est un bruit original, d'où sa magie et son charme. Ce n'est pas simplement une répétition de ce qui valait la peine d'être répété dans la cloche, mais en partie la voix du bois ; les mêmes mots et notes vulgaires chantés par une nymphe des bois.

Le soir, le meuglement lointain de quelque vache à l'horizon par-delà les bois résonnait doux et mélodieux, pris par moi tout d'abord pour les voix de certains ménestrels qui m'avaient parfois donné la sérénade, peut-être en train d'errer par monts et vallées ; mais je ne tardais pas à me trouver, non sans plaisir, désabusé s'il se prolongeait en la musique à bon compte et naturelle de la vache. J'entends non pas faire de la satire, mais donner mon appréciation du chant de ces jeunes gens, lorsque je déclare avoir clairement observé qu'il était apparenté à la musique de la vache, et qu'il ne s'agissait à tout prendre que d'une seule articulation de la Nature.

Régulièrement à sept heures et demie, en certaine partie de l'été, le train du soir une fois passé, les whippoorwills chantaient leurs vêpres durant une demi-heure, installés sur une souche à côté de ma porte, ou sur le faîte de la maison. Ils commençaient à chanter presque avec la précision d'une horloge, dans les cinq minutes d'un temps déterminé, en relation avec le coucher du soleil, chaque soir. J'avais là une occasion rare de faire connaissance

avec leurs habitudes. Parfois j'en entendais quatre ou cinq
à la fois en différentes parties du bois, par accident l'un en
retard d'une mesure sur l'autre, et si près de moi que
souvent je distinguais en plus du gloussement qui suivait
chaque note ce bourdonnement singulier qu'on dirait d'une
mouche dans une toile d'araignée, quoique en proportion
plus élevé. Parfois il arrivait que l'un d'eux tournât et
tournât en cercle autour de moi dans les bois à quelques
pieds de distance comme attaché par une ficelle, lorsque
probablement je me trouvais près de ses œufs. Ils chantaient à intervalles d'un bout à l'autre de la nuit, pour
redevenir plus mélodieux que jamais un peu avant l'aube
et sur le coup de son apparition.

Lorsque les autres oiseaux se taisent les chats-huants
reprennent le chant, telles les pleureuses leur antique ou-
lou-lou. Leur cri lugubre est véritablement ben-jonsonien[1].
Sages sorciers de minuit! Ce n'est pas l'honnête et brus-
que tou-ouït tou-whou des poètes, mais, sans plaisanter,
un chant de cimetière on ne peut plus solennel, les consolations mutuelles d'amants qui se suicident rappelant les
affres et les délices de l'amour supernel dans le bocage
infernal. Encore aimé-je entendre leur plainte, leurs
répons dolents, trillés le long de la lisière du bois; me
rappelant parfois musique et oiseaux chanteurs; comme si
de la musique ce fût le côté sombre et en larmes, les
regrets et les soupirs brûlant d'être chantés? Ce sont les
esprits, les esprits abattus et les pressentiments mélanco-
liques, d'âmes déchues qui jadis sous forme humaine
parcouraient nuitamment la terre et se livraient aux
œuvres de ténèbre, en train d'expier aujourd'hui leurs
péchés de leurs hymnes ou thrénodies plaintives sur la
scène de leurs iniquités. Ils me donnent un sentiment
nouveau de la vérité et de la capacité de cette nature, notre

---

1. Ben Jonson, poète du temps de Shakespeare.

commune demeure. *Ouh-ou-ou-ou que me vaut de n'être mor-r-r-r-t!* soupire l'un d'eux sur ce bord-ci de l'étang, et d'un vol circulaire s'en va gagner avec l'inquiétude du désespoir quelque nouveau perchoir sur les chênes chenus. Alors — *Que me vaut de n'être mor-r-r-r-t!* répète un autre en écho sur la rive opposée avec une frémissante sincérité, et — *mor-r-r-r-t!* s'en vient comme un souffle de tout là-bas dans les bois de Lincoln.

J'avais aussi la sérénade d'un grand-duc. Là, à portée de la main, vous l'eussiez prise pour le son le plus mélancolique de la Nature, comme si elle entendait par lui stéréotyper et rendre permanentes en son chœur les lamentations dernières d'un être humain, — quelque pauvre et faible reste de mortalité qui a laissé derrière elle l'espérance, et hurle comme un animal, quoique avec des sanglots humains, en pénétrant dans la vallée sombre, sanglots que rend plus affreux certain caractère de mélodie gargouillante, — je me trouve moi-même commencer par les lettres *gl* quand j'essaie de l'imiter, — expression d'un esprit qui a atteint le degré gélatineux de moisissure dans la mortification de toute pensée saine et courageuse. Cela me rappelait les goules, les idiots, les hurlements de fous. Mais en voici un qui répond du fond des bois sur un ton que la distance rend vraiment mélodieux, — *Houou, houou, houou, houou, houou*; et en vérité la plupart du temps cela ne suggérait que d'aimables associations d'idées, qu'on l'entendît de jour ou de nuit, été ou hiver.

Je me réjouis de l'existence des hiboux. Qu'ils poussent la huée idiote et maniacale pour les hommes. C'est un bruit qui sied admirablement aux marais et aux bois crépusculaires que nul jour n'embellit, suggérant une nature vaste et peu développée, non reconnue des hommes. Ils représentent les pensées tout à fait crépusculaires et insatisfaites, propre de tous. Tout le jour le soleil a lui sur la surface de quelque farouche marais, où le sapin noir se dresse tendu de lichens, les petits éperviers circulant au-dessus où la mésange zézaie parmi les verdures persistantes, et la gelinotte, ainsi que le lapin se tiennent cachés dessous ; mais voici qu'un jour plus lugubre et plus approprié se lève, et qu'une race différente d'êtres s'éveille afin d'exprimer le sens de la Nature là.

Tard le soir j'entendais le grondement lointain des wagons sur des ponts, — bruit qui s'entendait de plus loin que presque nul autre la nuit, — l'aboi des chiens, et parfois encore le meuglement d'une vache inconsolable dans quelque distante cour de ferme. Dans l'intervalle tout le rivage retentissait de la trompette des grenouilles géantes, les esprits opiniâtres d'anciens buveurs et fêtards, restés impénitents, essayant de chanter une ronde dans leur lac stygien — si les nymphes de Walden veulent me pardonner la comparaison, car, malgré la rareté des herbes, il y a là des grenouilles, — qui volontiers maintiendraient les règles d'hilarité de leurs joyeuses tables d'antan, quoique leurs voix se soient faites rauques et solennellement graves, raillant l'allégresse, que le vin ayant perdu son bouquet ne soit plus que liqueur à distendre la panse, et que la douce ivresse n'arrivant jamais à noyer la mémoire du passé, ne soit plus qu'une simple saturation, un engorgement d'eau, une distension. La plus « aldermanique[1] », le menton sur une feuille de potamot, qui sert de serviette à sa bouche baveuse, sous cette rive septentrionale ingurgite une longue gorgée de l'eau jadis méprisée, puis passe à la ronde une coupe en éjaculant *tr-r-r-ounk, tr-r-r-ounk, tr-r-r-ounk !* et de quelque crique éloignée s'en vient droit sur l'eau, le même mot de passe répété, là où celle qui vient après en âge et en ceinture a englouti à fond sa part ; et quand cette observance

---

1. D'*alderman* — magistrat municipal, toujours représenté goitreux et pansu.

a fait le tour des rives, alors éjacule le maître des cérémonies, avec satisfaction, *tr-r-r-ounk!* sur quoi chacune à son
tour de faire écho à l'autre sans qu'y manque la porteuse
de panse la moins gonflée, la plus percée, la plus flasque,
afin qu'il n'y ait pas d'erreur; et la coupe passe et repasse
à la ronde jusqu'à ce que le soleil dissipe le brouillard du
matin, moment où le patriarche, le seul qui ne soit pas
alors sous l'étang[1], continue à mugir vainement *trounk* de
temps à autre, en quêtant dans les pauses une réponse.

Je ne suis pas sûr d'avoir jamais entendu de mon défrichement le bruit du cocorico, et je pensai qu'il vaudrait
la peine d'entretenir quelque cochet rien que pour sa
musique, en qualité d'oiseau chanteur. L'accent de cet
ex-faisan sauvage de l'Inde est certainement le plus remarquable qu'émette aucun oiseau, et si l'on pouvait acclima-
ter les coqs sans les domestiquer, ce deviendrait bientôt le
bruit le plus fameux de nos bois, surpassant la trompette
aiguë de l'oie et la huée du hibou; alors, imaginez le
caquet des poules pour remplir les temps d'arrêt lorsque
se reposeraient les clairons de leurs maîtres et seigneurs!
Pas étonnant que l'homme ait ajouté cet oiseau à son fonds
domestique, — pour ne rien dire des œufs et des cuisses
de poulet. Se promener par un matin d'hiver dans un bois
où ces oiseaux abonderaient, leurs bois natifs, et entendre
les cochets sauvages cocoriquer sur les arbres, clairs et
stridents sur des milles à travers la terre retentissante,
couvrant la note plus faible des autres oiseaux, — pensez-
y! Cela mettrait les nations sur le qui-vive. Quel homme
ne serait matinal, et ne le serait de plus en plus chaque
jour successif de sa vie, jusqu'à devenir indiciblement
sain, riche et sage[2]? Ce chant d'oiseau étranger est célé-
bré par les poètes de tous pays parallèlement aux chants

1. Comme «sous la table».
2. Benjamin Franklin.

de leurs chantres naturels. Tous les climats agréent au vaillant Chantecler. Il est plus indigène même que les naturels. Sa santé toujours est parfaite; ses poumons sont solides, ses esprits jamais ne s'affaissent. Il n'est pas jusqu'au marin sur l'Atlantique et le Pacifique qui ne s'éveille à sa voix; mais jamais son bruit strident ne me tira de mon sommeil. Je n'entretenais chien, chat, vache, cochon, ni poule, de sorte que cela vous eût paru manquer de bruits domestiques; ni la baratte, ni le rouet, ni même le chant de la bouillotte, ni le sifflement de la fontaine à thé, ni cris d'enfants, pour vous consoler. Un homme de l'ancien régime en eût perdu la tête ou fût mort d'ennui. Pas même de rats dans le mur, car la faim les avait fait fuir, ou plutôt nul appât ne les y avait attirés, — rien que des écureuils sur le toit et sous le plancher, un whippoor-will sur le faîte, un geai bleu criant sous la fenêtre, un lièvre ou une marmotte tapis sous la maison, un petit-duc, on un grand-duc, domiciliés derrière elle, une troupe d'oies sauvages, ou un plongeon avec son rire sur l'étang, et un renard pour aboyer dans la nuit. Il n'était même pas une alouette des prés, pas un loriot, ces doux oiseaux de la plantation, pour jamais visiter mon défrichement. Pas de coqs pour cocoriquer en ce moment ni de poules pour caqueter dans la cour de ferme. Pas de cour de ferme! mais la libre Nature venant battre à votre seuil même. Une jeune forêt poussant sous vos fenêtres, les sumacs sauvages et les ronces forçant votre cave; de résolus pitchpins frottant et craquant contre les bardeaux, en quête de place, leurs racines en train de gagner le dessous même de la maison. En guise de seau à charbon ou de volet que le vent a fait tomber, — un pin cassé net ou les racines en l'air derrière votre demeure pour combustible. En guise de pas de sentier conduisant à la barrière de la cour d'entrée pendant la Grande Neige, — pas de barrière, — pas de cour d'entrée — et pas de sentier vers le monde civilisé!

SOLITUDE

Soir délicieux, où le corps entier n'est plus qu'un sens, et par tous les pores absorbe le délice. Je vais et viens avec une étrange liberté dans la Nature, devenu partie d'elle-même. Tandis que je me promène le long de la rive pierreuse de l'étang, en manches de chemise malgré la fraîcheur, le ciel nuageux et le vent, et que je ne vois rien de spécial pour m'attirer, tous les éléments me sont étonnamment homogènes. Les grenouilles géantes donnent de la trompe en avant-coureurs de la nuit, et le chant du whippoorwill s'en vient de l'autre côté de l'eau sur l'aile frissonnante de la brise. La sympathie avec les feuilles agitées de l'aune et du peuplier me fait presque perdre la respiration ; toutefois, comme le lac, ma sérénité se ride sans se troubler. Ces petites vagues que le vent du soir soulève sont aussi étrangères à la tempête que la surface polie comme un miroir. Bien que maintenant la nuit soit close, le vent souffle encore et mugit dans le bois, les vagues encore brisent, et quelques créatures invitent de leurs notes au sommeil. Le repos jamais n'est complet. Les animaux très sauvages ne reposent pas, mais les voici en quête de leur proie ; voici le renard, le skunks, le lapin rôder sans crainte par les champs et les bois. Ce sont les veilleurs de la Nature, — chaînons qui relient les jours de la vie animée.

Lorsque je rentre dans ma maison je m'aperçois que des visiteurs sont venus, qui ont laissé leurs cartes — un bouquet de fleurs, une guirlande de verdure persistante, un nom au crayon sur une feuille de noyer jaunie ou sur un copeau de bois. Ceux qui viennent rarement en forêt prennent d'elle quelque petit morceau pour jouer avec, chemin faisant, lequel ils laissent, soit avec intention, soit par mégarde. L'un a pelé une baguette de saule, l'a tressée en anneau, et abandonnée sur ma table. J'eusse toujours pu dire s'il était venu des visiteurs en mon absence, aux menues branches et à l'herbe courbées, ou à l'empreinte de leurs souliers, et généralement leur sexe, âge ou qualité, à quelque légère trace de leur passage, telle une fleur penchée, une poignée d'herbe arrachée et rejetée, fût-ce aussi loin que le chemin de fer, distant d'un demi-mille, ou à l'odeur attardée d'un cigare, d'une pipe. Bien mieux, il m'arrivait fréquemment de me voir signaler le passage d'un voyageur le long de la grand-route à soixante verges de là par le parfum de sa pipe.

Il est d'ordinaire suffisamment d'espace autour de nous. Notre horizon n'est jamais tout à fait à nos coudes. L'épaisseur du bois n'est pas juste à notre porte, non plus que l'étang, mais il est toujours quelque peu d'éclaircie, familière et par nous piétinée, prise en possession et enclose de quelque façon, et réclamée de la Nature. À quoi dois-je de me voir abandonné par les hommes cette vaste étendue, ce vaste circuit, quelques milles carrés de forêt solitaire, pour ma retraite ? Mon plus proche voisin est à un mille de là, et nulle maison n'est visible que du sommet des collines dans le rayon d'un demi-mille de la mienne. J'ai tout à moi seul mon horizon borné par les bois ; d'un côté un aperçu lointain du chemin de fer, là où il touche à l'étang, et de l'autre la clôture qui borde la route forestière. Mais en grande partie c'est aussi solitaire là où je vis que sur les prairies. C'est aussi bien l'Asie ou l'Afrique que la Nouvelle-Angleterre. J'ai, pour ainsi dire, mon soleil, ma lune et mes étoiles, et un petit univers à moi seul. La nuit jamais un voyageur ne passait devant ma maison, ni ne frappait à ma porte, plus que si j'eusse été le premier ou dernier homme, à moins que ce ne fût au printemps, où, à de longs intervalles, il venait quelques gens du village pêcher le silure-chat — qui pêchaient évidemment beaucoup plus dans l'étang de Walden de leurs propres natures, et appâtaient leurs hameçons de ténèbres — mais ils ne tardaient pas à battre en retraite, d'habitude le panier peu garni, pour abandonner «le monde aux ténèbres et à moi[1]», et jamais le cœur noir de la nuit n'était profané par nul voisinage humain. Je crois que les hommes ont en général encore un peu peur de l'obscurité, malgré la pendaison de toutes les sorcières, et l'introduction du christianisme et des chandelles.

Encore l'expérience m'a-t-elle appris quelquefois que la société la plus douce et tendre, la plus innocente et encourageante, peut se rencontrer dans n'importe quel objet naturel, fût-ce pour le pauvre misanthrope et le plus mélancolique des hommes. Il ne peut être de mélancolie tout à fait noire pour qui vit au milieu de la Nature et possède encore ses sens. Jamais jusqu'alors n'y eut telle tempête, mais à l'oreille saine et innocente ce n'était que musique éolienne. Rien ne peut contraindre justement homme simple et vaillant à une tristesse vulgaire. Pendant que je savoure l'amitié des saisons j'ai conscience que rien ne peut faire de la vie un fardeau pour moi. La douce pluie qui arrose mes haricots et me retient au logis aujourd'hui n'est ni morne ni mélancolique, mais bonne pour moi aussi. M'empêche-t-elle de les sarcler, qu'elle l'emporte en mérite sur le travail de mon sarcloir. Durât-elle assez

1. Allusion à la célèbre élégie de Thomas Gray: *Dans un cimetière de campagne*.

longtemps pour faire se pourrir les semences dans le sol et pour détruire les pommes de terre en terrain bas, qu'elle serait encore bonne pour l'herbe sur les plateaux, et qu'étant bonne pour l'herbe elle serait bonne pour moi. Parfois, si je me compare aux autres hommes, c'est comme si j'étais plus favorisé qu'eux par les dieux, par-delà tout mérite à ma connaissance — comme si je tenais de leur faveur une garantie et une sécurité dont sont privés mes semblables, et me trouvais l'objet d'une direction et d'une protection spéciales. Je ne me flatte pas, mais s'il est possible, ce sont eux qui me flattent. Je ne me suis jamais senti solitaire, ou tout au moins oppressé par un sentiment de solitude, sauf une fois, et cela quelques semaines après ma venue dans les bois, lorsque, l'espace d'une heure, je me demandai si le proche voisinage de l'homme n'était pas essentiel à une vie sereine et saine. Être seul était quelque chose de déplaisant. Mais j'étais en même temps conscient d'un léger dérangement dans mon humeur, et croyais prévoir mon rétablissement. Au sein d'une douce pluie, pendant que ces dernières pensées prévalaient, j'eus soudain le sentiment d'une société si douce et si généreuse en la Nature, en le bruit même des gouttes de pluie, en tout ce qui frappait mon oreille et ma vue autour de ma maison, une bienveillance aussi infinie qu'inconcevable tout à coup comme une atmosphère me soutenant, qu'elle rendait insignifiants les avantages imaginaires du voisinage humain, et que depuis jamais plus je n'ai songé à eux. Pas une petite aiguille de pin qui ne se dilatât et gonflât de sympathie, et ne me traitât en ami. Je fus si distinctement prévenu de la présence de quelque chose d'apparenté à moi, jusqu'en des scènes que nous avons accoutumé d'appeler sauvages et désolées, aussi que le plus proche de moi par le sang comme le plus humain n'était ni un curé ni un villageois, que nul lieu, pensai-je, ne pouvait jamais plus m'être étranger.

Mourning untimely consumes the sad;
Few are their days in the land of the living,
Beautiful daughter of Toscar[1].

Parmi mes heures les plus agréables je compte celles durant lesquelles avaient lieu, au printemps et à l'automne, les longs orages qui me confinaient dans la maison pour l'après-midi aussi bien que l'avant-midi, bercé par leur grondement et leur assaut incessants; lorsqu'un crépuscule prématuré était l'avant-coureur d'un long soir au cours duquel maintes pensées avaient le temps de prendre racine et de se développer. Durant ces pluies chassantes de nord-ouest qui éprouvaient si fort les maisons du village, et où les servantes se tenaient balai et seau en main dans les entrées de devant, prêtes à repousser le déluge, je me tenais assis dans ma petite maison derrière la porte, qui en était toute l'entrée, et jouissais pleinement de sa protection. En un fort orage accompagné de tonnerre, la foudre frappa un grand pitchpin de l'autre côté de l'étang, le sillonnant du haut en bas en une spirale fort nette et parfaitement régulière, profonde d'un pouce au moins, et large de trois ou quatre, comme on entaillerait une canne. Je passai encore devant l'autre jour, et fus frappé de terreur en levant les yeux et contemplant cette empreinte, aujourd'hui plus distincte que jamais, souvenir d'un terrible et irrésistible coup de foudre descendu du ciel innocent il y a huit ans. Bien souvent je m'entends dire: «J'aurais pensé que vous vous sentiriez seul là-bas, et seriez pris du besoin de vous rapprocher des gens, surtout les jours et nuits de pluie et de neige.» Je suis tenté de

1. La douleur avant le temps consume les tristes;
   Rares leurs jours au pays des vivants,
   Charmante fille de Toscar.
                                                    OSSIAN.

répondre à cela : Cette terre tout entière que nous habitons n'est qu'un point dans l'espace. À quelle distance l'un de l'autre, selon vous, demeurent les deux plus distants habitants de l'étoile là-haut, dont le disque ne peut voir apprécier sa largeur par nos instruments ? Pourquoi me sentirais-je seul ? notre planète n'est-elle pas dans la Voie lactée ? Cette question que vous posez là me semble n'être pas la plus importante. Quelle sorte d'espace est celui qui sépare un homme de ses semblables et le rend solitaire ? Je me suis aperçu que nul exercice des jambes ne saurait rapprocher beaucoup deux esprits l'un de l'autre. Près de quoi désirons-nous le plus habiter ? Sûrement pas auprès de beaucoup d'hommes, de la gare, de la poste du cabaret, du temple, de l'école, de l'épicerie, de Beacon Hill[1], ou de Five Points[2], lieux ordinaires d'assemblée, mais près de la source éternelle de notre vie, d'où en toute notre expérience nous nous sommes aperçus qu'elle jaillissait, comme le saule s'élève près de l'eau et projette ses racines dans cette direction. La susdite variera selon les différentes natures, mais elle est l'endroit où un sage creusera sa cave... Un soir je rejoignis sur la route de Walden certain de mes concitoyens, qui a, comme on dit, «amassé du bien», — quoique je n'aie jamais aperçu de cela nettement le *bien*, — conduisant une paire de bœufs au marché, et il voulut savoir comment je pouvais faire pour renoncer à tant de commodités de la vie. Je répondis que j'étais très sûr de l'aimer assez telle qu'elle était ; je ne plaisantais pas. Sur quoi je rentrai pour me coucher, le laissant se frayer un chemin à travers l'obscurité et la boue vers Brighton, — ou Bright-town[3], — lieu qu'il atteindrait Dieu sait quand dans la matinée.

1. Colline où s'élève le palais du gouvernement à Boston.
2. Carrefour de New York.
3. *Bright* est le nom familier que l'on donne aux bœufs en Amérique. *Town* veut dire *ville*.

Toute perspective de réveil ou venue à la vie pour un homme mort rend indifférente la question de temps et de lieu. Le lieu où cela peut survenir est toujours le même, et indescriptiblement agréable à tous nos sens. La plupart du temps ce n'est qu'aux circonstances extérieures et passagères que nous permettons d'inspirer nos actions. Elles sont, en fait, la cause de notre distraction. Très près de toutes choses est ce pouvoir qui en façonne l'existence. *Près* de nous les plus grandes lois sont continuellement en état d'exécution. *Près* de nous n'est pas l'ouvrier que nous avons loué, avec lequel nous aimons si fort causer, mais l'ouvrier dont nous sommes la tâche.

«Qu'immense et profonde est l'influence des pouvoirs subtils du Ciel et de la Terre!»

«Nous cherchons à les découvrir, et nous ne les voyons pas; nous cherchons à les entendre, et nous ne les entendons pas; identifiés à la substance des choses, ils ne peuvent en être isolés.»

«Ils font que dans tout l'univers les hommes purifient et sanctifient leurs cœurs, et revêtent les habits de fête pour offrir sacrifices et oblations à leurs ancêtres. C'est un océan de subtiles intelligences. Ils sont partout, au-dessus de nous, à notre gauche, à notre droite; ils nous environnent de toutes parts.»

Nous sommes les sujets d'une expérience qui n'est pas de petit intérêt pour moi. Ne pouvons-nous quelque temps nous passer de la société de nos compères en ces circonstances, — avoir nos propres pensées pour nous tenir compagnie? Confucius dit avec raison: «La vertu ne reste pas là comme un orphelin abandonné; il lui faut de toute nécessité des voisins.»

Grâce à la pensée nous pouvons être à côté de nous-mêmes dans un sens absolument sain. Par un effort conscient de l'esprit nous pouvons nous tenir à distance des actions et de leurs conséquences; sur quoi toutes choses, bonnes et mauvaises, passent près de nous comme un torrent. Nous ne sommes pas tout entiers confondus dans la nature. Je peux être ou le bois flottant du torrent, ou Indra dans le ciel les yeux abaissés dessus. Je *peux* être touché par une représentation théâtrale ; d'autre part je *peux ne pas* être touché par un événement réel qui paraît me concerner beaucoup plus. Je ne me connais que comme une entité humaine ; la scène, pour ainsi dire, de pensées et passions ; et je suis convaincu d'un certain dédoublement grâce auquel je peux rester aussi éloigné de moi-même que d'autrui. Quelque opiniâtreté que je mette à mon expérience, je suis conscient de la présence et de la critique d'une partie de moi, que l'on dirait n'être pas une partie de moi, mais un spectateur, qui ne partage aucune expérience et se contente d'en prendre note, et qui n'est pas plus moi qu'il n'est vous. Lorsque la comédie, ce peut être la tragédie de la vie, est terminée, le spectateur passe son chemin. Il s'agissait d'une sorte de fiction, d'un simple travail de l'imagination, autant que sa personne était en jeu. Ce dédoublement peut facilement faire de nous parfois de pauvres voisins, de pauvres amis.

Je trouve salutaire d'être seul la plus grande partie du temps. Être en compagnie, fût-ce avec la meilleure, est vite fastidieux et dissipant. J'aime à être seul. Je n'ai jamais trouvé de compagnon aussi compagnon que la solitude. Nous sommes en général plus isolés lorsque nous sortons pour nous mêler aux hommes que lorsque nous restons au fond de nos appartements. Un homme pensant ou travaillant est toujours seul, qu'il soit où il voudra. La solitude ne se mesure pas aux milles d'étendue qui séparent un homme de ses semblables. L'étudiant réellement appliqué en l'une des ruches serrées de l'université de Cambridge est aussi solitaire qu'un derviche dans le désert. Le fermier peut travailler seul tout le jour dans le champ ou les bois, à sarcler ou fendre, et ne pas se sentir seul, parce qu'il est occupé, mais lorsqu'il rentre le soir au logis, incapable de rester assis seul dans une pièce, à la merci de ses pensées, il lui faut être là où il peut «voir les gens», et se récréer, selon lui se récompenser de sa journée de solitude; de là s'étonne-t-il que l'homme d'études puisse passer seul à la maison toute la nuit et la plus grande partie du jour, sans ennui, ni «papillons noirs»; il ne se rend pas compte que l'homme d'études, quoique à la maison, est toutefois au travail dans son champ à lui, et à brandir la cognée dans ses bois à lui, comme le fermier dans les siens, pour à son tour rechercher la même récréation, la même société que fait l'autre, quoique ce puisse être sous une forme plus condensée.

La société est en général à trop bon compte. Nous nous rencontrons à de très courts intervalles, sans avoir eu le temps d'acquérir de nouvelle valeur l'un pour l'autre. Nous nous rencontrons aux repas trois fois par jour, pour nous donner réciproquement à regoûter de ce vieux fromage moisi que nous sommes. Nous avons dû consentir un certain ensemble de règles, appelées étiquette et politesse, afin de rendre tolérable cette fréquente rencontre et n'avoir pas besoin d'en venir à la guerre ouverte. Nous nous rencontrons à la poste, à la récréation paroissiale et autour du foyer chaque soir; nous vivons en paquet et sur le chemin l'un de l'autre, trébuchons l'un sur l'autre, et perdons ainsi, je crois, du respect de l'un pour l'autre. Moins de fréquence certainement suffirait pour toutes les communications importantes et cordiales. Voyez les jeunes filles dans une fabrique, — jamais seules, à peine en leurs rêves. Il serait mieux d'un seul habitant par mille carré, comme là où je vis. La valeur d'un homme n'est pas dans sa peau, pour que nous le touchions.

J'ai ouï parler d'un homme perdu dans les bois, mourant de faim et d'épuisement au pied d'un arbre, et dont l'abandon trouva un soulagement dans les visions grotesques qu'en raison de la faiblesse physique son imagination malade créa autour de lui, visions qu'il prit pour la réalité. Tout aussi bien, en raison de la santé et de la force tant physiques que mentales, pouvons-nous recevoir l'encouragement continu d'une égale société, mais plus normale et plus naturelle, et arriver à savoir que nous ne sommes jamais seuls.

J'ai de la compagnie tant et plus dans ma maison ; surtout le matin, quand il ne vient personne. Laissez-moi suggérer des comparaisons, afin que quelqu'une puisse donner une idée de ma situation. Je ne suis pas plus solitaire que le plongeon dans l'étang et dont le rire sonne si haut, ou que l'Étang de Walden lui-même. Quelle compagnie ce lac solitaire a-t-il, je vous le demande ? Et cependant il n'a pas de « papillons noirs », mais des papillons bleus en lui, en l'azur de ses eaux. Le soleil est seul, sauf en temps de brume, où parfois l'on dirait qu'il y en a deux, dont l'un n'est qu'un soleil pour rire. Dieu est seul, — mais le diable, lui, est loin d'être seul ; il voit grand-compagnie ; il est légion. Je ne suis pas plus solitaire qu'une simple molène ou un simple pissenlit dans la prairie, ou une feuille de haricots, une oseille, un taon, un bourdon. Je ne suis pas plus solitaire que le Mill Brook[1], ou une girouette, ou l'étoile du nord, ou le vent du sud, ou une ondée d'avril, on un dégel de janvier, où la première araignée dans une maison neuve.

Je reçois de temps à autre, au cours des longs soirs d'hiver, quand la neige tombe épaisse et que le vent hurle dans les bois, la visite d'un vieux colon et propriétaire originel, qui passe pour avoir creusé l'étang de Walden, et empierré, et bordé de bois de pins ; qui me raconte les histoires du vieux temps et de l'éternité neuve ; et nous nous arrangeons tous deux pour passer une soirée de bonne et

1. Mill Brook, nom du ruisseau qui traverse Concord.

franche gaieté, en devisant plaisamment sur ses choses, même sans pommes ni cidre, — un ami d'on ne peut plus grande sagesse et d'esprit on ne peut plus fin, que j'aime fort, qui se tient plus discret que firent jamais Goffe ou Whalley[1] ; et que, bien qu'il passe pour mort, nul ne saurait montrer où il est enterré[2]. Une dame d'un certain âge, aussi, demeure dans les entours, invisible à la plupart, et dans le potager odorant de laquelle j'aime à flâner parfois, cueillant des simples et l'oreille ouverte à ses fables ; car son génie est d'une fertilité sans égale, sa mémoire remonte plus loin que la mythologie, et elle peut me dire l'origine de chaque fable, comme sur quel fait chacune est fondée, car les événements se passèrent au temps où elle était jeune. Une vieille dame, robuste et vermeille, qui se délecte de tous les temps et de toutes les saisons, et semble devoir encore survivre à tous ses enfants[3].

L'innocence et la générosité indescriptibles de la Nature, — du soleil et du vent et de la pluie, de l'été et l'hiver, — quelle santé, quelle allégresse, elles nous apportent à jamais ! et telle à jamais est leur sympathie avec notre race, que toute la Nature serait affectée, que la clarté du soleil baisserait, que les vents soupireraient humainement, que les nuages verseraient des pleurs, que les bois se dépouilleraient de leurs feuilles et prendraient le deuil au cœur de l'été, s'il arrivait qu'un homme s'affligeât pour une juste cause. N'aurai-je pas d'intelligence avec la terre ? Ne suis-je moi-même en partie feuilles et terre végétale ?

Quelle est la pilule qui nous tiendra bien portants, contents et sereins ? Ni celle de mon arrière-grand-père ni celle du tien, mais les remèdes universels, végétaux, botaniques de notre arrière-grand-mère la Nature, grâce auxquels elle

1. Personnages accusés d'avoir trempé dans la mort de Charles Ier et qui vécurent cachés dans le Massachusetts.
2. Sans doute le dieu Pan.
3. Sans doute Dame Nature.

s'est toujours conservée jeune, a survécu à tant de vieux Parrs[1] en son temps, et a nourri sa santé de leur embonpoint dépérissant. Pour panacée, en guise d'une de ces fioles de charlatan contenant une mixture puisée à l'Achéron et à la mer Morte, qui sortent de ces longs wagons noirs à cloisons basses et à l'aspect de goélettes auxquels nous voyons parfois qu'on fait porter des bouteilles, permettez que je prenne une gorgée d'air matinal non coupée d'eau. L'air matinal ! Si les hommes ne veulent boire de cela à la source du jour, eh bien, alors, qu'on en mette, fût-ce en bouteille, et le vende en boutique, pour le profit de ceux qui ont perdu leur bulletin d'abonnement à l'heure du matin en ce monde. Toutefois, rappelez-le-vous, il ne se conservera pas jusqu'à midi tapant, fût-ce dans le plus frais cellier, et bien avant cela fera sauter les bouchons pour s'en aller vers l'ouest sur les pas de l'Aurore. Je ne suis pas un adorateur d'Hygie, laquelle était la fille de ce vieux docteur ès herbes Esculape, et qu'on représente sur les monuments un serpent dans une main, dans l'autre une coupe à laquelle boit parfois le serpent ; mais plutôt d'Hébé, échanson de Jupiter, laquelle, fille de Junon et de la laitue sauvage[2], avait le pouvoir de rendre aux dieux et aux hommes la vigueur de la jeunesse. C'est probablement la seule jeune fille tout à fait bien bâtie, bien portante et robuste, qui jamais arpenta le globe, et où parût-elle, c'était le printemps.

---

1. Thomas Parr, qui mourut à Londres en 1635, âgé, dit-on, de cent cinquante-deux ans.
2. Hébé, suivant certains récits, passe pour avoir dû sa naissance à ce que Junon, sa mère, avait mangé avec appétit de la laitue sauvage à un banquet donné par Jupiter.

VISITEURS

Je crois que tout autant que la plupart j'aime la société, et suis assez disposé à m'attacher comme une sangsue momentanément à n'importe quel homme plein de sang qui se présente à moi. Je ne suis pas un ermite de nature, et serais fort capable de sortir après le plus résolu client du bar, si c'était là que m'appelle mon affaire.

J'avais dans ma maison trois chaises : une pour la solitude, deux pour l'amitié, trois pour la société. Lorsque les visiteurs s'en venaient en nombre plus grand et inespéré, il n'y avait pour eux tous que la troisième chaise, mais généralement ils économisaient la place en restant debout. C'est surprenant la quantité de grands hommes et de grandes femmes que contiendra une petite maison. J'ai eu jusqu'à vingt-cinq ou trente âmes, avec leurs corps, en même temps sous mon toit, et cependant il nous est arrivé souvent de nous séparer sans nous rendre compte que nous nous étions très rapprochés les uns des autres. Beaucoup de nos maisons, à la fois publiques et privées, avec leurs pièces presque innombrables, leurs vestibules démesurés et leurs caves pour l'approvisionnement de vins et autres munitions de paix, me semblent d'une grandeur extravagante pour leurs habitants. Elles sont si vastes et magnifiques que ces derniers semblent n'être que la vermine qui les infeste. Je suis surpris lorsque le héraut lance son appel devant quelque Maison Trémont, Astor, ou Middlesex, de voir apparaître et se traîner d'un côté à l'autre de la véranda pour tous habitants une ridicule souris, qui tôt se redérobe dans quelque trou du trottoir.

Un inconvénient que parfois je constatai en une si petite maison, c'était la difficulté d'atteindre à une distance suffisante de mon hôte lorsque nous nous mettions à formuler les grandes pensées en grands mots. Il faut à vos pensées de l'espace pour mettre à pleines voiles, et courir une bordée ou deux avant d'entrer au port. Il faut, avant d'atteindre l'oreille de l'auditeur, que la balle de votre pensée, maîtrisant sa marche latérale et à ricochet, soit entrée dans sa dernière et constante trajectoire, sans quoi elle risque de ressortir par le côté de sa tête pour sillonner de nouveau les airs. En outre nos phrases demandaient du champ pour, dans l'intervalle, déployer et former leurs colonnes. Les individus, comme les nations, réclament entre eux de convenables bornes, larges et naturelles, voire un terrain neutre considérable. J'ai goûté une volupté singulière à causer à travers l'étang avec un compagnon de passage sur le bord opposé. Dans ma maison nous étions si près l'un de l'autre que pour commencer nous n'entendions rien, — nous ne pouvions parler assez bas pour nous faire entendre, comme lorsqu'on jette en eau calme deux pierres si rapprochées qu'elles entrebrisent leurs ondulations. Sommes-nous simplement loquaces et bruyants parleurs, qu'alors nous pouvons supporter de nous tenir tout près l'un de l'autre, côte à côte, et de sentir notre souffle réciproque ; mais le parler est-il réservé, réfléchi, qu'il demande plus de distance entre les interlocuteurs, afin que toutes chaleur et moiteur animales aient chance de s'évaporer. Si nous voulons jouir de la plus intime société avec ce qui en chacun de nous est au-delà, ou au-dessus, d'une interpellation, il nous faut non seulement garder le silence, mais généralement nous tenir à telle distance corporelle l'un de l'autre qu'en aucun cas nous ne nous trouvions dans la possibilité d'entendre notre voix réciproque. Envisagée sous ce rapport la parole n'existe que pour la commodité de ceux qui sont durs d'oreille ; mais il est maintes belles choses que nous ne pouvons dire s'il nous les faut crier. Dès que la conversation commençait à prendre un tour plus élevé et plus grandiloquent, nous écartions graduellement nos sièges au point qu'ils arrivaient à toucher le mur dans les coins opposés, sur quoi, en général, il n'y avait pas assez de place.

Ma pièce « de choix », cependant — mon salon — toujours prête aux visites, sur le tapis de laquelle le soleil tombait rarement, était le bois de pins situé derrière ma maison. C'est là, les jours d'été, lorsqu'il venait des hôtes distingués, que je les conduisais, et le serviteur qui balayait le parquet, époussetait les meubles, tenait les choses en ordre, en était un sans prix.

Venait-il rien qu'un hôte, un seul, qu'il partageait parfois mon frugal repas, et ce n'interrompait nullement la conversation de tourner la pâte de quelque pudding à la minute, ou de surveiller la levée et la maturation d'une miche de pain dans les cendres, en attendant. Mais s'il venait vingt personnes s'asseoir dans ma maison il ne pouvait être question de dîner, alors même qu'il pût y avoir assez de pain pour deux, plus que si manger eût été un usage désuet. C'est naturellement que nous pratiquions l'abstinence ; et ce n'était jamais pris pour une offense aux lois de l'hospitalité, mais pour le plus convenable et sage des procédés. La dépense et l'affaiblissement de vie physique, qui si souvent demandent réparation, semblaient en tel cas miraculeusement retardées, et la force vitale ne perdait pas un pouce de terrain. J'eusse pu recevoir de la sorte mille personnes aussi bien que vingt ; et s'il arrivait jamais qu'on quittât ma maison désappointé ou la faim aux dents lorsqu'on m'avait trouvé chez moi, on pouvait du moins être assuré de toute ma sympathie. Tant il est facile, quoique nombre de maîtres de maison en doutent, d'établir de nouvelles et meilleures coutumes en guise des anciennes. Quel besoin de fonder sa réputation sur les dîners que l'on donne? Pour ma part jamais nul cerbère ne me détourna plus sûrement de fréquenter une maison que l'étalage fait pour m'offrir à dîner, que toujours je pris pour un avis poli et détourné de n'avoir plus à causer pareil ennui. Je crois que jamais plus je ne revisiterai ces scènes-là. Je serais fier d'avoir pour devise de ma case ces lignes de Spenser qu'un de mes visiteurs inscrivit sur une feuille dorée de noyer pour carte :

> *Arrived there, the little house they fill,*
> *Ne looke for entertainment where none was ;*
> *Rest is their feast, and all things at their will :*
> *The noblest mind the best contentment has*[1].

Winslow, plus tard gouverneur de la colonie de Plymouth, étant allé avec un compagnon à pied par les bois faire une visite de cérémonie à Massasoit, arriva fatigué et mourant de faim à sa hutte ; bien reçus par le roi, point ne fut question pour eux cependant de manger ce jour-là. À l'arrivée de la nuit, ici je cite leurs propres paroles : « Il nous coucha sur le lit avec lui et sa femme, eux à un bout et nous à l'autre, ce lit ne se composant que de planches, placées à un pied du sol, et d'une mince natte étendue dessus. Deux autres de ses dignitaires, par manque de place, se pressèrent contre et sur nous ; si bien que le gîte fut pire fatigue que le voyage. » À une heure, le jour suivant, Massasoit

---

1. Arrivés, les voici remplir la maisonnette
   Nul regard au festin où n'est pas de festin ;
   Tout paraît à leur gré, le repos est leur fête :
   Au plus noble esprit la plus grande satisfaction.
   The Faerie Queene, ch. XXXV

«apporta deux poissons qu'il avait tués au fusil», environ trois fois gros comme une brême; «ceux-ci étant bouillis, il y eut au moins quarante regards à se les partager. Presque tout le monde en mangea. Ce fut notre seul repas en deux nuits et un jour; et n'eût l'un de nous acheté une gelinotte, que notre voyage se fût accompli dans le jeûne». Craignant de se trouver la tête affaiblie par le manque de nourriture et aussi de sommeil, ceci dû aux «chants barbares des sauvages (car ces derniers avaient coutume de chanter pour s'endormir)», et afin de pouvoir rentrer tandis qu'ils avaient la force de voyager, ils se retirèrent. Pour ce qui est du logis, ils furent, c'est vrai, pauvrement reçus, quoique ce qu'ils trouvèrent une incommodité fût sans nul doute destiné à leur faire honneur; mais en tant que nourriture, je ne vois pas comment les Indiens eussent pu faire mieux. Ils n'avaient eux-mêmes rien à manger, et ils étaient trop avisés pour croire que des excuses à leurs hôtes suppléeraient au manque de vivres; aussi serrèrent-ils d'un cran leurs ceintures sans souffler mot là-dessus. Lors d'une autre visite de Winslow, la saison pour eux en étant une d'abondance, rien ne manqua à cet égard.

Quant aux hommes, ce n'est jamais ce qui, n'importe où, manquera. J'eus plus de visiteurs pendant que j'habitais dans les bois qu'en nulle autre période de mon existence; je veux dire que j'en eus quelques-uns. Il s'en présenta là plusieurs dans des circonstances plus favorables que je n'eusse pu espérer partout ailleurs. Mais il en vint peu me voir pour des choses insignifiantes. À cet égard, ma compagnie se trouva triée par mon seul éloignement de la ville. Je m'étais retiré si loin dans le grand océan de la solitude, où se perdent les rivières de la société, qu'en général, autant qu'il en allait de mes besoins, seul le plus fin sédiment s'en trouva déposé autour de moi. En outre, jusqu'à moi vinrent flotter les preuves de continents inexplorés et incultes de l'autre côté.

Qui se présenterait à ma hutte ce matin sinon quelque homme vraiment homérique ou paphlagonien, — il portait un nom si approprié et si poétique[1] que je regrette de ne pouvoir l'imprimer ici, — un Canadien, un bûcheron, et fabricant de poteaux, capable de trouer cinquante poteaux en un jour, qui fit son dernier souper d'une marmotte que prit son chien. Lui, aussi, a entendu parler d'Homère, et « s'il n'y avait pas les livres », ne saurait « que faire les jours de pluie », quoique peut-être il n'en ait pas lu un seul jusqu'au bout depuis bon nombre de saisons de pluie. Quelque prêtre qui savait parler le grec dans la langue lui apprit à lire son verset dans le Testament quelque part bien loin en sa paroisse natale ; et me voici obligé de lui traduire, tandis qu'il tient le livre, le reproche d'Achille à Patrocle sur son air attristé. « Pourquoi es-tu en larmes, Patrocle, telle une jeune fille ?

> *« Ou bien aurais-tu seul des nouvelles de Phithie ?*
> *On dit que Menœtius vit encore, fils d'Actor,*
> *Et Pélée, fils d'Eaque, parmi les Myrmidons ;*
> *L'un desquels fût-il mort, serions à grand grief. »*

Il dit : « Voilà qui est bien. » Il a sous le bras un gros paquet d'écorce de chêne blanc pour un malade, récoltée ce dimanche matin. « Je suppose qu'il n'y a pas de mal à aller chercher pareille chose aujourd'hui », dit-il. Pour lui Homère était un grand écrivain, quoiqu'il ne sût pas bien de quoi il retournait dans ses écrits. Il serait difficile de trouver homme plus simple et plus naturel. Le vice et la maladie, qui jettent sur le monde un si sombre voile de tristesse morale, semblaient pour ainsi dire ne pas exister pour lui. Il était âgé de vingt-huit ans environ, et avait

---

1. Alexandre Thérien (Terrien), dont le nom revient souvent dans le *Journal* de Thoreau.

quitté le Canada ainsi que la maison de son père une douzaine d'années auparavant pour travailler dans les États, y gagner de quoi acheter enfin une ferme, peut-être dans son pays natal. Il était coulé dans le moule le plus grossier ; un corps solide mais indolent, d'un port toutefois non dépourvu de grâce, le cou épais et bronzé, les cheveux noirs en broussaille, et des yeux bleus éteints, endormis, qu'à l'occasion une lueur allumait. Il portait une casquette plate de drap gris, un pardessus pisseux couleur de laine, et des bottes en peau de vache. Grand consommateur de viande, il emportait habituellement à son travail, à une couple de milles passé ma maison — car il fendait du bois tout l'été — son dîner dans un seau de fer-blanc : viandes froides, souvent des marmottes froides, et du café dans une bouteille de grès pendue par une ficelle à sa ceinture ; et il lui arrivait de m'offrir à boire. Il s'en venait de bonne heure, tout à travers mon champ de haricots, quoique sans préoccupation ou hâte d'arriver à son travail, comme le montrent les Yankees. Il n'allait pas se fouler. Il se moquait du reste pourvu qu'il gagnât de quoi payer sa pension. Souvent lui arrivait-il de laisser son dîner dans les buissons, si son chien avait attrapé en route quelque marmotte, et de retourner d'un mille et demi sur ses pas pour la dépouiller et la laisser dans la cave de la maison où il prenait pension, après avoir d'abord passé une demi-heure à se demander s'il ne pouvait la plonger à l'abri dans l'étang jusqu'à l'arrivée de la nuit — aimant à s'appesantir longuement sur ces thèmes. Je l'entends me dire en passant, le matin : « Quelle nuée de pigeons ! Si mon métier n'était pas de travailler chaque jour, la chasse me procurerait tout ce qu'il me faudrait de viande : pigeons, marmottes, lapins, gelinottes — pardi ! je pourrais en une journée me procurer tout ce qu'il me faudrait pour une semaine. »

C'était un adroit bûcheron, qui ne dédaignait ni la fantaisie ni l'ornement dans son art. Il coupait ses arbres bien de niveau et au ras du sol, pour que les rejetons qui poussaient ensuite fussent plus vigoureux et qu'il fût possible a un traîneau de glisser par-dessus les souches; et au lieu de laisser l'arbre entier fournir à son bois de corde, il le réduisait pour finir, en frêles échalas ou éclats que vous n'aviez plus qu'à casser à la main.

Il m'intéressa, tant il était tranquille et solitaire, et heureux en même temps; un puits de bonne humeur et de contentement, lequel affleurait à ses yeux. Sa gaieté était sans mélange. Il m'arrivait parfois de le voir au travail dans les bois, en train d'abattre des arbres; il m'accueillait alors par un rire d'indicible satisfaction, et une salutation en français canadien, quoiqu'il parlât anglais aussi bien. Approchais-je qu'il suspendait son travail, et dans un accès de gaieté à demi réprimé, s'étendait le long du tronc de quelque pin abattu par lui, qu'il pillait de son écorce pour en faire une boule, laquelle il mâchait tout en riant et causant. Telle était chez lui l'exubérance des esprits animaux qu'il lui arrivait de tomber de rire et rouler sur le sol à la moindre chose qui le fît penser et chatouillât. Regardant autour de lui les arbres il s'exclamait: «Ma parole! cela suffit bien à mon bonheur de fendre ici du bois; je n'ai pas besoin d'autre distraction.» Parfois, en temps de loisir, il s'amusait toute la journée dans les bois avec un pistolet de poche, se saluant lui-même d'une décharge à intervalles réguliers au cours de sa marche. En hiver il avait du feu grâce auquel à midi il faisait chauffer son café dans une bouillotte; et tandis qu'il était là assis sur une bille de bois à prendre son repas, les mésanges parfois s'en venaient en faisant le tour s'abattre sur son bras et becqueter la pomme de terre qu'il tenait dans les doigts; ce qui lui faisait dire qu'il «aimait avoir les petits *camaraux* autour de lui».

En lui c'était l'homme animal surtout qui se trouvait développé. Il se montrait, en fait d'endurance et de contentement physiques, cousin du pin et du roc. Je lui demandai une fois s'il ne se sentait jamais fatigué le soir, après avoir travaillé tout le jour ; il me répondit, la sincérité et le sérieux dans le regard : « Du diable si jamais de ma vie je me suis senti fatigué. » Mais l'homme intellectuel et ce qu'on appelle spirituel en lui sommeillaient comme en un petit enfant. Il n'avait reçu que cette instruction innocente et vaine que donnent les prêtres catholiques aux aborigènes, à laquelle l'écolier ne doit jamais d'être élevé jusqu'au degré de conscience, mais seulement jusqu'au degré de foi et de vénération, et qui ne fait pas de l'enfant un homme, mais le maintient à l'état d'enfant. Lorsque la Nature le créa, elle le dota, avec un corps solide, du contentement de son lot, et l'étaya de tous côtés de vénération et de confiance, afin qu'il pût vivre enfant ses soixante-dix années de vie. Il était si naturel et si ingénu que nulle présentation n'eût servi à le présenter, plus que si vous eussiez présenté une marmotte, à votre voisin. Celui-ci fût arrivé à le découvrir tout comme vous aviez fait. Il ne jouait aucun rôle. Les hommes lui payaient un salaire de travail, et contribuaient ainsi à le nourrir et vêtir ; mais jamais il n'échangeait d'opinions avec eux. Il était si simplement et naturellement humble — si l'on peut appeler humble qui n'a jamais d'aspirations — que l'humilité n'était pas plus une qualité distincte en lui qu'il ne la pouvait concevoir. Les hommes plus éclairés étaient à son sens des demi-dieux. Lui disiez-vous qu'un de ces hommes allait venir, qu'il faisait comme s'il pensait que quelque chose de si considérable n'attendrait rien de lui, et prendrait toute la responsabilité sur soi, pour le laisser là oublié bien tranquille. Il n'entendait jamais le bruit de la louange. Il révérait particulièrement l'écrivain et le prédicateur. Leurs exploits étaient des miracles. Lui avant raconté que j'écrivais beaucoup, il crut longtemps qu'il s'agissait tout simplement de l'écriture, attendu que lui-même avait une fort belle main. Il m'arrivait parfois de trouver le nom de sa paroisse natale écrit en caractères superbes dans la neige, sur le bord de la grand-route, y compris les dus accents français, et je savais ainsi qu'il était passé par là. Je lui demandai si jamais il avait eu le désir d'écrire ses pensées. Il répondit qu'il avait lu et écrit des lettres pour ceux qui ne le pouvaient pas, mais qu'il n'avait jamais essayé d'écrire des pensées, — non, il ne pourrait pas, il ne saurait pas par où commencer, cela le tuerait, et puis il y avait l'orthographe à surveiller en même temps !

J'appris qu'un homme aussi distingué que sage et réformateur lui avait demandé s'il ne voulait pas voir le monde changer ; à quoi il répondit en étouffant un rire de surprise, en son accent canadien, ignorant que la question eût jamais été auparavant traitée : « Non, je l'aime tel qu'il est. » Un philosophe eût tiré nombre d'idées de ses rapports avec lui. Aux yeux d'un étranger il semblait ne rien connaître aux choses en général ; encore qu'il m'arrivât parfois de voir en lui un homme que je n'avais pas encore vu, et de me demander s'il était aussi sage que Shakespeare ou tout aussi simplement ignorant qu'un enfant — s'il fallait le soupçonner d'une fine conscience poétique ou de stupidité. Un citadin me dit que lorsqu'il le rencontrait flânant par le village sous sa petite casquette étroitement ajustée, en train de siffler pour lui tout seul, il le faisait penser à un prince déguisé.

Ses seuls livres étaient un almanach et une arithmétique, en laquelle il était fort expert. Le premier était pour lui une sorte d'encyclopédie, qu'il supposait contenir un résumé de toutes les connaissances humaines, comme il fait, d'ailleurs, à un point considérable. J'aimais à le sonder sur les différentes réformes du moment, et jamais il ne manqua de les envisager sous le jour le plus simple et le plus pratique. Il n'avait jamais encore entendu parler de choses pareilles. Pouvait-il se passer de fabriques ?

demandai-je. Il avait porté le Vermont gris de ménage, répondit-il, et c'était du bon. Pouvait-il se dispenser de thé et de café? Ce pays procurait-il d'autre breuvage que l'eau? Il avait fait tremper des feuilles de sapin noir[1] dans de l'eau, avait bu la chose, et jugeait cela préférable à l'eau en temps de chaleur. Lui ayant aussi demandé s'il pouvait se passer d'argent, il fit de la commodité de l'argent une démonstration susceptible de suggérer les exposés les plus philosophiques de cette institution à son origine, la dérivation même du mot *pecunia*, et de s'accorder avec eux. Un bœuf fût-il en sa possession, et désirât-il se procurer des aiguilles et du fil à la boutique, il pensait devoir être incommode, bientôt impossible, de continuer à hypothéquer chaque fois à cet effet quelque partie de la bête. Il était en mesure de défendre nombre d'institutions mieux que nul philosophe, attendu qu'il donnait, en les décrivant selon l'intérêt qu'il y attachait, la véritable raison de leur existence, et que la méditation ne lui en avait pas suggéré d'autre. Une fois encore, apprenant la définition que Platon a faite de l'homme, — un bipède sans plumes, — qu'on exposa un coq plumé et l'appela l'homme de Platon, il trouva qu'il y avait une grande différence en ce que les *genoux* pliaient à l'envers. Il lui arrivait de s'écrier: «Comme j'aime causer! Ma parole, je causerais toute la journée!» Je lui demandai une fois, alors que je ne l'avais pas vu depuis des mois, s'il lui était venu quelque nouvelle idée cet été: «Bon sang! répondit-il, un homme qui a à travailler comme moi, s'il n'oublie pas les idées qu'il a eues, c'est déjà bien beau. Il se peut que l'homme avec lequel vous sarclez soit disposé à voir qui fera le plus vite; alors, pardi! il faut que votre esprit soit là; vous pensez aux herbes.» Il était quelquefois le premier, en ces occasions, à s'informer si j'avais fait un progrès quelconque.

---

1. Avec l'essence duquel on fait la bière au Canada.

Un jour d'hiver je lui demandai s'il était toujours satisfait de lui-même, dans le désir de suggérer un remplaçant en lui au prêtre hors de lui, et quelque motif plus élevé de vivre. «Satisfait! répondit-il, les uns sont satisfaits d'une chose, les autres, d'une autre. Tel homme, peut-être, s'il a gagné assez, sera satisfait de rester assis toute la journée le dos au feu et le ventre à table, ma parole!» Toutefois je ne pus jamais, de quelque façon que je m'y prisse, obtenir qu'il vît le côté spirituel des choses; tout ce qu'il en parut concevoir, fut un simple avantage, ce qu'on pourrait attendre de l'appréciation d'un animal; et cela, dans la pratique, est vrai de la plupart des hommes. Si je lui suggérais l'idée de quelque perfectionnement dans sa manière de vivre, il se contentait de répondre, sans exprimer de regret, qu'il était trop tard. Encore croyait-il à fond en l'honnêteté et telles vertus de ce genre.

On pouvait découvrir en lui, toute légère qu'elle fût, une certaine originalité positive, et j'observai parfois qu'il pensait par lui-même et exprimait son opinion personnelle — phénomène si rare que je ferais dix milles n'importe quel jour pour l'observer; cela se réduisait à la régénération de nombre des institutions sociales. Bien qu'il hésitât, et peut-être n'arrivât pas à s'exprimer clairement, il avait toujours en dessous une pensée présentable. Toutefois son jugement était si primitif, à ce point noyé dans son existence animale, que, tout en promettant plus que celui d'un homme simplement instruit, il était rare qu'il atteignît à la maturité de rien qu'on puisse rapporter. Il donnait à penser qu'il pouvait y avoir des hommes de génie dans les plus basses classes, tout humbles et illettrés qu'ils demeurent, lesquels gardent toujours leur propre façon de voir, ou bien ne font pas semblant de voir du tout — aussi insondables que passait pour l'être l'Étang de Walden lui-même, quoique, il se peut, enténébré et bourbeux.

Plus d'un voyageur se détourna de sa route pour me

voir, moi et l'intérieur de ma maison, et comme excuse à
sa visite, demanda un verre d'eau. Je leur dis que je buvais
à l'étang, et le désignai du doigt, offrant de leur prêter une
cuiller à pot. Tout au loin que je vécusse, je ne fus pas
exempté de cette tournée annuelle de visites qui a lieu, il
me semble, vers le premier avril, époque où tout le monde
est en mouvement ; et j'eus ma part de bonheur, malgré
quelques curieux spécimens parmi mes visiteurs. Des gens
aux trois quarts ramollis sortant de l'hospice et d'ailleurs
vinrent me voir ; mais je tâchai de les faire exercer leur
quatrième quart de cervelle, et se confesser à moi ; en telle
occurrence faisant de la cervelle le thème de notre conversation ; ainsi me trouvai-je dédommagé. À vrai dire, je
m'aperçus que certains d'entre eux étaient plus avisés que
ce qu'on appelle les *surveillants* des pauvres et enquêteurs
de la ville, et pensai qu'il était temps que les choses
changent de face. En fait de cervelle, j'appris qu'il n'y
avait guère de différence entre le quart et le tout. Certain
jour, en particulier, un indigent inoffensif, simple d'esprit,
que j'avais souvent vu employé avec d'autres comme une
sorte de clôture, debout ou assis sur un boisseau dans les
champs pour empêcher le bétail et lui-même de vagabon-
der, me rendit visite, et exprima le désir de vivre comme
moi. Il m'avoua avec une simplicité et une loyauté extrêmes,
bien supérieures, ou plutôt *inférieures*, à tout ce qu'on
appelle humilité, qu'il «péchait du côté de l'intellect». Ce
furent ses paroles. Le Seigneur l'avait fait ainsi, encore
supposait-il que le Seigneur s'inquiétait tout autant de lui
que d'un autre. «J'ai toujours été comme cela, ajoutait-il,
depuis mon enfance ; je n'ai jamais eu grand esprit ; je
n'étais pas comme les autres enfants ; j'ai la tête faible.
Ainsi l'a voulu le Seigneur, j'imagine.» Et il était là pour
prouver la véracité de son dire. Ce fut pour moi une énigme
métaphysique. Rarement ai-je rencontré un de mes semblables sur un terrain si plein de promesses — c'était si

simple et si sincère, et si vrai, tout ce qu'il disait. Et, à vrai dire, au fur et à mesure qu'il semblait s'abaisser, il ne faisait que s'élever. Je ne vis pas tout d'abord que c'était le pur résultat d'une sage politique. Il semblait que d'une base de loyauté et de franchise comme celle qu'avait posée le pauvre indigent à tête faible, notre commerce pourrait en venir à quelque chose de meilleur que le commerce des sages.

J'eus quelques hôtes du nombre des gens qu'en général on ne compte pas parmi les pauvres de la ville, mais qui devraient être — qui sont parmi les pauvres du monde, en tout cas — hôtes qui font appel, non pas à votre hospitalité, mais à votre générosité ; qui désirent ardemment qu'on les aide, et font précéder leur prière de l'avis qu'ils sont résolus, entre autres choses, à ne jamais s'aider eux-mêmes. Je requiers d'un visiteur qu'il ne soit pas pour de bon mourant de faim, aurait-il le meilleur appétit du monde, de quelque façon qu'il l'ait contracté. Les buts de charité ne sont pas des hôtes. Des gens qui ne savaient pas quand leur visite était terminée, quoique j'eusse repris le train de mes occupations, leur répondant de plus en plus dans l'éloignement. Des gens de presque tous les degrés de génie passèrent chez moi en la saison d'émigration. Certains qui avaient de ce génie à revendre — esclaves fugitifs, aux manières polies de la plantation, qui de temps en temps dressaient l'oreille, à l'exemple du renard de la fable, comme s'ils entendaient les chiens aboyer sur leurs talons, et me jetaient des regards suppliants, comme pour dire :

O Christian, will you send me back[1] ?

Un véritable esclave fugitif entre autres, dont j'avais aidé la marche vers l'étoile du nord. Des gens à une seule idée,

---

1. Ô chrétien, vas-tu me renvoyer ?

comme une poule qui n'a qu'un poussin, poussin qui est un caneton ; des gens à mille idées, et à têtes mal peignées, comme ces poules faites pour veiller sur cent poussins, tous à la poursuite d'un seul insecte, une douzaine d'entre eux perdus chaque matin dans la rosée, — et devenus frisés et galeux en conséquence ; des gens à idées au lieu de jambes, sorte de centipède intellectuel à vous donner la chair de poule. Quelqu'un parla d'un livre dans lequel les visiteurs inscriraient leurs noms, comme aux Montagnes Blanches ; mais hélas ! j'ai trop bonne mémoire pour que ce soit nécessaire.

Je ne pus que noter quelques-unes des particularités de mes visiteurs. Filles, garçons et jeunes femmes générale-ment semblaient contents d'être dans les bois. Ils regar-daient dans Walden, puis reportaient leurs yeux sur les fleurs, et mettaient à profit leur temps. Les hommes d'af-faires, même les fermiers, ne pensaient qu'à la solitude et aux occupations, à la grande distance à laquelle je demeu-rais de ceci ou de cela ; et s'ils déclaraient ne pas être ennemis d'une promenade de temps à autre dans les bois, il était évident que ce n'était pas vrai. Des gens inquiets, compromis, dont le temps était tout entier pris par le souci de gagner leur vie ou de la conserver ; des ministres qui parlaient de Dieu comme si leur était octroyé le monopole du sujet, et ne pouvaient supporter toutes espèces d'opi-nions ; docteurs, jurisconsultes, inquiètes maîtresses de maison qui fourraient le nez dans mon buffet et mon lit lorsque j'étais sorti — comment Mrs. *** arriva-t-elle à savoir que mes draps n'avaient pas la blancheur des siens ? — jeunes gens qui avaient cessé d'être jeunes, et avaient conclu que le plus sûr était de suivre le sentier battu des professions, — tous ceux-ci généralement déclaraient qu'il n'était pas possible de faire autant de bien dans ma posi-tion. Oui ! c'était là le chiendent. Les vieux, les infirmes et les timides, de n'importe quel âge ou quel sexe, pensaient surtout à la maladie, à un accident imprévu, à la mort ; pour eux la vie était pleine de danger, — quel danger y a-t-il si vous n'en imaginez pas ? — et ils croyaient qu'un homme prudent choisirait avec soin la plus sûre position, celle où le Dr B... serait là sous la main au premier signal. Pour eux le village était à la lettre une *com-munauté*[1], une ligue pour la mutuelle défense, et vous les supposeriez incapables d'aller cueillir l'airelle sans pharmacie de poche. Le fin mot de l'affaire, c'est que, si l'on est en vie, il y a toujours *danger* de mourir, quoique le danger doive être reconnu pour moindre en proportion de ce que l'on commence par être demi-mort. Un homme assoit autant de risques qu'il en court. Pour finir il y avait les soi-disant réformateurs, les plus grands raseurs de tous, qui croyaient que je passais le temps à chanter :

C'est la maison que j'ai bâtie,
C'est l'homme qui habite la maison que j'ai bâtie[2],

sans savoir que la troisième ligne était :

Ce sont les gens qui obsèdent l'homme
Qui habite la maison que j'ai bâtie.

Je ne craignais pas les *hen-harriers*[3], attendu que je n'entretenais pas de poulets, mais c'était les *men-harriers*[4] que je craignais.

J'avais des visiteurs plus consolants que les derniers. Enfants venus à la cueillette des baies, hommes du chemin

1. En anglais : *com-munity*, du latin *cum* = avec, *munire* = fortifier (jeu de mots).
2. Allusion à une vieille scie anglaise, que chantent les enfants, intitulée : *The House that Jack Built*.
3. Busards des marais. Mot à mot : tourmenteurs de poules.
4. Tourmenteurs d'hommes.

de fer en promenade du dimanche matin sous une chemise propre, pêcheurs et chasseurs, poètes et philosophes; en un mot, tous honnêtes pèlerins, qui s'en venaient dans les bois en quête de liberté, et laissaient pour de bon le village derrière eux, que j'étais prêt à saluer d'un « Soyez les bienvenus, Anglais! soyez les bienvenus, Anglais[1] », attendu que j'avais été en relations avec cette race.

1. Mots par lesquels l'Indien Samoset accueillit les pèlerins à Plymouth (Massachusetts).

LE CHAMP DE HARICOTS

En attendant, mes haricots, dont les rangs, additionnés
ensemble, formaient une longueur de sept milles déjà cultivés, attendaient impatiemment le sarcloir, car les premiers
semés avaient considérablement poussé avant que les
derniers fussent dans le sol ; oui, il n'était guère aisé de
différer. Quel était le sens de ce travail si assidu, si respectueux de lui-même, ce petit travail d'Hercule, je ne savais
pas. J'en vins à aimer mes rangs, mes haricots, tout en tel
surplus de mes besoins qu'ils fussent. Ils m'attachèrent à
la terre, si bien que j'acquis de la force à la façon d'Antée.
Mais pourquoi les cultiver ? Dieu seul le sait. Ce fut mon
étrange labeur tout l'été, — de faire que ce coin de la
surface terrestre, qui n'avait donné que potentille, ronces,
herbe de la Saint-Jean, et leurs pareilles auparavant, doux
fruits sauvages et aimables fleurs, produisît à la place cette
gousse. Qu'apprendrai-je des haricots ou les haricots de
moi ? Je les choie, je les sarcle, matin et soir j'ai l'œil sur
eux ; tel est mon travail journalier. C'est une belle feuille
large à regarder. J'ai pour auxiliaires les rosées et les
pluies qui abreuvent ce sol desséché, et ce que possède de
fertilité le sol même, qui en général est maigre et épuisé.
J'ai pour ennemis les vers, les journées froides, et par-
dessus tout les marmottes. Ces dernières ont grignoté pour
moi le quart d'un acre à blanc. Mais de quel droit avais-je

expulsé l'herbe de la Saint-Jean et le reste, et retourné leur ancien potager ? Bientôt, toutefois, les haricots qu'elles ont laissés ne tarderont pas à être trop coriaces pour elles, et iront à la rencontre de nouveaux ennemis.

Lorsque j'avais quatre ans, je m'en souviens bien, je fus amené de Boston à cette ville-ci[1], ma ville natale, à travers ces mêmes bois et ce champ, jusqu'à l'étang. C'est une des plus vieilles scènes restées gravées en ma mémoire. Et voici que ce soir ma flûte[2] a réveillé les échos au-dessus de ces mêmes eaux. Les pins se dressent encore ici, plus vieux que moi ; ou s'il en est tombé quelques-uns, j'ai fait cuire mon souper à l'aide de leurs souches, et une nouvelle végétation croît à l'entour, préparant un autre aspect pour de nouveaux yeux de petit enfant. C'est presque la même herbe de la Saint-Jean qui jaillit de la même perpétuelle racine en cette pâture, et voici qu'à la longue ce paysage fabuleux de mes rêves infantiles, j'ai contribué à le revêtir, et que l'un des résultats de ma présence comme de mon influence se voit dans ces feuilles de haricots, ces feuilles de maïs, ces sarments de pommes de terre.

Je plantai deux acres et demi environ de plateau ; et comme il n'y avait guère plus de quinze ans que le fonds était défriché, qu'en outre j'avais moi-même extirpé deux ou trois cordes de souches, je ne lui donnai aucun engrais ; mais au cours de l'été il apparut aux têtes de flèches que je mis au jour en sarclant, qu'un peuple éteint avait anciennement habité là, semé du maïs et des haricots avant l'arrivée des hommes blancs pour défricher le pays, et de la sorte épuisé le sol jusqu'à un certain point au regard de ce même produit-ci.

Avant que marmotte ou écureuil eût encore traversé la

---

1. Le père de Thoreau transporta sa famille de Concord à Chelmsford en 1818, et de là à Boston, pour revenir à Concord en 1823.
2. La flûte était le seul instrument de musique de Thoreau qui lui valut après sa mort un poème de miss Alcott.

route, ou que le soleil passât au-dessus des chênes arbrisseaux, alors que toute la rosée était là, quoique les fermiers
m'eussent mis en garde contre elle — je vous conseillerais
de faire tout votre ouvrage si possible quand la rosée est
là, — je me mettais à rabattre l'orgueil des hautaines
rangées d'herbe dans mon champ de haricots, et à leur
jeter de la poussière sur la tête. De grand matin j'étais au
travail, pieds nus, barbotant comme un artiste plastique
dans le sable humecté de rosée et croulant, mais plus tard
dans la journée le soleil me couvrait les pieds d'ampoules.
Ainsi le soleil m'éclairait-il pour sarcler des haricots,
tandis que j'arpentais lentement d'arrière en avant et
d'avant en arrière ce plateau jaune et sablonneux, entre
les longs rangs verts, de quinze verges, aboutissant d'un
côté à un taillis de chênes arbrisseaux où je pouvais me
reposer à l'ombre, et de l'autre à un champ de ronces dont
les mûres vertes avaient foncé leurs teintes dans le temps
que je m'étais livré à un nouveau pugilat. Enlever les
mauvaises herbes, mettre du terreau frais au pied des tiges
de haricots, et encourager cette herbe que j'avais semée,
faire au sol jaune exprimer sa pensée d'été en feuilles et
fleurs de haricots plutôt qu'en absinthe, chiendent et millet,
faire à la terre dire des haricots au lieu de gazon, — tel
était mon travail journalier. Recevant peu d'aide des
chevaux ou du bétail, des hommes ou des jeunes garçons
à gages, des instruments d'agriculture perfectionnés, j'étais
beaucoup plus lent et devins beaucoup plus intime avec
mes haricots qu'il n'est d'usage. Mais le labeur des mains,
même poussé au point de devenir corvée, n'est peut-être
jamais la pire forme de paresse. Il possède une constante
et impérissable morale, et pour l'homme instruit il produit
un résultat classique. Très *agricola laboriosus* étais-je aux
yeux des voyageurs en route vers l'ouest par Lincoln et
Wayland pour se rendre Dieu sait où ; eux assis à leur aise
en des cabriolets, les coudes sur les genoux, et les rênes

pendant librement en festons; moi, le casanier, l'indigène laborieux du sol. Mais mon domaine ne tardait pas à être pour eux hors de vue et de pensée. C'était le seul champ découvert et cultivé sur une grande distance d'un ou d'autre côté de la route, de sorte qu'ils en profitaient; et parfois il arrivait que du bavardage et des commentaires de ces voyageurs l'homme du champ entendît plus qu'il n'était destiné à son oreille: «Des haricots si tard! des pois si tard!» — car je continuais à semer quand les autres avaient commencé à sarcler, — l'agriculteur sacerdotal[1] ne l'avait pas prévu. «Du maïs, mon vieux, pour les vaches; du maïs pour les vaches.» Est-ce qu'il vit là? demande la casquette noire du pardessus gris; et le fermier aux traits durs de retenir son bidet reconnaissant pour s'enquérir de ce que vous faites lorsqu'il ne voit pas d'engrais dans le sillon, puis de recommander un peu de sciure, un peu de n'importe quelle saleté, ou peut-être bien des cendres ou du plâtre. Mais il y avait là deux acres et demi de sillons, et rien qu'un sarcloir pour charrette avec deux mains pour s'y atteler, — y régnant de l'aversion pour autres charrettes et chevaux, — et la sciure était fort loin. Les compagnons de voyage, en passant dans le bruit des roues, le comparaient à haute voix aux champs dépassés, de sorte que j'arrivai à savoir quelle figure je faisais dans le monde de l'agriculture. C'était un champ sans désignation dans le rapport de Mr. Colman. Et, soit dit ici, qui donc estime la valeur de la récolte que livre la Nature dans les champs encore plus sauvages inexploités par l'homme? La récolte du foin *anglais* est soigneusement pesée, l'humidité calculée, les silicates et la potasse; mais en les moindres cavités et mares des bois et pâturages et marécages croît une récolte riche et variée que l'homme oublie seulement de moissonner. Mon champ était pour ainsi dire le chaînon

---

1. Sans doute fait-il allusion à quelque pasteur passant par là.

reliant les champs sauvages aux champs cultivés ; de même que certains États sont civilisés, d'autres à demi civilisés, d'autres sauvages ou barbares, ainsi mon champ se trouvait être, quoique non pas dans un mauvais sens, un champ à demi cultivé. C'étaient des haricots en train de retourner gaiement à leur état sauvage et primitif, ceux que je cultivais, et mon sarcloir leur jouait le *Ranz des vaches*.

À portée de là, sur la plus haute ramille d'un hêtre chante la grive brune — ou mauvais rouge, comme d'aucuns se plaisent à la nommer — toute la matinée, contente de votre société, qui découvrirait le champ d'un autre fermier si le vôtre n'était ici. Dans le temps que vous semez la graine, elle crie : « Mets-la là, mets-la là, — couvre-la bien, couvre-la bien, tire dessus, tire dessus, tire dessus. » Mais il ne s'agissait pas de maïs, aussi était-elle à l'abri d'ennemis de son espèce. Il se peut que vous vous demandiez ce que son radotage, ses prouesses de Paganini amateur sur une corde ou sur vingt, ont à faire avec vos semailles, et toutefois préfériez cela aux cendres de lessive ou au plâtre. C'était une sorte d'engrais de surface à bon marché, en lequel j'avais foi entière.

En étendant avec mon sarcloir un terreau encore plus frais autour des rangs, je troublais les cendres de peuples sans mention dans l'histoire, qui vécurent sous ce ciel au cours des années primitives, et leur petit attirail de guerre comme de chasse se voyait amené à la lumière de ce jour moderne. Il gisait là pêle-mêle avec d'autres pierres naturelles, dont quelques-unes portaient la trace du feu des Indiens, et d'autres du feu du soleil, aussi avec des débris de poterie et de verre apportés par les récents cultivateurs du sol. Lorsque mon sarcloir tintait contre les pierres, la musique en faisant écho dans les bois et le ciel, était à mon labeur un accompagnement qui livrait une immédiate et incommensurable récolte. Ce n'était plus des haricots que je sarclais ni moi qui sarclais des haricots ; et je

me rappelais avec autant de pitié que d'orgueil, si seulement je me les rappelais, celles de mes connaissances qui
étaient allées à la ville assister aux oratorios. Le chordeille
tournait là-haut dans les après-midi ensoleillés — car il
m'arrivait parfois d'y consacrer la journée — comme un
point noir dans l'œil, ou dans l'œil du ciel, tombant de
temps à autre d'un coup et avec le même bruit que si les
cieux se fussent fendus, déchirés à la fin en vraies loques
et lambeaux, encore que restât une voûte sans félure ;
petits démons qui remplissent l'air et déposent leurs œufs
soit à terre sur le sable nu, soit sur les rocs à la cime des
monts, où rares sont ceux qui les trouvèrent ; gracieux et
délicats comme des rides saisies à l'étang, ainsi des feuilles
sont-elles enlevées par le vent pour flotter dans les cieux ;
tant il est de parenté dans la Nature. Le chordeille est le
frère aérien de la vague qu'il survole et surveille, ces ailes
siennes, parfaites et gonflées d'air, répondant aux ailerons
rudimentaires et sans plumes de l'onde. Ou bien il m'arrivait d'épier deux buses en leur vol circulaire dans les
hauteurs du ciel, s'élevant et descendant alternativement,
s'approchant l'une de l'autre pour se délaisser, symbole
de mes pensées. Ou j'étais attiré par le passage de pigeons
sauvages de ce bois-ci à ce bois-là, en un léger et frémis-
sant battement d'ailes et la hâte du messager ; ou de
dessous une souche pourrie mon sarcloir retournait une
salamandre gourde, prodigieuse, étrange, vestige d'Égypte
et du Nil, encore que notre contemporaine. Faisais-je une
pause, appuyé sur mon sarcloir, que ces bruits et spectacles
je les entendais et voyais partout dans le rang de haricots,
partie de l'inépuisable festin qu'offre la campagne.

Les jours de gala la ville tire ses gros canons, qui reten-
tissent comme de petits canons à bouchon jusqu'à ces
bois, et quelques épaves de musique martiale parviennent
ici de temps à autre. Pour moi, là-bas au loin en mon
champ de haricots à l'autre extrémité du pays, les canons

faisaient le bruit d'une vesse-de-loup qui crève ; et s'agis-
sait-il d'un déploiement militaire dont je fusse ignorant,
que parfois tout le jour j'avais éprouvé le vague sentiment
d'une sorte de démangeaison et de malaise à l'horizon,
comme si quelque éruption dût bientôt se déclarer — scar-
latine ou urticaire — jusqu'à ce qu'enfin un souffle plus
favorable du vent, faisant hâte par-dessus les champs et le
long de la route de Wayland, m'apportât l'avis que la
« milice faisait l'exercice ». On eût dit au bourdonnement
lointain, que les abeilles de quelqu'un avaient essaimé et
que les voisins, suivant le conseil de Virgile, s'efforçaient
grâce à un léger *tintinnabulum* sur les plus sonores de
leurs ustensiles domestiques, de les faire redescendre dans
la ruche. Puis lorsque le bruit s'éteignait tout à fait au loin,
que le bourdonnement avait cessé, que les plus favorables
brises ne contaient pas d'histoire, je comprenais qu'on
avait fait rentrer jusqu'au dernier bourdon en sûreté dans
la ruche du Middlesex, et que maintenant on avait l'esprit
tendu sur le miel dont elle était enduite.

Je me sentais fier de savoir que les libertés du Massachusetts et de notre mère patrie étaient sous telle sauve-
garde ; aussi, en m'en revenant à mon sarcloir, étais-je
rempli d'une inexprimable confiance, et poursuivais-je
gaiement mon labeur dans une calme attente de l'avenir.

Lorsqu'il y avait plusieurs musiques, cela faisait comme
si tout le village fût un immense soufflet, et que toutes les
constructions se gonflassent et dégonflassent tour à tour
avec fracas. Mais quelquefois c'étaient de nobles et inspi-
rants accents qui atteignaient ces bois, la trompette chantant la renommée, et je sentais que j'eusse embroché un
Mexicain avec certain ragoût — car pourquoi toujours
s'en tenir à des balivernes ? — et je cherchais du regard
autour de moi une marmotte ou un skunks sur qui exercer
mes instincts chevaleresques. Ces accents martiaux paraissaient venir d'aussi loin que la Palestine, et me rappelaient

une marche de croisés à l'horizon, y compris une légère fanfare et une tremblante ondulation des cimes d'ormes suspendues au-dessus du village. C'était là l'un des *grands* jours ; quoique le ciel, vu de mon défrichement, n'eût que le même grand et éternel regard qui lui est quotidien.

Singulière expérience que cette longue connaissance cultivée par moi avec des haricots, soit en les semant, soit en les sarclant, soit en les récoltant, soit en les battant au fléau, soit en les triant, soit en les vendant, — c'était, ceci, le plus dur de tout, — je pourrais ajouter, soit en les mangeant, car, oui, j'y goûtai. J'étais décidé à connaître les haricots[1]. Tandis qu'ils poussaient, j'avais coutume de sarcler de cinq heures du matin à midi, et généralement employais le reste du jour à d'autres affaires. Songez à la connaissance intime et curieuse qu'ainsi l'on fait avec toutes sortes d'herbes, — il y aura lieu à quelque redite dans le récit, car il y a pas mal de redites dans le travail —, en troublant sans plus de pitié leurs délicats organismes, et en faisant de si révoltantes distinctions avec son sarcloir, rasant des rangs entiers d'une espèce, pour en cultiver assidûment d'une autre. Voici de l'absinthe pontique, — voici de l'ansérine blanche, — voici de l'oseille, — voici de la passerage — tombez dessus, hachez-la menu, tournez-la sens dessus dessous les racines au soleil, ne lui laissez pas une fibre à l'ombre ; si vous le faites, elle se retournera de l'autre côté et sera aussi verte que poireau dans deux jours. Une longue guerre, non pas avec des grues, mais avec des herbes, ces Troyens qui avaient pour eux le soleil, la pluie et les rosées. Quotidiennement les haricots me voyaient venir à la rescousse armé d'un sarcloir, et éclaircir les rangs de leurs ennemis, comblant de morts végétaux les tranchées. Plus d'un superbe Hector à l'ondoyant cimier,

---

1. On dit d'une personne ignorante, en Amérique, qu'elle « ne connaît pas les haricots ».

qui dominait d'un bon pied la presse de ses camarades, tomba sous mon arme et roula dans la poussière.

Ces jours d'été que certains de mes contemporains, à Boston ou à Rome, consacraient aux beaux-arts, que d'autres consacraient à la contemplation dans l'Inde, d'autres au commerce à Londres ou à New York, ainsi les consacrai-je, avec les autres fermiers de la Nouvelle-Angleterre, à l'agriculture. Non qu'il me fallût des haricots à manger, attendu que par essence je suis pythagoricien, au regard des haricots, qu'ils aient en vue la soupe ou le scrutin, et les échangeais pour du riz ; mais, peut-être, parce qu'il faut à certains travailler dans les champs, quand ce ne serait que pour les tropes et l'expression, afin de servir à quelque fabricant de paraboles un jour. C'était à tout prendre un amusement rare, qui trop prolongé eût pu devenir dissipation. Quoique je ne leur eusse donné aucun engrais, et ne les eusse pas sarclés tous une fois, je les sarclai mieux qu'on ne fait d'habitude jusqu'au point où je m'arrêtai, et finalement en eus la récompense, « n'étant en vérité, dit Evelyn[1], compost ou *lœtation*, quels qu'ils soient, comparables à ces continuels remuement "repastination", et retournement du terreau avec la bêche ». « La terre, ajoute-t-il ailleurs, surtout lorsqu'elle est neuve, renferme un certain magnétisme, grâce auquel elle attire le sel, pouvoir, ou vertu (appelez-le comme vous voudrez) qui lui donne vie, et est la logique de tout le travail, de toute l'agitation que nous nous donnons à son sujet, pour nous soutenir ; toutes fumures et autres sordides combinaisons n'étant que les vicaires remplaçants pour cet amendement. » En outre, celui-ci étant un de ces « champs laïques usés et épuisés qui jouissent de leur sabbat », avait peut-être, comme Sir Kenelm Digby[2] le

---

1. John Evelyn (1620-1706), auteur du *Jardinier français* et d'autres nombreux ouvrages sur la culture des jardins.
2. Sir Kenelm Digby (1603-1665), auteur, diplomate, et « naval commander », attribua son mariage à des influences astronomiques.

croit vraisemblable, attiré «les esprits vitaux» de l'air. Je récoltai douze boisseaux[1] de haricots.

Mais pour être plus précis, car on déplore que Mr. Colman ait surtout rapporté les expériences coûteuses de gentils-hommes campagnards, mes déboursés furent :

Pour un sarcloir	$ 0,54	
Labourage, hersage et creu-sage des sillons	7,50	Trop.
Haricots de semence.	3,12 1/2	
Pommes de semence.	1,33	
Pois de semence	0,40	
Graines de navets	0,06	
Filin blanc pour éloigner les corbeaux	0,02	
3 heures de machine agricole et de garçon	1,00	
Cheval et charrette pour lever la récolte	0,75	
En tout	$ 14,72 1/2	

Mon revenu fut (*patrem familias vendacem, non emacem esse oportet*), pour :

Neuf boisseaux et douze quar-tes de haricots vendus. . . .	$ 16,94
Cinq boisseaux de grosses pommes de terre.	2,50
Neuf boisseaux de petites . .	2,25
Herbe	1,00
Chaume	0,75
En tout	$ 23,44
Laissant un profit pécuniaire, comme je l'ai dit ailleurs, de	$ 8,71 1/2

Voici le résultat de mon expérience en cultivant des haricots : semez le petit haricot blanc touffu commun vers

1. Le «bushel» ou boisseau, aux États-Unis, vaut 35 litres.

le premier juin, en rangs de trois pieds sur dix-huit pouces d'intervalle, ayant soin de choisir de la semence fraîche, ronde, et sans mélange. Commencez par prendre garde aux vers, et comblez les lacunes en semant derechef. Puis prenez garde aux marmottes, si c'est un endroit découvert, car elles grignoteront en passant les premières feuilles tendres presque à blanc ; enfin lorsque les jeunes vrilles font leur apparition, les voilà qui de nouveau le remarquent, et les tondront ras y compris bourgeons et jeunes cosses, assises tête droite comme un écureuil. Mais surtout récoltez d'aussi bonne heure que possible, si vous voulez, échappant aux gelées, avoir une belle et vendable récolte ; c'est le moyen d'éviter beaucoup de perte.

Cette autre expérience-ci en outre acquis-je. Je me dis : je ne veux semer haricots ni maïs avec autant d'ardeur un autre été, mais telles graines, si la graine n'en est perdue, que sincérité, loyauté, simplicité, foi, innocence, et autres semblables, et voir si elles ne pousseront pas dans ce sol, fût-ce avec moins de travail et de fumure, et ne me nourriront pas, car ce n'est sûrement point ce genre de récoltes qui l'a épuisé. Hélas ! je me dis cela ; mais voici qu'un autre été a passé, et un autre, et un autre, et que je suis obligé d'avouer, lecteur, que les graines semées par moi, si vraiment c'*étaient* les graines de ces vertus-là, étaient rongées des vers ou avaient perdu leur vitalité, ce qui fait qu'elles ne sont pas sorties de terre. En général les hommes ne seront braves que dans la mesure où leurs pères furent braves ou timides. Cette génération-ci ne manquera certainement pas de semer du maïs et des haricots au retour de chaque année exactement tel que firent les Indiens il y a des siècles et apprirent aux premiers colons à faire, comme s'il y avait là du destin. Je vis un vieillard l'autre jour, à mon étonnement, faire les trous avec un sarcloir pour la soixante-dixième fois au moins, et non pour lui-même s'étendre au fond ! Mais pourquoi le

Néo-Anglais ne tenterait-il pas de nouvelles aventures, et, sans attacher tant d'importance à sa récolte de grain, de pommes de terre et d'herbe, ainsi qu'à ses vergers, — ne ferait-il pas pousser d'autres récoltes que celles-là? Pourquoi faire un tel cas de nos haricots de semence, et n'en faire aucun d'une nouvelle génération d'hommes? Ce qu'il faudrait, c'est en réalité nous sentir nourris et réconfortés si rencontrant un homme nous fussions sûr de voir que quelques-unes des qualités ci-dessus dénommées, lesquelles tous nous prisons plus que ces autres produits, mais sont la plupart du temps semées à la volée et restent en suspension dans l'air, aient en lui pris racine et poussé. Voici s'en venir le long de la route une qualité subtile et ineffable, par exemple, comme loyauté ou justice, quoique sous la plus légère somme ou l'aspect d'une nouvelle variété. Nos ambassadeurs devraient avoir pour mission d'envoyer au pays telles graines que celles-là, et le Congrès de faire en sorte que sur tout le pays en soit opérée la distribution. Nous devrions ne jamais nous tenir sur un pied de cérémonie avec la sincérité. Nous ne nous tromperions, ne nous insulterions, ne nous bannirions jamais les uns les autres par le fait de notre vilenie, si là était présente l'amande du mérite et de l'amour. Nos rencontres jamais ne devraient être si pressées. La plupart des hommes ne rencontré-je du tout, pour ce qu'ils semblent n'avoir pas le temps; ils sont tout à leurs haricots. Nous voudrions traiter non pas avec un homme ainsi toujours en train de peiner, appuyé sur un sarcloir ou une bêche comme sur une béquille dans les intervalles de son travail, non pas avec un champignon, mais avec un homme en partie soulevé de terre, quelque chose de plus que debout, telles les hirondelles descendues et marchant sur le sol :

And as he spake, his wings would now and then
Spread, as he meant to fly, then close again[1],

au point que nous nous imaginions converser avec un ange. Le pain peut ne pas toujours nous nourrir, mais toujours il nous fait du bien; il enlève même la raideur à nos articulations, et nous rend souples et élastiques, quand nous ne savions pas ce que nous avions, pour reconnaître toute générosité dans l'homme ou la Nature, pour partager toute joie sans mélange et héroïque.

L'ancienne poésie comme l'ancienne mythologie laissent entendre, au moins, que l'agriculture fut jadis un art sacré; mais la pratique en est par nous poursuivie avec une hâte et une étourderie sacrilèges, notre objet étant simplement de posséder de grandes fermes et de grandes récoltes. Nous n'avons ni fête, ni procession, ni cérémonie, sans excepter nos Concours agricoles et ce qu'on appelle Actions de grâces, par quoi le fermier exprime le sentiment qu'il peut avoir de la sainteté de sa profession, ou s'en voit rappeler l'origine sacrée. C'est la prime et le banquet qui le tentent. Ce n'est pas à Cérès qu'il sacrifie, plus qu'au Jupiter terrien, mais, je crois, à l'infernal Plutus. Grâce à l'avarice et l'égoïsme, et certaine basse habitude, dont aucun de nous n'est affranchi, de considérer le sol surtout comme de la propriété, ou le moyen d'acquérir de la propriété, le paysage se trouve déformé, l'agriculture dégradée avec nous, et le fermier mène la plus abjecte des existences. Il ne connaît la Nature qu'en voleur. Caton prétend que les profits de l'agriculture sont particulièrement pieux ou justes (*maximeque pius quæstus*), et selon Varron les anciens Romains «appelaient la même terre Mère et Cérès, et croyaient que ceux qui la

---

1. Et tandis qu'il parlait, ses ailes de temps à autre
   S'éployaient, comme s'il voulût s'envoler, puis se repliaient.

cultivaient, menaient une existence pieuse et utile, qu'ils étaient les seuls survivants de la race du Roi Saturne».

Nous oublions volontiers que le regard du soleil ne fait point de distinction entre nos champs cultivés et les prairies et forêts. Tous ils reflètent comme ils absorbent ses rayons également, et les premiers ne sont qu'une faible partie du resplendissant tableau qu'il contemple en sa course quotidienne. Pour lui la terre est toute également cultivée comme un jardin. Aussi devrions-nous recevoir le bienfait de sa lumière et de sa chaleur avec une confiance et une magnanimité correspondantes. Qu'importe que j'évalue la semence de ces haricots, et récolte cela au déclin de l'année? Ce vaste champ que si longtemps j'ai regardé, ne me regarde pas comme le principal cultivateur, mais regarde ailleurs des influences plus fécondantes pour lui, qui l'arrosent et le rendent vert. Ces haricots ont des produits qui ne sont pas moissonnés par moi. Ne poussent-ils pas en partie pour les marmottes? L'épi de blé (en latin *spica*, plus anciennement *speca*, de *spes*, espoir) ne devrait pas être le seul espoir de l'agriculteur; son amande ou grain (*granum*, de *gerendo*, action de porter), n'est pas tout ce qu'il porte. Comment, alors, saurait manquer pour nous la moisson? Ne me réjouirai-je pas aussi de l'abondance des herbes dont les graines sont le grenier des oiseaux? Peu importe comparativement que les champs remplissent les granges du fermier. Le loyal agriculteur fera taire son anxiété, de même que les écureuils ne manifestent aucun intérêt dans la question de savoir si les bois oui ou non produiront des châtaignes cette année, et terminera son travail avec la journée, en se désistant de toute prétention sur le produit de ses champs, en sacrifiant en esprit non seulement ses premiers, mais ses derniers fruits aussi.

LE VILLAGE

Après avoir sarclé, ou peut-être lu et écrit, dans la matinée, je prenais d'ordinaire un second bain dans l'étang, traversant à la nage quelqu'une de ses criques comme épreuve de distance, lavais ma personne des poussières du labeur, ou effaçais la dernière ride causée par l'étude, et pour l'après-midi étais entièrement libre. Chaque jour ou sur un jour d'intervalle j'allais faire un tour au village, entendre quelqu'un des commérages qui là sans cesse vont leur train, en passant de bouche en bouche, ou de journal à journal, et qui, pris en doses homéopathiques, étaient, il faut bien le dire, aussi rafraîchissants, à leur façon, que le bruissement des feuilles et le pépiement des grenouilles. De même que je me promenais dans les bois pour voir les oiseaux et les écureuils, ainsi me promenais-je dans le village pour voir les hommes et les gamins ; au lieu du vent parmi les pins j'entendais le roulement des charrettes. Dans certaine direction en partant de ma maison une colonie de rats musqués habitait les marais qui bordent la rivière ; sous le bouquet d'ormes et de platanes à l'autre horizon était un village de gens affairés, aussi curieux pour moi que des marmottes de prairie, chacun assis à l'entrée de son terrier, ou courant chez un voisin, en mal de commérages. Je m'y rendais fréquemment pour observer leurs habitudes. Le village me semblait une grande salle de nouvelles; et sur un côté, pour le faire vivre, comme jadis chez Redding & Company dans State Street[1], ils tenaient noix et raisins, ou sel et farine, et autres produits d'épicerie. Certains manifestent un tel appétit pour la première denrée — c'est-à-dire les nouvelles — et de si solides organes digestifs, qu'ils sont en mesure de rester éternellement assis sans bouger dans les avenues publiques à la laisser mijoter et susurrer à travers eux comme les vents étésiens, ou comme s'ils inhalaient de l'éther, lequel ne produit que torpeur et insensibilité à la souffrance, — autrement serait-il souvent pénible d'entendre — sans affecter la connaissance. Je ne manquais presque jamais, en déambulant à travers le village, de voir un rang de ces personnages d'élite, soit assis sur une échelle, en train de se chauffer au soleil, le corps incliné en avant et les yeux prêts à jouer de temps en temps à droite et à gauche le long de la ligne, avec une expression de volupté, soit appuyés contre une grange les mains dans les poches, à la façon de cariatides, comme pour l'étayer. Se tenant généralement en plein air, rien ne leur échappait de ce qu'apportait le vent. Ce sont les moulins rudimentaires, où tout commérages commence par se voir digéré ou concassé grossièrement avant de se vider dans des trémies plus fines et plus délicates toutes portes closes. J'observai que les organes essentiels du village étaient l'épicerie, le cabaret, le bureau de poste et la banque; et à titre de partie nécessaire du mécanisme, ils entretenaient une cloche, un canon, et une pompe à incendie, aux endroits *ad hoc*; de plus, les maisons étaient disposées de façon à tirer le meilleur parti possible du genre humain, en ruelles et se faisant vis-à-vis, si bien que tout voyageur avait à courir la bouline, et que tout homme, femme, et enfant, pouvait lui donner sa gifle. Il va de soi que ceux

1. La rue des banquiers et des agents de change de Boston.

qui se trouvaient postés le plus près de la tête de ligne, où l'on pouvait le mieux voir et être vu, comme porter le premier coup, payaient leur place le plus cher ; quant aux quelques habitants épars dans les faubourgs, où de longues lacunes dans la ligne commençaient à se produire, et où le voyageur pouvait soit passer par-dessus des murs, soit tourner court dans des sentiers à vaches, pour ainsi échapper, ils ne payaient qu'un fort léger impôt, soit foncier, soit en portes et fenêtres. Des enseignes pendaient de tous côtés, alléchantes ; les unes pour le prendre par l'appétit, telles la taverne et l'auberge ; les autres par la fantaisie, tels le magasin de nouveautés et la boutique du joaillier ; et d'autres par les cheveux, ou les pieds, ou les pans d'habit, tels le barbier, le cordonnier ou le tailleur. En outre, vers ce temps-là, il y avait invitation permanente encore plus terrible à fréquenter chacune de ces maisons, et compagnie à y attendre. Le plus souvent j'échappais merveilleusement à ces dangers, soit en marchant tout de suite hardiment et sans hésiter au but, comme il est recommandé à ceux qui courent la bouline, soit en tenant mes pensées sur des sujets élevés, comme Orphée, qui, «en chantant à tue-tête les louanges des dieux sur la lyre, dominait la voix des Sirènes, et se tenait hors de péril». Parfois il m'arrivait de filer soudain droit comme flèche, sans que personne eût su dire où j'allais, car je ne m'arrêtais guère à la grâce, et n'hésitais jamais devant une brèche de la haie. J'avais même l'habitude de faire irruption dans quelques maisons, où j'étais bien traité, et, après avoir appris le meilleur des nouvelles et leur ultime criblée, ce qui avait tenu bon, les perspectives de guerre et de paix, et si le monde semblait devoir se soutenir longtemps encore, de me laisser mettre en liberté par les avenues de derrière, sur quoi je m'échappais de nouveau dans les bois.

Rien n'était plus plaisant, lorsque j'étais resté tard en ville, que de me lancer dans la nuit, surtout si elle était noire et tempétueuse, et de faire voile hors de quelque brillant parloir de village ou salle de conférences, un sac de seigle ou de farine de maïs sur l'épaule, pour mon bon petit port dans les bois, après avoir rendu tout bien étanche à l'extérieur et m'être retiré sous les panneaux avec un joyeux équipage de pensées, ne laissant que mon homme extérieur à la barre, ou même attachant la barre en temps de marche à pleines voiles. Il me venait mainte pensée vivifiante près du feu de la cabine en « filant sous ma toile ». Jamais je ne fus jeté à la côte plus que mis en détresse par n'importe quel temps, quoique je ne fusse pas sans rencontrer quelques sévères tempêtes. Il fait plus sombre dans les bois, même dans les nuits ordinaires, qu'on ne le suppose en général. Il me fallait fréquemment lever les yeux sur l'ouverture des arbres au-dessus du sentier pour m'instruire de ma route, et là où il n'était pas de sentier carrossable, reconnaître du pied la faible trace laissée par mes pas, ou gouverner suivant le rapport connu de certains arbres que je tâtais des mains, passant entre deux pins, par exemple, à pas plus de dix-huit pouces l'un de l'autre, au fond des bois, toujours dans la nuit la plus noire. Il m'est arrivé, après être ainsi rentré tard par une nuit sombre et moite, où mes pieds reconnaissaient au toucher le sentier que mes yeux ne pouvaient distinguer, rêveur et l'esprit ailleurs tout le long du chemin, jusqu'à ce que je fusse réveillé par la nécessité d'avoir à lever la main pour soulever le loquet, de ne pouvoir me rappeler un seul pas de ma route, et de penser que peut-être mon corps trouverait son chemin pour rentrer si son maître s'en écartait, comme la main trouve son chemin vers la bouche sans secours. Plusieurs fois où il se trouva qu'un visiteur était resté le soir, et qu'il faisait nuit noire, je fus obligé de le conduire jusqu'au sentier carrossable sur l'arrière de la maison, et alors de lui indiquer la direction à suivre, que pour conserver il devait s'en fier plutôt à ses pieds qu'à ses yeux. Par une nuit des plus noires je mis ainsi sur leur route deux jeunes gens qui avaient pêché dans l'étang. Ils habitaient à environ un mille de là à travers bois, et avaient on ne peut plus l'habitude de la route. Le lendemain ou le surlendemain l'un d'eux me raconta qu'ils avaient erré la plus grande partie de la nuit, tout près de leur établissement, et n'étaient rentrés chez eux qu'au matin, moment où, comme il était tombé dans l'intervalle plusieurs fortes averses et que les feuilles étaient très mouillées, ils se trouvaient trempés jusqu'aux os. J'ai entendu parler de nombre de gens s'égarant même dans les rues du village, quand les ténèbres sont épaisses à couper au couteau, comme on dit. Certains habitants des faubourgs, venus en ville dans leurs chariots faire des emplettes, se sont vus obligés de remiser pour la nuit; et des dames et messieurs en visite se sont écartés d'un demi-mille de leur route, tâtant du pied le trottoir, et sans savoir quand ils tournaient. C'est une expérience surprenante et qui en vaut la peine, autant qu'elle est précieuse, que de se trouver perdu dans les bois à n'importe quelle heure. Souvent dans une tempête de neige, même de jour, il nous arrivera de déboucher sur une route bien connue sans pouvoir dire cependant quel chemin conduit au village. Bien qu'on sache l'avoir parcourue mille fois, on ne peut en reconnaître le moindre trait distinctif, et elle vous semble aussi étrangère qu'une route de Sibérie. La nuit, il va sans dire que la perplexité est infiniment plus grande. Dans nos promenades les plus ordinaires nous ne cessons, tout inconsciemment que ce soit, de gouverner comme des pilotes d'après certains fanaux et promontoires bien connus, et dépassons-nous notre course habituelle, que nous emportons encore dans le souvenir l'aspect de quelque cap voisin; ce n'est que lorsque nous sommes complètement perdus, ou qu'on nous a fait tourner sur nous-mêmes — car il suffit en ce monde qu'on vous fasse tourner une fois sur vous-même les yeux fermés pour que vous soyez perdu — que nous apprécions l'étendue et l'inconnu de la Nature. Il faut à tout homme réapprendre ses points cardinaux aussi souvent qu'il sort soit du sommeil, soit d'une préoccupation quelconque. Ce n'est que lorsque nous sommes perdus — en d'autres termes, ce n'est que lorsque nous avons perdu le monde — que nous commençons à nous retrouver, et nous rendons compte du point où nous sommes, ainsi que de l'étendue infinie de nos rapports.

Un après-midi, vers la fin du premier été, en allant au village chercher un soulier chez le savatier, je fus appréhendé et mis en prison, parce que, ainsi que je l'ai raconté ailleurs, je n'avais pas payé d'impôt à, ou reconnu l'autorité de, l'État qui achète et vend des hommes, des femmes et des enfants, comme du bétail à la porte de son sénat[1]. J'avais gagné les bois dans d'autres intentions. Mais où que puisse aller un homme, il se verra poursuivi par les hommes et mettre sur lui la griffe de leurs sordides institutions, contraint par eux, s'ils le peuvent, d'appartenir à leur désespérée *odd-fellow*[2] société. C'est vrai, j'aurais pu résister par la force avec plus ou moins d'effet, pu m'élancer le « criss » en main sur la société ; mais je préférai que la société s'élançât le « criss » en main sur moi, elle étant la personne désespérée. Toutefois je fus relâché le lendemain, reçus mon soulier raccommodé et rentrai dans les bois à temps pour prendre mon repas de myrtilles sur Fair-Haven Hill. Je n'ai jamais été molesté par quiconque, sauf ceux qui représentaient d'État. Je n'avais ni serrure, ni verrou que pour le pupitre qui renfermait mes papiers, pas même un clou pour mettre sur mon loquet ou mes fenêtres. Jamais je ne fermais ma porte, la nuit pas plus que le jour, dussé-je rester plusieurs jours absent ; pas

---

1. *Walden* a été écrit à la veille de la guerre de Sécession.
2. Les *odd-fellow* sont une société secrète dans le genre des francs-maçons.

même lorsqu'à l'automne suivant j'en passai une quinzaine dans les bois du Maine. Et cependant ma maison
était plus respectée que si elle eût été entourée d'une file
de soldats. Le promeneur fatigué pouvait se reposer et se
chauffer près de mon feu, le lettré s'amuser avec les
quelques bouquins qui se trouvaient sur ma table, ou le
curieux, en ouvrant la porte de mon placard, voir ce qui
restait de mon dîner, et quelle perspective j'avais de
souper. Or je dois dire que si nombre de gens de toute
classe prenaient ce chemin pour venir à l'étang, je ne
souffris d'aucune incommodité sérieuse de ce côté-là, et
jamais ne m'aperçus de l'absence de rien que d'un petit
livre, un volume d'Homère, qui peut-être à tort était doré,
et pour ce qui est de lui, j'espère que c'est un soldat de
notre camp[1] qui vers ce temps l'a trouvé. Je suis convaincu
que si tout le monde devait vivre aussi simplement qu'alors
je faisais, le vol et la rapine seraient inconnus. Ceux-ci ne
se produisent que dans les communautés où certains
possèdent plus qu'il n'est suffisant, pendant que d'autres
n'ont pas assez. Les Homères de Pope[2] ne tarderaient pas
à se voir convenablement répartis :

> *Nec bella fuerunt,*
> *Faginus astabat dum scyphus ante dapes*[3].

« Vous qui gouvernez les affaires publiques, quel besoin
d'employer le châtiment ? Aimez la vertu, et le peuple sera
vertueux. Les vertus d'un homme supérieur sont comme
le vent ; les vertus d'un homme ordinaire sont comme
l'herbe ; l'herbe, lorsque le vent passe sur elle, se courbe[4]. »

---

1. C'est-à-dire quelqu'un capable d'apprécier le livre.
2. Pope a traduit Homère en anglais.
3. « De guerre ne sut être/ Tant que seule en honneur fut l'écuelle de hêtre. »
(Tibulle, livre I, Élégie X.)
4. *Entretiens* de Confucius, livre XII, ch. 19.

LES ÉTANGS

Parfois, après une indigestion de société humaine et de commérages, ayant usé jusqu'à la corde tous mes amis du village, je m'en allais à l'aventure plus loin encore vers l'ouest que là où d'ordinaire je m'arrête, dans des parties de la commune encore plus écartées, «vers des bois nouveaux et des pâtures neuves[1]», ou bien, tandis que le soleil se couchait, faisais mon souper de gaylussacies et de myrtilles sur Fair-Haven Hill, et en amassais une provision pour plusieurs jours. Les fruits ne livrent pas leur vraie saveur à celui qui les achète, non plus qu'à celui qui les cultive pour le marché. Il n'est qu'une seule façon de l'obtenir, encore que peu emploient cette façon-là. Si vous voulez connaître la saveur des myrtilles, interrogez le petit vacher ou la gelinotte. C'est une erreur grossière pour qui ne les cueillit point, de s'imaginer qu'il a goûté à des myrtilles. Jamais une myrtille ne va jusqu'à Boston; on ne les y connaît plus depuis le temps où elles poussaient sur ses trois collines. Le goût d'ambroisie et l'essence du fruit disparaissent avec le velouté qu'enlève le frottement éprouvé dans la charrette qui va au marché, et ce devient simple provende. Aussi longtemps que régnera la Justice éter-

1. Milton, *Lycidas*.

nelle, pas la moindre myrtille ne pourra s'y voir transportée des collines du pays en son innocence.

De temps à autre, mon sarclage terminé pour la journée, je rejoignais quelque impatient camarade en train de
pêcher depuis le matin sur l'étang, silencieux et immobile
comme un canard ou une feuille flottante, et qui, après
s'être exercé à différents genres de philosophie, avait conclu,
en général, dans le temps que j'arrivais, qu'il appartenait
à l'antique secte des cénobites[1]. Il était un homme plus
âgé, excellent pêcheur et expert en toutes sortes d'arts
sylvestres, qui se plaisait à considérer ma maison comme
un édifice élevé pour la commodité des pêcheurs; et non
moins me plaisais-je à le voir s'asseoir sur le seuil de ma
porte pour arranger ses lignes. Parfois nous restions
ensemble sur l'étang, lui assis à un bout du bateau et moi
à l'autre; mais peu de paroles s'échangeaient entre nous,
attendu qu'il était devenu sourd en ses dernières années,
quoique à l'occasion il fredonnât un psaume, lequel s'har-
monisait assez bien avec ma philosophie. Notre commerce,
ainsi, en était un d'harmonie continue, beaucoup plus
plaisant à se rappeler que si ce fût la parole qui l'eût entre-
tenu. Lorsque, et c'était ordinairement le cas, je n'avais
personne à qui parler, j'avais l'habitude de réveiller les
échos d'un coup d'aviron sur le flanc de mon bateau,
remplissant les bois alentour d'un bruit en cercle de plus
en plus élargi, les faisant lever tel le gardien d'une ména-
gerie ses fauves, jusqu'à tirer un grognement de la moindre
vallée, du moindre versant boisés.

Les soirs de chaleur je restais souvent assis dans le bateau
à jouer de la flûte, et voyais la perche, que je semblais
avoir charmée, se balancer autour de moi, et la lune voyager sur le fond godronné, que jonchaient les épaves de la

---

1. Il y a ici jeu de mots: *See no bites*, se dit des pêcheurs qui n'ont pas vu le
poisson mordre.

forêt. Jadis j'étais venu à cet étang par esprit d'aventure, de temps à autre, en des nuits sombres d'été, avec un compagnon, et, allumant tout près du bord de l'eau un feu qui, nous le supposions, attirait les poissons, nous prenions des «loups» à raide d'un paquet de vers enfilés à une ficelle, après quoi, tard dans la nuit, et une fois tout fini, jetions en l'air les tisons embrasés, telles des fusées, qui, descendant sur l'étang, s'y éteignaient avec un grand sifflement, pour nous laisser soudain tâtonner dans d'absolues ténèbres. À travers elles, sifflant un air, nous nous réacheminions vers les repaires des hommes. Or, voici que j'avais établi mon foyer près de la rive.

Parfois, après être resté dans quelque parloir de village jusqu'à ce que toute la famille se fût retirée, il m'est arrivé, ayant réintégré les bois, de passer les heures du milieu de la nuit, un peu en vue du repas du lendemain, à pêcher du haut d'un bateau au clair de lune, pendant que hiboux et renards me donnaient la sérénade, et que, de temps à autre, la note croassante de quelque oiseau inconnu se faisait entendre là tout près. Ces expériences furent aussi curieuses que précieuses pour moi, — à l'ancre dans quarante pieds d'eau, et à vingt ou trente verges de la rive, environné parfois de milliers de petites perches et vairons, qui ridaient de leur queue la surface dans la lumière de la lune, et communiquant par une longue ligne de lin avec de mystérieux poissons nocturnes dont la demeure se trouvait à quarante pieds au-dessous, ou parfois remorquant de droite et de gauche sur l'étang, alors que je dérivais dans la paisible brise de la nuit, soixante pieds d'une ligne que de distance en distance je sentais parcourue d'une légère vibration, indice d'une vie rôdant près de son extrémité, de quelque sourd, incertain et tâtonnant dessein par là, lent à se décider. On finit par amener lentement, en tirant main par-dessus main, quelque «loup» cornu qui crie et frétille à l'air des régions supérieures. C'était fort étrange, surtout par les nuits sombres, lorsque vos pensées s'en étaient allées vers de vastes thèmes cosmogoniques errer dans d'autres sphères, de sentir cette faible secousse, qui venait interrompre vos rêves et vous réenchaîner à la Nature. Il semblait qu'après cela j'eusse pu jeter ma ligne là-haut dans l'air, tout comme en bas dans cet élément à peine plus dense. Ainsi prenais-je deux poissons, comme on dit, avec un hameçon.

Le décor de Walden est d'humbles dimensions, et, quoique fort beau, n'approche pas du grandiose, plus qu'il ne saurait intéresser qui ne l'a longtemps fréquenté ou n'a habité près de sa rive ; encore cet étang est-il assez remarquable par sa profondeur et sa pureté pour mériter une description particulière. C'est un puits clair et vert foncé, d'un demi-mille de long et d'un mille trois quarts de circonférence, d'une étendue de soixante et un arpents et demi environ ; une source perpétuelle au milieu de bois de pins et de chênes, sans la moindre entrée ni sortie visibles sauf par les nuages et l'évaporation. Les collines qui l'entourent, s'élèvent abruptement de l'eau à la hauteur de quarante à quatre-vingts pieds, bien qu'au sud-est et à l'est elles atteignent près de cent et cent cinquante pieds respectivement, dans le rayon d'un quart et d'un tiers de mille. Elles sont exclusivement boisées. Toutes nos eaux de Concord ont deux couleurs au moins, une lorsqu'on les contemple à distance, et une autre, plus particulière, de tout près. La première dépend surtout de la lumière et suit le ciel. En temps clair, l'été, elles paraissent bleues à une petite distance, surtout si elles sont agitées, et à une grande distance toutes ont le même aspect. En temps d'orage elles sont parfois couleur d'ardoise sombre. La mer, cependant, passe pour bleue un jour et verte un autre sans perceptible changement dans l'atmosphère. J'ai vu notre rivière, alors que le paysage était couvert de neige, à la fois glace et eau

presque aussi verte qu'herbe. Certains voient dans le bleu
«la couleur de l'eau pure, soit liquide soit solide». Mais
regarde-t-on droit sous soi nos eaux du bord d'un bateau,
qu'on les voit être de couleurs très différentes. Walden est
bleu à certains moments et vert à d'autres, même sans
qu'on change de point de vue. Étendu entre la terre et les
cieux, il participe de la couleur des deux. Contemplé d'un
sommet il reflète la couleur du ciel, mais à portée de la
main il est d'une teinte jaunâtre près de la rive où le sable
est visible, puis d'un vert clair, qui par degrés se fonce
pour devenir un vert sombre uniforme dans le corps de
l'étang. Sous certaines lumières, contemplé même d'un
sommet, il est d'un vert éclatant près de la rive. On a attri-
bué cela au reflet de la verdure ; mais il est également vert
là contre le remblai de sable du chemin de fer, et au printemps, avant le déploiement des feuilles, ce qui peut être
simplement le résultat du bleu dominant mêlé au jaune du
sable. Telle est la couleur de son iris. C'est aussi la partie
où, au printemps, la glace recevant la chaleur du soleil
que réverbère le fond, et que transmet en outre la terre, se
dissout la première et forme un étroit canal tout autour
du milieu encore gelé. Comme le reste de nos eaux, lorsqu'elles sont fortement agitées, en temps clair, de telle sorte
que la surface des vagues puisse refléter le ciel à angle
droit, ou parce que plus de lumière se mêle à lui, il paraît,
à petite distance, d'un bleu plus sombre que le ciel même ;
or, à tel moment, me trouvant à sa surface, et divisant
mon rayon visuel de façon à voir la réflexion, j'ai discerné
un bleu clair sans tache et indescriptible, tels qu'en donnent
l'idée les soies moirées ou changeantes et les lames d'épée,
plus céruléen que le ciel même, alternant avec le vert
sombre et originel des côtés opposés des vagues, qui ne
paraissait que bourbeux en comparaison. C'est un bleu
verdâtre et vitreux, si je me rappelle bien, comme ces
lambeaux de ciel d'hiver qu'on voit par des éclaircies de

nuages à l'ouest avant le coucher du soleil. Encore qu'un simple verre de son eau présenté à la lumière soit aussi incolore qu'une égale quantité d'air. C'est un fait bien connu qu'une plaque de verre aura une teinte verte, due, comme disent les fabricants, à son «corps», alors qu'un petit morceau du même sera incolore. De quelle ampleur faudrait-il que soit un corps de l'eau de Walden pour refléter une teinte verte, je n'en ai jamais fait l'expérience. L'eau de notre rivière est noire ou d'un brun très sombre pour qui la regarde directement de haut en bas, et, comme celle de la plupart des étangs, impartit au corps de qui s'y baigne une teinte jaunâtre; mais cette eau-ci est d'une pureté si cristalline que le corps du baigneur paraît d'un blanc d'albâtre, moins naturel encore, lequel, étant donné que les membres se trouvent avec cela grossis et contournés, produit un effet monstrueux, propre à fournir des sujets d'étude pour un Michel-Ange.

L'eau est si transparente qu'on en peut aisément distinguer le fond à vingt-cinq ou trente pieds de profondeur. En ramant dessus, on voit à nombre de pieds au-dessous de la surface les troupes de perches et de vairons, longs peut-être seulement d'un pouce, quoiqu'on reconnaisse sans peine les premières à leurs barres transversales, et on les prendrait pour des poissons ascètes capables de trouver là une subsistance. Une fois, en hiver, il y a pas mal d'années, je venais de tailler des trous dans la glace pour prendre du brocheton, quand, en remettant le pied sur la rive, je rejetai ma hache sur la surface polie; or, comme si quelque mauvais génie l'eût dirigée, elle s'en alla glisser après un parcours de quatre ou cinq verges tout droit dans l'un des trous, en un point où l'eau avait vingt-cinq pieds de profondeur. Par curiosité je me couchai sur la glace et regardai par le trou, où je finis par apercevoir la hache un peu sur le côté, reposant sur la tête, le manche debout, qui allait et venait doucement selon le pouls de l'étang; et là eût-elle pu rester ainsi debout à aller et venir jusqu'à ce qu'au cours du temps le manche pourrît, si je n'étais intervenu. Pratiquant un autre trou droit au-dessus à l'aide d'un ciseau à glace que je possédais, et coupant avec mon couteau le plus long bouleau que je pus trouver dans le voisinage, je fis un nœud coulant que j'attachai à son extrémité, le laissai descendre avec précaution, le passai par-dessus la pomme du manche, puis le tirai à l'aide d'une ligne le long du bouleau, grâce à quoi je fis remonter la hache.

La rive, qui se compose d'une ceinture de pierres blanches polies et arrondies comme des pierres de pavage, à part une ou deux étroites baies de sable, est tellement escarpée qu'en maints endroits il suffira d'un saut pour vous mettre dans l'eau jusque par-dessus la tête ; et n'était sa remarquable transparence, ce serait tout ce qu'il y aurait à voir de son fond jusqu'à ce qu'il se relève sur le côté opposé. D'aucuns le croient sans fond. Nulle part il n'est bourbeux, et un observateur de passage dirait qu'il n'y a pas la moindre herbe dedans ; et en fait de plantes à noter, sauf dans les petites prairies nouvellement inondées, qui ne sont point à proprement parler de son domaine, un examen plus attentif ne découvre ni un iris, ni un jonc, pas même un nénuphar, jaune ou blanc, rien que quelques petites luzernes, quelques potamots, et peut-être un plantain ou deux ; lesquels tous, cependant, un baigneur pourrait ne pas apercevoir ; plantes qui sont nettes et brillantes comme l'élément dans lequel elles poussent. Les pierres s'étendent à une ou deux verges dans l'eau, après quoi le fond est sable pur, sauf dans les parties les plus profondes, où se trouve d'ordinaire un petit dépôt, provenant sans doute de la chute des feuilles qui ont volé jusque-là au cours de tant d'automnes successifs ; et on ramène sur les ancres une brillante herbe verte même en plein hiver.

Nous avons un autre étang tout pareil à celui-ci — l'Étang

Blanc à Nine Acre Corner[1], à environ deux milles et demi
vers l'ouest ; mais bien que je sois en relations avec la
plupart des étangs à une douzaine de milles à la ronde, je
n'en connais pas un troisième de ce caractère pur, de ce
caractère de source. Des nations successives, il se peut, y
ont bu, l'ont admiré et sondé, puis ont passé, encore que
l'eau en soit verte et limpide comme jamais. Rien d'une
source intermittente ! Peut-être en ce matin de printemps
où Adam et Ève furent chassés de l'Éden, l'Étang de
Walden était-il en vie déjà, dès lors s'évaporant en douce
pluie printanière accompagnée de brouillard et d'un petit
vend du sud, et couvert de myriades de canards et d'oies,
qui n'avaient pas entendu parler de la chute en un temps
où leur suffisaient encore des lacs de cette pureté. Dès lors
avait-il commencé à monter et descendre, clarifié ses eaux
et coloré de la nuance qui les pare aujourd'hui, puis
obtenu du ciel un brevet pour être le seul Étang de Walden
du monde, distillateur de célestes rosées. Qui sait en
combien de littératures de peuples oubliés ceci fut la
Fontaine de Castalie ? ou quelles nymphes le présidèrent
en l'Âge d'Or ? C'est une gemme de la première eau, que
Concord porte dans sa couronne.

Toutefois se peut-il que les premiers qui vinrent à cette
fontaine aient laissé quelque trace de leurs pas. J'ai été
surpris de découvrir ceinturant l'étang, là même où un
bois épais vient d'être abattu sur la rive, un étroit sentier
qu'on dirait une planche dans le versant escarpé, tour à
tour montant et descendant, se rapprochant et s'éloignant
du bord de l'eau, aussi vieux, il est probable, que la race
de l'homme ici, tracé par les pieds des chasseurs aborigènes et encore aujourd'hui de temps à autre foulé à leur
insu par les occupants actuels du pays. Il est particulièrement distinct pour qui se tient au milieu de l'étang en

1. Petit village au sud de Concord.

hiver, juste après une légère chute de neige, alors qu'il prend l'aspect d'une claire et sinueuse ligne blanche, que ne ternissent herbes ni brindilles, et fort apparent à un quart de mille de distance en maints endroits où en été on peut à peine le distinguer de tout près. La neige le réimprime, pour ainsi dire, en clairs et blancs caractères de haut relief. Il se peut que les jardins ornés des villas qu'un jour l'on bâtira ici en conservent encore la trace.

L'étang monte et descend, mais si c'est régulièrement ou non, et en quel laps de temps, nul ne le sait, bien que, comme toujours, beaucoup prétendent le savoir. Il est ordinairement plus haut en hiver et plus bas en été, quoique sans correspondance avec l'humidité, et la sécheresse générales. Je me rappelle l'avoir vu d'un pied ou deux plus bas, et aussi de cinq pieds au moins plus haut, que quand j'habitais près de lui. Une étroite barre de sable y pénètre, dont un côté donne sur une très grande profondeur d'eau, et sur laquelle j'aidais à faire bouillir une marmite de «chowder[1]», à quelque six verges de la rive principale, vers 1824, ce qu'il n'a pas été possible de faire depuis vingt-cinq ans ; et d'autre part, mes amis m'écoutaient d'une oreille incrédule lorsque je leur racontais que quelques années plus tard j'avais pour habitude de pêcher du haut d'un bateau dans une crique retirée des bois, à quinze verges du seul rivage qu'ils connussent, endroit qui fut il y a longtemps converti en prairie. Mais l'étang, qui n'a cessé de monter depuis deux ans, est aujourd'hui, en l'été de 52, juste de cinq pieds plus haut que lorsque j'habitais là, ou aussi haut qu'il était il y a trente ans, et on recommence à pêcher dans la prairie. Cela fait une différence de niveau, au maximum, de six ou sept pieds ; et cependant l'eau versée par les collines environnantes est-elle au total insignifiante, ce qui permet d'attribuer ce

---

1. Mélange de poisson et de biscuits.

débordement à des causes affectant les sources profondes. Ce même été l'étang s'est mis à baisser de nouveau. Il est à remarquer que cette fluctuation, périodique ou non, semble ainsi demander nombre d'années pour s'accomplir. J'ai observé une crue et partie de deux décrues, et je m'attends à ce que d'ici douze ou quinze ans l'eau soit retombée au niveau le plus bas que j'aie jamais connu. L'Étang de Flint, à un mille vers l'est, en tenant compte de la perturbation causée par ses voies d'alimentation et d'écoulement, ainsi que les étangs intermédiaires plus petits, sympathisent avec Walden, et récemment atteignirent leur plus grande hauteur en même temps que ce dernier. La même chose est vraie, aussi loin qu'aille mon observation, de l'Étang Blanc.

Cette crue et cette décrue de Walden à de longs intervalles, est utile au moins en ceci : l'eau restant à cette grande hauteur une année ou davantage, si elle rend difficile de se promener autour de lui, tue les arbrisseaux comme les arbres qui ont poussé à proximité de ses bords depuis la dernière crue — pitchpins, bouleaux, aulnes, trembles, et autres — pour, en baissant de nouveau, laisser une rive inobstruée ; car, différent de beaucoup d'étangs et de toutes les eaux soumises à une crue quotidienne, c'est quand l'eau est la plus basse que sa rive est la plus nette. Sur le côté de l'étang voisin de ma maison une rangée de pitchpins hauts de quinze pieds a été tuée et a basculé, comme sous l'effet d'un levier, ce qui a mis arrêt à leurs empiètements ; et à leur taille se comptent les années qui se sont écoulées depuis la dernière crue à ce niveau. Par cette fluctuation l'étang affirme son droit à une rive, et c'est ainsi que les arbres ne peuvent la tenir par droit de possession. Ce sont les lèvres du lac sur lesquelles nulle barbe ne croît. Il se lèche les babines de temps à autre. Lorsque l'eau atteint son plus haut point, les aulnes, les saules, les érables poussent de tous les côtés de leurs troncs dans l'eau une masse de racines rouges et fibreuses de plusieurs pieds de long, et jusqu'à trois ou quatre pieds au-dessus du sol, en leur effort pour se maintenir, et j'ai appris que les buissons d'airelles en corymbe autour de la rive, qui généralement ne produisent pas de fruit, en portent une abondante récolte dans ces circonstances-là.

Il y a eu des gens embarrassés pour expliquer le pavage si régulier de la rive. Mes concitoyens ont tous entendu raconter la tradition — les plus vieilles gens m'assurent l'avoir entendu raconter dans leur jeunesse — suivant laquelle anciennement les Indiens tenaient là un *pawwaw*[1] sur une montagne aussi haut dressée dans les cieux que l'étang s'enfonce aujourd'hui profondément dans la terre, et employaient, comme dit l'histoire, un langage assez profane, quoique ce vice soit l'un de ceux dont les Indiens ne se rendirent jamais coupables, lorsque dans le temps où ils étaient de la sorte occupés la montagne trembla et soudain s'abîma, pour seule une vieille squaw, nommée Walden, survivre, de qui l'étang tient son nom. On a supposé que lorsque la montagne trembla, ces pierres-ci roulèrent à bas de son flanc pour devenir la présente rive. Il est, en tout cas, on ne peut plus certain que jadis il n'y avait pas, ici, d'étang, et qu'aujourd'hui il y en a un ; cette fable indienne ne contredit donc sous aucun rapport le récit de cet ancien colon, que j'ai mentionné, qui se rappelle si bien le temps où pour la première fois il vint ici avec sa baguette divinatoire, vit un mince filet de vapeur s'élever au-dessus de la pelouse, et où la baguette de coudrier pointa sans hésiter vers le sol, ce qui le décida à y creuser un puits. Pour ce qui est des pierres, beaucoup croient encore qu'on ne peut que difficilement les imputer à l'action des vagues sur ces collines-ci, mais j'observe

1. Assemblée.

que les collines environnantes sont étonnamment remplies de pierres du même genre, au point qu'il a fallu les empiler en murailles des deux côtés de la tranchée du chemin de fer la plus voisine de l'étang ; d'ailleurs, c'est où la rive est le plus escarpée qu'il y a le plus de pierres ; ce qui fait que, pour mon malheur, ce n'est plus un mystère pour moi. Je découvre le paveur[1]. Si le nom ne dérivait de celui de quelque localité anglaise — Saffron Walden[2], par exemple — on pourrait supposer qu'à l'origine on l'appela l'Étang *Walled-in*[3].

L'étang était mon puits tout creusé. Durant quatre mois de l'année son eau est aussi froide qu'elle est pure en toute saison ; et je la crois aussi bonne alors que n'importe quelle autre, sinon la meilleure de la commune. En hiver, toute eau exposée à l'air est plus froide que celle des sources et des puits qui en sont à l'abri. La température de l'eau d'étang, qui avait séjourné dans la pièce où je me tenais de cinq heures de l'après-midi au lendemain midi, le six mars 1846, le thermomètre étant monté à 65° ou 70°[4] une partie du temps, un peu à cause du soleil qui chauffait le toit, était de 42°[5], ou d'un degré plus froide que l'eau de l'un des puits les plus froids du village lorsqu'on vient de la tirer. La température de la Fontaine Bouillonnante, le même jour, était de 45°[6], ou la plus chaude de n'importe quelle eau vérifiée, bien que ce soit la plus froide que je connaisse en été, lorsque, bien entendu, de l'eau de haut-fond et de surface stagnante ne s'y trouve pas mélangée. De plus, en été, Walden ne devient jamais aussi chaud que l'eau généralement exposée au soleil, à

1. Le glacier qui au cours de la période glaciaire apporta là ces pierres.
2. Ville du comté d'Essex, en Angleterre.
3. Emmuré.
4. 18° ou 21° centigrades.
5. 5° centigrades.
6. 7° centigrades.

cause de sa profondeur. Au temps le plus chaud j'en mettais d'habitude un seau dans ma cave, où devenue fraîche dans la nuit, elle le restait pendant le jour, bien que j'eusse recours aussi à une source du voisinage. Elle était bonne au bout d'une semaine tout autant que le jour où on l'avait puisée, et ne sentait pas la pompe. Celui qui campe une semaine en été sur la rive d'un étang, n'a qu'à enterrer un seau d'eau à quelques pieds de profondeur à l'ombre de son camp pour être indépendant du luxe de la glace.

On a pris dans Walden du brocheton, dont un seul pesait sept livres, sans parler d'un autre qui emporta la ligne à toute vitesse, et que le pêcheur estime en toute garantie huit livres, parce qu'il ne le vit pas, de la perche, dont certaines pesant plus de deux livres, et des «loups», des vairons, des meuniers ou gardons (*Leuciscus pulchellus*), quelques rares brêmes et une couple d'anguilles, dont l'une pesant quatre livres, — si je précise, c'est que le poids d'un poisson est en général son seul titre de gloire, et que ces anguilles sont aussi les seules dont j'aie entendu parler en ces parages ; — en outre, j'ai le vague souvenir d'un petit poisson long de quelque cinq pouces, à flancs d'argent et dos verdâtre, aux allures de dard, que je mentionne ici surtout pour relier mes faits à la fable. Néanmoins cet étang n'est pas très poissonneux. Son brocheton, tout en n'abondant pas, en est le principal orgueil. J'ai vu reposer en même temps sur la glace du brocheton d'au moins trois espèces différentes ; une longue et effilée, couleur d'acier, fort ressemblante à ce que l'on prend dans la rivière ; une espèce d'un beau doré, à reflets verdâtres et particulièrement large, qui est ici la plus commune ; et une autre couleur d'or, de même forme que la dernière, mais mouchetée sur les flancs de petites taches brun foncé ou noires, entremêlées de quelques autres rouge sang éteint, un peu comme une truite. Le nom spécifique *reticulatus* ne devrait pas lui être appliqué, mais bien plutôt *guttatus*. Tout cela, c'est du poisson solide, et qui pèse plus que ne promet sa taille. Les vairons, les «loups», et aussi la perche, à vrai dire tous les poissons qui habitent cet étang, sont beaucoup mieux faits, plus beaux, plus fermes de chair que ceux de la rivière et de la plupart des autres étangs, en raison de ce que l'eau est plus pure, et il est aisé de les en distinguer. Maints ichtyologistes fort probablement, feraient de certains d'entre eux de nouvelles variétés. Il y a aussi dedans une belle race de grenouilles et de tortues, et quelques moules ; rats musqués et visons laissent leurs traces autour de lui, et il reçoit à l'occasion la visite d'une tortue de vase en voyage. Il m'arrivait parfois, en poussant au large mon bateau le matin, de déranger quelque grande tortue de vase qui s'était tenue cachée dessous pendant la nuit. Canards et oies le fréquentent au printemps et à l'automne, les hirondelles à ventre blanc (*Hirundo bicolor*) l'effleurent de l'aile, et les guignettes «tétèrent» le long de ses rives pavées tout l'été. Il m'est arrivé de déranger quelque balbuzard perché sur un pin blanc au-dessus de l'eau ; mais je doute que l'aile d'une mouette le profane jamais, comme Fair-Haven. Tout au plus tolère-t-il la présence d'un annuel plongeon. Ce sont là tous les animaux de quelque importance qui pour l'heure le fréquentent.

On peut voir d'un bateau, en temps calme, près de la rive sablonneuse de l'est, où l'eau a huit ou dix pieds de profondeur, et aussi en quelques autres parties de l'étang, des tas circulaires d'une demi-douzaine de pieds de dia- mètre sur un pied de haut, qui consistent en petites pier- res dont le volume n'atteint pas celui d'un œuf de poule, alors que tout autour c'est le sable nu. Au premier abord on se demande si ce ne sont pas les Indiens qui les auraient formés sur la glace dans un but quelconque, sur quoi la glace s'étant dissoute, ils auraient coulé au fond ; mais ils sont trop réguliers, et certains d'entre eux nettement trop frais, pour cela. Ils sont semblables à ceux que l'on trouve dans les rivières; mais comme il n'y a ici ni mulets ni lamproies, j'ignore de quel poisson ils pourraient être l'œuvre. Il se peut que ce soient les nids du meunier. Ils prêtent au fond un plaisant mystère.

La rive est suffisamment irrégulière pour n'être pas monotone. J'ai présentes à l'esprit l'occidentale, échancrée de baies profondes, la septentrionale plus abrupte, et la méridionale toute en gracieux festons, où des caps successifs se superposent partiellement, suggérant l'existence entre eux de criques inexplorées. La forêt ne se montre jamais mieux enchâssée, ni si particulièrement belle, que vue du milieu d'un petit lac sis parmi les collines qui s'élèvent du bord de l'eau; car l'eau dans laquelle elle se reflète, non seulement forme en pareil cas le premier plan le plus parfait, mais, grâce aux sinuosités de sa rive, lui dessine la plus naturelle et la plus agréable limite. Il n'est là sur sa lisière ni crudité ni imperfection, comme aux endroits où la hache a fait une éclaircie et à ceux où aboutit un champ cultivé. Les arbres ont toute place pour s'étendre sur le côté de l'eau, et c'est dans cette direction que chacun d'eux pousse sa branche la plus vigoureuse. La Nature a tressé là une lisière naturelle, et l'œil s'élève par justes gradations des humbles arbrisseaux de la rive aux arbres les plus hauts. Là se voient peu de traces de la main de l'homme. L'eau baigne la rive comme elle faisait il y a mille ans.

Un lac est le trait le plus beau et le plus expressif du paysage. C'est l'œil de la terre, où le spectateur, en y plongeant le sien, sonde la profondeur de sa propre nature. Les arbres fluviatiles voisins de la rive sont les cils délicats qui le frangent, et les collines et rochers boisés qui l'entourent, le sourcil qui le surplombe.

Debout sur la grève égale située à l'extrémité est de l'étang, par un calme après-midi de septembre, lorsqu'un léger brouillard estompe le contour de la rive opposée, j'ai

compris d'où venait l'expression, «le cristal d'un lac». Si
vous renversez la tête, il a l'air du plus ténu fil de la Vierge
étiré en travers de la vallée, et luisant sur le fond de bois
de pins lointains, séparant un stratum de l'atmosphère
d'un autre. Vous diriez qu'il n'y a qu'à passer dessous
à pied sec pour gagner les collines d'en face, et que les
hirondelles qui le rasent de l'aile n'ont qu'à percher
dessus. À vrai dire il leur arrive parfois de plonger
au-dessous de la ligne, il semble par méprise, et de se voir
désabusées. Si vous regardez par-dessus l'étang vers
l'ouest, vous êtes obligé d'employer les deux mains pour
vous défendre les yeux du soleil réfléchi aussi bien que du
vrai, car ils sont également éclatants; et si, entre les deux,
vous inspectez scrupuleusement sa surface, elle est, à la
lettre, aussi lisse que du cristal, sauf où les insectes patineurs, éparpillés sur toute son étendue à intervalles égaux,
produisent sur elle, par leurs mouvements dans le soleil,
le plus beau scintillement imaginable; sauf aussi peut-être
où un canard se nettoie la plume; sauf enfin où, comme je
l'ai dit, une hirondelle la rase à la toucher. Il se peut qu'au
loin un poisson décrive un arc de trois ou quatre pieds
dans l'air, ce qui produit un brillant éclair où il émerge et
un autre où il frappe l'eau; parfois se révèle tout entier
l'arc d'argent; ou bien est-ce par-ci par-là flottant à sa
surface quelque duvet de chardon, que visent les poissons,
la ridant encore de leur élan. Il ressemble à du verre fondu
refroidi mais non durci, et les quelques molécules en lui
sont pures et belles, comme les imperfections dans le
verre. Vous pouvez souvent surprendre une eau plus polie
encore et plus sombre, séparée du reste comme par un
invisible fil d'araignée, chaîne de garde des naïades, et qui
dessus repose. D'un sommet de colline, il vous est loisible
de voir un poisson sauter presque n'importe où; car il
n'est brocheton ni vairon cueillant un insecte à cette
surface polie, qui ne dérange manifestement l'équilibre du

lac entier. Étonnant le soin avec lequel ce simple fait est annoncé, — ce meurtre de piscine se saura, — et de mon lointain perchoir je distingue les ondulations circulaires lorsqu'elles ont une demi-douzaine de verges de diamètre. Vous pouvez surprendre jusqu'à une punaise d'eau (*Gyrinus*) en progrès de marche continue sur la surface polie à un quart de mille ; car elles sillonnent l'eau légèrement, produisant une ride visible que limitent deux lignes divergentes, alors que les insectes patineurs glissent sur lui sans le rider de façon perceptible. Lorsque la surface est fort agitée, plus de patineurs ni de punaises, mais évidemment les jours de calme, ils quittent leurs havres et s'éloignent du rivage en glissant à l'aventure par courts soubresauts jusqu'à ce qu'ils la couvrent en entier. C'est une occupation calmante, par un de ces beaux jours d'automne, quand toute la chaleur du soleil s'apprécie pleinement, de prendre pour siège une souche d'arbre sur quelque hauteur comme celle-ci, l'étang sous les yeux, et d'étudier les cercles de rides qui s'inscrivent sans cesse sur sa surface autrement invisible parmi le ciel et les arbres réfléchis. Sur cette grande étendue pas un trouble qui aussitôt doucement ne s'atténue et s'apaise, comme dans le vase d'eau ébranlé les cercles tremblants en quête de ses bords pour tout retrouver son égalité. Pas un poisson ne peut sauter plus qu'un insecte tomber sur l'étang sans que la nouvelle s'en répande en rides élargissant leurs cercles, en lignes de beauté, comme qui dirait le constant affleurement de sa fontaine, la douce pulsation de sa vie, le soulèvement de son sein. Les frissons de joie ne se distinguent pas des frissons de douleur. Que paisibles les phénomènes du lac ! De nouveau brillent les œuvres de l'homme comme au printemps — que dis-je, pas une feuille, une brindille, une pierre, une toile d'araignée, qui n'étincelle alors au milieu de l'après-midi, comme lorsque la rosée les recouvre par un matin de printemps. Pas un mouvement d'aviron ou d'insecte qui ne se traduise par un soudain éclair; et si l'aviron tombe, quel écho délicieux!

En tel jour, de septembre ou d'octobre, Walden est un parfait miroir de forêt, serti tout autour de pierres aussi précieuses à mes yeux que si elles fussent moindres ou de plus de prix. Rien d'aussi beau, d'aussi pur, et en même temps d'aussi large qu'un lac, peut-être, ne repose sur la surface de la terre. De l'eau ciel. Il ne réclame point de barrière. Les nations viennent et s'en vont sans le souiller. C'est un miroir que nulle pierre ne peut fêler, dont le vif-argent jamais ne se dissipera, dont sans cesse la Nature ravive le doré; ni orages, ni poussière, ne sauraient ternir sa surface toujours fraîche — un miroir dans lequel sombre toute impureté à lui présentée, que balaie et époussette la brosse brumeuse du soleil — voici l'essuie-meubles léger — qui ne retient nul souffle sur lui exhalé, mais envoie le sien flotter en nuages tout au-dessus de sa surface, et se faire réfléchir encore sur son sein.

Un champ d'eau trahit l'esprit qui est dans l'air. Sans cesse il reçoit d'en haut vie nouvelle et mouvement. Par sa nature il est intermédiaire entre la terre et le ciel. Sur terre ondoient seuls l'herbe et les arbres, alors que l'eau est elle-même ridée par le vent. Je vois aux raies, aux bluettes de lumière, où la brise s'élance à travers lui. Il est remarquable de pouvoir abaisser les yeux sur sa surface. Peut-être finirons-nous par abaisser ainsi nos regards sur la surface de l'air, et par observer où un esprit plus subtil encore le parcourt?

Les insectes patineurs et les punaises d'eau finalement disparaissent dans la seconde quinzaine d'octobre, quand surviennent les gelées sérieuses; et alors aussi bien qu'en novembre, d'ordinaire, les jours de calme, il n'est absolument rien pour rider son étendue. Un après-midi de novembre, dans le calme qui succédait à une tempête de pluie de plusieurs jours, alors que le ciel était encore tout couvert et l'air rempli de vapeur, j'observai que l'étang se montrait étrangement poli, au point qu'il était difficile de distinguer sa surface; quoiqu'il réfléchît non plus les teintes brillantes d'octobre, mais les sombres couleurs de novembre, des collines environnantes. J'avais beau passer dessus aussi doucement que possible, les légères ondulations produites par mon bateau s'étendaient presque aussi loin que mon regard pouvait porter, et donnaient aux images un aspect froncé. Mais en promenant les yeux sur le miroir, j'aperçus à quelque distance çà et là une faible lueur, comme si des insectes patineurs échappés aux gelées s'y étaient rassemblés, à moins peut-être que la surface, à cause d'un tel poli, ne révélât l'emplacement où du fond sourdait une fontaine. Ramant doucement jusqu'à l'un de ces endroits, je fus surpris de me trouver entouré de myriades de petites perches, de cinq pouces environ de long, d'un beau bronze dans l'eau verte, en train de s'ébattre là, qui montaient sans cesse à la surface et la ridaient, parfois y laissaient des bulles. Dans cette eau si transparente et qu'on eût dite sans fond, réfléchissant les nuées, il me parut que je flottais en ballon dans l'air, et leur nage me fit l'effet d'une sorte de vol ou voltigement, comme d'une troupe compacte d'oiseaux en train de passer juste au-dessous de mon niveau à droite ou à gauche, leurs nageoires, telles des ailes, tendues tour autour d'eux. Il y en avait de nombreux bancs dans l'étang, apparemment utilisant les courtes heures qui séparaient de celles où l'hiver tirerait un volet de glace au-dessus de leur grande lucarne, parfois donnant l'illusion du toucher, là, de la brise ou de la chute de quelques gouttes de pluie. M'en étant approché sans soin et les ayant alarmées, elles fouettèrent soudain de la queue l'eau, qu'elles firent bouillonner, comme si on l'eût frappée d'une branche touffue, et prirent aussitôt refuge dans les profondeurs. À la fin le vent

s'éleva, la brume épaissit, les vagues se mirent à courir, et
la perche sauta beaucoup plus haut qu'auparavant, à demi
hors de l'eau, cent points noirs, de trois pouces de long,
tout ensemble, au-dessus de la surface. Il n'est pas jusqu'au
cinq décembre, une année, que je n'aie vu cette surface
présenter quelques rides, sur quoi pensant qu'il allait
incontinent pleuvoir à verse, l'air étant chargé de vapeur,
je me hâtai de me mettre aux avirons et de nager pour
rentrer; déjà la pluie semblait augmenter rapidement,
quoique je n'en sentisse nulle sur la joue, et j'entrevoyais
un bain sérieux. Mais tout à coup les rides cessèrent,
attendu que c'était la perche qui les produisait, la perche
que le bruit de mes avirons avait fait fuir dans les profondeurs, et je vis leurs bancs en train de disparaître confusément; ainsi, tout compte fait, passai-je un après-midi sec.

Un vieillard qui, il y a quelque soixante ans, fréquentait
cet étang alors noir de forêts environnantes, me raconte
qu'en ce temps-là il lui arriva de le voir grouillant de
canards et autre gibier d'eau, qu'en outre nombre d'aigles
le hantaient. Il venait ici en partie de pêche, et se servait
d'une vieille pirogue qu'il trouva sur la rive. Faite de deux
billes de pin du Nord creusées et clouées côte à côte, elle
était coupée en carré aux deux bouts. Très grossière elle
dura un grand nombre d'années avant de s'engager d'eau
pour peut-être couler au fond. Il ne sut pas à qui elle était;
elle appartenait à l'étang. Il avait coutume de fabriquer un
câble pour son ancre à l'aide de rubans d'écorce d'«hickory» liés ensemble. Un vieillard, un potier, qui habitait
près de l'étang avant la Révolution[1], lui raconta une fois
qu'il y avait un coffre de fer au fond et qu'il l'avait vu. Ce
coffre s'en venait parfois flotter jusqu'à la rive; mais
faisiez-vous mine de vous diriger vers lui, qu'il rentrait en
eau profonde et disparaissait. Il me plut d'entendre parler

---

1. La guerre de l'Indépendance.

de la vieille pirogue en billes de pin, qui prit la place d'une indienne de la même matière mais de construction plus gracieuse, et peut-être avait tout d'abord compté parmi les arbres de la berge, puis était pour ainsi dire tombée dans l'eau afin d'y flotter pendant une génération, vaisseau tout indiqué du lac. Je me rappelle que lorsqu'au début je plongeai le regard dans ces profondeurs, on y pouvait voir confusément nombre de gros troncs reposer sur le fond, lesquels avaient été soit renversés là par le vent jadis, soit laissés sur la glace à la dernière coupe, quand le bois était à meilleur compte ; mais voici qu'ils ont pour la plupart disparu.

Lorsque je commençai à pagayer sur Walden, il était de toutes parts environné d'épais et majestueux bois de pins et de chênes, et en quelques-unes de ses criques des vignes avaient escaladé les arbres voisins de l'eau pour former des berceaux sous lesquels un bateau pouvait passer. Les collines qui forment ses rives sont si escarpées, et si hauts alors étaient les bois qui les couvraient, que de l'extrémité ouest abaissiez-vous les yeux il prenait l'aspect d'un amphithéâtre destiné à quelque spectacle sylvestre. J'ai passé bien des heures, alors que j'étais plus jeune, à flotter à sa surface au gré du zéphyr, après avoir pagayé jusqu'au centre, étendu sur le dos en travers des bancs du bateau, par quelque après-midi d'été, rêvant les yeux ouverts, jusqu'à ce que le bateau touchant le sable, cela me réveillât, et je me redressais pour voir sur quel rivage mes destins m'avaient poussé — jours où la paresse était la plus attrayante, la plus productive industrie. Mainte matinée me suis-je échappé, préférant employer ainsi la plus estimée partie du jour ; car j'étais riche, sinon d'argent, du moins d'heures ensoleillées comme de jours d'été, et les dépensais sans compter ; ni ne regretté-je de ne pas en avoir gaspillé davantage dans l'atelier ou dans la chaire du professeur. Mais depuis que j'ai quitté ces rives, la hache en a accru encore la solitude, et voici que pour bien des années il n'est plus de promenades sous les hauts arceaux du bois, avec de temps à autre des échappées de vue sur l'eau. Ma Muse peut être excusée de se taire désormais. Comment espérer des oiseaux qu'ils chantent si leurs bocages sont abattus ?

Maintenant c'en est fini des troncs d'arbres du fond, de la vieille pirogue en billes de pin, des sombres bois environnants, et les gens du village, qui savent à peine où il est situé, au lieu d'aller à l'étang se baigner et boire, songent à en amener l'eau, qui devrait être pour le moins aussi sacrée que celle du Gange, jusqu'au village par un tuyau, pour s'en servir à laver la vaisselle ! — à bénéficier de leur Walden d'un tour de robinet ou d'un coup de piston ! Ce diabolique Cheval de Fer, dont le hennissement déchirant s'entend d'un bout de la commune à l'autre, a troublé de son sabot la Fontaine Bouillonnante, et c'est lui qui a brouté à blanc les bois de la rive de Walden ; ce Cheval de Troie, avec son millier d'hommes dans le ventre, introduit par les mercenaires grecs ! Où donc le champion du pays, le Moore du Hall des Moores[1], pour aller l'affronter dans la Grande Tranchée et plonger une lance vengeresse entre les côtes de la peste bouffie ?

Néanmoins, de tous les personnages que j'ai connus, Walden est-il peut-être celui qui porte le mieux, et le mieux conserve, sa pureté. Bien des hommes lui ont été comparés, mais il en est peu qui méritent cet honneur. Quoique les bûcherons aient mis à nu d'abord cette rive, puis cette autre, et que les Irlandais aient bâti à proximité de lui leurs étables à porcs, que le chemin de fer ait violé sa frontière, et que les hommes de la glace l'aient un jour écumé, il demeure, lui, immuable, telle eau sur laquelle tombèrent les yeux de ma jeunesse ; tout le changement est en moi.

1. Allusion à une vieille ballade anglaise.

Pas une ride ne lui est restée de tous ses froncements. Il est éternellement jeune, et je peux comme au temps jadis m'arrêter pour voir une hirondelle plonger afin apparemment de cueillir un insecte à sa surface. C'est une chose qui ce soir m'a encore frappé, comme si je ne la voyais se répéter presque chaque jour depuis plus de vingt ans.
— Hé quoi, voici Walden, ce lac sauvage que je découvris il y a tant d'années ; où l'on abattit une forêt l'hiver dernier, une autre surgit aussi vigoureuse que jamais près de sa rive ; la même pensée jaillit à sa surface, qui était la pensée d'alors ; c'est la même joie, le même bonheur liquides pour lui-même et son Créateur, oui, et il se *peut*, pour moi. C'est l'ouvrage sûrement d'un brave homme, en qui jamais il n'y eut de fraude[1]. De sa main il arrondit cette eau, l'approfondit et la clarifia en sa pensée, pour dans son testament la léguer à Concord. Je vois au visage de Walden, que Walden est visité de la même réflexion ; et je peux presque dire : Walden, est-ce toi ?

> *Non, ce n'est pas un rêve,*
> *Pour l'appoint d'une brève ;*
> *Je ne peux approcher plus de Dieu ni du Ciel*
> *Qu'en vivant contre Walden.*
> *C'est moi, sa rive de pierre,*
> *Moi, la brise qui l'effleure ;*
> *Dans le creux de ma main*
> *Sable et eau je le tiens,*
> *Et sa plus profonde retraite*
> *De ma pensée est le faîte.*

Les wagons ne s'attardent jamais à le regarder ; toutefois j'imagine que les mécaniciens, les chauffeurs et les garde-frein, et ces voyageurs qui, pourvus d'un abonne-

---

1. Jean, I, 49.

ment, le voient à maintes reprises, doivent à sa vue d'être meilleurs. Le mécanicien n'oublie pas, le soir, ou sa nature n'oublie pas, qu'une fois au moins dans la journée il a eu cette vision de sérénité et de pureté. Le vît-on simplement une fois, qu'il aide cependant à laver de l'esprit State Street et la suie de la machine. On propose de l'appeler « La Goutte de Dieu ».

J'ai dit que Walden n'a ni canal d'entrée ni canal de sortie visibles, mais il est d'une part relié au loin et indirectement à l'Étang de Flint, qui est plus élevé, par un chapelet de petits étangs venant de ces parages, d'autre part directement et manifestement à la rivière de Concord, qui est plus bas, par un chapelet semblable d'étangs à travers lequel, en une autre période géologique, il se peut qu'il ait coulé, et par lequel un petit dragage, dont Dieu nous préserve ! suffirait pour le faire recouler. Si en vivant de la sorte discret et austère, comme un ermite dans les bois, des siècles et des siècles, il a acquis cette pureté merveilleuse, qui donc ne regretterait que les eaux comparativement impures de l'Étang de Flint se mêlent à lui, ou que lui-même aille jamais perdre sa suavité dans les eaux de l'océan ?

L'Étang de Flint, ou Étang Sableux, en Lincoln, notre plus grand lac et mer intérieure, repose à un mille environ à l'est de Walden. Il est beaucoup plus grand, passant pour contenir cent quatre-vingt-dix-sept acres, et plus poissonneux ; mais il est peu profond en comparaison, et sa pureté n'a rien de remarquable. Une promenade par les bois jusque-là était souvent ma récréation. Cela en valait la peine, quand ce n'eût été que pour sentir le vent vous souffler franchement sur la joue et pour voir les vagues courir, qui vous rappelaient la vie du marin. J'y allais ramasser des châtaignes en automne, les jours de vent, où elles tombaient dans l'eau qui les rejetait à mes pieds ; et un jour que je me frayais ma route le long de ses bords couverts de roseaux, la face fouettée de fraîche écume, je rencontrai l'épave vermoulue d'un bateau, les flancs partis, et sans guère plus que l'empreinte de son fond plat laissée parmi les roseaux ; toutefois le modèle en restait-il nettement défini, tel une grande feuille de nénuphar avec ses nervures. C'était une épave tout aussi émouvante qu'on la saurait imaginer sur le rivage de la mer, et qui portait tout autant sa morale. C'est aujourd'hui simple terreau et rive d'étang que rien ne distingue, à travers quoi roseaux et iris ont poussé. J'aimais à admirer les rides laissées sur le fond de sable, à l'extrémité nord de cet étang, et que la pression de l'eau avait rendues fermes et dures sous le pied du pataugeur, ainsi que les roseaux qui poussaient en file indienne, en lignes ondoyantes, correspondant à ces rides, rang derrière rang, comme si ce fussent les vagues qui les eussent plantés. Là aussi j'ai trouvé, en quantités considérables, d'étranges pelotes, composées en apparence d'herbes fines ou fines racines, d'ériocaule peut-être, d'un demi-pouce à quatre pouces de diamètre et parfaitement sphériques. Elles vont et viennent sur les hauts-fonds de sable, et se trouvent parfois rejetées sur la rive. Elles sont tout herbe ou pourvues d'un peu de sable au milieu. Au premier abord on les dirait façonnées par l'action des vagues, comme un galet ; les plus petites elles-mêmes sont faites d'éléments tout aussi grossiers, d'un demi-pouce de long. Elles ne se produisent qu'à une seule saison de l'année. D'ailleurs, les vagues, j'imagine, construisent moins qu'elles n'usent une matière qui a déjà acquis de la consistance. Ces boules, une fois sèches, conservent leur forme durant un temps indéfini.

L'*Étang de Flint* ! Telle est la pauvreté de notre nomenclature. De quel droit l'immonde et stupide fermier, qui a dénudé sans pitié les bords de cette eau d'azur où sa ferme aboutissait, lui a-t-il donné son nom ? Quelque *skin-flint*

(fesse-mathieu), qui aimait mieux la surface réfléchissante
d'un dollar, ou un sou bien luisant, dans lequel mirer sa
propre face endurcie ; pour qui il n'était pas jusqu'aux
canards sauvages venus là se poser qui ne fussent des
intrus ; les doigts changés en serres crochues et cornées
par la longue habitude de saisir en harpie ; — aussi n'en
est-ce pas le nom pour moi. Je ne vais pas là pour voir cet
homme ni entendre parler de lui ; lui qui jamais ne le *vit*,
jamais ne s'y baigna, jamais ne l'aima, jamais ne le proté-
gea, plus que ne trouva une bonne parole à en dire, ni ne
remercia Dieu de l'avoir fait. Qu'on donne à l'étang plutôt
le nom des poissons qui nagent dedans, des oiseaux ou
quadrupèdes sauvages qui le fréquentent, des fleurs sauvages qui croissent sur ses rives, ou de quelque homme ou
enfant sauvage dont le fil de l'histoire soit tissé avec le
sien ; non pas de celui qui ne pouvait montrer d'autre titre
à sa possession que l'acte à lui donné par un voisin ou une
législature de même âme — de celui qui ne pensait qu'à sa
valeur pécuniaire et dont la présente peut-être porta
malheur à toute la rive ; qui pompa la terre tout autour, et
en eût volontiers pompé dedans les eaux ; qui regrettait
seulement que ce ne fût pas foin anglais ou marais à
canneberges — il n'y avait, parbleu, rien à ses yeux pour
le racheter, — et l'eût desséché et vendu pour la vase qui
était au fond. Il ne faisait pas tourner son moulin, et ce
n'était nul *privilège* sien de le contempler. Non, je ne
respecte pas les travaux, la ferme de cet homme, où il
n'est rien qui ne soit coté à son prix, de cet homme qui
porterait le paysage, porterait son Dieu, au marché, s'il
pouvait en tirer quelque chose ; qui va au marché, oui-da,
en quête de son dieu ; sur la ferme de qui rien ne croît en
liberté, dont les champs ne portent pour récolte, les prés
pour fleurs, les arbres pour fruits, que des dollars ; qui
n'aime pas d'amour la beauté de ses fruits, et pour qui ces
fruits ne sont mûrs qu'une fois convertis en dollars.

Donnez-moi la pauvreté qui jouit de la véritable opulence. Les fermiers à mes yeux ne sont respectables et intéressants qu'autant qu'ils sont tristes, — de tristes fermiers. Une ferme modèle! où la maison se tient comme un champignon dans un tas de fumier, chambres pour hommes, chevaux, bœufs et pourceaux, propres et non, toutes contiguës l'une à l'autre! Approvisionnée en hommes! Un grand lieu de graillon, odorant l'engrais et le petit-lait! Sous un imposant état de culture, engraissé de cœurs et de cerveaux d'hommes! Comme s'il vous fallait faire pousser vos pommes de terre dans le cimetière! Telle est une ferme modèle.

Non, non, s'il faut aux plus belles lignes du paysage se voir donner des noms qui rappellent les hommes, que ce ne soient que ceux des hommes les plus nobles, les plus dignes. Que nos lacs reçoivent des noms au moins aussi conformes que la mer Icarienne, où «retentit encore le rivage» d'une «vaillante tentative».

L'Étang de l'Oie, de peu d'étendue, est situé sur ma route lorsque je vais à celui de Flint; Fair-Haven, débordement de la rivière de Concord, dit d'une contenance de quelque soixante-dix acres, est à un mille au sud-ouest; et l'Étang Blanc, de quarante acres environ, est à un mille et demi au-delà de Fair-Haven. C'est ma région des lacs. Ceux-ci, avec la rivière de Concord, sont mes privilèges d'eau; et nuit et jour, d'un bout de l'année à l'autre, ces eaux-là moulent tel grain que je leur porte.

Depuis que les bûcherons, et le chemin de fer, et moi-même avons profané Walden, peut-être le plus attrayant, sinon le plus beau, de tous nos lacs, la perle des bois, est-il l'Étang Blanc; — un pauvre nom venu de sa fréquente répétition, dérivé soit de la pureté remarquable de ses eaux, soit de la couleur de ses sables. À cet égard comme à d'autres, toutefois, c'est un jumeau plus petit de Walden.

Ils se ressemblent tellement qu'on les dirait devoir se relier sous terre. Il a la même rive pierreuse, et ses eaux sont de la même teinte. Comme pour Walden, par un jour accablant de canicule, si l'on regarde de haut à travers les bois quelqu'une de ses baies, lesquelles ne sont pas si profondes qu'elles ne se teintent du reflet de leur fond, ses eaux sont d'un vert bleuâtre et brumeux ou glauques. Il y a nombre d'années j'allais là ramasser le sable par charretées, pour faire du papier verré, et j'ai continué depuis à lui rendre visite. Quelqu'un qui le fréquente, propose de l'appeler le lac Viride. Peut-être pourrait-on l'appeler le lac du Pin-Rouge, à cause du fait suivant. Il y a une quinzaine d'années on pouvait voir le sommet d'un pitchpin, du genre appelé par ici pin rouge, quoique ce ne soit pas une espèce distincte, émerger de la surface en eau profonde, à pas mal de verges de la rive. Certains allèrent jusqu'à supposer que l'étang avait baissé, et que c'était un reste de la forêt primitive qui jadis se dressait là. Je découvre que déjà en 1792, dans une *Description topographique de la ville de Concord*, par l'un de ses citoyens, dans les Collections de la Société Historique du Massachusetts, l'auteur, après avoir parlé de l'Étang de Walden et de l'Étang Blanc ajoute : « Au milieu de ce dernier on peut voir, lorsque l'eau est très basse, un arbre qu'on dirait avoir poussé sur le lieu où maintenant il se dresse, quoique les racines en soient à cinquante pieds au-dessous de la surface de l'eau ; la cime de cet arbre est cassée, et à cet endroit mesure quatorze pouces de diamètre. » Au printemps de 49, je causais avec le plus proche voisin de l'étang à Sudbury, lequel me raconta que c'était lui qui avait enlevé cet arbre dix ou quinze années auparavant. Autant qu'il pouvait s'en souvenir, l'arbre se trouvait à douze ou quinze verges de la rive, où l'eau avait de trente à quarante pieds de profondeur. C'était en hiver, et il avait passé la matinée à enlever de la glace ; or, il avait résolu que dans l'après-midi, avec l'aide de ses voisins, il arracherait le vieux pin rouge. Il ouvrit à la scie dans la glace un canal allant vers la rive, et avec des bœufs amena l'arbre à flotter renversé tout le long pour ensuite le remonter sur la glace ; mais il n'était pas encore allé bien loin dans son travail qu'à sa surprise il découvrit que l'arbre se présentait par le bout qu'il ne fallait pas, le tronçon des branches dirigé de haut en bas, et le petit bout solidement fixé dans le fond de sable. C'était un arbre d'environ un pied de diamètre au gros bout, ce qui avait donné à notre homme l'espoir d'en tirer quelque chose à la scie, mais il était si pourri qu'il ne put convenir qu'à faire du feu, et encore. Il lui en restait sous son hangar. On voyait au gros bout des traces de hache et de piverts. Selon lui, ce pouvait avoir été un arbre mort de la rive, finalement poussé par le vent dans l'étang et qui, la cime une fois engagée d'eau, alors que le gros bout restait sec et léger, s'en était allé à la dérive couler la tête en bas. Son père, âgé de quatre-vingts ans, ne pouvait se rappeler ne pas l'avoir vu là. Plusieurs belles et grosses billes sont encore visibles au fond, où, à cause de l'ondulation de la surface, on les prendrait pour de monstrueux serpents d'eau en mouvement.

Rare fut le bateau qui profana cet étang, attendu qu'il ne renferme guère de quoi tenter le pêcheur. Au lieu du nénuphar blanc, qui requiert de la vase, ou du vulgaire jonc odorant, c'est l'iris bleu (*Iris versicolor*), qui pousse clairsemé dans l'eau pure, et s'élève du fond pierreux tout autour de la rive, où il se voit, en juin, visité par les oiseaux-mouches, et la couleur de ses glaives bleuâtres comme de ses fleurs, surtout leurs reflets, se marie étrangement à l'eau glauque.

L'Étang Blanc et Walden sont de grands cristaux à la surface de la terre, des Lacs de Lumière. Fussent-ils congelés de façon permanente, et assez petits pour qu'on s'en saisisse, qu'ils se verraient sans doute emportés par des esclaves, telles des pierres précieuses, pour aller adorner les têtes d'empereurs ; mais liquides et spacieux, et à nous comme à nos successeurs pour toujours assurés, nous n'en faisons point cas, et courons après le diamant de Koh-i-noor. Ils sont trop purs pour avoir une valeur marchande, ils ne renferment pas de fumier. Combien plus beaux que nos existences, combien plus transparents que nos personnages ! D'eux nous n'apprîmes jamais la bassesse. Combien plus légitimes que la mare devant la porte du fermier, dans laquelle nagent ses canards ! Ici viennent les beaux et propres canards sauvages. La Nature n'a pas un hôte humain pour l'apprécier. Les oiseaux avec leur plumage et leurs chants sont en harmonie avec les fleurs, mais où le jeune homme, où la jeune fille, pour concourir à la sauvage et luxuriante beauté de la Nature ? C'est surtout seule qu'elle est florissante, loin des villes où ils résident. Parler du ciel ! vous déshonorez la terre.

LA FERME BAKER

Parfois mes pas me portaient soit aux bouquets de pins, dressés comme des temples, ou des escadres en mer, toutes voiles dehors, leurs rameaux ondoyant où se jouait la lumière, si veloutés, si verts, si ombreux, que les druides eussent délaissé leurs chênes pour adorer en eux ; soit au bois de cèdres[1] passé l'Étang de Flint, où les arbres couverts de baies bleues givrées, poussant toujours plus haut leur flèche, sont dignes de se dresser devant le Valhalla, et le genévrier rampant couvre le sol de festons chargés de fruits ; soit aux marais où l'usnée se suspend en guirlandes aux sapins noirs, et les «chaises de crapaud[2]», tables rondes des dieux des marais, couvrent le sol, pour d'autres et plus beaux champignons adorner les troncs d'arbres, tels des papillons, tels des coquillages, bigorneaux végétaux ; où croissent le rhododendron et le cornouiller, où brille la baie rouge du marseau comme des yeux de lutins, où le celastrus grimpant sillonne et broie en ses replis les bois les plus durs, et où par leur beauté les baies du houx sauvage[3] font au spectateur oublier son foyer, où il est ébloui, tenté, par d'autres fruits sauvages, innommés, défen-

1. Le cèdre ou genévrier de Virginie.
2. Le pittoresque et la similitude du mot breton (Pays de Léon) pour *champignon vénéneux* m'a fait adopter ici la traduction littérale du mot anglais.
3. *Nemopanthus mucronata.*

dus, trop dorés pour le palais des mortels. Au lieu d'aller
voir quelque savant, je rendais mainte visite à certains
arbres d'espèces rares en ce voisinage, debout tout là-bas
au centre d'un herbage, au cœur d'un bois, d'un marais,
au sommet d'une colline ; tels le bouleau noir dont nous
possédons quelques beaux spécimens de deux pieds de
diamètre ; son cousin le bouleau jaune, à l'habit d'or flottant, parfumé comme le premier ; le hêtre au tronc si pur et
joliment peint de lichen, parfait en tous ses détails, dont, à
l'exception de quelques spécimens dispersés, je ne connais
qu'un seul petit groupe d'arbres de bonne taille laissé sur
le territoire de la commune, et que certains supposent avoir
été semés par les pigeons que jadis près de là on appâtait
avec des faines, il vaut la peine de voir la fibre d'argent
étinceler si vous fendez ce bois ; le tilleul ; le charme ; le
Celtis occidentalis, ou faux ormeau, dont nous ne possédons
qu'un spécimen de belle venue, le mât plus élevé de quelque
pin, un arbre à bardeaux, ou un sapin du Canada plus
parfait que d'ordinaire, dressé à l'instar d'une pagode au
milieu des bois ; et maints autres que je pourrais mentionn-
ner. C'étaient les temples visités par moi hiver comme été.

Une fois il m'arriva de me tenir juste dans l'arc-boutant
d'un arc-en-ciel, lequel remplissait la couche inférieure de
l'atmosphère, teintant l'herbe et les feuilles alentour, et
m'éblouissant comme si j'eusse regardé à travers un cristal de couleur. C'était un lac de lumière arc-en-ciel, dans
lequel, l'espace d'un instant, je vécus comme un dauphin.
Eût-il duré plus longtemps qu'il eût pu teindre mes occupations et ma vie. Lorsque je marchais sur la chaussée du
chemin de fer, je ne manquais jamais de m'émerveiller du
halo de lumière qui entourait mon ombre, et volontiers
m'imaginais être au rang des élus. Quelqu'un dont je reçus
la visite me déclara que les ombres d'Irlandais marchant
devant lui n'avaient pas de halo autour d'elles, que les
indigènes seuls était l'objet de cette distinction. Benvenuto

Cellini nous raconte dans ses mémoires, qu'après je ne sais plus quel rêve ou quelle vision terrible dont il fut l'objet au cours de son incarcération dans le château Saint-Ange, une lumière resplendissante apparut au-dessus de l'ombre de sa tête matin et soir, qu'il fût en Italie ou en France, lumière particulièrement apparente lorsque l'herbe était humide de rosée. Il s'agissait probablement du phénomène auquel j'ai fait allusion, et qui s'observe principalement le matin, mais aussi à d'autres heures, et même au clair de lune. Quoique constant on ne le remarque pas d'ordinaire, et dans le cas d'une imagination aussi sensible que celle de Cellini, c'en est assez pour fonder une superstition. En outre, il nous raconte qu'il le montra à fort peu de personnes. Mais ne sont-ils pas, en effet, l'objet d'une distinction, ceux qui ont conscience d'être le moins du monde observés?

Je me mis en route un après-midi pour aller, à travers bois, pêcher à Fair-Haven, dans l'intention de corser mon maigre menu de légumes. Ma route était de passer par la Prairie Plaisante, dépendance de la Ferme Baker, cette retraite que, depuis, un poète[1] a célébrée en des vers qui débutent ainsi:

> *Thy entry is a pleasant field,*
> *Which some mossy fruit trees yield*
> *Partly to a ruddy brook,*
> *By gliding musquash undertook,*
> *And mercurial trout,*
> *Darting about*[2].

1. William Ellery Channing, ami de Thoreau.
2. L'entrée en est un champ plaisant,
   Que le pommier moussu partage
   Avec un ruisseau scintillant
   Pris à loyer par le rat qui s'y cache,
   Et la vive truite
   Qui darde et rentre vite.

J'avais songé à l'habiter avant d'aller à Walden. Je «chipai» les pommes et sautai le ruisseau, effarouchant rat et truite. C'était un de ces après-midi qui semblent indéfiniment longs devant vous, au cours duquel maints événements peuvent arriver, une large part de notre vie naturelle, bien qu'il fût à demi écoulé déjà lorsque je partis. Il survint en chemin une averse, qui m'obligea à me tenir une demi-heure sous un pin, amoncelant les branches au-dessus de ma tête, et nanti de mon mouchoir pour hangar; et lorsque enfin j'eus jeté ma ligne par-dessus l'herbe à brocheton, debout dans l'eau jusqu'à mi-corps, je me trouvai soudain dans l'ombre d'un nuage, et le tonnerre se mit à gronder avec de tels accents que je ne pus faire d'autre que de l'écouter. Les dieux doivent être fiers, pensai-je, avec ces éclairs fourchus pour mettre en déroute un pauvre pêcheur désarmé; aussi me hâtai-je en quête d'abri vers la plus prochaine hutte, laquelle à un demi-mille de toute espèce de route, mais d'autant plus près de l'étang, était depuis longtemps inhabitée :

> *And here a poet builded,*
> *In the completed years,*
> *For behold a trivial cabin*
> *That to destruction steers*[1].

Tel le prétend la Muse. Mais là-dedans, je m'en aperçus, habitaient maintenant John Field, un Irlandais, et sa femme, avec plusieurs enfants, depuis le garçon à large face, qui aidait son père à l'ouvrage, et tout à l'heure arri-

---

1. William Ellery Channing.
   Et ici un poète bâtit
   Au cours des années passées,
   Car voyez une vulgaire cabane
   En route vers la destruction.

vait de la tourbière en courant à ses côtés pour échapper à la pluie, jusqu'au petit enfant tout ridé, sibyllin, à tête en pain de sucre, qui était assis sur le genou de son père tout comme dans les palais des nobles, et du fond de sa demeure, lieu d'humidité et de famine, promenait curieusement ses regards sur l'étranger avec le privilège de l'enfance, ne sachant s'il n'était le dernier d'une noble lignée, l'espoir et le point de mire du monde, au lieu du pauvre marmot famélique de John Field. Nous restâmes là assis ensemble sous la partie du toit qui coulait le moins, pendant qu'au-dehors il pleuvait à verse et tonnait. Je m'étais assis là maintes fois jadis avant que ne fût construit le navire qui fit passer cette famille en Amérique. Honnête homme, laborieux, mais sans ressources, tel était évidemment John Field ; et sa femme — elle aussi était vaillante pour faire cuire l'un après l'autre tant de dîners dans les profondeurs de cet imposant fourneau ; avec sa face ronde et luisante, et sa poitrine nue, encore toute à la pensée d'améliorer un jour sa condition ; le balai ne lui quittant pas la main, sans effet nulle part apparent. Les poulets, qui de même ici s'étaient abrités de la pluie, arpentaient la pièce, tels des membres de la famille, trop humanisés, pensai-je, pour bien rôtir. Ils restaient là à me regarder dans le blanc des yeux ou becquetaient mon soulier de façon significative. Pendant ce temps mon hôte me raconta son histoire, combien dur il avait travaillé à «tourber» pour le compte d'un fermier du voisinage, retournant un marais à la pelle ou louchet à tourber pour dix dollars par acre et l'usage de la terre avec engrais pendant un an, et comme quoi son petit gars à large face travaillait de bon cœur tout le temps aux côtés de son père, sans se douter du triste marché qu'avait fait ce dernier. Je tentai de l'aider de mon expérience, lui disant qu'il était l'un de mes plus proches voisins, et que moi aussi qui venais ici pêcher et avais l'air d'un fainéant, gagnais ma vie tout comme lui ; que j'habitais une maison bien close, claire et propre, qui coûtait à peine plus que le loyer annuel auquel revient d'ordinaire une ruine comme la sienne ; et comment, s'il le voulait, il pourrait en un mois ou deux se bâtir un palais à lui ; que je ne consommais thé, café, beurre, lait, ni viande fraîche, et qu'ainsi je n'avais pas à travailler pour me les procurer ; d'un autre côté, que ne travaillant pas dur, je n'avais pas à manger dur, et qu'il ne m'en coûtait qu'une bagatelle pour me nourrir ; mais que lui, commençant par le thé, le café, le beurre, le lait et le bœuf, il avait à travailler dur pour les payer, et que lorsqu'il avait travaillé dur, il avait encore à manger dur pour réparer la dépense de son système ; qu'ainsi c'était bonnet blanc, blanc bonnet — ou, pour mieux dire, pas bonnet blanc, blanc bonnet du tout — attendu qu'il était de mauvaise humeur, et que par-dessus le marché il gaspillait sa vie ; cependant, il avait mis au compte de ses profits en venant en Amérique, qu'on pouvait ici se procurer thé, café, viande, chaque jour. Mais la seule vraie Amérique est le pays où vous êtes libre d'adopter le genre de vie qui peut vous permettre de vous en tirer sans tout cela, et où l'État ne cherche pas à vous contraindre au maintien de l'esclavage, de la guerre, et autres dépenses superflues qui directement ou indirecte-ment résultent de l'usage de ces choses. Car à dessein lui parlai-je tout comme si ce fût un philosophe, ou s'il aspi-rât à le devenir. Je verrais avec plaisir tous les marais de la terre retourner à l'état sauvage, si c'était la consé-quence, pour les hommes, d'un commencement de rachat. Un homme n'aura pas besoin d'étudier l'histoire pour découvrir ce qui convient le mieux à sa propre culture. Mais, hélas ! la culture d'un Irlandais est un ouvrage à entreprendre avec une sorte de « louchet à tourber » moral. Je lui dis que puisqu'il travaillait si dur à tourber, il lui fallait de grosses bottes et des vêtements solides, lesquels cependant ne tardaient pas à se salir et s'user ; alors que je portais des souliers légers et des vêtements minces, qui ne coûtent pas moitié autant, tout habillé comme un monsieur qu'il me crût être (ce qui, cependant, n'était pas le cas), et qu'en une heure ou deux, sans travail, et en manière de récréation, je pouvais, si je voulais, prendre autant de poisson qu'il m'en fallait pour deux jours, ou gagner assez d'argent pour me faire vivre une semaine. Si lui et sa famille voulaient vivre simplement, ils pourraient tous aller à la cueillette des myrtilles pendant l'été pour leur plaisir. Sur quoi John poussa un soupir, et sa femme ouvrit de grands yeux en appuyant les poings aux hanches, et tous deux semblèrent se demander s'ils possédaient un capital suffisant pour entreprendre cette carrière-là, ou assez d'arithmétique pour réussir dedans. C'était pour eux « marcher à l'estime », et ils ne voyaient pas clairement la façon d'atteindre ainsi le port ; en conséquence, je suppose qu'ils prennent encore la vie bravement, à leur façon, face à face, y allant de la dent et de l'ongle, sans avoir l'art de fendre ses colonnes massives à l'aide d'un coin bien affilé, et d'en venir à bout en détail ; — croyant devoir s'y prendre avec elle rudement, comme il s'agit de manier un chardon. Mais ils luttent avec un écrasant désavantage, — vivant, John Field, hélas ! sans arithmétique, et manquant ainsi le but.

« Pêchez-vous quelquefois ? » demandai-je. « Oh, oui, je prends une friture de temps en temps, quand j'ai un moment de loisir ; de la bonne perche, que je prends. » « De quel appât vous servez-vous ? » « Je prends des vairons avec les vers ordinaires, et j'amorce la perche avec eux. » « Tu ferais bien d'y aller maintenant, John », déclara sa femme, le visage rayonnant et plein d'espoir ; mais John prit son temps.

L'averse était maintenant passée, et un arc-en-ciel au-dessus des bois de l'Est promettait un beau soir ; aussi me retirai-je. Une fois dehors je demandai une tasse d'eau, espérant apercevoir le fond du puits, pour compléter mon inspection des lieux; mais là, hélas! rien qu'écueils et sables mouvants, corde rompue, d'ailleurs, et seau perdu sans retour. En attendant, le vaisseau culinaire voulu fut choisi, l'eau, en apparence, distillée, puis, après consultation et long délai, passée à celui qui avait soif, — sans toutefois qu'on permît à cette eau de rafraîchir plus que reposer. Tel gruau soutient ici la vie, pensai-je; sur quoi fermant les yeux, et écartant les pailles au moyen d'un courant sous-marin adroitement dirigé, je bus à l'hospitalité vraie la plus cordiale gorgée que je pus. Je ne fais pas le dégoûté en tels cas, où il s'agit de montrer du savoir-vivre.

Comme je quittais le toit de l'Irlandais après la pluie, et dirigeais de nouveau mes pas vers l'étang, ma hâte à prendre du brocheton, en pataugeant dans des marais retirés, dans des fondrières et des trous de tourbière, dans des lieux désolés et sauvages, m'apparut un instant puérile, à moi qu'on avait envoyé à l'école et au collège; mais comme je descendais au pas de course la colline vers l'ouest rougeoyant, l'arc-en-ciel par-dessus l'épaule, et dans l'oreille de légers bruits argentins apportés, à travers l'atmosphère purifiée, de je ne sais quels parages, mon Bon Génie sembla dire: «Va pêcher et chasser au loin jour sur jour, — plus loin, toujours plus loin — et repose-toi sans crainte au bord de tous les ruisseaux et à tous les foyers que tu voudras. Souviens-toi de ton Créateur pendant les jours de ta jeunesse[1]. Lève-toi libre de souci avant l'aube, et cherche l'aventure. Que midi te trouve près d'autres lacs, et la nuit te surprenne partout chez toi. Il n'est pas de champs plus grands que ceux-ci, pas de jeux plus dignes qu'on n'en peut jouer ici. Pousse sauvage selon ta nature, comme ces joncs et ces broussailles, qui jamais

1. L'Ecclésiaste, XII, 3.

ne deviendront *foin anglais*. Que le tonnerre gronde; qu'importe s'il menace de ruine les récoltes des fermiers? Ce n'est pas sa mission vis-à-vis de toi, prends abri sous le nuage, tandis qu'ils fuient vers charrettes et hangars. Fais qu'à toi nul vivant ne soit trafic, mais plaisir. Jouis de la terre, mais ne la possède pas. C'est par défaut de hardiesse et de foi que les hommes sont où ils sont, achetant et vendant, et passant leur vie comme des serfs.»

Ô Ferme de Baker!

> *Landscape where the richest element*
> *Is a little sunshine innocent. [...]*
>
> *No one runs to revel*
> *On thy rail-fenced lea. [...]*
>
> *Debate with no man hast thou,*
> *With questions art never perplexed,*
> *As tame at the first sight as now*
> *In thry plain russet gabardine dressed. [...]*
>
> *Come ye who love,*
> *And ye who hate,*
> *Children of the Holy Dove,*
> *And Guy Faux[1] of the state,*
> *And hang conspiracies*
> *From the tough rafters of the trees[2]!*

1. Guy Faux ou Fawkes (1570-1606), célèbre conspirateur, exécuté à Londres le 31 janvier 1606.
2. William Ellery Channing.
   Tableau dont le plus riche élément
   Est un petit soleil innocent. [...]

   Personne ne court s'ébattre
   Sur ta prairie enclose. [...]

   De querelle avec nul ne te prends;
   De questions jamais ne te tourmente
   Docile dès l'abord autant que maintenant,
   Sous ton caban de simple bure. [...]

Docilement, à la nuit venue, les hommes rentrent seulement du champ ou de la rue proche, que hantent leurs échos domestiques, et leur vie languit à respirer et respirer encore sa propre haleine ; leurs ombres matin et soir atteignent plus loin que leurs pas journaliers. De loin devrions-nous rentrer, d'aventures et périls et découvertes chaque jour, riches d'une expérience et d'un caractère neufs.

Je n'avais pas atteint l'étang que sous je ne sais quelle fraîche impulsion John Field était sorti, les idées modifiées, lâchant le « tourbage » avant ce coucher de soleil là. Or, lui, le pauvre homme, ne fit que déranger une paire de nageoires pendant que je prenais toute une belle brochette, et déclara que c'était bien là sa veine ; mais ayant, avec moi, changé de banc dans le bateau, voici qu'il vit la veine, elle aussi, changer de banc. Pauvre John Field ! — j'espère qu'il ne lira pas ces lignes, à moins qu'il ne doive en tirer profit, — qui songe à vivre dans ce pays *primitif* et neuf à la mode de quelque vieux pays *dérivatif*, et à prendre de la perche avec des vairons. Non que ce ne soit parfois un bon appât, je le concède. Avec son horizon bien à lui, tout pauvre homme qu'il est, né pour être pauvre, avec son héritage de pauvreté irlandaise ou de pauvre vie, sa grandmère du temps d'Adam et ses façons tourbeuses, sans jamais devoir s'élever en ce monde, lui ni sa postérité, jusqu'à ce que leurs lourds pieds palmés d'échassiers de tourbières aient aux talons des talaires.

Venez vous qui aimez,
Et vous qui haïssez,
Enfants de la Sainte Colombe,
Et Guy Faux de l'État,
Et pendez les conspirations
Aux solides poutres des arbres !

CONSIDÉRATIONS PLUS HAUTES

Comme je rentrais par les bois avec ma brochette de poisson, traînant ma ligne, la nuit tout à fait venue, j'aperçus la lueur d'une marmotte qui traversait furtivement mon sentier, et, parcouru d'un tressaillement singulier de sauvage délice, fus sur le point de m'en saisir pour la dévorer crue ; non qu'alors j'eusse faim, mais à cause de ce qu'elle représentait de sauvagerie. Une fois ou deux, d'ailleurs, au cours de mon séjour à l'étang, je me surpris errant de par les bois, tel un limier crevant de faim, dans un étrange état d'abandon, en quête d'une venaison quelconque à dévorer, et nul morceau ne m'eût paru trop sauvage. Les scènes les plus barbares étaient devenues inconcevablement familières. Je trouvai en moi, et trouve encore, l'instinct d'une vie plus élevée, ou, comme on dit, spirituelle, à l'exemple de la plupart des hommes, puis un autre, de vie sauvage, pleine de vigueur primitive, tous deux objets de ma vénération. J'aime ce qui est sauvage non moins que ce qui est bien. La part de sauvagerie et de hasard qui réside encore aujourd'hui dans la pêche me la recommande. J'aime parfois à mettre une poigne vigoureuse sur la vie et à passer ma journée plutôt comme font les animaux. Peut-être ai-je dû à cette occupation et à la chasse, dès ma plus tendre jeunesse, mon étroite intimité avec la Nature. Elles nous initient de bonne heure et nous attachent à des scènes avec lesquelles, autrement, nous ferions peu connaissance à cet âge. Les pêcheurs, chasseurs, bûcherons, et autres, qui passent leur vie dans les champs et les bois, en un certain sens partie intégrante de la Nature eux-mêmes, se trouvent souvent en meilleure disposition pour l'observer, dans l'intervalle de leurs occupations, que fût-ce les philosophes ou les poètes, qui l'approchent dans l'expectative. Elle n'a pas peur de se montrer à eux. Le voyageur sur la prairie est naturellement un chasseur, aux sources du Missouri et de la Colombie un trappeur, et aux Chutes de Sainte-Marie un pêcheur. Celui qui n'est que voyageur, n'apprenant les choses que de seconde main et qu'à demi, n'est qu'une pauvre autorité. Notre intérêt est au comble lorsque la science raconte ce que ces hommes connaissent déjà, soit par la pratique, soit d'instinct, pour ce que cela seul est une véritable *humanité*, ou relation de l'humaine expérience.

Ils se trompent, ceux qui affirment que le Yankee a peu d'amusements, du fait qu'il n'a pas autant de jours de fête publics qu'on en a en Angleterre, et qu'hommes et jeunes garçons ne jouent pas à autant de jeux qu'on y joue là-bas, pour ce qu'ici les plaisirs plus primitifs mais plus solitaires de la chasse, de la pêche, et autres semblables, n'ont pas cédé la place aux premiers. Il n'est guère de jeune garçon de la Nouvelle-Angleterre parmi mes contemporains, qui n'ait épaulé une carabine entre l'âge de dix et quatorze ans, et ses terrains de chasse et de pêche furent non point limités comme les réserves d'un grand seigneur anglais, mais sans plus de bornes même que ceux d'un sauvage. Rien d'étonnant, donc, à ce qu'il ne soit pas plus souvent resté à jouer sur le pré communal. Mais voici qu'un changement se fait sentir, dû non pas à plus d'humanité, mais à plus de rareté du gibier, car peut-être le chasseur est-il le plus grand ami des animaux chassés, sans excepter la «Humane Society[1]».

En outre, une fois à l'étang, il m'arrivait de vouloir ajouter du poisson à mon menu pour varier. C'est à vrai dire grâce au genre de nécessité qui poussa les premiers pêcheurs que moi-même je me suis livré à la pêche. Quelque sentiment d'humanité auquel j'aie pu faire appel contre cela, toujours il fut factice, et concerna ma philosophie plus que mes sentiments. Je ne parle ici que de la pêche, car il y avait longtemps que je sentais différemment à l'égard de la chasse aux oiseaux, et j'avais vendu ma carabine avant de gagner les bois. Non pas que je sois moins humain que d'autres, mais je ne m'apercevais pas que mes sentiments en fussent particulièrement affectés. Je ne m'apitoyais ni sur les poissons ni sur les vers. C'était affaire d'habitude. Pour ce qui est de la chasse aux oiseaux, pendant les dernières années que je portai une carabine, j'eus pour excuse que j'étudiais l'ornithologie, et recherchais les seuls oiseaux nouveaux ou rares. Mais j'incline maintenant à penser, je le confesse, qu'il est une plus belle manière que celle-ci d'étudier l'ornithologie. Elle requiert une attention tellement plus scrupuleuse des mœurs des oiseaux, que, fût-ce pour cet unique motif, je m'empressai de négliger la carabine. Toutefois, en dépit de l'objection relative au sentiment d'humanité, je me vois contraint à douter si jamais exercices d'une valeur égale à ceux-là pourront jamais leur être substitués; et chaque fois qu'un de mes amis m'a demandé avec inquiétude, au sujet de ses garçons, si on devait les laisser chasser, j'ai répondu oui, — me rappelant que ce fut l'un des meilleurs côtés de mon éducation, — *faites*-en des chasseurs, encore que simples amateurs de sport pour commencer, si possible, de puissants chasseurs[2]

---

1. Nom de société protectrice des animaux.
2. Genèse.

pour finir, au point qu'ils ne trouvent plus de gibier assez gros pour eux en cette solitude ou toute autre du règne végétal, — des chasseurs aussi bien que des pêcheurs d'hommes. Jusqu'ici je suis de l'opinion de la nonne de Chaucer, qui

> *yave not of the text a pulled hen*
> *That saith that hunters ben not holy men*[1].

Il est une période dans l'histoire de l'individu aussi bien que de la race, où les chasseurs sont l'«élite», comme les appelaient les Algonquins. Nous ne pouvons que plaindre le jeune garçon qui n'a jamais tiré un coup de fusil; il n'en est pas plus humain, c'est son éducation qui a été tristement négligée. Telle fut ma réponse pour ce qui est de ces jeunes gens que telle question préoccupait, sûr qu'ils ne tarderaient pas à être au-dessus d'elle. Nul être humain passé l'âge insouciant de la jeunesse, ne tuera de gaieté de cœur la créature, quelle qu'elle soit, qui tient sa vie du même droit que lui. Le lièvre aux abois crie comme un enfant. Je vous préviens, ô mères, que mes sympathies ne font pas toujours les distinctions *philanthropiques* d'usage.

Telle est le plus souvent la présentation du jeune homme à la forêt, et tel ce qu'il porte en lui de plus originel. Il y va d'abord en chasseur et en pêcheur, jusqu'au jour où, s'il détient les semences d'une vie meilleure, il distingue ses propres fins, comme poète ou naturaliste peut-être, et laisse là le fusil aussi bien que la canne à pêche. La masse des hommes est encore et toujours jeune à cet égard. En certains pays ce n'est spectacle rare qu'un curé chasseur. Tel pourrait faire un bon chien de berger, qui est loin de se montrer le Bon Berger. J'ai été surpris de reconnaître

---

1.   [...] ne donnera pas du texte une poule plumée,
  Où les chasseurs sont dits n'être pas de saints hommes.

que, à part le fendage du bois, le découpage de la glace, ou
autre affaire de ce genre, la seule occupation évidente
qui jamais à ma connaissance ait retenu toute une demi-
journée à l'Étang de Walden l'un quelconque de mes
concitoyens, pères ou enfants de la ville, à part une seule
exception, était la pêche. En général ils ne s'estimaient
fortunés, ou bien payés de leur temps, qu'ils n'eussent pris
quelque longue brochette de poisson, malgré l'occasion
pour eux d'avoir eu tout le temps Walden sous les yeux.
Mille fois pourraient-ils y aller avant que le sédiment de
pêche coulant au fond laisse pure leur intention ; mais nul
doute que tel procédé de clarification ne cesse un instant
de poursuivre son œuvre. Le gouverneur et son conseil
gardent un vague souvenir de l'étang, car ils allèrent y
pêcher lorsqu'ils étaient enfants ; mais ils sont maintenant
trop vieux et trop importants pour aller à la pêche, aussi
en est-ce fini pour eux de le connaître. Encore s'attendent-
ils cependant à aller au ciel — un jour. Si la législature
songe à lui, c'est avant tout pour réglementer le nombre des
hameçons dont on doit s'y servir ; mais ils ne connaissent
rien à l'hameçon des hameçons grâce auquel il s'agit de
pêcher l'étang lui-même, en empalant la législature pour
appât. Ainsi, il n'est pas jusque dans les sociétés civilisées,
où l'homme embryonnaire ne passe par l'étape de développement de chasseur.

Je me suis aperçu à plusieurs reprises, ces dernières
années, que je ne sais pêcher sans descendre un peu au
regard du respect de soi-même. J'en ai fait et refait l'expérience. J'y montre de l'adresse, et, comme beaucoup de
mes confrères, un certain instinct, qui se réveille de temps
en temps, mais toujours la chose une fois faite je sens qu'il
eût été mieux de ne point pêcher. Je crois ne pas me
tromper. C'est une faible intimation, encore que telles se
montrent les premières lueurs du matin. Il y a incontestablement en moi cet instinct qui appartient aux ordres infé-

rieurs de la création ; toutefois chaque année me trouve-t-elle de moins en moins pêcheur, quoique sans plus d'humanité, voire même de sagesse ; pour le moment je ne suis pas pêcheur du tout. Mais je comprends que si je devais habiter un désert je me verrais de nouveau tenté de devenir pêcheur et chasseur pour tout de bon. D'ailleurs il y a quelque chose d'essentiellement malpropre dans cette nourriture comme dans toute chair, et je commençais à voir où commence le ménage, et d'où vient l'effort, qui coûte tant, pour montrer un aspect propre et convenable chaque jour, pour tenir la maison agréable et exempte de toutes odeurs, tous spectacles fâcheux. Ayant été mon propre boucher, laveur de vaisselle, cuisinier, aussi bien que le monsieur pour qui les mets étaient servis, je peux parler par expérience, expérience particulièrement complète. L'objection pratique à la nourriture animale dans mon cas était sa malpropreté ; en outre, lorsque j'avais pris, vidé, fait cuire et mangé mon poisson, il ne me semblait pas qu'il m'eût essentiellement nourri. Insignifiant et inutile, cela coûtait plus que cela ne valait. Un peu de pain ou quelques pommes de terre eussent rempli le même office, avec moins de peine et de saleté. Comme nombre de mes contemporains, j'avais, au cours de maintes années, rarement usé de nourriture animale, ou de thé, ou de café, etc. ; non pas tant à cause des effets nocifs que je leur attribuais, que parce qu'ils n'avaient rien d'agréable à mon imagination. La répugnance à la nourriture animale est non pas l'effet de l'expérience, mais un instinct. Il semblait plus beau de vivre de peu et faire mauvaise chère à beaucoup d'égards ; et quoique je ne m'y sois jamais résolu, j'allai assez loin dans cette voie pour contenter mon imagination. Je crois que l'homme qui s'est toujours appliqué à maintenir en la meilleure condition ses facultés élevées ou poétiques, a de tous temps été particulièrement enclin à s'abstenir de nourriture animale, comme de beaucoup de nourriture d'aucune sorte. C'est un fait significatif, reconnu par les entomologistes — je le trouve dans Kirby et Spence, — que «certains insectes en leur condition parfaite, quoique pourvus d'organes de nutrition, n'en font point usage»; et ils établissent comme «une règle générale, que presque tous les insectes en cet état mangent beaucoup moins qu'en celui de larves. La chenille vorace une fois transformée en papillon... et la larve gloutonne une fois devenue mouche», se contentent d'une goutte ou deux, soit de miel, soit de quelque autre liquide sucré. L'abdomen sous les ailes du papillon représente encore la larve. C'est le morceau de roi qui tente sa Parque insectivore. Le gros mangeur est un homme à l'état de larve; et il existe des nations entières dans cette condition, nations sans goût ni imagination, que trahissent leurs vastes abdomens.

Il est malaisé de se procurer comme d'apprêter une nourriture assez simple et assez propre pour ne pas offenser l'imagination; mais cette dernière, je crois, est à nourrir, lorsqu'on nourrit le corps; l'un et l'autre devraient s'asseoir à la même table. Encore peut-être ceci se peut-il faire. Les fruits mangés sobrement n'ont pas à nous rendre honteux de notre appétit, plus qu'ils n'interrompent les plus dignes poursuites. Mais additionnez d'un condiment d'extra votre plat, qu'il vous empoisonnera. Vivre de riche cuisine! le jeu n'en vaut pas la chandelle. Il n'est guère d'hommes qui ne rougiraient de honte s'ils étaient surpris préparant de leurs mains tel dîner, soit de nourriture animale, soit de nourriture végétale, que chaque jour autrui prépare pour eux. Tant qu'il n'en sera autrement, cependant, nous ne sommes pas civilisés, et tout messieurs et dames que nous soyons, ne sommes ni de vrais hommes ni de vraies femmes. Voilà qui certainement inspire la nature du changement à opérer. Il peut être vain de demander pourquoi l'imagination ne se réconciliera ni avec la chair ni avec la graisse. Je suis satisfait qu'elle ne le fasse point.

N'est-ce pas un blâme à ce que l'homme est un animal carnivore? Certes, il peut vivre, et vit, dans une vaste mesure, en faisant des autres animaux sa proie; mais c'est une triste méthode, — comme peut s'en apercevoir quiconque ira prendre des lapins au piège ou égorger des agneaux, — et pour bienfaiteur de sa race on peut tenir qui instruira l'homme dans le contentement d'un régime plus innocent et plus sain. Quelle que puisse être ma propre manière d'agir, je ne doute pas que la race humaine, en son graduel développement, n'ait entre autres destinées celle de renoncer à manger des animaux, aussi, sûrement que les tribus sauvages ont renoncé à s'entremanger dès qu'elles sont entrées en contact avec de plus civilisées.

Prête-t-on l'oreille aux plus timides mais constantes inspirations de son génie, qui certainement sont sincères, qu'on ne voit à quels extrêmes, sinon à quelle démence, il peut vous conduire; cependant au fur et à mesure que vous devenez plus résolu comme plus fidèle à vous-même, c'est cette direction que suit votre chemin. Si timide que soit l'objection certaine que sent un homme sain, elle finira par prévaloir sur les arguments et coutumes du genre humain. Nul homme jamais ne suivit son génie, qui se soit vu induit en erreur. En pût-il résulter quelque faiblesse physique qu'aux yeux de personne les conséquences n'en purent passer pour regrettables, car celles-ci furent une vie de conformité à des principes plus élevés. Si le jour et la nuit sont tels que vous les saluez avec joie, et si la vie exhale la suavité des fleurs et des odorantes herbes, est plus élastique, plus étincelante, plus immortelle, — c'est là votre succès. Toute la nature vient vous féliciter, et tout moment est motif à vous bénir vous-même. Les plus grands gains, les plus grandes valeurs, sont ceux que l'on apprécie le moins. Nous en venons facilement à douter de leur existence. Nous ne tardons à les oublier. Ils sont la plus haute réalité. Peut-être les faits les plus ébahissants et les plus réels ne se voient-ils jamais communiqués d'homme à homme. La véritable moisson de ma vie quotidienne est en quelque sorte aussi intangible, aussi indescriptible, que les teintes du matin et du soir. C'est une petite poussière d'étoile entrevue, un segment de l'arc-en-ciel que j'ai étreint.

Toutefois, pour ma part, je ne me montrai jamais particulièrement difficile ; il m'arrivait de pouvoir manger un rat frit avec un certain ragoût, s'il était nécessaire. Je suis content d'avoir bu de l'eau si longtemps, pour la même raison que je préfère le ciel naturel au paradis d'un mangeur d'opium. Je resterais volontiers toujours sobre ; et c'est à l'infini qu'il y a des degrés d'ivresse. Je prends l'eau pour le seul breuvage digne d'un sage ; le vin n'est pas aussi noble liqueur ; et allez donc ruiner les espérances d'un matin avec une tasse de café chaud, ou d'un soir avec une tasse de thé ! Ah, combien bas je tombe lorsqu'il m'arrive d'être tenté par eux ! Il n'est pas jusqu'à la musique qui ne puisse enivrer. Ce sont telles causes apparemment légères qui détruisirent et la Grèce et Rome, et détruiront l'Angleterre et l'Amérique. En fait d'ébriété, qui ne préfère s'enivrer de l'air qu'il respire ? J'ai découvert que la plus sérieuse objection grossière aux travaux continus était qu'ils me forçaient à manger et boire grossièrement de même. Mais je dois dire que sous ce rapport je me trouve à présent quelque peu moins difficile. J'apporte moins de religion à la table, n'y demande pas de bénédicité ; non pas que je sois plus sage que je n'étais, mais, je suis obligé de le confesser, parce que, tout regrettable que cela puisse être, je suis devenu avec les années plus rude et plus indifférent. Peut-être ces questions ne se traitent-elles que dans la jeunesse, comme, en général, on le croit de la poésie. Mon action n'est « nulle part », mon opinion est ici. Malgré quoi je suis loin de me regarder comme l'un de ces privilégiés auxquels le vieux Veda fait allusion lorsqu'il dit que «celui qui a une foi sincère en l'Être Suprême Omniprésent peut manger de tout», c'est-à-dire, n'est pas tenu de s'enquérir de la nature de ses aliments, ou de la qualité de celui qui les prépare; et même en leur cas faut-il observer, comme un commentateur hindou en a fait la remarque, que le védiste limite ce privilège au «temps de détresse».

Qui n'a pas tiré parfois de sa nourriture une inexprimable satisfaction dans laquelle l'appétit n'entrait pour rien? J'ai frémi à la pensée que je devais une perception mentale au sens communément grossier du goût, que j'avais été inspiré par la voie du palais, que quelques baies mangées par moi sur un versant de colline avaient nourri mon génie. «L'âme n'étant pas maîtresse d'elle-même, déclare Thseng-tseu, l'on regarde, et l'on ne voit pas; l'on écoute, et l'on n'entend pas; l'on mange, et l'on ignore la saveur du manger.» Celui qui distingue la vraie saveur de ses aliments ne peut jamais être un glouton; celui qui ne la distingue pas ne peut être autre chose. Un puritain peut aller à sa croûte de pain bis avec un aussi grossier appétit que jamais un alderman à sa soupe à la tortue. Non que la nourriture qui entre dans la bouche souille l'homme, mais l'appétit avec lequel on la mange. Ce n'est ni la qualité ni la quantité, mais la dévotion aux saveurs sensuelles; lorsque ce qui est mangé n'est pas une viande appelée à soutenir notre animal, ou à inspirer notre vie spirituelle, mais un aliment pour les vers qui nous possèdent. Si le chasseur montre du goût pour la tortue de vase, le rat musqué et autres friands gibiers de ce genre, la belle dame se permet d'aimer la gelée faite d'un pied de veau, ou les sardines d'au-delà des mers, et les voilà quittes. Lui s'en va au réservoir du moulin, elle à son pot de confitures. Le miracle c'est qu'ils puissent, que vous et moi puissions, vivre de cette sale existence gluante, manger et boire.

Notre existence entière est d'une moralité frappante. Jamais un instant de trêve entre la vertu et le vice. La bonté est le seul placement qui ne cause jamais de déboires. Dans la musique de la harpe qui vibre autour du monde c'est l'insistance à cet égard qui nous pénètre. La harpe est le solliciteur voyageant pour la Compagnie d'Assurances de l'Univers, qui recommande ses lois, et notre petite bonté est toute la prime que nous payons. Si le jeune homme à la fin devient indifférent, les lois de l'univers ne sont pas indifférentes, mais sont à jamais du côté des plus sensitifs. Écoutez le reproche dans le moindre zéphyr, car sûrement il est là, et bien infortuné qui ne l'entend pas. Nous ne saurions toucher une corde ni mouvoir un registre sans que la morale enchanteresse nous transperce. Maint bruit fastidieux, vous en éloignez-vous, se fait musique, fière et suave satire sur la médiocrité de nos existences.

Nous sommes conscients d'un animal en nous, qui se réveille en proportion de ce que notre nature plus élevée sommeille. Il est reptile et sensuel, et sans doute ne se peut complètement bannir ; semblable aux vers qui, même en la vie et santé, occupent nos corps. S'il est possible que nous arrivions à nous en éloigner, nous ne saurions changer sa nature. Je crains qu'il ne jouisse d'une certaine santé bien à lui ; que nous puissions nous bien porter sans cependant être purs. L'autre jour je ramassai la mâchoire inférieure d'un sanglier, pourvue de dents et de défenses aussi blanches que solides, qui parlait d'une santé comme d'une force animales distinctes de la santé et force spiri-tuelles. Cet être réussit par d'autres moyens que la tempé-rance et la pureté. «Ce en quoi les hommes diffèrent de la brute, dit Mencius, est quelque chose de fort insignifiant ; le commun troupeau ne tarde pas à le perdre ; les hommes supérieurs le conservent jalousement.» Qui sait le genre de vie qui résulterait pour nous du fait d'avoir atteint à la pureté ? Si je savais un homme assez sage pour m'ensei-gner la pureté, j'irais sur l'heure à sa recherche. «L'em-pire sur nos passions, et sur les sens extérieurs du corps, ainsi que les bonnes actions, sont déclarés par le Veda indispensables dans le rapprochement de l'âme vers Dieu.» Encore l'esprit peut-il avec le temps pénétrer et diriger chaque membre et fonction du corps, pour transformer en pureté et dévotion ce qui, en règle, est la plus grossière sensualité. L'énergie générative, qui, lorsque nous nous relâchons, nous dissipe et nous rend immondes, lorsque nous sommes continents nous fortifie et nous inspire. La chasteté est la fleuraison de l'homme; et ce qui a nom Génie, Héroïsme, Sainteté, et le reste, n'est que les fruits variés qui s'ensuivent. Ouvert le canal de la pureté l'homme aussitôt s'épanche vers Dieu. Tour à tour notre pureté nous inspire et notre impureté nous abat. Béni l'homme assuré que l'animal en lui meurt au fur et à mesure des jours, et que le divin s'établit. Peut-être n'en est-il d'autre que celui qui trouve dans la nature inférieure et bestiale à laquelle il est allié une cause de honte. Je crains que nous ne soyons dieux ou demi-dieux qu'en tant que faunes et satyres, le divin allié aux bêtes, les créatures de désir, et que, jusqu'à un certain point, notre vie même ne fasse notre malheur.

> *How happy's he who hath due place assigned*
> *To his beats and disafforested his mind!*
> *[...]*
> *Can use his horse, goat, wolf, and every beast.*
> *And is not ass himself to all the rest!*
> *Else man not only is the herd of swine,*
> *But he's those devils too which did incline*
> *Them to a headlong rage, and made them worse*[1].

---

1. *Épître du Dr John Donne.*
   Heureux celui qui a place assignée
   À ses bêtes et ravit son esprit au régime des forêts!
   [...]
   Peut user de son cheval, sa chèvre, soit loup et toute bête,
   Sans lui-même être un âne pour le reste!
   Sinon l'homme n'est que le troupeau de porcs,

Toute sensualité est une, malgré les nombreuses formes qu'elle prend ; toute pureté est une. Il en va de même qu'on mange, boive, coïte ou dorme avec sensualité. Il ne s'agit là que d'un seul appétit, et il nous suffit de voir quelqu'un faire l'une ou l'autre de ces choses pour deviner le sensualiste que c'est. L'impur ne peut se tenir debout ni assis avec pureté. Attaque-t-on le reptile à une ouverture de son terrier, qu'il se montre à une autre. Si vous voulez être chaste, il vous faut être tempérant. Qu'est-ce que la chasteté ? Comment un homme saura-t-il s'il est chaste ? Il ne le saura pas. Nous avons entendu parler de cette vertu, mais nous ne savons pas ce que c'est. Nous parlons suivant la rumeur entendue. De l'activité naissent sagesse et pureté ; de la fainéantise ignorance et sensualité. Chez l'homme instruit la sensualité est une habitude indolente d'esprit. Une personne impure est universellement une fainéante, une qui s'assoit près du poêle, que le soleil éclaire couchée, qui se repose sans être fatiguée. Si vous voulez éviter l'impureté, et tous les péchés, travaillez avec ardeur, quand ce serait à nettoyer une écurie. La nature est dure à dompter, mais il faut la dompter. À quoi bon être chrétien, si vous n'êtes pas plus pur que le païen, si vous ne pratiquez pas plus de renoncement, si vous n'êtes pas plus religieux ? Je sais maints systèmes de religion pris pour païens, dont les préceptes remplissent le lecteur de honte, et l'incitent à de nouveaux efforts, quand ce ne serait qu'au simple accomplissement de rites.

J'hésite à dire ces choses, non point à cause du sujet — je ne me soucie guère du plus ou moins d'honnêteté de mes mots, — mais parce que je n'en peux parler sans déceler mon impureté. Nous discourons librement sans

---

Et ces démons aussi qui les portèrent
À l'aveugle rage où ils se montrèrent pires.

vergogne d'une certaine forme de sensualité, et gardons le silence sur une autre. Nous sommes si dégradés que nous ne pouvons parler simplement des fonctions nécessaires de la nature humaine. Aux temps plus primitifs, en certains pays, il n'était pas de fonction qui ne reçût de la parole un traitement respectueux et ne fût régie par la loi. Rien n'était grossier au regard du législateur hindou, quelque offensante que soit la chose pour le goût moderne. Il enseigne la façon de manger, boire, coïter, évacuer l'excrément et l'urine, etc., relevant ce qui est bas, sans s'excuser faussement en traitant ces choses de bagatelles.

Tout homme est le bâtisseur d'un temple, appelé son corps, au dieu qu'il révère, suivant un style purement à lui, et il ne peut s'en tirer en se contentant de marteler du marbre. Nous sommes tous sculpteurs et peintres, et nos matériaux sont notre chair, notre sang, nos os. Toute pensée élevée commence sur-le-champ à affiner les traits d'un homme, toute vilenie ou sensualité, à les abrutir.

John le Fermier était à sa porte un soir de septembre, après une dure journée de labeur, l'esprit encore plus ou moins occupé de son travail. S'étant baigné, il s'assit afin de recréer en lui l'homme intellectuel. Le soir en était un plutôt frais, et quelques-uns des voisins de notre homme appréhendaient la gelée. Peu de temps s'était écoulé depuis qu'il suivait le cours de ses pensées lorsqu'il entendit jouer de la flûte, bruit qui s'harmonisa avec son humeur. Encore pensa-t-il à son travail ; mais le refrain de sa pensée était que quoique celui-ci continuât de rouler dans sa tête, et qu'il se découvrît en train de projeter et de machiner à son sujet contre tout vouloir, cependant il l'intéressait fort peu. Ce n'était guère plus que la crasse de sa peau, cette crasse constamment rejetée. Or, les sons de la flûte parvenaient à ses oreilles d'une sphère différente de celle dans laquelle il travaillait, et suggéraient du travail pour certaines facultés qui sommeillaient en lui. Ils écartaient doucement la rue, le village, l'État dans lequel il vivait. Une voix lui dit : «Pourquoi rester ici à mener cette triste vie de labeur écrasant, quand une existence de beauté est possible pour toi ? Ces mêmes étoiles scintillent sur d'autres champs que ceux-ci.» Mais comment sortir de cette condition-ci pour effectivement émigrer là-bas ? Tout ce qu'il put imaginer de faire, ce fut de pratiquer quelque nouvelle austérité, de laisser son esprit descendre dans son corps pour le racheter, et de se traiter lui-même avec un respect toujours croissant.

VOISINS INFÉRIEURS

Parfois j'avais un compagnon de pêche[1], qui s'en venait de l'autre côté de la commune par le village jusqu'à ma maison, et la prise du dîner était un exercice aussi sociable que son absorption.

L'Ermite. — Je me demande ce que fait le monde en ce moment. Voilà trois heures que je n'ai entendu même une sauterelle sur les myricas. Les pigeons dorment tous sur leurs perchoirs, — sans un battement d'ailes. Était-ce la trompette méridienne d'un fermier qui vient de retentir de l'autre côté des bois ? Le personnel rallie bouilli de bœuf salé, cidre et gâteau de maïs. Pourquoi les hommes s'agitent-ils ainsi ? Qui ne mange pas n'a pas besoin de travailler. Je me demande combien ils ont récolté. Qui voudrait vivre où l'on ne peut penser à cause des aboiements de Turc. Et... oh ! le ménage ! tenir brillants les boutons de porte du diable, et nettoyer ses baquets par cette belle journée ! Mieux vaut ne pas tenir maison. Disons, quelque creux d'arbre ; et alors pour visites du matin et monde à dîner ! Rien que le toc-toc d'un pivert. Oh, ils pullulent ; le soleil y est trop chaud ; ils sont nés trop loin dans la vie pour moi. J'ai de l'eau de la source, et une miche de pain bis sur la planche. Écoutez ! J'entends

1. William Ellery Channing.

un bruissement de feuilles. Quelque chien mal nourri du village, qui cède à l'instinct de la chasse ? ou le cochon perdu qu'on dit être dans ces bois, et dont j'ai vu les traces après la pluie ? Cela vient vite, mes sumacs et mes églantiers odorants tremblent. Eh, Monsieur le Poète, est-ce vous ? Que pensez-vous du monde aujourd'hui ?

Le Poète. — Vois ces nuages ; comme ils flottent ! C'est ce qu'aujourd'hui j'ai vu de plus magnifique. Rien comme cela dans les vieux tableaux, rien comme cela dans les autres pays — à moins d'être à la hauteur de la côte d'Espagne. C'est un vrai ciel de Méditerranée. J'ai pensé, ayant ma vie à gagner, et n'ayant rien mangé aujourd'hui, que je pouvais aller pêcher. Voilà vraie occupation de poète. C'est le seul métier que j'aie appris. Viens, allons.

L'Ermite. — Je ne peux résister. Mon pain bis ne fera pas bien long. J'irai volontiers tout à l'heure avec toi, mais pour le moment je termine une grave méditation. Je crois approcher de la fin. Laisse-moi seul, donc, un instant. Mais pour ne pas nous retarder, tu bêcheras à la recherche de l'appât pendant ce temps-là. Il est rare de rencontrer des vers de ligne en ces parages, où le sol n'a jamais été engraissé avec du fumier ; l'espèce en est presque éteinte. Le plaisir de bêcher à la recherche de l'appât équivaut presque à celui de prendre le poisson, quand l'appétit n'est pas par trop aiguisé ; et ce plaisir, tu peux l'avoir pour toi seul aujourd'hui. Je te conseillerais d'enfoncer la bêche là-bas plus loin parmi les noix-de-terre, là où tu vois onduler l'herbe de la Saint-Jean. Je crois pouvoir te garantir un ver par trois mottes de gazon que tu retourneras, si tu regardes bien parmi les racines, comme si tu étais en train de sarcler. À moins que tu ne préfères aller plus loin, ce qui ne sera pas si bête, car j'ai découvert que le bon appât croissait presque à l'égal du carré des distances.

L'Ermite seul. — Voyons ; où en étais-je ? Selon moi j'étais presque dans cette disposition-ci d'esprit ; le monde se trouvait environ à cet angle. Irai-je au ciel ou pêcher ? Si je menais cette méditation à bonne fin, jamais si charmante occasion paraîtrait-elle devoir s'en offrir ? J'étais aussi près d'atteindre à l'essence des choses que jamais ne le fus en ma vie. Je crains de ne pouvoir rappeler mes pensées. Si cela en valait la peine, je les sifflerais. Lorsqu'elles nous font une offre, est-il prudent de dire *Nous verrons* ? Mes pensées n'ont pas laissé de trace, et je ne peux plus retrouver le sentier. À quoi pensais-je ? Que c'était une journée fort brumeuse. Je vais essayer ces trois maximes de Confucius ; il se peut qu'elles me ramènent à peu près à l'état en question. Je ne sais si c'était de la mélancolie ou un commencement d'extase. *Nota bene.* L'occasion manquée ne se retrouve plus.

Le Poète. — Et maintenant, Ermite, est-ce trop tôt ? J'en ai là juste treize tout entiers, sans compter plusieurs autres qui laissent à désirer ou n'ont pas la taille ; mais ils feront l'affaire pour le menu fretin ; ils ne recouvrent pas autant l'hameçon. Ces vers de village sont beaucoup trop gros ; un vairon peut faire un repas dessus sans trouver le crochet.

L'Ermite. — Bien, alors, filons. Irons-nous à la rivière de Concord ? Il y a là de quoi s'amuser si l'eau n'est pas trop haute.

Pourquoi précisément ces objets que nous apercevons créent-ils tout un monde. Pourquoi l'homme a-t-il justement ces espèces d'animaux pour voisins ; comme si rien autre qu'une souris n'eût pu remplir cette lézarde ? Je soupçonne Pilpay & Cie[1] d'avoir soumis les animaux à leur meilleur usage, car ce sont toutes bêtes de somme, en un sens, faites pour porter une certaine part de nos pensées.

---

1. Pilpay, philosophe hindou, sous le nom duquel ont été recueillies des fables de très anciennes sources.

Les souris qui hantaient ma maison n'étaient pas les souris vulgaires, qui passent pour avoir été introduites dans le pays, mais une espèce sauvage, indigène, qu'on ne trouve pas dans le village. J'en envoyai un spécimen à un naturaliste distingué, et il l'intéressa fort. Dans le temps où je bâtissais, l'une d'elles tenait son nid sous la maison, et je n'avais pas posé le second plancher ni balayé les copeaux, qu'elle s'en venait régulièrement à l'heure du déjeuner ramasser les miettes tombées à mes pieds. Il est probable que jamais encore elle n'avait vu d'homme ; aussi ne tarda-t-elle pas à se familiariser tout à fait, courant sur mes chaussures, montant à mes vêtements. Elle gravissait sans difficulté les murs de la pièce par courts élans, comme un écureuil, à quoi elle ressemblait en ses gestes. Un beau jour, comme je me trouvais à demi couché, le coude sur le banc, elle courut sur mes vêtements supérieurs, le long de ma manche, fit et refit le tour du papier qui contenait mon dîner, tandis que je gardais ce dernier renfermé, et chercha à ruser, joua à cache-cache avec lui ; comme enfin je tenais immobile un morceau de fromage entre le pouce et l'index, elle vint le grignoter, assise dans ma main, après quoi se nettoya la figure et les pattes, telle une mouche, et s'en alla.

Un moucherolle bâtit bientôt dans mon hangar, et un merle[1] en quête de protection, dans un pin qui poussait contre la maison. En juin la gelinotte (*Tetrao umbellus*), si timide oiseau, fit passer sa couvée sous mes fenêtres, des bois de derrière au front de ma maison, gloussant et appelant ses petits comme une poule, en toutes ses façons d'agir se montrant la poule des bois. Les jeunes se dispersent soudain à votre approche, à un signal de la mère, comme balayés par quelque tourbillon, et affectant si bien la ressemblance de feuilles et de ramilles sèches, que

---

1. *Merle d'Amérique*, différent du nôtre.

maint voyageur a pu mettre le pied au milieu d'une couvée, entendre le bruissement d'ailes du vieil oiseau en fuite, ses rappels et son miaulement anxieux, ou le voir traîner les ailes pour attirer son attention, sans soupçonner leur voisinage. La mère parfois roulera et tournoiera devant vous en un tel déshabillé que vous vous demanderez un instant de quelle sorte de créature il s'agit. Les petits s'accroupissent muets et à ras de terre, souvent en se fourrant la tête sous une feuille, et s'inquiètent seulement des instructions que de loin leur donne leur mère, sans que votre approche les fasse courir de nouveau et se trahir. On peut même marcher dessus, ou avoir les yeux sur eux une minute sans les découvrir. Je les ai, à tel moment, tenus dans ma main ouverte sans qu'ils témoignassent d'autre souci, en obéissance à leur mère et à leur instinct, que de s'y accroupir sans peur et sans trembler. Si parfait est cet instinct qu'une fois, comme je les avais replacés sur les feuilles, et que par accident l'un d'eux tomba sur le côté, on le trouva avec les autres exactement dans la même position dix minutes plus tard. Ils ne sont pas sans plumes comme les petits de la plupart des oiseaux, mais plus parfaitement développés et plus précoces que les petits poulets eux-mêmes. L'étrange regard adulte quoique innocent de leurs beaux yeux tranquilles est on ne peut plus remarquable. Toute intelligence y semble reflétée. Ils font penser non pas simplement à la pureté de l'enfance, mais à une sagesse éclairée par l'expérience. Un œil pareil n'est point né en même temps que l'oiseau, mais est contemporain du ciel qu'il reflète. Les bois n'offrent pas de seconde gemme semblable. Rare est la source aussi limpide où plonge le regard du voyageur. Souvent il arrive que le chasseur ignare ou insouciant tire en pareil instant sur la mère, et laisse ces innocents à la merci de la bête de proie, ou peu à peu ne plus faire qu'un avec les feuilles mortes auxquelles tant ils ressemblent. On prétend que couvés par une poule ils se dispersent à la moindre alarme, et de la sorte se perdent, car le rappel de leur mère n'est plus là pour les rassembler de nouveau. C'étaient là mes poules et mes poussins.

C'est curieux le nombre d'animaux qui vivent sauvages et libres quoique ignorés dans les bois, et pourvoient encore à leurs besoins dans le voisinage des villes, soupçonnés des seuls chasseurs. Quelle vie retirée la loutre s'arrange pour mener ici ! Elle arrive à atteindre quatre pieds de long, la taille d'un petit garçon, sans peut-être qu'un œil humain en ait saisi un éclair. J'ai vu jadis le raton, dans les bois situés derrière l'endroit où ma maison est bâtie, et je crois l'avoir encore entendu hennir la nuit. En général, à midi, je me reposais une heure ou deux à l'ombre, après les plantations, prenais mon déjeuner et lisais un instant près d'une fontaine, source d'un marais et d'un ruisseau, qui sourdait de dessous la colline de Brister, à un demi-mille de mon champ. On accédait à celle-ci par une succession de vallons gazonnés, remplis de jeunes pitchpins, qui descendaient dans un bois plus grand avoisinant le marais. Là, en un endroit aussi retiré qu'ombreux, sous un pin Weymouth touffu, s'étendait même une belle pelouse ferme pour s'asseoir. J'avais creusé la fontaine, et fait un puits de belle eau azurée, d'où je pouvais tirer un plein seau sans la troubler, et là presque chaque jour allais-je à cet effet, au cœur de l'été, lorsque l'étang était le plus chaud. Là pareillement la bécasse menait sa couvée sonder la vase en quête de vers, volant à pas plus d'un pied au-dessus des petits à la descente du talus, tandis qu'ils couraient en troupe au-dessous d'elle ; mais à la fin, m'ayant aperçu, la voilà les laisser pour tourner et tourner autour de moi, de plus en plus près, jusqu'à moins de quatre ou cinq pieds, en feignant ailes et pattes cassées, afin d'attirer mon attention, et faire échapper ses petits, lesquels s'étaient déjà mis en marche, avec un pépiement léger et effilé, à la queue leu leu à travers le marais suivant son conseil. Ou j'entendais le pépiement des petits si je ne pouvais voir la mère. Là aussi les tourterelles se posaient au-dessus de la source, ou voletaient de branche en branche dans les pins Weymouth plumeux au-dessus de ma tête ; ou bien le rouge écureuil, coulant au bas de la branche la plus proche, se montrait particulièrement familier et curieux. Il suffit de rester tranquille assez longtemps en quelque endroit attrayant des bois pour que tous ses habitants viennent à tour de rôle se montrer à vous.

Je fus témoin d'événements d'un caractère moins pacifique. Un jour que j'étais allé à mon bûcher, ou plutôt à mon tas de souches, je remarquai deux grosses fourmis, l'une rouge, l'autre beaucoup plus grosse, longue de presque un demi-pouce et noire, qui combattaient l'une contre l'autre avec fureur. Aux prises elles ne se lâchaient plus, et se démenaient, luttaient, roulaient sans arrêt sur les copeaux. Portant mes regards plus loin, je fus surpris de m'apercevoir que les copeaux étaient couverts de pareils combattants, qu'il ne s'agissait pas d'un *duellum*, mais d'un *bellum*, d'une guerre entre deux races de fourmis, les rouges toujours opposées aux noires, et souvent deux rouges contre une noire. Les légions de ces Myrmidons couvraient collines et vallées de mon chantier, et le sol était déjà jonché des mourants et des morts, tant rouges que noirs. C'est la seule bataille que j'aie jamais contemplée, le seul champ de bataille que j'aie jamais parcouru pendant que la bataille faisait rage ; guerre d'extermination ; les rouges républicains d'une part, les noirs impérialistes de l'autre. De chaque côté on était engagé dans un combat à mort, sans que le moindre bruit m'en parvînt à l'oreille, et jamais soldats humains ne luttèrent avec plus de résolution. J'en observai deux solidement bouclées dans l'étreinte l'une de l'autre, au fond d'une petite vallée ensoleillée parmi les copeaux, disposées, en cette heure de midi, à lutter jusqu'au coucher du soleil, ou à extinction de la vie. Le champion rouge, plus petit, s'était fixé au front de son adversaire comme un étau, et malgré toutes les culbutes sur ce champ de bataille ne démordait un instant de l'une de ses antennes près de la racine, ayant déjà fait tomber l'autre par-dessus bord ; tandis que le noir plus fort le secouait de droite et de gauche, et, comme je m'en aperçus en regardant de plus près, l'avait déjà dépouillé de plusieurs de ses membres. Ils luttaient avec plus d'opiniâtreté que des bouledogues. Ni l'un ni l'autre ne montraient la moindre disposition à la retraite. Il était évident que leur cri de bataille était : « Vaincre ou mourir. » Sur les entrefaites arriva une fourmi rouge toute seule sur le versant de cette vallée, évidemment au comble de l'excitation, et qui avait expédié son ennemi, ou n'avait pas encore pris part à la bataille ; ceci probablement, car elle avait encore tous ses membres ; adjurée par sa mère de revenir avec ou sur son bouclier. Ou se pouvait-il bien être quelque Achille, ayant couvé son courroux à l'écart, et venu maintenant venger ou délivrer son Patrocle. Elle vit de loin ce combat inégal, — car les noires avaient presque deux fois la taille des rouges — elle s'approcha d'un pas rapide jusqu'au moment où elle se tint sur la défensive à moins d'un demi-pouce des combattants ; alors, ayant guetté l'instant propice, elle bondit sur le guerrier noir, et entreprit ses opérations à la naissance de la patte droite antérieure, laissant à l'ennemi de choisir parmi ses propres membres ; sur quoi il y en eut trois unies à mort, montrant comme un nouveau genre d'attache qui eût fait honte à toute autre serrure et tout autre ciment. Je n'eusse pas été surpris, à ce moment-là, de m'apercevoir qu'elles avaient leurs musiques militaires respectives postées sur quelque copeau dominant, en train de jouer leurs airs nationaux, afin de réchauffer les timides et de réconforter les mourants. Moi-même je me sentais quelque peu échauffé, tout comme si c'eût été des hommes. Plus on y pense, moindre est la différence. Et certainement l'histoire de Concord, sinon l'histoire d'Amérique, ne relate pas de combat capable de soutenir un instant de comparaison avec celui-ci, soit au point de vue du nombre des enrôlés, soit au point de vue du patriotisme et de l'héroïsme déployés. Pour le nombre et le carnage, c'était un Austerlitz ou un Dresde. La Bataille de Concord! Deux tués du côté des patriotes, et Luther Blanchard blessé! Allons donc! Ici chaque fourmi était un Buttrick, — «Tirez! au nom du Ciel, tirez!» — et par milliers étaient ceux qui partageaient le destin de Davis et de Hosmer. Là, pas un mercenaire. Je ne doute pas que ce ne fût au nom d'un principe qu'elles se battaient, tout comme nos ancêtres, non point pour éviter un impôt de trois pence sur leur thé; et les résultats de cette bataille seront tout aussi importants, tout aussi mémorables, pour ceux qu'elle concerne, que les résultats de la bataille de Bunker Hill[1], au moins.

Je ramassai le copeau sur lequel se démenaient les trois que j'ai particulièrement décrites, l'emportai chez moi, et le plaçai sous un verre à boire sur le rebord de ma fenêtre, afin de voir l'issue. Un microscope en main sur la fourmi rouge première mentionnée, je m'aperçus que, tout en train qu'elle fût de ronger assidûment la jambe gauche antérieure de son ennemie, après avoir détaché l'antenne qui restait à celle-ci, sa propre poitrine, toute déchirée, exposait ce qu'elle avait de parties vitales aux mâchoires du guerrier noir, dont la cuirasse était apparemment trop épaisse à percer pour elle; et les sombres escarboucles des yeux de la patiente brillaient avec cette férocité, que seule peut la guerre allumer. Elles luttèrent une demi-heure

---

1. Bunker Hill, nom d'une petite colline de Charlestown (Boston), Massachusetts, fameuse pour avoir été le théâtre du premier engagement dans la guerre de l'Indépendance (17 juin 1775).

encore sous le verre; lorsque je regardai de nouveau, le soldat noir avait séparé de leurs corps les têtes de ses ennemis, et ces têtes toujours vivantes pendaient d'un et d'autre côté de lui tels d'horribles trophées à l'arçon de sa selle, évidemment avec autant de solidité que jamais, tandis qu'il faisait de faibles efforts, sans antennes qu'il était, avec un seul reste de patte, et couvert de je ne sais combien d'autres blessures, pour tâcher de s'en dépouiller; ce qu'il finit par accomplir au bout d'une nouvelle demi-heure. Je levai le verre, et il s'en alla par-dessus le rebord de la fenêtre en cet état d'impotence. Survécut-il finale-ment à ce combat, et passa-t-il le reste de ses jours en quelque Hôtel des Invalides, je ne sais; mais j'augurai que son industrie se réduirait par la suite à peu de chose. Je n'appris jamais à quel parti revint la victoire, pas plus que ce qui fut cause de la guerre; mais tout le reste du jour je restai sous le coup de l'excitation et du déchirement que j'eusse éprouvés comme témoin de la violence, de la féro-cité et du carnage d'une bataille humaine devant ma porte.

Kirby et Spence[1] nous racontent que l'on célèbre depuis longtemps les batailles de fourmis et enregistre leurs dates, bien que, selon eux, Huber soit le seul écrivain moderne qui semble y avoir assisté. «Æneas Sylvius[2], disent-ils, après avoir rendu un compte très détaillé de l'une d'elles disputée avec beaucoup d'opiniâtreté par une grande et une petite espèce sur le tronc d'un poirier, ajoute que ce combat fut livré sous le pontificat d'Eugène IV, en présence de Nicolas Pistoriensis, jurisconsulte éminent, qui relata toute l'histoire de la bataille avec la plus parfaite fidélité.» «Un engagement semblable entre grandes et petites fourmis est rapporté par Olaus Magnus, engagement dans lequel

1. William Kirby (1759-1850), William Spence (1783-1860), entomologistes anglais.
2. Enea Silvio Piccolomini (1405-1464), qui occupa le trône papal sous le nom de Pie II. Il est plus connu comme écrivain sous le nom latin.

les petites, ayant remporté la victoire, passent pour avoir inhumé les corps de leurs propres soldats, et laissé ceux de leurs ennemies géantes en proie aux oiseaux. L'événement fut antérieur à l'expulsion du tyran Christian II de Suède. » La bataille à laquelle, moi, j'assistai, eut lieu sous la présidence de Polk, cinq années avant l'adoption du bill des Esclaves-Fugitifs de Webster[1].

Plus d'un «Turc» de village, bon tout au plus à donner la chasse à une tortue de vase dans un cellier aux provisions, exerçait ses membres lourds dans les bois, à l'insu de son maître, et flairait sans succès vieux terriers de renards comme vieux trous de marmottes; conduit peut-être par quelque avorton de roquet en train d'enfiler prestement le bois, il pouvait encore inspirer une terreur naturelle à ses hôtes, — tantôt loin derrière son guide, aboyant, ce taureau de la gent canine, à quelque petit écureuil réfugié sur un arbre pour l'observer, tantôt s'en allant au galop, faisant ployer les buissons sous son poids, s'imaginant être sur la trace de quelque membre égaré de la famille des gerbilles. Une fois j'eus la surprise de voir un chat se promener le long de la rive pierreuse de l'étang, attendu que le chat s'écarte rarement si loin du logis. La surprise fut réciproque. Néanmoins le plus domestique des chats, qui aura passé sa vie couché sur un tapis, semble tout à fait chez lui dans les bois, et par ses façons rusées, furtives, s'y montre plus indigène que les habitants du cru. Une fois, en cueillant des baies, je fis dans les bois la rencontre d'une chatte et de ses chatons, absolument sauvages, qui tous, comme leur mère, firent le gros dos et jurèrent furieusement après moi. Quelques années avant que j'habitasse dans les bois il y avait ce qu'on appelle un «chat ailé» dans l'une des fermes de Lincoln tout près de l'étang, celle de Mr. Gilian Baker. Lorsque je vins pour le

---

1. Daniel Webster (1782-1852), homme d'État américain.

voir en juin 1842, il était allé chasser dans les bois, selon sa coutume, mais sa maîtresse me raconta qu'il était arrivé dans le voisinage un peu plus d'une année auparavant, en avril, et qu'on avait fini par le prendre dans la maison ; qu'il était de couleur gris-brun foncé, avec une moucheture de blanc à la gorge, le bout des pattes blanc, et une grosse queue touffue comme un renard ; qu'en hiver sa fourrure se faisait épaisse et lui battait le long des flancs, formant des bandes de dix ou douze pouces de long sur deux et demi de large, et sous le menton comme un manchon, le dessus libre, le dessous tassé comme du feutre, pour, au printemps tout cet attirail tomber. On me donna une paire de ses « ailes », que je conserve encore. Elles ne portent pas apparence de membrane. Certains ont cru qu'il s'agissait soit de quelque chose se rapprochant de l'écureuil volant, soit de quelque autre animal sauvage, ce qui n'est pas impossible, attendu que, suivant les naturalistes, l'union de la martre et du chat domestique a produit des hybrides capables d'engendrer. C'eût été tout à fait l'espèce de chat à posséder pour moi, si j'en eusse possédé le moindre ; car pourquoi un chat de poète n'aurait-il pas, tout comme son cheval, des ailes ?

À l'automne arriva le plongeon (*Colymbus glacialis*), comme d'habitude, pour muer et se baigner dans l'étang, faisant de son rire sauvage retentir les bois dès avant mon lever. Au bruit de son arrivée les chasseurs de Milldam d'être tous en mouvement, qui en carriole, qui à pied, deux par deux et trois par trois, armés de carabines brevetées, de balles coniques et de lunettes d'approche. Ils s'en viennent bruissant à travers les bois comme feuilles d'automne, dix hommes au moins pour un plongeon. Il en est qui se portent sur ce côté-ci de l'étang, d'autres sur ce côté-là, car le pauvre oiseau ne saurait être omniprésent ; s'il plonge ici, il lui faut reparaître là. Mais voici s'élever le bon vent d'octobre, qui fait bruire les feuilles et rider la face de l'eau, si bien qu'il n'est possible d'entendre plus que voir le moindre plongeon, quoique à l'aide de leurs lunettes d'approche ses ennemis balaient du regard l'étang, et du bruit de leurs décharges fassent retentir les bois. Les vagues généreusement se dressent et brisent avec colère, prenant parti pour toute la gent volatile aquatique, et il faut à nos chasseurs battre en retraite vers la ville, la boutique, l'affaire inachevée. Mais trop souvent réussissaient-ils. Lorsque j'allais chercher un seau d'eau de bonne heure le matin, il m'arrivait fréquemment de voir à quelques verges de moi cet oiseau majestueux s'éloigner de ma crique toutes voiles dehors. Essayais-je de le rejoindre en bateau, afin de voir comment il manœuvrait, qu'il plongeait et le voilà perdu, au point que parfois je ne le découvrais de nouveau que vers le soir. Mais à la surface j'étais pour lui plus qu'un égal. Il profitait généralement d'une pluie pour s'en aller.

Comme je ramais le long de la rive nord par un très calme après-midi d'octobre, car ce sont ces jours-là surtout que tel le duvet de l'« herbe à la ouate » ils se posent sur les lacs, ayant en vain promené le regard sur l'étang, en quête d'un plongeon, soudain, l'un d'eux, s'éloignant de la rive vers le milieu à quelques verges de moi, poussa son rire sauvage et se trahit. Je le poursuivis à la godille, et il plongea ; mais, lorsqu'il reparut, j'étais plus près de lui qu'auparavant. Il plongea de nouveau, mais je calculai mal la direction qu'il prendrait, et nous étions séparés de cinquante verges lorsque, cette fois, il revint à la surface, car j'avais contribué à augmenter la distance ; et de nouveau il se mit à rire, d'un rire bruyant et long, avec plus de raison que jamais. Il manœuvra si artificieusement que je ne pus m'en approcher à moins d'une demi-douzaine de verges. Chaque fois qu'il revenait à la surface tournant la tête de droite et de gauche il inspectait froidement l'eau et la terre, pour faire, selon toute apparence, choix de sa

direction, de façon à remonter là où l'eau avait le plus
d'étendue et à la plus grande distance possible du bateau.
Surprenante était la promptitude avec laquelle il se déci-
dait et s'exécutait. Il me mena d'une traite à la partie la
plus large de l'étang, et ne put en être chassé. Dans le
temps qu'il ruminait une chose en sa cervelle, je m'effor-
çais en la mienne de deviner sa pensée. C'était là une jolie
partie, jouée sur le miroir de l'étang, homme contre plongeon. Soudain le pion de l'adversaire disparaît sous l'échi-
quier, et le problème est de placer le vôtre au plus près de
l'endroit où le sien réapparaîtra. Parfois il remontait à
l'improviste de l'autre côté de moi, ayant évidemment
passé droit sous le bateau. Si longue était son haleine, si
inlassable lui-même, qu'aussi loin qu'il eût nagé, il replongeait cependant immédiatement ; et alors nul génie n'eût
su deviner le tracé de la course qu'à l'instar d'un poisson
il pouvait fournir dans les profondeurs de l'étang, sous le
tranquille miroir, car il avait le temps et la faculté de visiter le fond en l'abîme le plus caché. On prétend qu'on a
pris des plongeons dans les lacs de New York à quatre-
vingts pieds de profondeur, avec des hameçons amorcés
pour la truite, — quoique Walden soit plus profond que
cela. Quelle surprise ce doit être pour les poissons de voir
ce grand dégingandé de visiteur venu d'une autre sphère
se frayer sa voie parmi leurs bancs ! Encore avait-il l'air de
connaître sa route aussi sûrement sous l'eau qu'à la
surface, et y nageait-il beaucoup plus vite. Une fois ou
deux il m'arriva d'apercevoir une ride à l'endroit où il
approchait de la surface, passait juste la tête pour reconnaître les lieux, et à l'instant replongeait. Je compris qu'il
valait tout autant pour moi me reposer sur mes avirons et
attendre sa réapparition que de chercher à calculer où il
remonterait ; car que de fois m'arrivait-il, alors que je
m'éborgnais à fouiller des yeux la surface dans telle direction, de tressaillir au bruit de son rire démoniaque derrière

moi. Mais pourquoi, après ce déploiement de ruse, s'annonçait-il de façon invariable par ce rire bruyant au moment où il remontait? Son jabot blanc ne suffisait-il donc à le trahir? Un nigaud, ce plongeon, pensais-je. J'entendais, en général, le bruit d'eau fouettée lorsqu'il reparaissait, et de la sorte aussi le découvrais. Mais au bout d'une heure il semblait aussi dispos que jamais, plongeait d'aussi bon cœur, et nageait encore plus loin qu'au début. Étonnante la sérénité avec laquelle il s'éloignait le cœur tranquille une fois revenu à la surface, ses pattes palmées pour faire au-dessous toute la besogne. Son cri coutumier se résumait à ce rire démoniaque, quelque peu, toutefois, celui d'un oiseau aquatique; mais m'avait-il déjoué avec le plus de succès pour réapparaître à une grande distance, qu'il lui arrivait d'émettre un hurlement prolongé, surnaturel, probablement plus conforme à celui d'un loup qu'au cri d'un oiseau quelconque; comme lorsqu'un animal pose son museau au ras du sol pour hurler de propos délibéré. C'était son cri de plongeon, — peut-être le son le plus sauvage qui se fût ici jamais entendu, et dont retentissaient les bois de toutes parts. J'en conclus qu'il riait en dérision de mes efforts, sûr de ses moyens. Quoique le ciel fût alors couvert, l'étang était si poli que, ne l'entendis-je pas, je voyais où il en brisait la surface. Son blanc jabot, le calme de l'air et le poli de l'eau se liguaient contre lui. Pour finir, ayant reparu à cinquante verges de là, il émit un de ces hurlements prolongés, comme pour faire appel au dieu des plongeons; et sur l'heure s'éleva un vent qui rida la surface, et remplit l'atmosphère d'une sorte de bruine, ce dont je fus frappé comme d'une réponse à la prière du plongeon, son dieu me manifestant sa colère. Aussi le laissai-je disparaître au loin sur la surface troublée.

Des heures durant, les jours d'automne, je regardais les canards adroitement louvoyer, virer, et tenir le milieu de l'étang, loin du chasseur; talents qu'ils auront moins besoin de déployer dans les bayous de la Louisiane. Forcés de se lever, il leur arrivait de tourner et tourner en cercle au-dessus de l'étang à une hauteur considérable, d'où tels des points noirs dans le ciel, ils pouvaient à leur aise contempler d'autres étangs et la rivière ; et les y croyais-je en allés depuis longtemps qu'ils reposaient grâce à un vol plané d'un quart de mille sur une partie lointaine laissée en liberté ; mais quel intérêt autre que celui du salut trouvaient-ils à voguer au milieu de Walden, je me le demande, à moins d'aimer ses eaux pour la même raison que moi.

PENDAISON DE CRÉMAILLÈRE

En octobre je m'en allais grappiller aux marais de la rivière, et m'en revenais avec des récoltes plus précieuses en beauté et parfum qu'en nourriture. Là aussi j'admirai, si je ne les cueillis pas, les canneberges, ces petites gemmes de cire, pendants d'oreille de l'herbe des marais, sortes de perles rouges, que d'un vilain râteau le fermier arrache, laissant le marais lisse en un grincement de dents, les mesurant sans plus au boisseau, au dollar, vendant ainsi la dépouille des prés à Boston et New York; destinées à la *confiture*, à satisfaire là-bas les goûts des amants de la Nature. Ainsi les bouchers ratissent les langues de bison à même l'herbe des prairies, insoucieux de la plante déchirée et pantelante. Le fruit brillant de l'épine-vinette était pareillement de la nourriture pour mes yeux seuls; mais j'amassai une petite provision de pommes sauvages pour en faire des pommes cuites, celles qu'avaient dédaignées le propriétaire et les touristes. Lorsque les châtaignes furent mûres j'en mis de côté un demi-boisseau pour l'hiver. C'était fort amusant, en cette saison, de courir les bois de châtaigniers alors sans limites de Lincoln, — maintenant ils dorment de leur long sommeil sous la voie de fer, — un sac sur l'épaule, et dans la main un bâton pour ouvrir les bogues, car je n'attendais pas toujours la gelée, au milieu du bruissement des feuilles, les reproches à haute voix des écureuils rouges et des geais, dont il m'arrivait de voler les fruits déjà entamés, attendu que les bogues choisies par eux ne manquaient pas d'en contenir de bons. De temps à autre je grimpais aux arbres, et les secouais. Il en poussait aussi derrière ma maison, et un grand, qui l'abritait presque entièrement, une fois en fleur était un bouquet dont tout le voisinage se trouvait embaumé ; mais les écureuils et les geais s'attribuaient la majeure partie de ses fruits, les derniers arrivant en troupes dès le matin et tirant les noix des bogues avant qu'ils tombent. Je leur abandonnai ces arbres et m'en allai visiter les bois plus lointains entièrement composés de châtaigniers. Ces noix, tout le temps de leur durée, étaient un bon succédané du pain. Maints autres succédanés, peut-être, eût-on pu découvrir. Un jour, en bêchant à la recherche de vers d'hameçon, je découvris la noix de terre (*Apios tuberosa*) sur sa fibre, la pomme de terre des aborigènes, sorte de fruit fabuleux, que je commençais à douter d'avoir jamais déterré et mangé en mon enfance, comme je l'avais dit, et ne l'avais pas rêvé. J'avais souvent depuis vu sa fleur froncée de velours rouge supportée par les tiges d'autres plantes sans savoir que c'était elle. La culture est bien près de l'avoir exterminée. Elle a un goût sucré, un peu comme celui d'une pomme de terre gelée, et je la trouvai meilleure bouillie que rôtie. Ce tubercule semblait quelque vague promesse de la Nature de se charger de ses propres enfants et de les nourrir purement et simplement ici à quelque époque future. En ces temps de bétail à l'engrais et de champs onduleux de céréales, cette humble racine, qui fut jadis le *totem* d'une tribu indienne, se voit tout à fait oubliée, ou simplement connue pour son pampre fleuri ; mais que la Nature sauvage règne ici de nouveau, et voilà les délicates et opulentes céréales anglaises disparaître probablement devant une myriade d'ennemis, pour en l'absence des soins de l'homme, le corbeau reporter peut-être le dernier des grains de blé au grand champ de blé du Dieu des Indes dans le Sud-Ouest, d'où il passe pour l'avoir apporté ; alors que la noix de terre aujourd'hui presque exterminée pourra revivre, prospérer en dépit des gelées et de l'absence de culture, se montrer indigène, enfin reprendre importance et dignité comme aliment de la tribu des chasseurs. Sans doute quelque Cérès ou Minerve indienne en fut-elle l'inventeur et le dispensateur ; et lorsque commencera ici le règne de la poésie, ses feuilles et son chapelet de noix se verront-ils représentés sur nos œuvres d'art.

Déjà, vers le premier septembre, j'avais vu deux ou trois petits érables tourner à l'écarlate de l'autre côté de l'étang, au-dessous de l'endroit où trois trembles faisaient diverger leurs troncs blancs, à la pointe d'un promontoire, tout près de l'eau. Ah, que d'histoires contait leur couleur ! Et peu à peu de semaine en semaine le caractère de chaque arbre se révélait, et l'arbre s'admirait dans l'image à lui renvoyée par le miroir poli du lac. Chaque matin le directeur de cette galerie substituait quelque nouveau tableau, que distinguait un coloris plus brillant ou plus harmonieux, à l'ancien pendu aux murs.

Les guêpes vinrent par milliers à ma cabane en octobre, comme à des quartiers d'hiver, et s'installèrent sur mes fenêtres à l'intérieur, et sur les murs au-dessus de ma tête, faisant parfois reculer les visiteurs. Le matin, alors qu'elles étaient engourdies par le froid, j'en balayais dehors quelques-unes, mais je ne me mis guère en peine de m'en débarrasser ; je pris même pour compliment leur façon de considérer ma maison comme un souhaitable asile. Elles ne m'inquiétèrent jamais sérieusement, bien que partageant ma couche ; et elles disparurent peu à peu, dans je ne sais quelles crevasses, fuyant l'hiver, l'inexprimable froid.

Comme les guêpes, avant de prendre définitivement mes quartiers d'hiver en novembre, je fréquentais le côté nord-est de Walden, dont le soleil, réfléchi des bois de pitchpins et du rivage de pierre, faisait le « coin du feu » de l'étang c'est tellement plus agréable et plus sain de se trouver chauffé par le soleil tant qu'on le peut, que par un feu artificiel. Je me chauffais ainsi aux cendres encore ardentes que l'été, comme un chasseur en allé, avait laissées.

Lorsque j'en vins à construire ma cheminée j'étudiai la maçonnerie. Mes briques, étant « d'occasion », réclamaient un nettoyage à la truelle, si bien que je m'instruisis plus qu'il n'est d'usage sur les qualités de briques et de truelles. Le mortier qui les recouvrait avait cinquante ans, et passait pour croître encore en dureté; mais c'est là un de ces on-dit que les hommes se plaisent à répéter, vrais ou non. Ces on-dit-là croissent, eux aussi, en dureté pour adhérer plus fortement avec l'âge, et il faudrait plus d'un coup de truelle pour en nettoyer un vieux Salomon. Nombreux sont les villages de Mésopotamie construits de briques « d'occasion » de fort bonne qualité, tirées des ruines de Babylone, et le ciment qui les recouvre est encore plus vieux et probablement plus dur. Quoi qu'il en soit, je fus frappé de la trempe remarquable de l'acier qui résistait sans s'user à tant de coups violents. Comme mes briques avaient été déjà dans une cheminée, quoique je n'eusse pas lu sur elles le nom de Nabuchodonosor, je choisis autant de briques de foyer que j'en pus trouver, pour éviter travail et perte, et remplis les espaces laissés entre elle à l'aide de pierres prises à la rive de l'étang; je fabriquai en outre mon mortier à l'aide du sable blanc tiré du même endroit. C'est au foyer que je m'attardai le plus, comme à la partie la plus vitale de la maison. Vraiment, je travaillais de propos si délibéré que, bien qu'ayant commencé à ras du sol le matin, une assise de briques érigée de quelques pouces au-dessus du plancher me servit d'oreiller le soir; encore n'y attrapai-je pas le torticolis, autant que je m'en

souvienne ; mon torticolis est de plus ancienne date. Vers
cette époque je pris en pension pour une quinzaine de
jours un poète[1], lequel j'eus grand embarras à caser. Il
apporta son couteau, bien que j'en eusse deux, et nous les
nettoyions en les fourrant dans la terre. Il partagea mes
travaux de cuisine. J'étais charmé de voir mon œuvre s'éri-
ger par degrés avec cette carrure et cette solidité, réfléchissant que si elle avançait lentement, elle était calculée
pour durer longtemps. La cheminée est jusqu'à un certain
point un édifice indépendant, qui prend le sol pour base et
s'élève à travers la maison vers les cieux ; la maison a-t-elle
brûlé que parfois la cheminée tient debout, et que son
importance comme son indépendance sont évidentes. Cela
se passait vers la fin de l'été. Voici que nous étions en
novembre.

Déjà le vent du nord avait commencé à refroidir l'étang,
quoiqu'il fallût bien des semaines de vent continu pour y
parvenir, tant il est profond. Lorsque je me mis à faire du
feu le soir, avant de plâtrer ma maison, la cheminée tira
particulièrement bien, à cause des nombreuses fentes qui
séparaient les planches. Encore passai-je quelques soirs
heureux dans cette pièce fraîche et aérée, environné des
grossières planches brunes remplies de nœuds, et de poutres
avec l'écorce là-haut au-dessus de la tête. Ma maison, une
fois plâtrée, ne me fut jamais aussi plaisante, bien qu'elle
présentât, je dois le reconnaître, plus de confort. Toute
pièce servant de demeure à l'homme ne devrait-elle pas
être assez élevée pour créer au-dessus de la tête quelque
obscurité où pourrait la danse des ombres se jouer le soir
autour des poutres ? Ces figures sont plus agréables au
caprice et à l'imagination que les peintures à fresques ou
autre embellissement, quelque coûteux qu'il soit. Je peux

1. William Ellery Channing.

dire que j'habitai pour la première fois ma maison le jour
où j'en usai pour y trouver chaleur autant qu'abri. J'avais
une couple de vieux chenets pour tenir le bois au-dessus
du foyer, et rien ne me sembla bon comme de voir la suie
se former au dos de la cheminée que j'avais construite, de
même que je tisonnai le feu avec plus de droit et de satisfaction qu'à l'ordinaire. Mon logis était petit, et c'est à
peine si je pouvais y donner l'hospitalité à un écho ; mais
il semblait d'autant plus grand que pièce unique et loin
des voisins. Tous les attraits d'une maison étaient concen-
trés dans un seul lieu ; c'était cuisine, chambre à coucher,
parloir et garde-manger ; et toutes les satisfactions que
parents ou enfants, maîtres ou serviteurs, tirent de l'existence dans une maison, j'en jouissais. Caton déclare qu'il
faut au chef de famille (*pater familias*) posséder en sa villa
champêtre «cellant oleariam, vinariam dolia multa, uti
lubeat caritatem expectare, et rei, et virtuti, et gloriae erit»,
ce qui veut dire «une cave pour l'huile et le vin, maints
tonneaux pour attendre aimablement les heures difficiles ;
ce sera à ses avantages, honneur et gloire.» J'avais dans
mon cellier une rasière de pommes de terre, deux quartes
environ de pois y compris leurs charançons, sur ma planche
un peu de riz, une cruche de mélasse, et pour ce qui est du
seigle et du maïs un peck de chacun.

Je rêve parfois d'une maison plus grande et plus popu-
leuse, debout dans un âge d'or, de matériaux durables, et
sans travail de camelote, laquelle encore ne consistera
qu'en une pièce, un hall primitif, vaste, grossier, solide,
sans plafond ni plâtrage, avec rien que des poutres et des
ventrières pour supporter une manière de ciel plus bas sur
votre tête, — bonne à préserver de la pluie et de la neige ;
où les *king* et *queen posts*[1] se tiennent dehors pour recevoir votre hommage, quand vous avez payé respect au

---

1. Poinçon et potence de comble. Mot à mot : *jambages roi et reine.*

Saturne prosterné d'une plus ancienne dynastie en franchissant le seuil ; une maison caverneuse, à l'intérieur de laquelle il faut élever une torche au bout d'un bâton pour prendre un aperçu des combles ; où les uns peuvent vivre dans la cheminée, d'autres dans l'embrasure d'une fenêtre, d'autres sur des bancs, tels à une extrémité du hall, tels à une autre, et tels en l'air sur les poutres avec les araignées, si cela leur chante ; une maison dans laquelle vous êtes dès que vous en avez ouvert la porte d'entrée, et que la cérémonie est faite ; où le voyageur fatigué peut se laver, manger, causer, dormir, sans poursuivre aujourd'hui plus loin sa route ; tel abri que vous seriez content d'atteindre par une nuit de tempête, contenant tout l'essentiel d'une maison, et rien du train de maison ; où d'un regard s'embrassent tous les trésors du logis, où pend à sa patère chaque chose nécessaire à l'homme ; à la fois cuisine, office, parloir, chambre à coucher, chambre aux provisions et grenier ; où se peut voir telle chose aussi nécessaire qu'un baril ou une échelle, aussi commode qu'un buffet, et s'entendre le pot bouillir ; où vous pouvez présenter vos respects au feu qui cuit votre dîner ainsi qu'au four qui cuit votre pain ; une maison dont les meubles et ustensiles indispensables sont les principaux ornements ; d'où l'on ne bannit la lessive, ni le feu, ni la bourgeoise, et où il arrive qu'on vous prie de vous écarter de la trappe si la cuisinière descend à la cave, grâce à quoi vous apprenez où le sol est solide ou creux au-dessous de vous sans frapper du pied. Une maison dont l'intérieur est tout aussi ouvert, tout aussi manifeste qu'un nid d'oiseau, et où l'on ne peut entrer par la porte de devant pour sortir par la porte de derrière sans apercevoir quelqu'un de ses habitants ; où être un hôte consiste à recevoir en présent droit de cité au logis, non pas à se voir soigneusement exclu de ses sept huitièmes, enfermé dans une cellule à part, et invité à vous y croire chez vous, — en prison cellulaire. De nos jours l'hôte ne vous admet pas à *son* foyer, mais a pris le maçon pour vous en construire un quelque part dans sa ruelle, et l'hospitalité est l'art de vous tenir à la plus grande distance. La cuisine est entourée d'autant de mystère que s'il avait dessein de vous empoisonner. Je sais être allé sur le bien-fonds de plus d'un homme, et que j'aurais pu m'en voir légalement expulsé, mais je ne sache pas être allé en la maison de beaucoup d'hommes. Je pourrais rendre visite sous mes vieux vêtements à un roi et une reine qui vivraient simplement en telle maison que j'ai décrite, si je passais de leur côté; mais sortir à reculons d'un palais moderne sera tout ce que je désirerai apprendre si jamais l'on me pince en l'un d'eux.

On dirait que le langage même de nos parloirs perd de son énergie pour dégénérer tout à fait en *parlote*, tant nos existences passent loin de ses symboles, tant nécessairement ses tropes et métaphores sont apportés de loin, par des passe et monte-plats, pour ainsi dire; en d'autres termes, tant le parloir est loi de la cuisine et de l'atelier. Le dîner même n'est, en général, que la parabole d'un dîner. Comme si le sauvage seul vivait assez près de la Nature et de la Vérité pour leur emprunter un trope. Comment peut le savant, qui habite là-bas dans le territoire du Nord-Ouest ou l'île de Man, dire ce qu'il y a de parlementaire dans la cuisine?

Pourtant, je n'ai guère vu plus d'un ou deux de mes hôtes avoir jamais le courage de rester manger avec moi quelque pudding à la minute; car lorsqu'ils voyaient approcher cette crise, ils préféraient employer la minute à battre en retraite comme si la maison allait en trembler jusqu'en ses fondations. Néanmoins elle résista à un grand nombre de puddings à la minute.

Je ne plâtrai que lorsque le temps fut devenu glacial. À cet effet j'apportai de la rive opposée de l'étang dans un bateau du sable plus blanc et plus propre, genre de transport qui m'eût engagé à aller beaucoup plus loin s'il l'eût fallu. Ma maison, en attendant, s'était vue couverte de bardeaux jusqu'au sol de chaque côté. En lattant, je pris plaisir à me trouver capable d'enfoncer chaque clou d'un simple coup de marteau, et mis mon ambition à transférer le plâtre de l'établi au mur avec autant de propreté que de rapidité. je me rappelai l'histoire d'un garçon prétentieux qui, sous de belles frusques, flânait jadis à travers le village en donnant des conseils aux ouvriers. Se hasardant un jour à passer de la parole à l'action, il retroussa le bas de ses manches, s'empara de l'établi du plâtrier, et après avoir chargé sa truelle sans mésaventure, avec un regard complaisant en l'air vers le lattage, fit dans cette direction un geste hardi, pour, sans plus tarder, à sa parfaite confusion, recevoir le contenu en son sein tuyauté. J'admirai de nouveau l'économie et la commodité du plâtrage, qui non seulement interdit accès au froid de façon si efficace, mais prend un beau fini, et appris les divers accidents auxquels est exposé le plâtrier. Je fus surpris de voir à quel point les briques avaient soif, qui n'attendirent pas, pour en absorber toute l'humidité, que j'eusse égalisé mon plâtre, et ce qu'il faut de seaux d'eau pour baptiser un nouveau foyer. J'avais, l'hiver précédent, fabriqué une petite quantité de chaux en brûlant les coquilles de l'*Unio fluviatilis*, que produit notre rivière, pour le plaisir de l'expérience ; de sorte que je savais d'où provenaient mes matériaux. J'eusse pu me procurer de bonne pierre à chaux à moins d'un mille ou deux et procéder à sa cuisson moi-même, pour peu que je m'en fusse soucié.

L'étang, sur ces entrefaites, avait crémé dans les baies les plus ombreuses et les moins profondes, quelques jours sinon quelques semaines avant la congélation générale. La première glace, dure, sombre et transparente, est tout particulièrement intéressante et parfaite ; elle présente en outre la meilleure occasion qui s'offre jamais d'examiner le fond en sa partie la plus élevée, car vous pouvez vous étendre de tout votre long sur de la glace dont l'épaisseur ne dépasse pas un pouce, comme un insecte patineur sur la surface de l'eau, pour à loisir étudier le fond, à deux ou trois pouces seulement de distance, comme une peinture derrière une glace, et l'eau, nécessairement, toujours alors est dormante. Le sable y présente maints sillons indiquant qu'un être a voyagé de côté et d'autre pour revenir sur ses pas; et, en guise d'épaves, il est jonché de fourreaux de vers *caddis* formés de menus grains de quartz blanc. Il se peut que ce soient eux qui l'aient fripé, car l'on trouve de leurs fourreaux dans les sillons, tout profonds et larges qu'ils soient à faire pour ces animaux. Mais la glace elle-même se voit l'objet du plus vif intérêt, quoiqu'il vous faille saisir la plus prochaine occasion pour l'étudier. Si vous l'examinez de près le matin qui suit une gelée, vous découvrez que la plus grande partie des bulles d'air, qui tout d'abord paraissaient être dedans, sont contre la surface inférieure, et que continuellement il en monte d'autres du fond; c'est-à-dire que tant que la glace est restée jusqu'ici relativement solide et sombre, vous voyez l'eau au travers. Ces bulles sont d'un quatre-vingtième à un huitième de pouce de diamètre, très claires et très belles, et l'on y voit le reflet de son visage à travers la glace. Il peut y en avoir trente ou quarante au pouce carré. Il y a aussi déjà dans la glace même des bulles étroites, oblongues, perpendiculaires, d'un demi-pouce environ de long, cônes pointus au sommet en l'air; ou plus souvent, si la glace est tout à fait récente, de toutes petites bulles sphériques, l'une directement au-dessus de l'autre, en rang de perles. Mais ces bulles intérieures ne sont ni aussi nombreuses ni aussi apparentes que celles du dessous. Il m'arrivait parfois de lancer des pierres sur la glace pour en essayer la force, et celles qui passaient au travers, y portaient avec elles de

l'air, qui formait au-dessous de fort grosses et fort apparentes bulles blanches. Un jour que je revenais au même
endroit à quarante-huit heures d'intervalle, je m'aperçus
que ces grosses bulles étaient encore parfaites, quoique la
glace eût épaissi d'un pouce, comme me permit de le constater clairement la soudure au tranchant d'un morceau.
Mais les deux jours précédents ayant été fort chauds, sorte
d'été de la Saint-Martin, la glace n'avait plus pour le
moment cette transparence qui laissait voir la couleur vert
sombre de l'eau ainsi que le fond, mais était opaque et
blanchâtre ou grise, et, quoique deux fois plus épaisse, ne
se trouvait guère plus forte qu'auparavant, car les bulles
d'air s'étant largement gonflées sous l'influence de cette
chaleur et fondues ensemble, avaient perdu leur régularité ; elles n'étaient plus droit l'une au-dessus de l'autre,
mais souvent comme des pièces d'argent répandues hors
d'un sac, l'une en partie superposée sur l'autre, ou en minces
écailles comme si elles occupaient de légers clivages. C'en
était fini, de la beauté de la glace, et il était trop tard pour
étudier le fond. Curieux de savoir la position que mes
grosses bulles occupaient par rapport à la glace nouvelle,
je brisai un morceau de cette dernière, lequel en contenait
une de taille moyenne, et le tournai sens dessus dessous.
La glace nouvelle s'était formée autour de la bulle et sous
elle, de sorte que celle-ci se trouvait retenue entre les deux
glaces. Elle était tout entière dans la glace de dessous,
mais tout contre celle de dessus, et de forme aplatie, ou
peut-être légèrement lenticulaire, à tranche arrondie, d'un
quart de pouce d'épaisseur sur quatre pouces de diamètre ;
et je fus surpris de m'apercevoir que juste au-dessous de
la bulle la glace était fondue avec une grande régularité
en forme de soucoupe renversée, à la hauteur de cinq
huitièmes de pouce au milieu, ne laissant là qu'une mince
séparation entre l'eau et la bulle, d'à peine un huitième de
pouce d'épaisseur ; en maints endroits, les petites bulles

de la séparation avaient crevé par en bas, et il n'y avait probablement pas de glace du tout sous les plus grandes bulles, qui avaient un pied de diamètre. Je conclus que le nombre infini de toutes petites bulles que j'avais d'abord vues contre la surface inférieure de la glace avaient maintenant gelé dedans pareillement, et que chacune, selon sa force, avait opéré comme un verre ardent sur la glace de dessous pour la fondre et la pourrir. Ce sont là les petits canons à air comprimé qui contribuent à faire craquer et geindre la glace.

Enfin l'hiver commença pour de bon, juste au moment où je venais d'achever mon plâtrage, et le vent se mit à hurler autour de la maison comme si jusqu'alors on ne l'y eût autorisé. Nuit sur nuit les oies s'en venaient d'un vol lourd dans l'obscurité avec un bruit de trompette et un sifflement d'ailes, même après que le sol se fut recouvert de neige, les unes pour s'abattre sur Walden, les autres d'un vol bas rasant les bois dans la direction de Fair-Haven, en route pour le Mexique. Plusieurs fois, en revenant du village à dix ou onze heures du soir, il m'arriva d'entendre le pas d'un troupeau d'oies, ou encore de canards, sur les feuilles mortes dans les bois le long d'une mare située derrière ma demeure, mare où ces oiseaux étaient venus prendre leur repas, et le faible «honk» ou couac de leur guide tandis qu'ils s'éloignaient en hâte. En 1845, Walden gela d'un bout à l'autre pour la première fois la nuit du vingt-deux décembre, l'Étang de Flint et autres étangs de moindre profondeur ainsi que la rivière étant gelés depuis dix jours ou davantage; en 46, le seize; en 49, vers le trois; et en 50, vers le vingt-sept décembre; en 52, le cinq janvier; en 53, le trois décembre. La neige couvrait déjà le sol depuis le vingt-cinq novembre, et mettait soudain autour de moi le décor de l'hiver. Je me retirai encore plus au fond de ma coquille, faisant en sorte d'entretenir bon feu dans ma maison comme dans ma poitrine. Mon occupation au-dehors maintenant était de ramasser le bois mort dans la forêt, pour l'apporter dans mes mains ou sur mes épaules, quand je ne traînais pas un pin mort sous chaque bras jusqu'à mon hangar. Une vieille clôture de forêt, qui avait fait son temps, fut pour moi de bonne prise. Je la sacrifiai à Vulcain, car c'en était fini pour elle de servir le dieu Terme. Combien l'événement est plus intéressant du souper de l'homme qui vient de sortir dans la neige pour chercher, non, vous pouvez dire voler, le combustible destiné à la cuisson de ce souper! Suaves, alors, ses aliments. Il y a assez de fagots et de bois perdu de toute espèce dans les forêts qui ceignent la plupart de nos villes, pour entretenir nombre de feux, mais qui actuellement ne chauffent personne, et suivant certains, nuisent à la croissance du jeune bois. Il y avait aussi le bois flottant de l'étang. Au cours de l'été j'avais découvert tout un train de billes de pitchpin, avec l'écorce, clouées ensemble par les Irlandais lors de la construction du chemin de fer. Je le tirai en partie sur la rive. Après deux années d'immersion, puis six mois de repos au sec, il était parfaitement sain, quoique saturé d'eau passé toute possible dessiccation. Je m'amusai un jour d'hiver à le faire glisser morceau par morceau à travers l'étang, sur presque un demi-mille d'étendue, en patinant derrière avec l'extrémité d'une bille de quinze pieds de long sur l'épaule, l'autre extrémité portant sur la glace; ou je réunis plusieurs billes ensemble à l'aide d'un lien de bouleau, puis avec un lien de bouleau ou d'aulne plus long muni d'un crochet, leur fis exécuter le même parcours. Quoique entièrement saturées d'eau et presque aussi lourdes que du plomb, non seulement elles brûlèrent longtemps, mais firent un excellent feu; bien plus, je crus qu'elles brûlaient d'autant mieux que trempées, comme si le goudron, emprisonné par l'eau, brûlât plus longtemps, ainsi que dans une lampe.

Gilpin, dans son exposé des riverains de forêts d'Angleterre, déclare que «les empiètements des contrevenants, et les maisons et clôtures ainsi élevées sur les lisières de la forêt, «étaient» considérés comme de véritables fléaux par l'ancienne loi forestière, et sévèrement punis sous le nom de *pourpretures*, comme contribuant «*ad terrorem ferarum — ad nocumentum forestæ*», etc., à l'épouvante du gibier et la détérioration de la forêt. Mais j'étais plus intéressé à la conservation de la venaison et du couvert que les chasseurs ou les bûcherons, tout autant que si j'eusse été le Lord Warden[1] en personne; et s'en trouvât-il brûlée quelque partie, alors que moi-même y avais mis le feu par accident, que j'en témoignais un chagrin de plus de durée et plus inconsolable que celui des propriétaires; que dis-je, je m'affligeais s'il m'arrivait de voir les propriétaires eux-mêmes y porter la hache. Je voudrais que nos fermiers, lorsqu'ils abattent une forêt, ressentent un peu de cette crainte respectueuse que ressentaient les premiers Romains lorsqu'ils en venaient à éclaircir quelque bocage sacré (*lucum conlucare*), ou à y laisser pénétrer la lumière, c'est-à-dire croient qu'elle est consacrée à quelque dieu. Le Romain faisait une offrande expiatoire, et formulait cette prière: «Quelque dieu ou déesse sois-tu, à qui ce bocage est consacré, sois-moi propice, ainsi qu'à ma famille, à mes enfants, etc.»

La valeur que l'on accorde encore au bois, même à cette époque-ci et dans ce pays neuf, est à remarquer, — une valeur plus immuable et plus universelle que celle de l'or. Après toutes nos découvertes et inventions nul homme ne passera indifférent devant un tas de bois. Il nous est aussi précieux qu'il l'était à nos ancêtres saxons et normands.

1. Warden signifie «gardien».

S'ils en faisaient leurs arcs, nous en faisons nos crosses de fusil. Michaux[1], il y a plus de trente ans, déclare que le prix du bois de chauffage à New York et à Philadelphie «égale presque, et quelquefois surpasse, celui du meilleur bois à Paris, quoiqu'il en faille annuellement à cette immense capitale plus de trois cent mille cordes, et qu'elle soit entourée, sur un rayon de trois cents milles, de plaines cultivées». En cette commune-ci le prix du bois monte presque de façon constante, et toute la question est : combien coûtera-t-il de plus cette année que l'an passé. Les ouvriers et les commerçants qui s'en viennent en personne à la forêt sans autre but, sont sûrs d'assister à la vente de bois, et de payer même fort cher le privilège de glaner après le bûcheron. Il y a maintenant nombre d'années que les hommes hantent la forêt en quête de combustible et de matériaux pour les arts : le Néo-Anglais et le Néo-Hollandais, le Parisien et le Celte, le fermier et Robin Hood, Goody Blake et Harry Gill[2], dans presque toutes les parties du monde le prince et le paysan, le lettré et le sauvage, demandent encore également à la forêt quelques branches pour les chauffer et pour cuire leurs aliments. Non plus qu'eux ne m'en passerais-je.

Il n'est pas d'homme qui ne regarde son tas de bois avec une sorte d'amour. J'aimais avoir le mien devant ma fenêtre, et plus il y avait de copeaux, plus cela me rappelait de bonnes journées de travail. Je possédais une vieille hache que nul ne revendiquait, avec laquelle par moments les jours d'hiver, du côté ensoleillé de la maison, je m'amusais autour des souches que j'avais tirées de mon champ de haricots. Comme mon homme en charrette l'avait prophétisé le jour où je labourais, elles me chauffaient deux

---

1. François André Michaux (1770-1855), botaniste français, fut chargé de diverses explorations aux États-Unis pour le compte de la France.
2. Titre d'un poème de Wordsworth.

fois, d'abord lorsque je les fendais, ensuite lorsqu'elles étaient sur le feu, de sorte que nul combustible n'eût pu fournir plus de chaleur. Pour ce qui est de la hache, je reçus le conseil de la faire repasser par le forgeron du village ; mais je me passai de lui, et l'ayant munie d'un manche en noyer tiré des bois, la fis aller. Si elle était émoussée, du moins était-elle bien en main.

Quelques tronçons de pin gras constituaient un véritable trésor. Il est intéressant de se rappeler ce que recèlent encore de cet aliment du feu les entrailles de la terre. Les années précédentes j'étais allé souvent en chercheur d'or sur quelque versant dépouillé, jadis occupé par un bois de pitchpins, en extirper les racines de pin gras. Elles sont presque indestructibles. Des souches vieilles de trente ou quarante ans au moins, auront encore le cœur sain, alors que l'aubier aura passé à l'état de terre végétale, comme on le voit aux écailles de l'écorce épaisse qui forme un anneau à ras de terre, distant de quatre on cinq pouces du cœur. Avec la hache et la pelle vous explorez cette mine, et suivez la réserve de moelle, jaune comme de la graisse de bœuf, ou comme si vous étiez tombé sur une veine d'or, enfoncée dans la terre. Mais en général j'allumais mon feu avec les feuilles mortes de la forêt, mises en réserve par moi sous mon hangar avant l'arrivée de la neige. L'hickory frais finement fendu fait l'allume-feu du bûcheron, lorsque ce dernier campe dans les bois. De temps en temps je m'en procurais un peu. Lorsque les villageois allumaient leurs feux par-delà l'horizon, moi aussi je faisais savoir aux divers habitants sauvages de la vallée de Walden, grâce à la banderole de fumée qui sortait de ma cheminée, que je veillais.

> *Light-winged Smoke, Icarian bird,*
> *Melting thy pinions in thy upward flight,*
> *Lark without song, and messenger of dawn,*

Circling above the hamlets as thy nest;
Or else, departing dream, and shadowy form
Of midnight vision, gathering up thy skirts;
By night star-veiling, and by day
Darkening the light and blotting out the sun;
Go thou my incense upward from this hearth;
And ask the gods to pardon this clear flame[1].

Le bois tout vert, frais coupé, quoique j'en use peu, servait mieux qu'aucun autre mes desseins. Il m'arrivait parfois, dans les après-midi d'hiver, de laisser un bon feu en partant pour me promener; et, lorsque je rentrais, trois ou quatre heures plus lard, je le retrouvais encore vif et flambant. Ma maison n'était pas restée vide quoique je m'en fusse allé. On eût dit que j'avais laissé derrière moi quelque joyeux gardien. C'était moi et le Feu qui vivions là; et généralement mon gardien se montrait fidèle. Un jour, cependant, que j'étais en train de fendre du bois, l'idée me vint de jeter un simple coup d'œil à la fenêtre pour voir si la maison n'était pas en feu; c'est la seule fois que je me rappelle avoir ressenti une inquiétude particulière à ce sujet; je regardai donc et vis qu'une étincelle avait atteint mon lit, sur quoi j'entrai et l'éteignis au moment où elle venait de faire un trou déjà grand comme la main. Mais ma maison occupait un emplacement si ensoleillé, si abrité, et son toit si bas était, que je ne connus

1. Vers de l'auteur. Emerson les déclarait meilleurs qu'aucuns de Simonides.
   Fumée légère, ailée, oiseau icarien,
   Qui dissipes ta plume au cours de ton essor,
   Alouette sans chanson, messagère de l'aube,
   Survolant les hameaux où tu sais ton nid;
   Rêve, encore, qui s'éloigne, et fantôme indistinct
   De vision nocturne, ramassant les voiles;
   La nuit, masquant l'étoile, et, le jour,
   Brunissant la lumière, effaçant le soleil;
   Va, mon encens, monte de ce foyer,
   Demande aux dieux pardon de cette claire flamme.

pas de jour d'hiver au milieu duquel je ne pusse me permettre de laisser le feu s'éteindre.

Les taupes nichaient dans mon cellier, grignotant une pomme de terre sur trois, et même là trouvant à faire un lit douillet d'un peu de crin resté après le plâtrage et de papier d'emballage; car il n'est pas jusqu'aux animaux les plus agrestes qui tout autant que l'homme n'aiment le confort et la chaleur; et s'ils survivent à l'hiver, ce n'est que grâce aux mesures de précaution qu'ils prennent. Certains de mes amis semblaient dire que si je venais dans les bois, c'était pour y geler. L'animal, lui, se contente de faire un lit, qu'il chauffe de son corps dans un endroit abrité; mais l'homme, ayant découvert le feu, renferme de l'air dans un appartement spacieux, et le chauffe, au lieu de se voler lui-même, en fait son lit, dans lequel il peut se mouvoir dépouillé, de plus encombrant vêtement, maintenir une sorte d'été au cœur de l'hiver, au moyen de fenêtres même admettre la lumière, et grâce à une lampe prolonger le jour. Ainsi fait-il un pas ou deux au-delà de l'instinct, et ménage-t-il un peu de temps pour les beaux-arts. Quoique tout mon corps, lorsque je m'étais trouvé de longues heures exposé aux plus rudes rafales, commençât à s'engourdir, dès que j'atteignais la clémente atmosphère de ma maison je ne tardais pas à recouvrer mes facultés, et prolongeais ma vie. Mais l'homme le plus luxueusement abrité n'a sous ce rapport guère d'orgueil à en tirer, pas plus que nous n'avons à nous mettre en peine de méditer sur la façon dont peut la race humaine finir par disparaître. Il serait aisé de lui trancher le fil n'importe quand à l'aide d'un petit souffle du nord un peu plus aigu. Nous continuons à prendre date de Vendredis Glacés[1] et de Grandes Neiges; mais il suffirait d'un vendredi un peu

---

1. Le vendredi auquel l'auteur fait allusion fut le 10 janvier 1810, dont ses aînés, à Concord, avaient gardé le souvenir.

plus glacé, ou d'une neige un peu plus grande, pour mettre un terme à l'existence de l'homme sur le globe.

L'hiver suivant je me servis d'un petit fourneau de cuisine par économie, puisque je ne possédais pas la forêt ; mais il ne conservait pas le feu aussi bien que la grande cheminée. La cuisine fut alors, la plupart du temps, non plus un procédé poétique, mais simplement un procédé chimique. On ne tardera pas à oublier, en ce temps de fourneaux économiques, que nous avions coutume de cuire les pommes de terre sous la cendre, à la mode indienne. Le fourneau non seulement prenait de la place et portait odeur dans la maison, mais il dissimulait le feu, et c'était comme si j'eusse perdu un compagnon. On peut toujours voir un visage dans le feu. Le travailleur, en y plongeant le regard le soir, purifie ses pensées des scories et de la poussière terrestre qu'elles ont accumulées durant le jour. Or je ne pouvais plus m'asseoir pour regarder dans le feu, et ces paroles appropriées d'un poète me revinrent avec une force nouvelle :

> *Never, bright flame, may be denied to me*
> *Thy dear, life imaging, close sympathy.*
> *What but my hopes shot upward e'er so, bright?*
> *What but my fortunes sunk so low in night?*
>
> *Why art thou banished from our hearth and hall,*
> *Thou who art welcomed and beloved by all?*
> *Was thy existence then too fanciful*
> *For our life's common light, who are so dull?*
> *Did thy bright gleam mysterious conserve hold*
> *With our congenial souls? secrets too bold?*
>
> *Well, we are safe and strong, for now we sit*
> *Beside a hearth where no dim shadows flit,*
> *Where nothing cheers nor saddens, but a fire*

Warms feet and hands — nor does to more aspire;
By whose compact utilitarian heap
The present may sit down and go to sleep,
Nor fear the ghosts who from the dim past walked,
And with us by the unequal light of the wood fire talked[1].

---

1. Ellen H. Hooper, *Le Feu de bois.*
    Jamais, brillante flamme, à moi ne soit ravie
    Ta sympathie étroite, où s'image la vie.
    Rien sinon mes espoirs jaillit-il si brillant?
    Rien sinon mes destins sombra-t-il plus avant?
    Du foyer et du hall pourquoi t'a-t-on bannie,
    Toi de tous saluée ardente et gente amie?
    Ton existence était trop romanesque aussi
    Pour notre basse vie où l'on se sent transi?
    Ta lueur nourrissait quelque secret commerce
    Avec nos âmes sœurs? quelque entente perverse?

    Soit, eh bien, sains, saufs, forts, nous voici nous asseoir
    Au foyer où nulle ombre ne dansera ce soir,
    Où rien ne réjouit, n'attriste, mais du feu
    Chauffera pieds et mains — sans penser que c'est peu;
    Près de quel tas compact, aveugle, utilitaire,
    Le présent peut s'étendre et dormir, qui digère,
    Sans peur des revenants mus de l'obscur passé,
    Dont la voix s'accordait au feu de bois sensé.

PREMIERS HABITANTS
ET VISITEURS D'HIVER

Je fis tête à de joyeuses tempêtes de neige, et passai d'heureuses soirées d'hiver au coin du feu, pendant que la neige tourbillonnait follement dehors, et que jusqu'au hululement du hibou, tout se taisait. Durant des semaines je ne rencontrai en mes promenades que ces gens qui de temps à autre venaient couper du bois pour l'emporter au village sur un traîneau. Les éléments, toutefois, me secondèrent dans le tracé d'un sentier à travers la plus épaisse neige des bois, car une fois que j'y avais passé, le vent poussait les feuilles de chêne dans mes traces, où elles se logeaient, et en absorbant les rayons du soleil faisaient fondre la neige, de sorte que non seulement mes pieds y gagnaient un tapis sec, mais que dans la nuit leur ligne sombre me servait de guide. En fait de société humaine je dus évoquer les premiers habitants de ces parages. Au souvenir de maints de mes concitoyens la route près de laquelle se dresse ma maison a retenti du rire et du bavardage d'habitants, et les bois qui la bordent portèrent l'encoche et la tache de leurs petits jardins et demeures, quoique beaucoup plus alors qu'aujourd'hui elle fût enserrée par la forêt. En certains endroits, à mon propre souvenir, les pins raclaient des deux côtés à la fois le cabriolet au passage, et les femmes comme les enfants qui étaient obligés de suivre cette route pour aller à Lincoln seuls et à pied, ne le faisaient pas sans peur, souvent accomplissaient au pas de course une bonne partie du chemin. Tout humble route qu'elle fût, conduisant aux villages voisins, ou destinée à l'attelage du bûcheron, elle amusait le voyageur jadis plus qu'aujourd'hui par sa variété, et lui restait plus longtemps dans la mémoire. Où du village aux bois s'étendent à l'heure qu'il est des plaines de terre ferme stagnait alors un marais d'érables sur un fond de troncs d'arbres, dont les restes sans doute supportent encore la grand-route poudreuse actuelle, de la Ferme Stratton, aujourd'hui la Ferme de l'Hospice, au Mont Brister.

À l'est de mon champ de haricots, de l'autre côté de la chaussée, habitait Caton Ingraham, esclave de Duncan Ingraham, Esquire, gentilhomme du village de Concord, qui fit bâtir une maison pour son esclave, et lui donna permission d'habiter dans les Bois de Walden ; — Cato, non pas Uticensis, mais Concordiensis. Certains prétendent que c'était un nègre de Guinée. Il en est pour se rappeler son petit lopin de terre parmi les noyers, qu'il laissait pousser pour le jour où il serait vieux et en aurait besoin ; mais ce fut un spéculateur plus jeune et plus blanc qui finit par les avoir. Lui aussi, toutefois, occupe à présent une maison d'égale étroitesse. Le trou de cave à demi oblitéré de Caton subsiste encore, bien que peu connu, caché qu'il est au passant par une bordure de pins. Maintenant le vinaigrier (*Rhus glabra*) le remplit, et l'une des plus précoces espèces de verge d'or (*Solidago stricta*) y croît en abondance.

Ici, au coin même de mon champ, encore plus près de la ville, Zilpha, femme de couleur, possédait sa petite maison, où elle filait le lin pour les bourgeois, faisant retentir de ses chants stridents les Bois de Walden, attendu que sa voix était aussi forte que remarquable. Au cours de la guerre de 1812 son logis finit par être incendié par les soldats anglais, prisonniers sur parole, pendant qu'elle était sortie, et son chat, son chien, ses poules, tout brûla de compagnie. Dure fut sa vie, et quasi inhumaine. Un vieil habitué de ces bois-ci se rappelle que passant devant la maison, certain midi, il l'entendit se murmurer à elle-même par-dessus le glou-glou de sa marmite : « Vous n'êtes que des os, des os ! » J'ai vu là des briques au milieu du taillis de chênes.

Plus bas sur la route, à main droite, sur le Mont Brister, habitait Brister Freeman, « un nègre adroit », jadis esclave de sieur Cummings, — là où croissent encore les pommiers que Brister planta et soigna ; de gros vieux arbres aujourd'hui, mais leur fruit encore sauvage et quelque peu pomme à cidre à mon goût. Il n'y a pas longtemps que j'ai lu son épitaphe dans le vieux cimetière de Lincoln, un peu sur le côté, près des tombes sans inscription de quelques grenadiers britanniques tombés dans la retraite de Concord, — où il est dénommé « Sippio Brister », Scipion l'Africain eût-on pu l'appeler, — « homme de couleur », comme s'il était décoloré. Elle me dit aussi, à renfort de lettres majuscules, la date de sa mort ; façon détournée de m'apprendre qu'il ait jamais vécu. Avec lui demeurait Fenda, son hospitalière épouse, qui disait la bonne aventure, encore que de façon plaisante, — forte, ronde, noire, plus noire que nul des enfants de la nuit, un orbe tel qu'il ne s'en éleva jamais de plus obscur sur Concord avant ni depuis.

Plus loin, en bas de la colline, à gauche, sur l'ancienne route tracée dans les bois, se voient les vestiges de quelque concession de la famille Stratton ; dont le verger couvrait jadis tout le versant du Mont Brister, mais depuis longtemps a été tué par les pitchpins, sauf quelques souches, dont les vieilles racines fournissent encore les sauvageons de maint arbre prospère de village.

Plus près de la ville, on arrive au lot de Breed, de l'autre côté du chemin, juste sur la lisière du bois ; lieu fameux par les tours d'un démon sans nom défini dans la vieille

mythologie, qui a joué un rôle aussi marquant que stu-
péfiant dans notre existence de la Nouvelle-Angleterre, et
mérite, autant que tout autre personnage mythologique,
de voir écrite un jour sa biographie ; qui d'abord arrive
sous les traits d'un ami ou d'un homme à gages, pour
ensuite voler et assassiner toute la famille, — le Rhum de
la Nouvelle-Angleterre. Mais il n'appartient pas encore à
l'histoire de raconter toutes les tragédies qui se sont jouées
ici. Que le temps intervienne dans une certaine mesure
pour les patiner et leur prêter une teinte d'azur ! Ici la
tradition la plus vague et la plus douteuse raconte que
jadis s'élevait une taverne ; le puits est le même qui
tempéra le breuvage du voyageur et rafraîchit sa monture.
Ici donc des hommes se saluaient, écoutaient et racon-
taient les nouvelles, puis passaient leur chemin.

La hutte de Breed était encore debout il y a une douzaine
d'années, quoique depuis longtemps inoccupée. Elle avait
à peu près la dimension de la mienne. De jeunes malfai-
sants y mirent le feu, un soir d'élection, si je ne me trompe.
J'habitais alors à la lisière du village et venais de succom-
ber sur le Gondibert de Davenant, cet hiver où je souffris
de léthargie, — ce que, soit dit en passant, je ne sus jamais
si je devais regarder comme un mal de famille, ayant un
oncle qui s'endort en se rasant, et est obligé d'égermer des
pommes de terre dans une cave le dimanche pour se tenir
éveillé et observer le sabbat, ou comme la conséquence de
ma tentative de lire sans en rien omettre le recueil de poésie
anglaise de Chalmers. Il dompta bel et bien mes Nervii[1].
Je venais de laisser tomber ma tête sur celui-ci lorsqu'on
sonna au feu, et qu'en chaude hâte, les pompes passèrent
par là, précédées d'une troupe éparse d'hommes et de
gamins, moi au premier rang, car j'avais sauté le ruisseau.
Nous croyions que c'était très au sud, de l'autre côté des

---

1. Shakespeare, *Jules César*, acte III, sc. 2.

bois, — nous qui ne courrions pas au feu pour la première
fois — grange, boutique, ou maison d'habitation, sinon le
tout ensemble. «C'est la grange à Baker», cria quelqu'un.
«C'est au domaine Codman», affirma un autre. Sur quoi
de nouvelles étincelles de s'élever au-dessus du bois, comme
si le toit s'effondrait, et nous tous de crier : «Concord, à la
rescousse!» Des chariots passèrent à bride abattue et sous
une charge écrasante, portant, peut-être, entre autres
choses, l'agent de la compagnie d'assurances, dont le devoir
était d'aller aussi loin que ce fût; et de temps en temps la
cloche de la pompe à incendie tintait derrière, d'un son
plus lent et plus assuré, pendant que tout à l'arrière-garde,
comme on se le dit à l'oreille plus tard, venaient ceux qui
avaient mis le feu et donné l'alarme. Ainsi continuâmes-
nous d'aller en vrais idéalistes, rejetant l'évidence de nos
sens, jusqu'au moment où, à un coude de la route, entendant le crépitement et sentant pour de bon la chaleur du
feu venue pardessus le mur, nous comprîmes, hélas! que
nous y étions. La simple proximité de l'incendie suffit à
refroidir notre ardeur. Tout d'abord nous songeâmes à
lui jeter dessus une mare à grenouilles; mais finîmes par
décider de le laisser brûler, tant pour être allés si loin
c'était peu de chose. Sur quoi nous fîmes le cercle autour
de notre pompe, nous entrepoussâmes des coudes, expri-
mâmes nos sentiments à l'aide de porte-voix, ou sur un
ton plus bas rappelâmes les grandes conflagrations dont le
monde avait été témoin, y compris la boutique de Bascom;
et, entre nous, nous pensions qu'eussions-nous été là à
propos avec notre «baquet», et une pleine mare à proximité, nous pouvions convertir cette suprême et universelle
conflagration annoncée en un nouveau déluge. Finalement nous nous retirâmes sans commettre de dégât, —
retournâmes au sommeil et à Gondibert. Or, pour ce qui
est de Gondibert, j'excepterais ce passage de la préface
sur l'esprit qui est la poudre de l'âme, — «mais la majeure

partie de l'humanité est tout aussi étrangère à l'esprit que le sont les Indiens à la poudre ».

Il arriva la nuit suivante que passant à travers champs par là, vers la même heure, et entendant partir de cet endroit une plainte étouffée, je m'approchai dans l'obscurité, pour découvrir le seul survivant de la famille que je connaisse, l'héritier à la fois de ses vertus et de ses vices, le seul qu'intéressât cet incendie, couché sur le ventre, et qui regardait par-dessus le mur de la cave les braises encore ardentes au-dessous, en grommelant tout bas, à son habitude. Il avait passé la journée à travailler au loin dans les marais qui bordent la rivière, et avait profité des premiers moments qu'il pouvait dire à lui pour visiter la demeure de ses pères et de sa jeunesse. Il fouilla des yeux la cave de tous les côtés et de tous les points de vue l'un après l'autre, toujours en se couchant pour ce faire comme s'il fût là quelque trésor, dont il eût souvenance, caché entre les pierres, où n'était absolument rien qu'un tas de briques et de cendres. La maison disparue, il en regardait ce qui restait. Il se sentit consolé par la sympathie qu'impliquait ma présence, et me montra, autant que l'obscurité le permettait, l'endroit où le puits était recouvert ; lequel, Dieu merci, ne pouvait avoir brûlé ; et il marcha longtemps à tâtons autour du mur pour trouver la potence que son père avait coupée et montée, cherchant de la main le crochet ou crampon de fer par lequel avait été fixé un poids à la lourde extrémité, — tout ce à quoi il pouvait aujourd'hui se raccrocher, pour me convaincre qu'il ne s'agissait pas d'une vulgaire perche. Je la tâtai, et la remarque encore presque quotidiennement en mes promenades, car à elle demeure attachée l'histoire d'une famille.

Jadis encore, à gauche, là où se voient le puits et les buissons de lilas près du mur, dans ce qui est maintenant la pleine campagne, habitaient Nutting et Le Grosse. Mais retournons vers Lincoln.

Plus loin dans les bois que nul de ceux-ci, là où la route se rapproche le plus près de l'étang, Wyman le potier s'était établi squatter, approvisionnait ses concitoyens en objets de terre cuite, et laissa des descendants pour lui succéder. Aucuns ne furent riches au regard des biens de ce monde, tenant la terre par tolérance tout le temps qu'ils vécurent ; et souvent s'en venait là le shérif en vain pour le recouvrement des impôts, qui se contentait de « saisir quelque broutille » pour la forme, comme je l'ai lu dans ses comptes, attendu qu'il n'était là rien autre sur quoi mettre la main. Un jour de plein été, alors que je sarclais, un homme qui portait toute un charretée de poterie au marché, arrêta son cheval en face de mon champ et s'enquit de Wyman le jeune. Il lui avait acheté, il y avait longtemps, une roue de potier, et désirait savoir ce qu'il était devenu. J'avais bien lu quelque chose à propos de terre à potier et de roue de potier dans la Bible, mais jamais il ne m'était venu à l'esprit que les pots dont nous nous servons n'étaient pas ceux que nous avait transmis intacts ce temps-là, ou ne poussaient pas sur les arbres comme les calebasses, et je fus heureux d'apprendre qu'un art si plastique fût toujours en honneur dans mon voisinage.

Le dernier habitant de ces bois avant moi était un Irlandais, Hugli Quoil, qui occupait le logement de Wyman, le colonel Quoil, comme on l'appelait. La rumeur le faisait passer pour avoir été soldat à Waterloo. S'il eût vécu je lui eusse fait recommencer ses batailles. Il avait pour métier ici celui de terrassier. Napoléon s'en alla à Sainte-Hélène ; Quoil s'en vint aux Bois de Walden. Tout ce que je sais de lui est tragique. C'était un homme de belles manières, comme quelqu'un qui avait vu le monde, et capable de plus de langage civil que vous n'en pouviez écouter. Il portait un paletot en plein été, souffrant du delirium tremens, et il avait le visage de la couleur du carmin. Il mourut sur la route au pied du Mont Brister peu de temps après ma venue dans les bois, de sorte que je ne l'ai pas rappelé comme voisin. Avant que sa maison fût démolie, au temps où ses camarades évitaient celle-ci comme «un castel maudit», je la visitai. Là gisaient ses vieux vêtements froncés par l'usage, comme si ce fût lui-même, sur son lit de planches surélevé. Sa pipe reposait brisée sur le foyer, en guise de vase brisé sur la source[1]. Ce dernier, à tout prendre, n'eût pu être le symbole de sa mort, car il me confessa que quoique ayant entendu parler de la Source de Brister, il ne l'avait jamais vue ; et des cartes souillées, rois de carreau, de pique, de cœur, semaient le plancher. Certain poulet noir, dont l'«administrateur[2]» ne put se saisir, noir comme la nuit et comme elle silencieux, ne caquetant même pas, attendant Renard, alla encore se jucher dans la pièce voisine. Par-derrière se voyait le vague contour d'un jardin, qui bien que semé n'avait jamais reçu son premier coup de sarcloir, rapport à ces terribles accès de tremblement, tout alors au temps de la moisson qu'on fût. Il était, en fait de fruit, infesté d'armoise et d'herbe aux teigneux, qui, cette dernière, colla ses graines à mes vêtements pour tout fruit. La peau d'une marmotte était fraîche étendue au dos de la maison, trophée de son dernier Waterloo, mais de casquette chaude ou de mitaine plus n'aurait-il besoin.

Aujourd'hui, seule une empreinte dans la terre marque l'emplacement de ces habitations, avec les pierres de la cave ensevelies, et les fraisiers, les framboisiers, les noisetiers et les sumacs qui poussent là dans l'herbe ensoleillée ; quelque pitchpin ou chêne noueux occupe ce qui était l'enfoncement de la cheminée, et peut-être un bouleau noir embaumé se balance-t-il où était le pas de la porte.

1. *L'Ecclésiaste*, XII, 7.
2. Personnage désigné par la cour pour administrer les biens d'une personne morte.

Parfois l'empreinte du puits est visible, où jadis filtrait une source ; aujourd'hui herbe sèche et sans larmes ; ou bien fut-il profondément recouvert — à ne se découvrir d'ici un jour lointain — d'une pierre plate sous l'herbe, quand s'en alla le dernier de la race. Quel geste mélancolique ce doit être, — le recouvrement du puits ! coïncidant avec l'ouverture du puits de larmes. Ces empreintes de caves, comme des terriers de renards abandonnés, vieux trous, sont tout ce qui reste où régnaient jadis le bruit et l'agitation de la vie humaine, et où « le destin, le libre arbitre, la prescience absolue[1] », sous telle ou telle forme, en tel ou tel dialecte, se voyaient tour à tour discutés. Mais tout ce que je peux savoir de leurs conclusions se réduit à ceci, que « Caton et Brister arrachaient la laine[2] » ; ce qui est à peu près aussi édifiant que l'histoire de plus fameuses écoles de philosophie.

Toujours pousse le lilas vivace une génération après que la porte, le linteau et le seuil ont disparu, ouvrant ses fleurs parfumées au retour du printemps, pour s'offrir à la main du passant rêveur ; planté et soigné jadis par des mains d'enfants, dans les plates-bandes de la cour de devant, — aujourd'hui debout contre des pans de mur dans des pâturages écartés, et cédant la place à des forêts naissantes ; — le dernier de cette race, seul survivant de cette famille. Guère ne pensaient les petits moricauds que la chétive bouture à deux yeux seulement, qu'ils piquèrent dans le sol à l'ombre de la maison et quotidiennement arrosèrent, prendrait de telles racines, et leur survivrait, ainsi qu'à la maison elle-même, dans l'arrière-cour qui l'abritait, comme au jardin et au verger de l'homme adulte, pour raconter vaguement leur histoire au passant solitaire

---

1. Milton, *Paradis perdu*.
2. La laine *arrachée* à la peau des moutons morts a moins de valeur que celle qui provient de la tonte des moutons vivants.

un demi-siècle après qu'ils seraient devenus adultes et seraient morts, — fleurissant aussi loyalement, sentant aussi bon, qu'en ce premier printemps. Je remarque ses couleurs encore tendres, civilisées, riantes, ses couleurs lilas.

Mais ce petit village, germe de quelque chose de plus, pourquoi déclina-t-il alors que Concord tient bon? Les avantages naturels y faisaient-ils défaut, — pas de privilèges d'eau, hein! Oui, le profond Étang de Walden et la fraîche Source de Brister, — le privilège d'y boire de longues et saines gorgées, tout cela non mis à profit par ces hommes, sinon pour délayer leur verre. C'était une race réputée pour sa soif. Le commerce du panier, du balai d'écurie, la fabrication du paillasson, le grillage du maïs, le filage du lin, et la poterie n'eussent-ils donc pu prospérer ici, faire fleurir comme rose la solitude[1], et une postérité nombreuse hériter du pays de ses pères? Le sol stérile eût au moins été à l'épreuve d'une dégénérescence de terrain bas. Hélas! combien peu le souvenir de ces hôtes humains rehausse la beauté du paysage! Peut-être la Nature tentera-t-elle encore un essai, avec moi pour premier colon, et ma maison élevée au printemps dernier pour être la plus ancienne du hameau.

Je ne sache pas qu'aucun homme ait jamais construit à l'endroit que j'occupe. Ne me parlez pas d'une ville bâtie sur l'emplacement d'une ville plus ancienne, dont les matériaux sont des ruines, dont les jardins sont des cimetières. Le sol y est blanchi et maudit, et avant qu'en vienne la nécessité, la terre elle-même sera détruite. C'est de telles réminiscences que je repeuplai les bois et me berçai pour m'endormir.

Toute cette saison-là il fut rare que j'eusse un visiteur. Lorsque la neige était le plus épaisse il se passait toute une

---

1. Esaïe, XXXV, 1.

semaine sinon deux sans qu'un promeneur s'aventurât
près de ma maison, mais j'y vécus aussi chaudement
qu'une souris des champs, ou que le bétail et la volaille
qu'on dit avoir survécu longtemps enfouis dans des tourbillons, même sans nourriture ; ou comme la famille de ce
colon des premiers jours en la ville de Sutton, dans cet
État-ci, dont la maisonnette, complètement recouverte par
la grande neige de 1717, alors qu'il était absent, fut retrou-
vée par un Indien grâce au trou que l'haleine de la cheminée avait fait dans le tourbillon, ce qui sauva la famille.
Mais nul Indien ami ne s'émut à mon sujet ; et point n'en
avait-il besoin, attendu que le maître de la maison était
chez lui. La Grande Neige ! Comme c'est gai d'en entendre
parler ! Lorsque les fermiers ne pouvant atteindre les bois
ni les marais avec leurs attelages, étaient obligés d'abattre
les arbres servant d'ombrage à leurs maisons, et la croûte
devenue plus dure, coupaient les arbres dans les marais à
dix pieds du sol, comme il apparut au printemps suivant.

En temps de fortes neiges, le sentier que je suivais pour
venir de la grand-route à ma maison, long d'un demi-mille
environ, eût pu se représenter par une ligne pointillée
et sinueuse, avec de larges intervalles entre les points.
Pendant une semaine de temps invariable je fis exactement le même nombre de pas, et de la même longueur, au
retour et à l'aller, posant le pied de propos délibéré et avec
la précision d'un compas dans mes propres et profondes
traces, — à telle routine l'hiver nous ramène, — encore
que souvent elles fussent remplies du propre bleu du ciel.
Mais nul temps ne mettait un arrêt fatal à mes promenades, ou plutôt mes sorties, car il m'arrivait fréquemment de faire huit ou dix milles dans la plus profonde
neige pour être exact au rendez-vous avec un hêtre, ou un
bouleau jaune, ou quelque vieille connaissance parmi les
pins ; lorsque la glace et la neige faisant s'affaisser leurs
branches, et de la sorte aiguisant leurs cimes, avaient

changé les pins en sapins ; me frayant un chemin jusqu'aux sommets des plus hautes collines lorsque la neige avait près de deux pieds d'épaisseur en terrain plat, et me faisant choir sur la tête une nouvelle avalanche à chaque pas ; ou parfois rampant et pataugeant jusque-là sur les mains et les genoux lorsque les chasseurs avaient gagné leurs quartiers d'hiver. Un après-midi je m'amusai à guetter une chouette barrée (*Strix nebulosa*) perchée sur l'une des basses branches mortes d'un pin Weymouth, près du tronc, en plein jour, moi debout à moins d'une verge d'elle. Elle pouvait m'entendre remuer et faire craquer la neige avec mes pieds, mais non distinctement me voir. À un summum de bruit, elle allongeait le cou, en hérissait les plumes et ouvrait tout grands les yeux ; mais leurs paupières ne tardaient pas à retomber, et elle se mettait à sommeiller. Moi aussi me sentis soumis à une influence soporifique après l'avoir épiée une demi-heure, tandis qu'elle restait là les yeux à demi ouverts, comme un chat, frère ailé dit chat. Il ne restait qu'une étroite fente entre les paupières, par laquelle elle conservait un rapport péninsulaire avec moi ; là, les yeux mi-clos, regardant du pays des rêves, et tâchant de se faire une idée de moi, vague objet ou atome qui interrompait ses visions. À la fin, sur quelque bruit plus accusé ou mon approche plus prononcée, la voici tourner avec malaise et indolence sur son perchoir, comme impatientée de voir ses rêves troublés ; et lorsqu'elle prit le large, battit des ailes à travers les pins, donnant à celles-là une envergure inattendue, je ne pus en entendre sortir le moindre bruit. C'est ainsi que guidée à travers les grosses branches des pins plutôt par un sentiment délicat de leur voisinage que par la vue, tâtant d'une aile sensible, pour ainsi dire son chemin crépusculaire, elle trouva un nouveau perchoir, où pouvoir attendre en paix l'aurore de son jour à elle.

En marchant le long de la longue chaussée construite

pour le chemin de fer à travers les marais, il m'arriva plus d'une fois d'aller à l'encontre d'un vent impétueux et mordant, car nulle part n'a-t-il plus libre carrière ; et le gel m'avait-il frappé sur une joue, que, tout païen que je fusse, je lui présentais l'autre aussi. Il n'en allait pas mieux le long de la route carrossable qui vient du Mont Brister. Car je me rendais à la ville, comme un Indien ami, encore que le contenu des grands champs découverts fût amoncelé entre les murs de la route de Walden, et qu'il suffît d'une demi-heure pour effacer les traces du dernier voyageur. Et quand je m'en revenais, de nouveaux amas s'étaient formés, à travers quoi je peinais, là où le vent actif du nord-ouest était venu déposer la neige poudreuse autour de quelque angle aigu de la route, sans qu'une trace de lapin, pas même la fine empreinte, le petit caractère, d'une souris des champs, fût visible. Encore m'arrivait-il rarement de ne pas trouver, même au cœur de l'hiver, quelque marais tiède et tout jaillissant de sources, où le gazon et le chou-putois[1] croissaient encore avec une perpétuelle fraîcheur, où il se pouvait qu'un oiseau plus intrépide attendît le retour du printemps.

Quelquefois, en dépit de la neige, quand je m'en revenais de ma promenade le soir, je croisais les traces profondes d'un bûcheron, partant de ma porte, trouvais sa pile de copeaux sur le foyer, et ma maison remplie de l'odeur de sa pipe. Ou quelque après-midi de dimanche, étais-je par hasard au logis, que j'entendais le croquant de la neige sous les pas d'un fermier de bon sens, lequel, venu de loin par les bois, cherchait ma maison, en quête d'un « bout de causette » — un des rares de son métier qui soient « hommes sur leurs fermes », qui revêtent la blouse au lieu de la robe du professeur, et soient tout aussi prêts à extraire la morale de l'Église ou de l'État qu'à haler une charretée de fumier

---

1. Le symplocarpe fétide.

de leur cour. Nous causions des temps rudes et simples où les hommes, l'esprit lucide, s'asseyaient autour de grands feux par le froid tonifiant ; et tout autre dessert fît-il défaut, que nous exercions nos dents sur mainte noix depuis longtemps abandonnée par les prudents écureuils, attendu que celles qui ont les coquilles les plus épaisses sont généralement vides.

Celui qui venait de plus loin à ma hutte, bravant les plus épaisses neiges et les plus lugubres tempêtes, était un poète[1]. Un fermier, un chasseur, un soldat, un reporter, voire un philosophe, peuvent se déconcerter ; mais rien n'arrête un poète, car ce qui le pousse, c'est le pur amour. Qui saurait prédire ses allées et venues ? Son affaire l'appelle dehors à toute heure, même à celle où dorment les médecins. Nous fîmes retentir cette petite maison de bruyante gaieté et résonner du murmure de maint entretien sérieux, dédommageant alors la vallée de Walden de longs silences. Broadway[2] était muette et déserte en comparaison. À de convenables intervalles partaient des salves régulières de rire, qu'on eût pu tout aussi bien rattacher à la dernière plaisanterie lâchée qu'à celle qui allait venir. Nous faisions, « tout battant neuve », mainte théorie de la vie par-dessus un plat de gruau, lequel unissait les avantages de la convivialité à la clarté d'esprit que requiert la philosophie.

Je ne devrais pas oublier que durant mon dernier hiver à l'étang je connus un autre et bienvenu visiteur[3], qui à travers le village, à travers neige, pluie, ténèbres, jusqu'à ce qu'il vît ma lampe à travers les arbres, vint à certain moment partager avec moi de longues soirées d'hiver. Un des derniers philosophes — le Connecticut le donna au monde, — il commença par en colporter les marchandises,

1. Channing.
2. Broadway, la grand-rue de New York.
3. Amos Bronson Alcott, philosophe et conférencier.

après quoi, suivant ce qu'il déclare, sa propre cervelle. Cette dernière, il la colporte encore, insufflant Dieu et faisant honte à l'homme, ne portant pour fruit que cette cervelle, telle la noix son amande. Je le prends pour l'homme de plus de foi qui soit au monde. Ses paroles comme son attitude toujours supposent un meilleur état de choses que celui dont les autres hommes sont instruits, et ce sera le dernier homme à décevoir au cours des siècles. Il n'a aucun enjeu dans le présent. Mais quoique relativement dédaigné aujourd'hui, quand son heure viendra, des lois insoupçonnées de la plupart s'accompliront, et les chefs de famille comme les gouvernants viendront à lui en quête de conseil.

How blind that cannot see serenity[1].

Un véritable ami de l'homme — presque le seul ami du progrès humain. Une Vieille Mortalité[2] — dites plutôt, une Immortalité — doué d'une patience et d'une foi inlassables rendant évidente l'image imprimée dans le corps des hommes, le Dieu de qui ils sont, mais en monuments dégradés et penchants. De son intelligence hospitalière il embrasse enfants, gueux, déments, savants, et accueille la pensée de tous, y ajoutant d'ordinaire ampleur et élégance. Je crois qu'il devrait tenir sur la grand-route du monde un caravansérail, où les philosophes de toutes nations pourraient descendre, et que sur son enseigne devrait être imprimé : « On reçoit l'homme, mais non sa bête. Entrez, vous de loisir et de quiet esprit, qui cherchez sérieusement la vraie route. » C'est peut-être l'homme le plus sain d'esprit, et le moins affligé de lubies, de tous ceux que je me trouve connaître — le même hier et demain. Au temps

---

1. « Qu'aveugle qui ne peut voir la sérénité ! »
2. Allusion au personnage des *Puritains d'Écosse*, de Walter Scott, vieillard qui parcourt l'Écosse, nettoyant et rendant lisibles les inscriptions des tombes abandonnées et qui porte ce surnom.

jadis nous avions flâné et jasé, et mis une fois pour toutes
le monde derrière nous; car il n'y était engagé vis-à-vis
d'aucune institution, né libre, *ingenuus*. De quelque côté
que nous nous tournions, il semblait que les cieux et la
terre se fussent rencontrés, puisqu'il rehaussait la beauté
du paysage. Un homme enrobé de bleu, avant pour toit
véritable le ciel dont la voûte reflète ça sérénité. Je ne vois
pas comment il pourrait mourir — la Nature ne peut se
passer de lui.

En possession chacun de quelques bardeaux de pensée
bien secs, nous nous asseyions pour les tailler, éprouvant
nos couteaux, et admirant le beau grain jaunâtre du pin
citrouille. Nous avancions si doucement et avec tant de
révérence, ou ramions de conserve avec tant d'aisance,
que les poissons de pensée ne fuyaient pas effarouchés le
courant plus que ne craignaient de pêcheur à la ligne sur
la rive, mais circulaient noblement, comme les nuages qui
flottent dans le ciel du couchant, et les flocons nacrés qui
parfois s'y forment et dissolvent. Là nous travaillions,
revoyant la mythologie, arrondissant une fable par-ci
par-là, et bâtissant dans les airs des châteaux pour lesquels
la terre n'offrait pas de dignes fondations. Grand Spectateur! Grand Attendeur! avec qui l'entretien était un conte
des *Mille et Une Nuits* de la Nouvelle-Angleterre! Ah! la
conversation que nous avions, ermite et philosophe, et le
vieux colon dont j'ai parlé, — nous trois, — elle élargissait
et faisait craquer ma petite maison; je n'oserais dire le
poids qu'avait à supporter la pression atmosphérique par
pouce circulaire; elle ouvrait ses jointures au point qu'il
fallait après cela les calfater à renfort de torpeur pour
arrêter la filtration consécutive; — mais j'avais en suffi-
sance de ce genre d'étoupe déjà épluchée.

Il en était un autre[1] avec qui je passai de « solides

---

1. Ralph Waldo Emerson.

moments», à se rappeler longtemps, dans sa maison du village, et à qui il arrivait d'entrer chez moi en passant; mais c'était tout, comme société là.

Là aussi, comme partout, j'attendis, parfois le Visiteur qui ne vient pas. Le Purana de Vichnou dit: «Le maître de maison doit rester le soir dans sa cour le temps que demande une vache à traire, ou plus longtemps s'il lui plaît pour attendre l'arrivée d'un hôte.» Je me suis souvent acquitté de ce devoir d'hospitalité, ai attendu le temps de traire tout un troupeau de vaches, mais n'ai point vu l'homme s'en venir de la ville.

ANIMAUX D'HIVER

Quand les étangs étaient solidement pris, leur surface offrait non seulement de nouvelles et plus courtes routes vers différents points, mais de nouveaux aspects du décor familier de leur entour. Traversais-je l'Étang de Flint une fois que la neige l'avait recouvert, que tout en l'ayant souvent parcouru de la pagaie et du patin, il me semblait tout à coup si vaste, si étrange, que je ne pensais plus qu'à la Baie de Baffin. Les monts Lincoln s'élevaient autour de moi à l'extrémité d'une plaine de neige, dans laquelle je ne me rappelais pas m'être jamais encore tenu ; et les pêcheurs, à une distance indéterminable sur la glace, en leurs lents mouvements avec leurs chiens à l'aspect de loups pouvaient passer pour des pêcheurs de phoques ou des Esquimaux, et par temps de brume s'estompaient comme des êtres fabuleux, dont je n'eusse su dire si c'étaient des géants ou des pygmées. Je prenais par là pour aller le soir faire une conférence à Lincoln, sans suivre une seule route ni passer devant une seule maison entre ma propre hutte et la salle de conférences. Dans l'Étang de l'Oie, qui se trouvait sur mon chemin, habitait une colonie de rats musqués, lesquels élevaient leurs cases haut au-dessus de la glace, quoiqu'il ne s'en montrât pas un dehors lorsque je le traversais. Walden se trouvant comme les autres en général dépourvu de neige, ou rien que semé par-ci par-là d'amas légers, était ma cour où je pouvais me promener librement lorsque la neige avait ailleurs, en terrain plat, près de deux pieds d'épaisseur, et que les villageois étaient confinés dans leurs rues. Là, loin de la rue de village et, sauf à de très longs intervalles, loin du tintement des sonnettes de traîneaux, je glissais et patinais, comme dans quelque grand parc à élans bien foulé, sous la menace des bois de chêne et des pins solennels surchargés de neige ou hérissés de glaçons.

Pour bruits dans les nuits d'hiver, et souvent dans les jours d'hiver, j'entendais les accents désolés mais mélodieux d'un duc indéfiniment loin ; un bruit comme celui que produirait la terre gelée sous le coup d'un plectrum convenable, la *lingua vernacula* même du Bois de Walden, à moi devenue tout à fait familière, quoique jamais il ne m'arrivât de voir l'oiseau pendant qu'il le produisait. Rare le soir d'hiver où j'ouvris ma porte sans l'entendre. *Houou, houou, houou, hououreu houou,* faisait-il d'une voix sonore, et les trois premières syllabes prononçaient quelque chose comme *how der do*[1] ; ou parfois seulement *houou houou.* Un soir, au début de l'hiver, avant que l'étang fût tout entier pris, vers neuf heures, je tressaillis à l'éclatant coup de trompette d'une oie, et, m'avançant sur la porte, entendis le bruit de leurs ailes tel une tempête dans les bois en leur vol bas au-dessus de ma maison. Elles passèrent au-dessus de l'étang dans la direction de Fair-Haven, apparemment empêchées de se poser par ma lumière, leur commodore ne cessant de trompeter avec un battement d'ailes régulier. Tout à coup un incontestable grand-duc, de tout près derrière moi, entreprit, de la voix la plus discordante et la plus formidable que j'aie jamais entendue de la part d'un habitant des bois, de répondre à l'oie à intervalles réguliers, comme résolu à dénoncer et décré-

---

1. Pour : *How do you do ?* — Comment allez-vous ?

diter cet intrus de la Baie d'Hudson en montrant une plus grande portée comme un plus fort volume de voix chez un indigène, pour finalement le *hou-houer* hors de l'horizon de Concord. Qu'est-ce qui vous prend d'alarmer la citadelle en cette heure de nuit à moi consacrée ? Croyez-vous que jamais on me surprit à sommeiller à cette heure-là, et que je n'aie poumons ni larynx tout autant que vous ? *Bou-houou, Bou-houou, Bou-houou !* Ce fut l'une des plus perçantes discordes qu'il m'ait jamais été donné d'entendre. Et cependant, pour une oreille fine, il y avait dedans les éléments d'une concorde comme jamais ces campagnes n'en virent ni n'entendirent.

J'ouïs aussi la huée de la glace sur l'étang, mon grand camarade de lit en ce quartier de Concord, qu'on eût dit inquiet en son sommeil et désireux de se retourner — tourmenté par des flatuosités et de mauvais rêves ; ou bien j'étais réveillé par le craquement du sol sous l'effet de la gelée, comme si l'on eût poussé un attelage contre ma porte, pour, au matin, trouver dans la terre une crevasse longue d'un quart de mille et large d'un tiers de pouce.

Il m'arrivait d'entendre les renards en leurs courses errantes sur la croûte de neige, par les nuits de lune, en quête d'une gelinotte ou autre gibier, aboyer âprement et de façon démoniaque, tels des chiens de forêt, comme si vraiment ils prenaient de la peine, ou chercher de l'expression, se débattre pour la lumière et pour se montrer chiens tout de suite, afin de courir librement par les rues ; car si nous prenons les siècles pour nous, ne peut-il exister une civilisation en cours parmi les bêtes aussi bien que parmi les hommes ? Ils me faisaient l'effet d'hommes rudimentaires, d'hommes à terriers, encore sur la défensive, en attente de transformation. Parfois l'un d'eux s'en venait près de ma fenêtre, attiré par ma lumière, aboyait quelque imprécation vulpine à mon adresse, et battait en retraite.

D'habitude l'écureuil rouge (*Sciurus hudsonius*) m'éveillait à l'aube par ses courses sur le toit et du haut en bas des parois de la maison, comme s'il eût été envoyé des bois pour cela. Dans le courant de l'hiver je jetai un demi-boisseau d'épis de maïs, qui n'avaient pas mûri, sur la croûte de neige, là, près de ma porte, et m'amusai à épier les mouvements des divers animaux qu'il attirait. Au crépuscule et la nuit les lapins venaient régulièrement s'offrir un cordial repas. Tout le jour les écureuils rouges allaient et venaient, et leurs manœuvres m'offraient moult agrément. Il en approchait un d'abord avec prudence à travers les chênes arbrisseaux, courant sur la croûte de neige par sauts et par bonds comme une feuille que roule le vent, quelques pas tantôt par ici, avec une célérité et un gaspillage d'énergie surprenants, jouant de ses « trotteurs » avec une hâte inconcevable, comme s'il se fût agi d'un pari, et tout autant de pas tantôt par là, mais sans jamais avancer de plus d'une demi-verge à la fois ; puis soudain faisant une pause avec une expression comique et après une pirouette inutile, comme si dans l'univers tous les yeux fussent braqués sur lui, — car il n'est pas un mouve-ment de l'écureuil, même dans les plus solitaires retraites de la forêt, qui, tout comme ceux d'une danseuse, ne laisse supposer des spectateurs, — perdant plus de temps en délais et circonspection qu'il en eût suffi pour couvrir l'entière distance au pas, — je n'en ai jamais vu aller au pas, — puis subitement, avant que vous ayez eu le temps de dire ouf, le voilà à la cime d'un jeune pitchpin en train de remonter son horloge et de gourmander tous les specta-teurs imaginaires, de se livrer à un soliloque et de parler à tout l'univers en même temps, — sans nul motif qu'il m'ait jamais été possible de découvrir, ou dont lui-même ait eu conscience, je soupçonne. Enfin, il atteignait le maïs, et choisissant l'épi convenable, gagnait tout sémillant à la même allure incertaine et trigonométrique le morceau le plus élevé de ma pile de bois, devant ma fenêtre, d'où il me regardait dans les yeux, et où il restait des heures, se pourvoyant d'un nouvel épi de temps à autre, qu'il grigno-tait d'abord avec voracité, et dont il jetait çà et là les rafles à demi dépouillées; jusqu'au moment où, devenu encore plus difficile, il jouait avec son manger, se contentant de goûter à l'intérieur du grain, et où l'épi, tenu d'une seule patte en équilibre sur le morceau de bois, échappait à sa prise insouciante pour tomber sur le sol, où il le lorgnait avec une expression comique d'incertitude, comme s'il lui soupçonnait de la vie, l'air de ne savoir s'il irait le reprendre, ou en chercher un autre, ou partirait; tantôt pensant au maïs, tantôt prêtant l'oreille à ce qu'apportait le vent. C'est ainsi que le petit impudent personnage gas-pillait maint épi dans un après-midi; jusqu'à ce que pour finir, s'en saisissant d'un plus long et plus dodu, beaucoup plus gros que lui, et le balançant avec adresse, il prît la route des bois, comme un tigre avec un buffle, à son allure en zigzag et sans omettre les mêmes fréquentes pauses, grattant de son fardeau tout du long la terre comme s'il fût trop lourd pour lui, et tombant tout le temps, faisant de sa chute une diagonale entre une perpendiculaire et une horizontale, déterminé coûte que coûte à mener l'affaire à bien — gaillard singulièrement frivole et fantasque; ainsi s'en allait-il avec en son logis, peut-être le porter à la cime d'un pin distant de quarante ou cinquante verges, pour qu'ensuite je trouve les rafles éparpillées dans les bois en toutes directions.

À la fin les geais arrivent, dont les cris discordants s'en-tendaient longtemps à l'avance, étant donné qu'ils pous-saient leur approche avec précaution dès la distance d'un huitième de mille, et furtivement, pourrait-on dire, comme en rampant, voltigent d'arbre en arbre, de plus en plus près, picorant les grains que les écureuils ont laissés choir. Alors perchés sur une branche de pitchpin, ils tentent d'avaler en leur hâte un grain trop gros pour leur gorge et qui les étouffe, après grand labeur le dégorgent, et passent une heure en efforts pour le casser à coups répétés de leur bec. C'étaient manifestement des voleurs, et je n'avais pas grand respect pour eux ; tandis que les écureuils, quoique tout d'abord timides, s'y mettaient comme s'il s'agissait de leur bien.

Entre-temps s'en venaient aussi les mésanges par vols, qui ramassant les miettes que les écureuils avaient laissées tomber, allaient se percher sur le plus prochain rameau, où, les plaçant sous leurs griffes, elles les piochaient de leurs petits becs, comme s'il se fût agi d'un insecte dans l'écorce, jusqu'à ce qu'ils fussent suffisamment réduits pour la gracilité de leurs gorges. Un léger vol de ces mésanges venait chaque jour picorer un dîner à même ma pile de bois, ou les miettes à ma porte, avec de petits cris timides, rapides et zézayants, un peu le tintement des glaçons dans l'herbe, ou encore avec d'espiègles *day*, *day*, *day*, ou plus rarement, dans les journées printanières, quelque effilé *phi-bi* d'été parti du côté du bois. Elles se montraient si familières qu'un beau jour l'une d'elles s'abattit sur une brassée de bois que je rentrais et se mit à becqueter les morceaux sans crainte. J'eus une fois un pinson perché sur l'épaule durant un moment tandis que je bêchais dans un jardin de village, et tirai de l'affaire plus d'honneur que de n'importe quelle épaulette. Les écureuils eux-mêmes finirent par se familiariser tout à fait, et ne se gênaient pas pour marcher sur mon soulier si c'était le chemin le plus court.

Lorsque le sol n'était pas encore complètement caché, comme aussi vers la fin de l'hiver, lorsque la neige avait fondu sur mon versant sud et autour de ma pile de bois, les gelinottes sortaient du couvert matin et soir pour y prendre leur repas. De quelque côté que l'on se promène dans les bois la gelinotte part l'aile bruissante, ébranlant la neige qui, des feuilles sèches et des ramilles, là-haut, tombe tamisée dans les rayons de soleil comme de la poussière d'or, car l'hiver n'effarouche pas le vaillant oiseau. Fréquemment il arrive qu'elle se trouve tout entière recouverte par les tourbillons de neige, et, dit-on, «plonge parfois d'un coup d'aile dans la neige molle, où elle reste cachée un jour ou deux». Je les faisais aussi lever en plaine, où elles étaient venues des bois au coucher du soleil ébourgeonner les pommiers sauvages. Vous les voyez venir régulièrement chaque soir à certains arbres, où le rusé chasseur se tient aux aguets, et les vergers éloignés, voisins des bois, n'en souffrent pas pour un peu. Je suis heureux, en tout cas, que la gelinotte trouve à manger. C'est le véritable oiseau de la Nature, qui vit de bourgeons et de tisanes.

Dans les sombres matins d'hiver, ou les courts après-midi d'hiver, j'entendais parfois une meute de chiens traverser de part en part les bois en plein aboi et plein jappement de chasse, incapables de résister à l'instinct de la poursuite, et le son du cor, à intervalles, prouvant que l'homme suivait. Les bois de nouveau résonnent, sans que nul renard se fasse jour au niveau découvert de l'étang, plus que nulle meute en plein lancer à la poursuite de son Actéon. Et peut-être le soir, vois-je les chasseurs revenir, une simple queue attachée à leur traîneau pour trophée, qui demandent leur auberge. Ils me racontent que si le renard restait caché au sein de la terre gelée il serait sauf, ou que s'il filait en droite ligne, pas un chien ne pourrait le rejoindre; mais a-t-il laissé ses poursuivants loin derrière, qu'il s'arrête pour se reposer et écouter jusqu'à ce qu'ils arrivent, et court-il qu'il tourne en cercle autour de ses vieux repaires, où les chasseurs l'attendent. Parfois, cependant, il suivra le faîte d'un mur un bon nombre de verges pour faire ensuite un large saut de côté, et il paraît savoir que l'eau ne garde pas sa piste. Un chasseur m'a raconté qu'une fois il vit un renard poursuivi par les chiens se faire jour vers Walden alors que la glace était couverte de légères flaques d'eau, courir à travers jusqu'en un certain point, puis revenir à la même rive. Les chiens ne tardèrent pas a arriver, mais ils perdirent la piste. Quelquefois une meute chassant pour elle-même passera devant ma porte, tournera en cercle autour de ma maison et jappera et poursuivra sans tenir compte de moi, comme sous l'empire d'une sorte de folie, au point que rien ne lui ferait lâcher la poursuite. Ainsi tourne-t-elle jusqu'à ce qu'elle tombe sur la piste fraîche d'un renard, car il n'est chien de meute, si sage soit-il, qui n'oublie tout pour cela. Un jour un homme vint de Lexington à ma hutte s'enquérir de son chien, qui avait laissé une grande trace et toute une semaine avait chassé seul. Mais je crains qu'il n'ait guère tiré de lumière de tout ce que je lui dis, car chaque fois que j'essayais de répondre à ses questions il m'interrompait pour me demander : « Qu'est-ce que vous faites ici ? » Il avait perdu un chien, mais trouvé un homme.

Certain vieux chasseur à langue sèche, qui avait coutume de venir se baigner une fois l'an dans Walden quand l'eau était le plus chaude, et en telle occurrence entrait me dire bonjour, me conta qu'il y a un certain nombre d'années il prit son fusil un après-midi et partit en expédition dans le Bois de Walden ; comme il suivait la route de Wayland il entendit aboyer des chiens qui se rapprochaient, et un renard ne tarda pas à sauter du mur sur la route, pour, rapide comme la pensée, sauter de la route par-dessus l'autre mur, sans que sa balle prompte l'eût touché. À quelque distance derrière venaient une vieille chienne de chasse et ses trois petits en pleine poursuite, chassant pour leur propre compte, et qui redisparurent dans les bois. Tard dans l'après-midi, comme il se reposait dans les bois épais qui s'étendent au sud de Walden, il entendit la voix des chiens tout là-bas du côté de Fair-Haven encore à la poursuite du renard ; et voici qu'ils s'en vinrent, et que

leur aboi de chasse, dont résonnaient les bois d'un bout à
l'autre, retentit de plus en plus près, tantôt de Well-Meadow,
tantôt de la Ferme Baker. Longtemps il se tint coi, écou-
tant leur musique, si douce à l'oreille du chasseur, quand
soudain le renard apparut, enfilant les avenues solennelles
à un aisé pas de course que tenait secret un sympathique
bruissement des feuilles, prompt et silencieux, ne perdant
pas un pouce de terrain, laissant ses poursuivants loin
derrière ; et sautant sur un rocher au milieu des bois, il
s'assit tout droit et aux écoutes, le dos tourné au chasseur.
Un moment la compassion retint le bras de ce dernier ;
mais ce fut un sentiment de peu de durée, car aussi vite
qu'une pensée peut en suivre une autre, son fusil s'ajusta,
et *pan* ! le renard roulant de l'autre côté du rocher reposait mort sur le sol. Le chasseur, sans quitter sa place,
écouta les chiens. Encore s'en vinrent-ils, et voici que les
bois voisins, d'un bout à l'autre de leurs avenues, retenti-
rent de l'aboi démoniaque. À la fin la mère chienne apparut, le museau au ras du sol, happant l'air comme une
possédée, qui courut droit au rocher ; mais apercevant le
renard mort, elle cessa soudain d'aboyer, comme frappée
de stupeur, pour en faire et refaire le tour en silence ; et un
a un ses petits arrivèrent, qui, comme leur mère, se turent,
dégrisés par le mystère. Alors le chasseur de s'avancer et
de rester là au milieu d'eux, sur quoi le mystère s'éclaircit.
Ils attendirent en silence pendant qu'il dépouillait le renard,
puis suivirent la queue un moment[1], et à la fin firent demi-
tour pour rentrer dans les bois. Ce soir-là un hobereau de
Weston vint à la maison du chasseur s'enquérir de ses
chiens, et raconta comme quoi depuis une semaine partis
des bois de Weston ils chassaient pour leur propre compte.
Le chasseur de Concord dit ce qu'il savait et lui offrit la
peau ; mais, la déclinant, l'autre partit. Il ne trouva pas ses

---

1. Terme de chasse. On fait sentir la queue du renard aux chiens.

chiens cette nuit-là, mais, le jour suivant, apprit qu'ils avaient traversé la rivière et élu domicile pour la nuit dans une maison de ferme, d'où, bien restaurés, ils prirent congé de bonne heure au matin.

Le chasseur qui me conta cette anecdote se rappelait un nommé Sam Nutting, qui d'ordinaire chassait l'ours sur les hauteurs de Fair-Haven, et en échangeait la peau pour du rhum au village de Concord — lequel lui dit même y avoir vu un élan. Nutting possédait un fameux chien pour le renard appelé Burgoyne, que d'ordinaire mon informateur lui empruntait. Dans le brouillard d'un vieux négociant de cette ville, de plus capitaine, secrétaire de mairie, et député, je trouve l'écriture suivante : « 18 Janv. 1742-3, John Melven Cr. pour 1 Renard Gris 0 — 2 — 3[1] » ; on n'en trouve pas ici en ce moment ; et dans son grand livre, « 7 Fév. 1743, Hezekiah Stratton » est crédité « pour 1/2 peau de cha (*sic*) 0—1—4 1/2 » ; naturellement un chat sauvage, — attendu que Stratton, sergent dans la vieille guerre française, ne se fût point vu crédité pour chasser moins noble gibier. Crédit est accordé en outre pour des peaux de daim, et l'on en vendait quotidiennement. Un homme conserve encore les cornes du dernier daim tué dans ce voisinage-ci, et un autre m'a raconté en ses détails la chasse à laquelle son oncle prit part. Les chasseurs formaient ici jadis une bande aussi nombreuse que joyeuse. Je me rappelle fort bien un Nemrod décharné, qui ramassant une feuille sur le bord de la route en tirait des accents plus déchirants et plus mélodieux, si ma mémoire est fidèle, que n'en peut fournir nul cor de chasse.

À minuit, lorsqu'il y avait de la lune, je rencontrais parfois dans mon sentier des chiens en train de rôder dans les bois, lesquels s'écartaient furtivement de mon chemin,

---

1. Livres, shillings et pence.

comme s'ils avaient peur, et se tenaient silencieux dans les buissons jusqu'à ce que je fusse passé.

Les écureuils et les souris des champs se disputaient ma réserve de noix. Il y avait des douzaines de pitchpins autour de ma maison, d'un à quatre pouces de diamètre, que les souris avaient rongés l'hiver précédent, — un hiver norvégien pour elles, car la neige était étendue et profonde, et elles étaient obligées de mêler une bonne proportion d'écorce de pin à leur autre nourriture. Ces arbres bien vivants étaient apparemment florissants au cœur de l'été, et nombre d'entre eux avaient poussé d'un pied, quoique complètement «charmés»; mais un nouvel hiver une fois passé, tous étaient morts sans exception. Il est remarquable qu'une simple souris se voie de la sorte accorder un arbre entier pour son repas, en le rongeant tout autour au lieu du haut en bas; mais peut-être le faut-il pour éclaircir ces pins, qui généralement croissent serrés.

Les lapins (*Lepus americanus*) étaient très familiers. L'un d'eux cacha son gîte tout l'hiver sous ma maison, le plancher seul le séparant de moi, et ne manquait chaque matin de me faire tressaillir par son prompt départ lorsque je commençais à remuer, — pan, pan, pan, se cognant, en sa hâte, la tête contre les poutres du plancher. Ils venaient d'habitude autour de ma porte au crépuscule ronger les épluchures de pommes de terre que j'avais jetées, et leur couleur se rapprochait tellement de celle du sol qu'à peine les en pouvait-on distinguer lorsqu'ils se tenaient immobiles. Il m'arriva parfois dans le demi-jour de perdre et recouvrer alternativement la vue de l'un d'eux resté sans bouger sous ma fenêtre. Lorsque j'ouvrais ma porte le soir, un cri, un bond, et les voilà partis. À portée de moi ils n'excitaient que ma pitié. Un soir il s'en trouva un assis près de ma porte, à deux pas de moi, tout d'abord tremblant de crainte, sans toutefois vouloir bouger; un pauvre petit être efflanqué, décharné, les oreilles en loques et le nez effilé, la queue chiche et les pattes grêles. On eût dit, à le voir, que la Nature ne renfermât plus la race de plus nobles sangs[1], et se tînt sur la pointe du pied. Ses grands yeux paraissaient jeunes et maladifs, presque hydropiques. J'avançai d'un pas, et, comme sous l'effet d'un ressort, le voici détaler sur la croûte de neige, le corps et les membres bandés en une ligne gracieuse, pour bientôt mettre la forêt entre moi et lui, — libre et sauvage venaison qu'il était, affirmant sa vigueur et la dignité de la Nature. Ce n'était pas pour rien, cette gracilité. Tel était donc son caractère. (*Lepus, levipes,* pied léger, selon d'aucuns.)

Qu'est-ce qu'un pays sans lapins ni gelinottes? Ils sont parmi les produits animaux les plus simples et les plus indigènes; anciennes et vénérables familles connues de l'Antiquité tout aussi bien que des temps modernes; de la teinte même et substance de la Nature, les plus proches alliés des feuilles et du sol, — et l'un de l'autre; c'est ailé ou à quatre pattes. À peine avez-vous vu un être sauvage lorsqu'un lapin ou une gelinotte se lève devant vous, rien qu'un être naturel, ce qu'on peut attendre du bruissement des feuilles. La gelinotte et le lapin sont encore sûrs de prospérer, en tant que vrais indigènes du sol, quelques révolutions qui surviennent. Si l'on coupe la forêt, les rejetons et buissons qui surgissent leur offrent cachette, et ils se multiplient comme jamais. Pauvre pays vraiment qui n'entretient un lièvre. Nos bois fourmillent des deux, et autour de chaque marais on peut voir se promener la gelinotte ou le lapin, cerné de barrières de brindilles et de pièges de crin, sur lesquels veille quelque gardeur de vaches.

---

1. Shakespeare, *Jules César,* acte I, sc. 2.

L'ÉTANG EN HIVER

Après une tranquille nuit d'hiver je m'éveillai avec l'idée confuse qu'on m'avait posé une question, à laquelle je m'étais efforcé en vain de répondre dans mon sommeil, comme quoi — comment — quand — où ? Mais il y avait la Nature en son aube, et en qui vivent toutes les créatures, qui regardait par mes larges fenêtres avec un visage serein et satisfait, sans nulle question sur ses lèvres, à elle. Je m'éveillai à une question répondue, à la Nature et au grand jour. La neige en couche épaisse sur la terre pointillée de jeunes pins, et jusqu'au versant de la colline sur laquelle ma maison est située semblaient me dire : *En Avant !* La Nature ne pose pas de questions, et ne répond à nulle que nous autres mortels lui posions. Elle a, il y a longtemps, pris sa résolution. « Ô Prince, nos yeux contemplent avec admiration et transmettent à l'âme le spectacle merveilleux et varié de cet univers. La nuit voile sans doute une partie de cette glorieuse création ; mais le jour vient nous révéler ce grand ouvrage, qui s'étend de la terre droit là-bas dans les plaines de l'éther. »

Donc, à mon travail du matin. D'abord je prends une hache et un seau et vais à la recherche d'eau, si cela n'est pas un rêve. Après une nuit froide et neigeuse il fallait une baguette divinatoire pour en trouver. Chaque hiver la surface liquide et tremblante de l'étang, si sensible au moindre souffle, où il n'était lumière ni ombre qui ne se reflétât, se fait solide à la profondeur d'un pied ou d'un pied et demi, au point qu'elle supportera les plus lourds attelages; et si, comme il se peut, la neige la recouvre d'une épaisseur égale, on ne la distinguera de nul champ à son niveau. Pareil aux marmottes des montagnes environnantes, il clôt les paupières et s'assoupit pour trois mois d'hiver au moins. Les pieds sur la plaine couverte de neige, comme dans un pâturage au milieu des montagnes, je me fais jour d'abord à travers la couche de neige, puis une couche de glace, et ouvre là en bas une fenêtre, où, en m'agenouillant pour boire, je plonge les yeux dans le tranquille salon des poissons, pénétré d'une lumière qu'on dirait tamisée par une fenêtre de verre dépoli, avec son brillant plancher sablé tout comme en été; là règne une continue et impassible sérénité rappelant le ciel d'ambre du crépuscule, qui correspond au tempérament froid et égal des habitants. Le ciel est sous nos pieds tout autant que sur nos têtes.

De bonne heure le matin, quand tout est croquant de givre, des hommes s'en viennent munis de dévidoirs de pêche et d'un léger déjeuner, puis laissent se dérouler leurs fines lignes à travers le champ de neige pour prendre brocheton et perche; des hommes étranges, qui instinctivement suivent d'autres modes, se fient à d'autres autorités, que leurs concitoyens, et par leurs allées et venues cousent ensemble les communes en des parties où autrement elles se trouveraient coupées. Ils s'associent et mangent leur collation en braves à tous crins sur le lit de feuilles de chêne qui recouvre la rive, aussi graves dans le savoir naturel que l'est le citadin dans l'artificiel. Jamais ils ne consultèrent de livres, et en savent et peuvent conter beaucoup moins qu'ils n'ont fait. Les choses qu'ils mettent en pratique passent pour non encore connues. En voici un qui pêche le brocheton avec une perche adulte pour appât.

Vous regardez ébahi dans son seau comme dans un étang d'été, comme s'il tenait l'été sous clef chez lui, ou savait le lieu de sa retraite. Par quel miracle, dites-moi, s'est-il procuré cela au cœur de l'hiver ? Oh, il a tiré des vers de souches pourries, puisque le sol est gelé, et c'est comme cela qu'il les a pris. Sa vie elle-même passe plus profondément dans la Nature que n'y pénètrent les études du naturaliste, sujet lui-même pour le naturaliste. Le dernier soulève la mousse et l'écorce doucement de son couteau à la recherche d'insectes ; le premier va de sa hache au cœur des souches, et la mousse et l'écorce volent de toutes parts. Il gagne sa vie en écorçant des arbres. Tel homme a quelque droit à pêcher, et j'aime à voir la Nature menée en lui à bonne fin. La perche gobe le ver, le brocheton gobe la perche, et le pêcheur gobe le brocheton ; si bien qu'aucun échelon ne manque à l'échelle de l'existence.

Lorsque je flânais par le brouillard autour de l'Étang de Walden, il m'arrivait de m'amuser du mode primitif adopté par quelque pêcheur plus rude. Il se pouvait qu'il eût placé des branches d'aulnes au-dessus des trous étroits pratiqués dans la glace, distants de quatre on cinq verges l'un de l'autre et à égale distance de la rive, puis qu'ayant attaché l'extrémité de la ligne à un bâton pour l'empêcher d'être entraînée dans le trou, il eût passé la ligne lâche par-dessus une branchette de l'aulne, a un pied au moins au-dessus de la glace et y eût attaché une feuille de chêne morte, laquelle, tirée de haut en bas, indiquerait si cela mordait. Ces aulnes prenaient à travers le brouillard l'apparence de fantômes à de réguliers intervalles, une fois qu'on avait fait le demi-tour de l'étang.

Ah, le brocheton de Walden ! lorsque je le vois reposer sur la glace, ou dans le réservoir que le pêcheur taille dans la glace, en faisant un petit trou pour laisser entrer l'eau, je suis toujours surpris de sa rare beauté, comme s'il s'agissait de poissons fabuleux, tant il est étranger aux rues, même aux bois, aussi étranger que l'Arabie à notre vie de Concord. Il possède une beauté vraiment éblouissante et transcendante, qui le sépare diamétralement de la morue et du haddock cadavéreux dont le mérite se complète par nos rues. Il n'est pas vert comme les pins, ni gris comme les pierres, ni bleu comme le ciel ; mais à mes yeux il a, si possible, des couleurs plus rares encore, tel des fleurs et des pierres précieuses, comme si c'était la perle, le nucléus ou cristal animalisé de l'eau de Walden. Il est, cela va sans dire, Walden tout entier, chair et arête ; est lui-même un petit Walden dans le royaume animal, un Waldenses[1]. Il est surprenant qu'on le prenne ici, — que dans cette profonde et vaste fontaine, loin au-dessous du fracas des attelages et des cabriolets, de la sonnaille des traîneaux, qui suivent la route de Walden, nage ce grand poisson d'or et d'émeraude. Jamais il ne m'est arrivé de voir son espèce sur aucun marché ; il y serait le point de mire de tous les regards. Aisément, en quelques soubresauts convulsifs, il rend son âme aquatique, comme un mortel prématurément passé à l'air raréfié du ciel.

Désireux de retrouver le fond longtemps perdu de l'Étang de Walden, j'inspectai soigneusement celui-ci, avant la débâcle, de bonne heure en 46, avec boussole, chaîne et sonde. On avait raconté maintes histoires à propos du fond, ou plutôt de l'absence de fond, de cet étang, lesquelles certainement n'avaient elles-mêmes aucun fond. C'est étonnant combien longtemps les hommes croiront en l'absence de fond d'un étang sans prendre la peine de le sonder. J'ai visité deux de ces Étangs Sans Fond au cours d'une seule promenade en ces alentours. Maintes gens ont cru que Walden atteignait de part en part l'autre côté du

---

1. Les Waldenses, ou Waldensiens, sur le nom desquels l'auteur ici joue, sont une secte religieuse localisée dans le nord de l'Italie.

globe. Quelques-uns, qui sont restés un certain temps couchés à plat ventre sur la glace pour tâcher de voir à travers l'illusoire medium, peut-être par-dessus le marché avec les yeux humides, et amenés à conclure hâtivement par la peur d'attraper une fluxion de poitrine, ont vu d'immenses trous «dans lesquels on pourrait faire passer une charretée de foin», s'il se trouvait quelqu'un pour la conduire, la source indubitable du Styx et l'entrée aux Régions Infernales en ces parages. D'autres se sont amenés du village armés d'un poids de «cinquante-six» et avec un plein chariot de corde grosse d'un pouce, sans toutefois arriver à trouver le moindre fond ; car tandis que le «cinquante-six» restait en route, ils filaient la corde jusqu'au bout dans le vain essai de sonder leur capacité vraiment incommensurable pour le merveilleux. Mais je peux assurer mes lecteurs que Walden possède un fond raisonnablement étanche, à une non irraisonnable quoique à une inaccoutumée profondeur. Je l'ai sondé aisément à l'aide d'une ligne à morue et d'une pierre pesant une livre et demie environ, et pourrais dire avec exactitude quand la pierre quitta le fond, pour avoir eu à tirer tellement plus fort avant que l'eau se mît dessous pour m'aider. La plus grande profondeur était exactement de cent deux pieds ; à quoi l'on peut ajouter les cinq pieds dont il s'est élevé, depuis, ce qui fait cent sept. Il s'agit là d'une profondeur remarquable pour une si petite surface ; toutefois l'imagination n'en saurait faire grâce d'un pouce. Qu'adviendrait-il si le fond de tous les étangs était à fleur de terre ? Cela ne réagirait-il pas sur les esprits des hommes ? Je bénis le Ciel que cet étang ait été fait profond et pur en manière de symbole. Tant que les hommes croiront en l'infini, certains étangs passeront pour n'avoir pas de fond.

Un propriétaire d'usine entendant parler de la profondeur que j'avais trouvée, pensa que ce ne pouvait être vrai, car, jugeant d'après ses connaissances en matière de digues, le sable ne tiendrait pas à un angle si aigu. Mais les étangs les plus profonds ne sont pas aussi profonds en proportion de leur surface qu'en général on le suppose, et une fois desséchés, ne laisseraient pas de fort remarquables vallées. Ce ne sont pas des espèces de gobelets entre les montagnes; car celui-ci, bien que si extraordinairement profond pour sa surface, ne semble en section verticale passant par son centre, guère plus profond qu'une assiette plate. La plupart des étangs, une fois vidés, ne laisseraient pas une prairie plus creuse que nous ne sommes habitués à en voir. William Gilpin, si admirable en tout ce qui a trait aux paysages, et, en général, si exact, debout à la tête du Loch Fyne, en Écosse, qu'il décrit comme «une baie d'eau salée, de soixante ou soixante-dix brasses de profondeur, de quatre milles de largeur», et d'environ cinquante milles de longueur, entouré de montagnes, fait cette remarque : «Si nous l'avions vu immédiatement après le cataclysme diluvien ou, quelle que soit la convulsion de la Nature qui l'ait produit, avant que les eaux s'y déversent, quel horrible gouffre ce devait paraître!

> *So high as heaved the tumid hills, so low*
> *Down sunk a hollow bottom broad and deep,*
> *Capacious bed of waters*[1].

Mais si, prenant le plus court diamètre du Loch Fyne, nous appliquons ces proportions à Walden, qui, nous l'avons vu, ne se présente déjà en section verticale que comme une assiette plate, il paraîtra quatre fois plus plat. Et voilà pour le *surcroît* d'horreur qu'offrira le gouffre du Loch Fyne lorsqu'on l'aura vidé. Nul doute que plus d'une vallée

---

1. Milton, *Paradis perdu*, I.
   D'autant se sont enflées les collines, d'autant
   S'est creusé un abîme muet, calme, spacieux,
   Vaste lit pour les eaux.

souriante aux champs de blés étendus n'occupe exactement un de ces «horribles gouffres», d'où les eaux se sont
retirées, quoiqu'il faille les connaissances et la clair-
voyance du géologue pour convaincre du fait les popula-
tions qui n'en soupçonnent rien. Souvent un regard
inquisiteur découvrira les rives d'un lac primitif dans les
collines basses de l'horizon, sans qu'il ait été nécessaire
d'un exhaussement postérieur de la plaine pour cacher
leur histoire. Mais il est fort aisé, comme le savent ceux qui
travaillent sur les grand-routes, de découvrir les dépres-
sions aux flaques d'eau qui suivent une averse. Ce qui
revient à dire que l'imagination, lui donne-t-on la moindre
licence, plonge plus profondément et plus haut prend
l'essor que ne fait la Nature. Ainsi, probablement, trou-
vera-t-on la profondeur de l'océan insignifiante en comparaison de sa largeur.

En sondant à travers la glace je pus déterminer la forme
du fond avec plus de précision qu'on ne le peut faire en
levant le plan des ports qui ne gèlent pas d'un bout à
l'autre, et je fus surpris de sa régularité générale. En la
partie la plus profonde il y a plusieurs acres plus unis que
nul champ exposé aux soleil, vent et labour. Par exemple,
sur une ligne arbitrairement choisie, la profondeur ne
variait pas de plus d'un pied en trente verges ; et généralement, près du milieu, je pouvais dans les limites de trois
ou quatre pouces, calculer à l'avance la différence de
déclivité sur chaque étendue de cent pieds pris en n'importe quelle direction. Certaines gens ont accoutumé de
parler de trous profonds et dangereux même dans de tranquilles étangs sablonneux comme celui-ci, mais l'effet de
l'eau, en ces circonstances, est d'aplanir toutes inégalités.
La régularité du fond et sa conformité aux rives comme à
la chaîne des collines voisines étaient si parfaites qu'un
promontoire éloigné se trahissait dans les sondages à
travers tout l'étang, et qu'on pouvait déterminer sa direc-

tion en observant la rive opposée. Le cap devient la barre, la plaine le banc, la vallée et la gorge l'eau profonde et le canal.

Lorsque j'eus dressé la carte de l'étang à l'échelle de dix verges au pouce, et noté les sondages, en tout plus de cent, j'observai cette curieuse coïncidence-ci. M'étant aperçu que le chiffre indiquant la plus grande profondeur était manifestement au centre de la carte, je posai une règle sur cette carte dans le sens de la longueur puis de la largeur, et découvris, à ma surprise, que la ligne de la plus grande longueur coupait la ligne de la plus grande largeur exactement au point de la plus grande profondeur, quoique le milieu soit si près d'être horizontal, que le contour de l'étang soit loin d'être régulier, et que les extrêmes longueur et largeur aient été obtenues en mesurant dans les criques; sur quoi je me dis : Qui sait si cette donnée ne conduirait pas à la plus profonde partie de l'océan aussi bien que d'un étang ou d'une flaque d'eau ? N'est-ce pas la règle aussi pour la hauteur des montagnes, regardées comme l'opposé des vallées ? Nous savons que ce n'est pas en sa partie la plus étroite qu'une montagne est le plus haute.

On observa que sur cinq criques, trois, ou tout ce qui avait été sondé, possédaient une barre de part en part de leurs entrées et de l'eau plus profonde en deçà, de sorte que la baie tendait à être un épanchement d'eau à l'intérieur de la terre non seulement dans le sens horizontal mais dans le sens vertical, et à former un bassin ou un étang indépendant, la direction des deux caps montrant la marche de la barre. Tout port de la côte maritime, de même, possède sa barre à son entrée. En proportion d'une plus grande largeur d'entrée de la crique, comparée à sa longueur, l'eau, de l'autre côté de la barre, était plus profonde, comparée à celle du bassin. Étant donnés, donc, la longueur et la largeur de la crique, ainsi que le caractère du rivage environnant, vous avez en éléments presque de quoi établir une formule pour tous les cas.

Afin de voir jusqu'où je pouvais conjecturer, grâce à cette expérience, le point le plus profond d'un étang par la simple observation des contours de sa surface et du caractère de ses rives, je dressai un plan de l'Étang Blanc, dont l'étendue est d'environ quarante et un acres, et qui, comme celui-ci, ne possède pas d'île, ni de canal visible d'entrée ou de sortie ; et comme la ligne de plus grande largeur tombait tout près de la ligne de plus petite largeur, où deux caps opposés s'approchaient l'un de l'autre et deux baies opposées s'éloignaient, je me risquai à marquer un point à une courte distance de la dernière ligne, mais cependant sur la ligne de plus grande longueur, comme le plus profond. La partie la plus profonde se trouva être à moins de cent pieds de lui, encore plus loin dans la direction vers laquelle j'avais incliné, et n'était que d'un pied plus profonde, à savoir, de soixante pieds. Il va sans dire qu'un courant passant au travers de l'étang, ou la présence d'une île dedans, rendraient le problème beaucoup plus compliqué.

Si nous connaissions toutes les lois de la Nature, nous n'aurions besoin que d'un fait, ou de la description d'un seul phénomène réel, pour tirer toutes les conclusions particulières à ce point. Actuellement nous ne connaissons que quelques lois, et notre conclusion se trouve faussée, non pas, cela va sans dire, par suite de nulle confusion ou irrégularité dans la Nature, mais par suite de notre ignorance des éléments essentiels dans le calcul. Nos notions de loi et d'harmonie sont généralement limitées à ces exemples que nous découvrons ; mais l'harmonie qui résulte d'un beaucoup plus grand nombre de lois apparemment en conflit, et réellement en accord, non par nous découvertes, est encore plus surprenante. Les lois particulières sont comme nos points de vue, de même qu'aux yeux du voyageur un contour de montagne varie à chaque pas et possède un nombre infini de profils, quoique absolument une seule forme. Même entrouverte ou percée de part en part, on ne saisit pas la montagne en sa totalité.

Ce que j'ai observé de l'étang n'est pas moins vrai en morale. C'est la loi de la moyenne. Telle règle que celle des deux diamètres non seulement nous conduit au soleil dans le système et au cœur dans l'homme, mais si prenant un homme vous tirez des lignes en long et en large à travers l'ensemble de ses particulières façons d'agir quotidiennes et ses flots de vie en ses criques et anses, à leur point d'intersection se trouvera la hauteur ou la profondeur de son caractère. Peut-être n'avons-nous besoin que de savoir comment ses rives se dessinent, connaître ses contrées ou conditions adjacentes, pour en inférer sa profondeur et son fond caché. S'il est entouré de conditions montagneuses, d'un rivage achilléen, dont les pics abritent son sein et s'y mirent, elles suggèrent une profondeur correspondante en lui. Mais une rive basse et égale le démontre peu profond de ce côté. En nos corps, un sourcil hardiment saillant surplombe et indique une profondeur correspondante de pensée. De même une barre traverse l'entrée de chacune de nos criques, ou particuliers penchants ; chacune est notre port pour une saison, dans lequel nous sommes retenus et en partie cernés. Ces penchants ne dépendent pas ordinairement du caprice, mais leurs forme, mesure et direction sont déterminées par les promontoires du rivage, les anciens axes d'élévation. Lorsque cette barre se trouve peu à peu renforcée par les tempêtes, marées ou courants, ou qu'il se produit un affaissement des eaux, tellement qu'elle atteint à la surface, ce qui n'était d'abord dans la rive qu'une inclinaison où une pensée recevait asile, devient un lac indépendant, retranché de l'océan, où la pensée abrite ses propres conditions, passe peut-être du salé au doux, devient une mer d'eau douce, une mer morte ou un marécage. À la venue de chaque individu en cette vie, ne pouvons-nous supposer que telle barre s'est levée quelque part à la surface ? C'est vrai, nous sommes de si pauvres navigateurs, que nos pensées, pour la plupart, louvoient sur une côte sans havres, n'ont de rapports qu'avec les courbes des baies de poésie, ou gouvernent sur les ports d'entrée publics, pour gagner les «formes sèches» de la science, où elles se contentent de se radouber pour ce monde, et où nul courants naturels ne concourent à les individualiser.

Quant au canal d'entrée et au canal de sortie de Walden, je n'en ai jamais découvert d'autres que la pluie, la neige et l'évaporation, quoique peut-être, à l'aide d'un thermomètre et d'une ligne, en pourrait-on trouver les emplacements, attendu que c'est là où l'eau se répand dans l'étang qu'il sera probablement le plus froid en été et le plus chaud en hiver. Lorsque les scieurs de glace étaient à l'ouvrage ici en 46-47, les blocs envoyés au rivage furent un jour rejetés par ceux qui les y empilaient, comme n'étant pas assez épais pour reposer côte à côte avec les autres ; et les scieurs découvrirent ainsi que sur un petit espace la glace était de deux ou trois pouces plus mince qu'ailleurs, ce qui les induisit à penser qu'il y avait là un canal d'entrée. Ils me montrèrent en outre dans un autre endroit ce qu'ils prenaient pour «un trou de cuvier», par quoi l'étang filtrait sous une colline dans un marais voisin, me poussant sur un glaçon pour aller voir. Il s'agissait d'une petite cavité sous dix pieds d'eau ; mais je crois pouvoir garantir que l'étang n'a nul besoin de soudure tant qu'on ne trouvera pas de fuite pire que celle-là. On a laissé entendre que si tel «trou de cuvier» se découvrait, sa correspondance avec le marais pourrait se prouver par le transport de poudre colorée ou de sciure de bois à l'orifice du trou, puis l'apposition d'un filtre sur la source dans le marais,

lequel filtre retiendrait quelques-unes des particules char-
riées jusque-là par le courant.

Pendant que je levais mon plan, la glace, qui avait seize
pouces d'épaisseur, ondula sous un vent léger, telle de
l'eau. C'est un fait bien connu qu'on ne peut faire usage
du niveau sur la glace. À une verge de la rive sa plus
grande fluctuation, observée au moyen d'un niveau sur
terre dirigé vers un bâton gradué sur la glace, était de
trois quarts de pouce, quoique la glace parût solidement
attachée à la rive. Elle était probablement plus grande au
milieu. Qui sait si pourvus d'instruments assez délicats
nous ne pourrions découvrir d'ondulation dans la croûte
terrestre? Lorsque deux pieds de mon niveau étaient sur
le rivage et le troisième sur la glace, et que les mires se
trouvaient dirigées par-dessus cette dernière, un soulèvement ou un affaissement de la glace d'une valeur presque
infinitésimale faisait une différence de plusieurs pieds sur
un arbre situé de l'autre côté de l'étang. Lorsque je
commençai à tailler des trous pour le sondage, il y avait
trois ou quatre pouces d'eau sur la glace sous une couche
épaisse de neige qui l'avait fait sombrer d'autant; mais l'eau
se mit immédiatement à couler par ces trous, et continua
de couler deux jours durant en profonds torrents, qui
minaient la glace sur chaque paroi et contribuèrent essentiellement, sinon principalement, à dessécher la surface
de l'étang; car en coulant dedans, l'eau soulevait et faisait
flotter la glace. C'était un peu comme percer un trou dans
la cale d'un navire pour en expulser l'eau. Si ces trous
gèlent, que la pluie survienne et que finalement une nouvelle
congélation forme une glace fraîche et polie par-dessus le
tout, la voilà délicieusement marbrée intérieurement de
sombres figures, un peu en forme de toile d'araignée, ce
qu'on appellerait des rosettes de glace, produites par les
cannelures que forme l'usure de l'eau fluant de tous côtés
vers un centre. Parfois aussi, lorsque la glace était couverte

de minces flaques, j'aperçus de moi une ombre dédoublée, l'une debout sur la tête de l'autre — l'une sur la glace, l'autre sur les arbres ou le versant de la colline.

Pendant que c'est encore le froi janvier, que neige et glace sont épaisses et solides, le prudent propriétaire vient du village s'approvisionner de glace pour rafraîchir son breuvage d'été; sage à impressionner, que dis-je? à toucher, de prévoir la chaleur et la soif de juillet maintenant en janvier, — portant épais manteau et mitaines! quand il est tant de choses dont on ne se pourvoit pas. Il se peut qu'il n'amasse en ce monde-ci nuls trésors destinés à rafraîchir son breuvage d'été dans l'autre. Il taille et scie l'étang massif, découvre de son toit la maison des poissons, charrie ce qui est leur élément et leur air, solidement attaché de chaînes et de piquets, tel du bois de corde, à travers l'atmosphère favorable de l'hiver, jusqu'en des caves hivernales, pour y répondre de l'été. On dirait de l'azur solidifié, tandis qu'elle s'en va, là-bas, traînée de par les rues. Ces bûcherons de la glace sont une joyeuse engeance, amie de la plaisanterie et du jeu, et lorsque je me mêlais à eux, ils m'invitaient à faire en leur compagnie le scieur de long à condition de me tenir dessous, dans la fosse.

Au cours de l'hiver de 46-47 il vint une centaine d'hommes d'origine hyperboréenne, s'abattre un beau matin sur notre étang, avec des charretées d'instruments de fermage d'aspect hétéroclite, traîneaux, charrues, semoirs à roues, tondeuses, bêches, scies, râteaux, et chaque homme armé d'une pique à double fer comme n'en décrivent ni le *New England Farmer* ni le *Cultivator*. Je me demandais s'ils étaient venus semer une récolte de seigle d'hiver, ou quelque autre sorte de grain récemment importé d'Islande. Ne voyant pas d'engrais, j'en conclus qu'ils se proposaient d'écrémer le pays, comme j'avais fait, dans la pensée que le sol était profond et resté assez longtemps en friche. Ils déclarèrent qu'un gentilhomme campagnard, qui restait dans la coulisse, voulait doubler son capital, lequel, si je compris bien, montait à un demi-million déjà; or, pour couvrir chacun de ses dollars d'un autre, il enleva à l'Étang de Walden son unique vêtement, que dis-je! la peau même, au cœur d'un rude hiver. Ils se mirent aussitôt à l'œuvre, labourant, hersant, passant le rouleau, traçant des sillons, dans un ordre admirable, comme si leur but était de faire de la chose une ferme modèle; mais alors que je m'éborgnais à reconnaître quelle sorte de semence ils versaient dans le sillon, une bande de gaillards, de mon côté, se mit tout à coup, d'une certaine secousse, à tirer au croc le terreau vierge carrément jusqu'au sable, ou plutôt jusqu'à l'eau, — car il s'agissait d'un sol tout en sources, — oui, tout ce qu'il y avait de *terra firma*, — pour l'emporter sur des traîneaux, sur quoi je les crus en train de couper de la tourbe dans une fondrière. Ainsi s'en venaient-ils et s'en retournaient-ils chaque jour, à un cri particulier de la locomotive, de et vers quelque point des régions polaires, à ce qu'il me sembla, telle une bande de bruants des neiges arctiques. Mais il arrivait parfois que Père Walden eût sa revanche, qu'un journalier, marchant derrière son attelage, glissât par une crevasse du sol là en bas vers le Tartare, et que celui qui tout à l'heure faisait si bien le fanfaron, soudain ne fût plus que la neuvième partie d'un homme, presque perdît sa chaleur animale, et trop content de trouver refuge en ma maison, reconnût quelque vertu dans un poêle; ou que le sol gelé prît un morceau de fer au soc d'une charrue, ou qu'une charrue se fixât dans le sillon pour n'en sortir qu'à coups de hache.

Pour dire les choses clairement, cent Irlandais, sous la surveillance de Yankees, venaient de Cambridge chaque jour enlever la glace. Ils la divisaient en blocs suivant des procédés trop connus pour requérir description, blocs qui, une fois amenés en traîneau à la rive, étaient promptement hissés jusqu'à une plate-forme de glace, et soulevés par tout un système de grappins, poulies et palans, qu'actionnaient des chevaux, jusqu'au sommet d'une pile, aussi sûrement qu'autant de barils de farine, et là placés de niveau côte à côte, rang sur rang, comme s'ils formaient la solide base d'un obélisque destiné à percer les nuages. Ils me racontèrent que dans une bonne journée ils pouvaient en enlever mille tonnes, récolte d'environ un acre. De profondes ornières, de profonds « cassis », se formaient dans la glace, comme sur la *terra firma*, au passage des traîneaux sur le même parcours, et les chevaux invariablement mangeaient leur avoine dans des blocs de glace évidés en forme de seaux. Ils édifièrent ainsi, en plein air, une pile de trente-cinq pieds de haut sur six ou sept verges carrées, en mettant du foin entre les assises extérieures pour exclure l'air ; car le vent, si froid qu'il soit, se fraie-t-il un passage au travers, qu'il formera de vastes cavités, pour ne laisser que de légers supports ou étais par-ci par-là, et finalement fera tout dégringoler. D'abord on eût dit un puissant fort bleu ou Walhalla ; mais lorsqu'ils se mirent à rentrer le grossier foin des marais dans les crevasses, et que celui-ci se couvrit de frimas et de glaçons, on eût dit quelque vénérable ruine, moussue et chenue, bâtie de marbre azuré, séjour de l'Hiver, ce vieillard que nous voyons dans l'almanach, — sa cabane, comme s'il avait dessein d'estiver avec nous. Ils calculaient que pas vingt-cinq pour cent de la chose n'atteindrait sa destination, et que deux ou trois pour cent se trouverait gaspillé dans les wagons. Toutefois une portion encore plus grande de ce tas subit un sort différent de celui qu'on attendait ; car, soit qu'on trouvât que la glace ne tenait pas aussi bien qu'on l'avait espéré, pour renfermer plus d'air que d'habitude, soit pour tout autre motif, elle n'atteignit jamais le marché. Ce tas fait dans l'hiver 46-47, et qu'on estimait être de dix mille tonnes, se vit finalement recouvert de foin et de planches ; et quoique débarrassé de sa toiture en juillet suivant, qu'en outre une partie en fut emportée, pour le reste demeurer exposé au soleil, il se tint en suspens tout cet été-là et l'hiver d'après, et ne se trouva tout à fait fondu qu'en septembre 1848. Ainsi l'étang en recouvra-t-il la plus grande part.

Comme l'eau, la glace de Walden, vue de tout près, possède une teinte verte, mais à distance est du plus beau bleu, et se distingue aisément de la glace blanche de la rivière ou de la glace simplement verdâtre de quelques étangs, à la distance d'un quart de mille. Il arrive parfois qu'un de ces grands blocs de glace glisse du traîneau dans la rue du village, et reste là toute une semaine comme une grande émeraude, objet de curiosité pour les passants. J'ai remarqué qu'une partie de Walden qui à l'état d'eau était verte, souvent, une fois gelée, vue du même point, paraîtra bleue. C'est ainsi que les creux qui avoisinent cet étang se rempliront parfois en hiver d'une eau verdâtre, un peu comme la sienne, mais le lendemain auront gelé bleus. Peut-être la couleur bleue de l'eau et de la glace est-elle due à la lumière et à l'air qu'elles contiennent, et la plus transparente est-elle la plus bleue. La glace est un sujet intéressant de méditation. On m'a raconté que dans les glacières de Fresh Pond on en possédait qui datait de cinq ans et n'avait rien perdu de sa qualité. Comment se fait-il qu'un seau d'eau qui ne tarde pas à se corrompre, reste à jamais pur une fois gelé ? On prétend d'ordinaire que c'est ce qui différencie les passions de l'intelligence.

Ainsi seize jours durant je vis de ma fenêtre cent hommes au travail, tels des gens de ferme affairés, avec des attelages de chevaux et apparemment tout l'attirail du fermage, un tableau comme on en voit à la première page de l'almanach ; et jamais je ne jetai les yeux dehors sans me rappeler la fable de l'alouette et les moissonneurs, ou la parabole du semeur, et le reste; maintenant les voilà tous partis; et dans trente jours, probablement, de la même fenêtre mes yeux se porteront là sur l'eau de Walden d'un pur vert de mer, reflétant les nuages et les arbres, et faisant monter ses évaporations dans la solitude, sans trace que jamais homme y fût. Peut-être entendrai-je un plongeon solitaire rire en plongeant et en nettoyant sa plume, ou verrai-je un pêcheur isolé en son bateau, tel une feuille flottante, regarder sa silhouette réfléchie dans l'onde, là où hier cent hommes travaillaient en sûreté.

C'est ainsi, semble-t-il, que les habitants en sueur de Charleston et La Nouvelle-Orléans, de Madras, Bombay et Calcutta, se désaltèrent à mon puits. Le matin je baigne mon intellect dans la philosophie prodigieuse et cosmogonique du Bhagavad-Gîta, depuis la composition duquel des années des dieux ont passé, et en comparaison de quoi notre monde moderne et sa littérature semblent chétifs et vulgaires; et je me demande s'il ne faut pas référer cette philosophie à un état antérieur d'existence, tant le sublime en est loin de nos conceptions. Je dépose le livre pour aller à mon puits chercher de l'eau, et, voyez! j'y rencontre le serviteur du brahmine, prêtre de Brahma, Vichnou et Indra, du brahmine encore assis en son temple sur le Gange, à lire les Védas, ou qui demeure à la racine d'un arbre avec sa croûte et sa cruche d'eau. Je rencontre son serviteur venu tirer de l'eau pour son maître, et nos seaux, dirait-on, tintent l'un contre l'autre dans le même puits. L'eau pure de Walden se mêle à l'eau sacrée du Gange. Les vents sont-ils favorables qu'elle vogue passé l'emplacement des îles fabuleuses d'Atlantide et des Hespérides, accomplit le périple d'Hannon, pour, flottant plus loin que Ternate et Tydore, et l'entrée du golfe Persique, fondre dans les brises tropicales des mers indiennes, et débarquer dans des ports dont Alexandre ne fit qu'entendre les noms.

LE PRINTEMPS

L'ouverture de larges espaces par les tailleurs de glace fait qu'en général la débâcle d'un étang se produit plus tôt ; attendu que l'eau, agitée par le vent, même en temps froid, use la glace environnante. Mais tel ne fut pas le cas à Walden cette année-là, car il eut tôt fait de reprendre un épais vêtement neuf pour remplacer l'ancien. Cet étang n'entre jamais en débâcle aussi tôt que les autres étangs voisins, à cause et de sa profondeur plus grande et de l'absence de tout courant passant à travers lui pour fondre ou user la glace. Je ne sache pas que jamais il lui soit arrivé de s'entrouvrir au cours d'un hiver, sans excepter celui de 52-53, qui soumit les étangs à si sévère épreuve. Il s'entrouvre en général le premier avril, une semaine ou dix jours plus tard que l'Étang de Flint et Fair-Haven, la fonte commençant du côté nord et dans les parties moins profondes où il commença à geler. Il n'est pas d'onde par ici pour indiquer mieux que lui le progrès indubitable de la saison, le moins affecté qu'il est par les changements passagers de température. Un froid sévère d'une durée de quelques jours en mars peut fort retarder l'ouverture des premiers, tandis que la température de Walden monte presque sans interruption. Un thermomètre planté au milieu de Walden le six mars 1847, se maintint à 32°[1],

1. Fahrenheit (0°C).

ou glace fondante; près de la rive à 33°; au milieu de l'Étang de Flint, le même jour, à 32° 1/2; à une douzaine de verges de la rive, en eau peu profonde, sous un pied de glace, à 36°. La différence de trois degrés et demi entre la température de l'eau des hauts-fonds et celle des bas-fonds, dans le dernier étang, jointe au fait qu'en grande partie il est comparativement peu profond, montre pourquoi sa débâcle devrait précéder de beaucoup celle de Walden. La glace dans la partie la moins profonde était à cette époque de plusieurs pouces plus mince qu'au milieu. En plein hiver le milieu s'était trouvé le plus chaud et la glace le plus mince. De même aussi quiconque en été a pataugé le long des rives d'un étang doit avoir observé combien plus chaude est l'eau près de la rive, où elle n'a pas plus de trois ou quatre pouces de profondeur, qu'à une petite distance plus loin, et sur la surface où elle est profonde, que près du fond. Au printemps le soleil non seulement exerce une influence à travers la température plus élevée de l'air et de la terre, mais sa chaleur traverse de la glace d'un pied au moins d'épaisseur, et se voit réfléchie du fond en haut-fond, ce qui fait qu'il chauffe aussi l'eau et dissout le dessous de la glace, en même temps qu'il en dissout plus directement le dessus, la rendant inégale, et faisant s'étirer par en haut comme par en bas les bulles d'air qu'elle renferme, jusqu'à ce que, complètement criblée d'alvéoles, soudain elle disparaisse sous une petite pluie de printemps. La glace a son grain tout comme le bois, et lorsqu'un bloc commence à se pourrir ou s'emplir d'alvéoles, c'est-à-dire à prendre l'apparence d'un rayon de miel, quelle que soit sa position, les cellules d'air sont à angle droit avec ce qui était la surface de l'eau. Là où se trouve un rocher ou une souche montant près de la surface, la glace, au-dessus, est beaucoup plus mince, et fréquemment se dissout en entier sous l'influence de cette chaleur réverbérée; l'on m'a raconté que dans l'expérience faite à Cambridge pour congeler l'eau dans un réservoir de bois peu profond, quoique l'air froid circulât par-dessous, et de la sorte eût accès d'un et d'autre côté, la réverbération du soleil provenant du fond fit plus que contrebalancer cet avantage. Lorsqu'une pluie chaude, au milieu de l'hiver, fondant au loin la couche de neige de Walden, laisse une dure glace sombre ou transparente au milieu, une bande de glace blanche pourrie, quoique plus épaisse, large d'une verge ou davantage, causée par cette chaleur réverbérée, ne saurait manquer le long des rives. En outre, comme je l'ai dit, les bulles elles-mêmes, à l'intérieur de la glace, opèrent à la façon de miroirs ardents pour la fondre par-dessous.

Les phénomènes de l'année chaque jour se reproduisent dans un étang sur une petite échelle. Chaque matin, généralement parlant, l'eau des hauts-fonds chauffe plus vite que celle des bas-fonds, quoique en fin de compte elle ne puisse devenir aussi chaude, et chaque soir elle se refroidit plus vite jusqu'au matin. Le jour est un épitomé de l'année. La nuit est l'hiver, le matin et le soir sont le printemps et l'automne, le midi est l'été. Le craquement et le grondement de la glace indiquent un changement de température. Par un plaisant matin, après une nuit froide, le vingt-quatre février 1850, étant allé à l'Étang de Flint passer la journée, je remarquai non sans surprise qu'en frappant de la tête de ma hache la glace, elle résonnait comme un gong sur plusieurs verges à la ronde, ou comme si j'eusse frappé sur une peau de tambour bien tendue. L'étang se mit à gronder une heure environ après le lever du soleil, lorsqu'il sentit l'influence de ses rayons inclinés de biais sur lui par-dessus les montagnes ; il s'étira et bâilla comme un homme qui s'éveille en un trouble peu à peu grandissant, lequel se prolongea trois ou quatre heures. Il fit une courte sieste à midi, et gronda une fois encore à l'approche de la nuit, au moment où le soleil retirait son influence. Si le temps suit ses phases régulières un étang tire son coup de canon du soir avec ponctualité. Mais au milieu du jour, étant plein de lézardes, et l'air aussi moins élastique, il avait complètement perdu sa résonance, et il est probable qu'un coup frappé sur lui n'eût alors étourdi les poissons plus que les rats musqués. Les pêcheurs prétendent que le «tonnerre de l'étang» effarouche le poisson et l'empêche de mordre. L'étang ne tonne pas tous les soirs, et je ne saurais dire à coup sûr quand attendre son tonnerre ; mais alors que je ne peux percevoir aucune différence dans le temps, lui, le peut. Qui se serait attendu à ce qu'une chose si vaste, si froide, et pourvue d'une telle épaisseur de peau, se montrât si sensible ? Toutefois il a sa loi à laquelle il rend l'obédience de son tonnerre lorsqu'il le doit, aussi sûrement que les bourgeons se développent au printemps. La terre est toute en vie et couverte de papilles. Le plus large des étangs est aussi sensible aux changements atmosphériques que le globule de mercure en son tube.

Un des attraits de ma venue dans les bois pour y vivre était d'y trouver occasion et loisir de voir le printemps arriver. La glace de l'étang commence enfin à se cribler d'alvéoles, et j'y peux incruster mon talon en me promenant. Brouillards, pluies et soleils plus chauds fondent peu à peu la neige ; les jours sont devenus sensiblement plus longs ; et je vois comment j'atteindrai la fin de l'hiver sans ajouter à mon tas de bois, car les grands feux ne sont plus nécessaires. J'attends sur le qui-vive les premiers signes du printemps, d'ouïr le chant possible de quelque oiseau à son arrivée, ou le pépiement de l'écureuil rayé, car ses provisions doivent se trouver maintenant presque épuisées, ou de voir s'aventurer la marmotte hors de ses quartiers d'hiver. Le treize mars, j'avais entendu l'oiseau bleu[1],

---

1. Le *bluebird*, ou oiseau bleu, est un oiseau d'Amérique apparenté à la fauvette.

le pinson et l'aile-rouge que la glace avait encore près d'un pied d'épaisseur. Au fur et à mesure que le temps se faisait plus chaud elle ne se trouvait pas sensiblement usée par l'eau, ni défoncée et mise à flot comme dans les rivières, mais quoique complètement fondue sur une demi-verge de large autour de la rive, restait en son milieu simplement alvéolée et saturée d'eau, au point de vous permettre de passer le pied au travers, alors qu'épaisse de six pouces ; mais le lendemain vers le soir, peut-être, après une pluie chaude suivie de brouillard, la voilà complètement disparue, tout en allée avec ce brouillard, secrètement ravie. Une année je la traversai par le milieu cinq jours seulement avant son entière disparition. En 1845, Walden fut complètement découvert le premier avril ; en 46, le vingt-cinq mars ; en 47, le huit avril ; en 51, le vingt-huit mars ; en 52, le dix-huit avril ; en 53, le vingt-trois mars ; en 54, vers le sept avril.

Tout incident en relation avec la débâcle des rivières et étangs et la façon dont le temps s'établit présentent un intérêt particulier pour nous qui vivons dans un climat soumis à de tels extrêmes. Quand viennent les jours plus chauds, les gens qui demeurent près de la rivière entendent la glace craquer la nuit avec une effrayante huée, aussi forte que de l'artillerie, comme si ses entraves de glace se rompaient d'un bout à l'autre, et en peu de jours la voient promptement disparaître. Tel l'alligator sort de la boue parmi les convulsions de la terre. Certain vieillard, jadis intime observateur de la Nature, et qui semble aussi complètement éclairé sur toutes ses opérations que si on l'eût mise sur les chantiers lorsqu'il était enfant, et que s'il eût aidé à mettre sa quille en place, — qui est parvenu à son plein développement, et n'arriverait guère à plus de savoir naturel atteignît-il l'âge de Mathusalem, — m'a raconté, — à ma surprise de l'entendre exprimer de l'étonnement à propos d'opérations quelconques de la Nature, car je croyais qu'il n'était pas de secrets entre eux, — qu'un jour de printemps, il prit son fusil et son bateau, se disant qu'il allait faire joujou avec les canards. Il y avait encore de la glace sur les marais, mais il n'y en avait plus ombre sur la rivière, et il descendit sans obstacle de Sudbury, où il habitait, à l'Étang de Fair-Haven, qu'il trouva, contre son attente, couvert en majeure partie d'un solide champ de glace. La journée était chaude, et grande fut sa surprise de voir la glace restée en pareille masse. N'apercevant ombre de canard, il cacha son bateau sur le côté nord ou le derrière d'une île de l'étang, puis se dissimula lui-même dans les buissons sur le côté sud pour les attendre. La glace avait fondu sur trois ou quatre verges autour de la rive, ce qui formait une nappe d'eau lisse et tiède, à fond vaseux, tout ce qu'aiment les canards ; aussi croyait-il vraisemblablement qu'il en arriverait sans tarder. Il était là étendu tranquille depuis une heure environ lorsqu'il entendit un bruit sourd et qu'on eût pris pour très lointain, mais singulièrement grandiose et émouvant, différent de tout ce qu'il eût jamais entendu, peu à peu s'enflant et grandissant comme s'il se fût agi d'une fin universelle et mémorable, une charge, un mugissement lugubres, qui lui sembla tout à coup le bruit d'une grande masse de volatiles arrivant pour s'installer là. Sur quoi saisissant son fusil, il se leva en hâte, tout ému. Mais il s'aperçut, à sa surprise, que le corps entier de la glace s'était mis en mouvement pendant qu'il était couché là, pour venir flotter jusqu'à la rive, et que le bruit qu'il avait entendu était le grincement de son tranchant contre elle, — d'abord doucement mordillé, émietté, mais pour à la longue se soulever et éparpiller ses débris le long de l'île à une hauteur considérable avant d'en venir à une halte.

Enfin les rayons du soleil ont atteint l'angle droit, les vents chauds, qui soulèvent le brouillard et la pluie, fondent les bancs de neige, et le soleil dispersant le brouillard sourit sur un paysage bigarré de roux et de blanc tout fumant d'encens, à travers lequel le voyageur se choisit un chemin d'îlot en îlot, salué par l'harmonie de mille ruisseaux et ruisselets tintants, dont les veines sont gonflées du sang de l'hiver qu'ils emportent.

L'observation de peu de phénomènes me causa plus de ravissement que celle des formes affectées par le sable et l'argile en dégel lorsqu'ils coulent le long des talus d'une profonde tranchée de chemin de fer à travers laquelle je passais en allant au village, phénomène peu commun sur une si grande échelle, quoique le nombre des remblais fraîchement aplanis de la matière propice doive s'être grandement multiplié depuis que les chemins de fer ont été inventés. La matière était du sable de tous les degrés de finesse et de diverses autant que riches couleurs, en général mêlé d'un peu d'argile. Lorsqu'au printemps le gel sort, et même en hiver s'il survient un jour de dégel, le sable se met à fluer comme lave le long des pentes, parfois crevant la neige et l'affleurant là où nul sable ne s'attendait auparavant. D'innombrables petits filets d'eau se croisent et s'entrelacent, montrant une sorte de produit hybride, qui obéit moitié du chemin aux lois des courants, et moitié à celles de la végétation. En coulant il affecte la forme de feuilles ou de pampres gonflés de sève, et produit des amas de ramilles pulpeuses d'un pied au moins de profondeur, qui ressemblent, vues de haut en bas, aux thalles lobés, laciniés et imbriqués de quelques lichens ; à moins que cela ne vous fasse penser à du corail, à des pattes de léopard ou d'oiseau, à des cervelles, des poumons ou des entrailles, et à des excréments de toute nature. Il s'agit d'une végétation véritablement *grotesque*, dont nous avons là les formes et la couleur imitées en bronze — une sorte de feuillage architectural plus ancien et plus symbolique que l'acanthe, la chicorée, le lierre, la vigne, ou n'importe quelles autres feuilles végétales ; destiné, peut-être, dans certaines conditions, à devenir un rébus pour les géologues futurs. La tranchée tout entière me fit l'effet d'une grotte dont les stalactites seraient exposées au jour. Les nuances variées du sable sont singulièrement riches et agréables, qui embrassent les différentes couleurs du fer — brun, gris, jaunâtre et rougeâtre. Lorsque la masse fluante atteint la rigole qui court au pied du remblai, elle s'étale plus unie en *torons*, les filets d'eau distincts perdant leur forme semi-cylindrique pour se faire peu à peu plus plats et plus larges, et se réunissant au fur et à mesure qu'ils deviennent plus moites, jusqu'à former un sable presque plat, encore diversement et délicieusement nuancé, mais où vous pouvez suivre les formes primitives de la végétation ; jusqu'à ce qu'enfin, dans l'eau même, ils se convertissent en *bancs*, comme ceux qui se forment hors des embouchures de rivières, et que les simulacres de végétation se perdent dans les rides du fond.

Tout le remblai, haut de vingt à quarante pieds, est parfois revêtu d'une masse de cette espèce de feuillage, ou hernie sablonneuse, sur un quart de mille d'un ou des deux côtés, produit d'une seule journée de printemps. Ce qui appelle l'attention sur ce feuillage de sable, est la soudaineté ainsi de son apparition au jour. Lorsque je vois d'un côté le remblai inerte — car le soleil ne commence son action que sur un seul côté — et de l'autre ce luxuriant feuillage, création d'une heure, j'éprouve en quelque sorte la sensation d'être dans l'atelier de l'Artiste qui fit le monde et moi — d'être venu là où il était encore à l'œuvre, en train de s'amuser sur ce talus et avec excès d'énergie de répandre partout ses frais dessins. Je me sens pour ainsi dire plus près des organes essentiels du globe, car cet épanchement sablonneux a quelque chose d'une masse foliacée comme les organes essentiels du corps animal. C'est ainsi que l'on trouve dans les sables eux-mêmes une promesse de la feuille végétale. Rien d'étonnant à ce que la terre s'exprime à l'extérieur en feuilles, elle qui travaille tant de l'idée à l'intérieur. Les atomes ont appris déjà cette loi, et s'en trouvent fécondés. La feuille suspendue là-haut voit ici son prototype. *Intérieurement*, soit dans le globe, soit dans le corps animal, c'est un *lobe* épais et moite, mot surtout applicable au foie, aux poumons et aux *feuilles* de graisse (λειβω *labor*[1], *lapsus*, fluer ou glisser de haut en bas, un lapsus ; λοβός, *globus*, *lobe*, globe, aussi lap[2], flap[3] et nombre d'autres mots) ; extérieurement une mince *feuille*[4] sèche, tout comme l'*f* et le *v* sont un *b* pressé et séché. Les radicaux de lobe sont *lb*, la masse molle du *b* (à un seul lobe, ou B, à double lobe), avec un *l* liquide derrière lui, pour le presser en avant. Dans globe, *glb*, la gutturale *g* ajoute au sens la capacité de la gorge. Les plumes et ailes des oiseaux sont des feuilles plus sèches et plus minces encore. C'est ainsi, également, que vous passez du pesant ver de terre au papillon aérien et voltigeant. Le globe lui-même sans arrêt se surpasse et se transforme, se fait ailé en son orbite. Il n'est pas jusqu'à la glace qui ne débute par de délicates feuilles de cristal, comme si elle avait coulé dans les moules que les frondes des plantes d'eau ont imprimés sur l'aquatique miroir. Tout l'arbre lui-même n'est qu'une feuille, et les rivières sont des feuilles encore plus larges, dont le parenchyme est la terre intermédiaire, et les villes et cités les œufs d'insectes en leurs aisselles.

Lorsque le soleil se retire le sable cesse de fluer, mais le matin les torrents en repartiront, pour se ramifier et ramifier encore en une myriade d'autres. Vous voyez ici, par aventure, comment se forment les vaisseaux sanguins. Si vous regardez de près vous remarquez que d'abord se

---

1. *Labor* dans le sens de *tomber en glissant*.
2. Giron.
3. Chose retombante.
4. *Leaf*, en anglais, qui fait *leaves* au pluriel.

fraye un chemin hors de la masse fondante un flux de sable molli à pointe en forme de goutte, tel le bout du doigt, à la recherche de sa voie descendante, lentement et en aveugle, jusqu'à ce qu'enfin, grâce à plus de chaleur et de moiteur, au fur et à mesure que le soleil se fait plus haut, la partie la plus fluide, en son effort d'obédience à la loi qui fait céder aussi la plus inerte, se sépare de la dernière et se façonne au-dedans un canal ou artère sinueux, dans lequel se voit, d'un étage de feuilles ou de branches pulpeuses à l'autre, un petit filet d'argent luisant comme l'éclair, et de temps à autre absorbé dans le sable. Étonnantes la rapidité et cependant la perfection avec lesquelles le sable s'organise au fur et à mesure qu'il flue, employant la meilleure matière que fournisse sa masse à former les arêtes tranchantes de son canal. Telles les sources des rivières. Dans la matière siliceuse que l'eau dépose se trouve peut-être le système osseux, et dans la glèbe comme dans la matière organique plus fines encore la fibre de la chair ou tissu cellulaire. Qu'est l'homme sinon une masse d'argile fondante ? Le bout du doigt humain n'est autre qu'une goutte figée. Les doigts de main et de pied fluent jusqu'à fond de course de la masse fondante du corps. Qui sait jusqu'où le corps humain s'épanouirait et s'étendrait sous un ciel plus généreux. La main avec ses lobes et ses veines n'est-elle pas une feuille de *palmier* éployée ? L'oreille peut, dans l'imagination, passer pour un lichen. *Umbilicaria*, sur le côté de la tête, avec son lobe ou goutte. La lèvre — *labium*, de *labor* (?) — pend ou s'échappe (*laps* ou *lapses*) des bords de la bouche caverneuse. Le nez est une goutte figée on stalactite manifeste. Le menton est une goutte plus large encore, le confluent de l'égouttement du visage. Les joues sont un éboulement des sourcils dans la vallée du visage, contrarié et dispersé par les pommettes. Chaque lobe arrondi de la feuille végétale, lui aussi, est une goutte épaisse qui maintenant s'attarde, plus large ou plus petite ; les lobes sont les doigts de la feuille ; autant de lobes possède-t-elle qu'en autant de directions elle tend à s'épandre, et plus de chaleur ou autres influences bienfaisantes l'eussent fait s'épandre encore plus loin.

Ainsi semblait-il que ce seul versant illustrât le principe de toutes les opérations de la Nature. Le Créateur de cette terre ne faisait que patenter une feuille. Quel Champollion déchiffrera pour nous cet hiéroglyphe, et nous permettra de tourner enfin une feuille nouvelle ? Ce phénomène réjouit ma vue mieux que ne font la luxuriance et la fertilité des vignobles. C'est vrai, son caractère a quelque chose d'ex-crémentiel, et il n'est pas de fin aux amas de foie, de mou et d'entrailles, comme si le globe était tourné à l'envers, du dedans au dehors ; mais cela suggère au moins que la Nature possède des entrailles, et par là encore est la mère de l'humanité. Voici le gel sortant du sol ; voici le Printemps. Cela précède le printemps de verdure et de fleurs, comme la mythologie précède la véritable poésie. Je ne sais rien qui purge mieux des fumées et indigestions de l'hiver. Cela me convainc que la Terre est encore en ses langes, et de tous côtés déploie des doigts de bébé. De fraîches boucles jaillissent du plus hardi des fronts. Il n'est rien d'inorgani-que. Ces amas foliacés s'étalent au revers du talus comme la scorie d'une fournaise, prouvant que la Nature est inté-rieurement «en pleine opération». La Terre n'est pas un simple fragment d'histoire morte, strate sur strate comme les feuilles d'un livre destiné surtout à l'étude des géologues et des antiquaires, mais de la poésie vivante comme les feuilles d'un arbre, qui précèdent fleurs et fruits, — non pas une terre fossile, mais une terre vivante ; comparée à la grande vie centrale de laquelle toute vie animale et végétale n'est que parasitaire. Ses angoisses feront lever nos dépouilles de leurs tombes. Vous pouvez fondre vos métaux et les jeter dans les plus beaux moules du monde ;

jamais ils ne m'émouvront comme les formes en lesquelles coule cette fonte de la terre. Et non seulement elle, mais les institutions dessus, ne sont que plastique argile aux mains du potier.

Avant peu, non seulement sur ces talus, mais sur chaque colline, chaque plaine, et dans chaque vallon, le gel sort du sol comme de son terrier un quadrupède endormi, pour marcher en musique à la recherche de la mer, ou émigrer vers d'autres cieux en nuages. Thaw (le Dégel) en sa douce persuasion, est plus puissant que Thor[1] armé de son marteau. L'un fond, l'autre ne fait que briser en pièces.

Lorsque le sol était en partie dépouillé de neige, et que quelques journées chaudes en avaient séché tant soit peu la surface, il était charmant de comparer les premiers et tendres signes de l'année en bas âge pointant à peine à la majestueuse beauté de la végétation desséchée qui avait tenu tête à l'hiver, — immortelles, verges d'or, centinodes et gracieuses herbes sauvages, plus parlantes et plus intéressantes souvent qu'en été même, comme si la beauté n'en fût qu'aujourd'hui mûre ; jusqu'à la linaigrette, la massette, le bouillon blanc, le millepertuis, la spirée barbe, l'amourette, et autres plantes à tige forte, ces greniers inépuisés auxquels se régalent les premiers oiseaux, — habit décent, au moins, de la Nature veuve. Je me sens particulièrement attiré par le sommet ogival et en forme de gerbe du souchet ; il rappelle l'été à nos mémoires d'hiver, et compte parmi les formes que l'art aime à copier, qui dans le règne végétal ont avec les types déjà dans l'esprit de l'homme la même parenté que l'astronomie. C'est un style antique plus vieux que le grec ou l'égyptien. Maints phénomènes de l'hiver sont suggestifs d'une indi-

1. Le dieu de la guerre, aux pays germains.

cible tendresse et d'une fragile délicatesse. Nous sommes accoutumés à entendre dépeindre ce roi comme un rigide et furieux tyran, alors qu'avec toute la grâce d'un amoureux il adorne les tresses de l'Été.

À l'approche du printemps les écureuils rouges s'en venaient sous ma maison, deux à la fois, droit sous mes pieds, pendant que j'étais assis à lire ou à écrire, et entretenaient les plus étranges caquetage, pépiement, pirouettement vocal et bruits gargouillants qu'on entendit jamais ; frappais-je du pied qu'ils n'en pépiaient que plus fort, comme si au-dessus de toute crainte et de tout respect en leurs folles sarabandes, ils défiaient l'humanité de les arrêter. Non, vous n'y arriverez pas — chickaree — chickaree. Ils demeuraient absolument sourds à mes arguments, ou ne parvenaient pas à en comprendre la force, et se lançaient en une bordée d'invectives absolument irrésistible.

Le premier pinson de printemps ! L'année commençant avec un espoir plus jeune que jamais ! Les légers gazouillements argentins, entendus sur les champs en partie nus et humides de l'oiseau bleu, du pinson et de l'aile-rouge, tel le tintement en leur chute des derniers flocons de l'hiver ! Foin, en un tel moment, des histoires, chronologies, traditions, et toutes les révélations écrites ! Les ruisseaux chantent des cantiques et des refrains au printemps. Le busard glissant au ras du marais déjà se met en quête du premier réveil de vie limoneux. Le bruit d'affaissement de la neige fondante s'entend dans les moindres vallons, et la glace se dissout à vue d'œil dans les étangs. L'herbe flamboie sur les versants comme un feu printanier, — «*et primitus oritur herba imbribus primoribus evocata*[1]», comme si la terre exhalait une chaleur intérieure pour saluer le retour du soleil ; non pas jaune mais verte est la couleur de sa flamme ; — symbole de perpétuelle jeunesse,

---

1. Varron, *De re rustica*.

le brin d'herbe, tel un long ruban vert, ondoie du gazon dans l'été, mis en échec, il est vrai, par le gel, mais que voici reparti de nouveau, sa lance de foin de l'an passé brandie de toute la force d'une vie nouvelle. Il pousse aussi imperturbablement que le ruisselet filtre du sol. Il lui est presque identique, car aux jours croissants de juin, quand les ruisselets sont taris, les brins d'herbe deviennent leurs canaux, et d'année en année les troupeaux s'abreuvent à ce vert éternel, et le faucheur pendant qu'il en est temps, tire de lui leur provision d'hiver. Ainsi ne meurt notre vie humaine que jusqu'à la racine, pour encore pousser son brin vert jusqu'à l'éternité.

Walden fond à vue d'œil. Il y a un canal large de deux verges le long des côtés nord et ouest, et plus large encore à l'extrémité est. Un grand champ de glace a opéré sa rupture d'avec le corps principal. J'entends un pinson chanter dans les buissons de la rive, — *olite, olite, olite,* — *tchip, tchip, tchip, tche, tchar,* — *tchi wiss, wiss, wiss.* Lui aussi aide à sa débâcle. Que belles les grandes et majestueuses courbes du tranchant de la glace, réponse, en quelque sorte, à celles de la rive, quoique plus régulières ! Elle est particulièrement dure, par suite du froid sévère mais passager des derniers jours, et toute moirée et chatoyante comme un parquet de palais. Mais c'est en vain que le vent glisse vers l'est sur sa surface opaque, pour atteindre là-bas la surface vivante. Quel spectacle que celui du ruban d'eau étincelant au soleil, du visage nu de l'étang plein de gaieté et de jeunesse, qu'on dirait traduire la joie des poissons du dessous et des sables de sa rive, — un étincellement d'argent qui semble émaner des écailles d'un *leuciscus*, tout un grand poisson, dirait-on, qui frétille. Tel le contraste entre l'hiver et le printemps. Walden était mort, et le voilà qui revit[1]. Mais ce printemps-

1. Luc, XV, 24.

là il entra de nouveau en débâcle de façon plus suivie,
comme j'ai dit.

Le passage de la tempête et de l'hiver à un temps serein
et doux, des heures sombres et apathiques à de claires et
élastiques, est une crise étonnante que tout proclame. Il
finit par sembler instantané. Soudain un torrent de lumière
inonda ma maison, malgré l'approche du soir, les nuées
de l'hiver encore pendantes au-dessus, et les larmiers tout
dégouttants de neige fondue. Je regardai par la fenêtre, et
voyez! où hier c'était la glace froide et grise, là s'étendait
l'étang transparent, déjà calme et rempli d'espoir comme
en un soir d'été, reflétant d'un soir d'été le ciel en son sein,
quoiqu'il n'en fût pas de visible là-haut, comme s'il était
d'intelligence avec quelque horizon lointain. J'entendis
tout là-bas un merle, le premier que j'eusse entendu depuis
des milliers d'années, me sembla-t-il, et dont je n'oublierai
l'accent d'ici d'autres milliers d'années, — le même chant
suave et puissant qu'au temps jadis. Où, le merle du soir,
à la fin d'un jour d'été de la Nouvelle-Angleterre! Si jamais
il m'arrivait de trouver la ramille où il perche! Est-ce *lui*?
Est-ce *la ramille*? Celui-ci au moins n'est pas le *Turdus
migratorius*. Les pitchpins et les chênes arbrisseaux entou-
rant ma maison, qui si longtemps avaient langui, reprirent
soudain leurs différents caractères, parurent plus brillants,
plus verts, et plus droits et plus vivants, comme effectivement nettoyés et restaurés par la pluie. Je connus qu'il ne
pleuvrait plus. Vous pouvez, en regardant n'importe quel
rameau de la forêt, bien mieux, rien que votre tas de bois,
dire si c'en est fini de son hiver, oui ou non. Comme la
nuit s'accusait, je tressaillis aux coups de trompette d'oies
rasant de l'aile les bois, en voyageurs lassés qui rentrent
tard des lacs du Sud, et se soulagent enfin en libres plaintes
et consolations mutuelles. Debout à ma porte, j'entendais
la charge de leurs ailes, quand, fondant sur ma maison,
elles découvrirent soudain ma lumière, et, avec une clameur

étouffée, virèrent de bord pour aller se poser sur l'étang. De la sorte, je rentrai, fermai la porte, et passai ma première nuit de printemps dans les bois.

Au matin j'épiai de la porte à travers le brouillard les oies qui voguaient au milieu de l'étang à cinquante verges de moi, si grosses, si turbulentes qu'on eût pris Walden pour un lac artificiel destiné à leur amusement. Mais lorsque je fus sur la rive elles se levèrent aussitôt avec un grand battement d'ailes au signal de leur capitaine, et s'étant alignées, tournèrent au-dessus de ma tête, vingt-neuf en tout, pour gouverner droit sur le Canada, au coup de trompette régulièrement espacé du guide, comptant rompre leur jeûne dans des mares plus fangeuses. Une bande de canards, pouf! se leva en même temps, et prit la route du Nord dans le sillage de leurs plus bruyantes parentes.

Toute une semaine j'entendis la trompette en cercle et à tâtons d'une oie solitaire dans le matin brumeux, en quête de sa compagne, et qui peuplait encore les bois du bruit d'une vie plus grande qu'ils n'en pouvaient supporter. En avril on revit les pigeons voler à toute vitesse en petites troupes, et en temps révolu j'entendis les martinets gazouiller au-dessus de mon défrichement, quoique la commune ne parût point en posséder de si nombreux qu'elle pût m'en fournir, sur quoi j'imaginai que ceux-là étaient particulièrement de l'ancienne race habitante des arbres creux avant la venue des hommes blancs. Sous presque tous les climats la tortue et la grenouille comptent parmi les avant-coureurs et les hérauts de cette saison, les oiseaux volent en chantant dans l'éclair de leur plumage, les plantes surgissent et fleurissent, et les vents soufflent, pour corriger cette légère oscillation des pôles en même temps que conserver à la Nature son équilibre.

Si chaque saison à son tour nous semble la meilleure, l'arrivée du printemps est comme la création du Cosmos sorti du Chaos, et la réalisation de l'Âge d'Or.

Eurus ad Auroram, Nabathœaque regna recessit,
Persidaque, et radiis juga subdita matutinis.

The East-Wind withdrew to Aurora and the Nabathœan
   kingdom,
And the Persian, and the ridges placed under the morning
   rays.

Man was born. Whether that Artificer of things,
The origin of a better world, made him front the divine seed;
Or the earth, being recent and lately sundered from the high
Ether, retained some seeds of cognate heaven[1].

Il suffit d'une petite pluie pour rendre l'herbe de beaucoup de tons plus verte. Ainsi s'éclaircissent nos perspectives sous l'afflux de meilleures pensées. Bienheureux si
nous vivions toujours dans le présent, et prenions avantage de chaque accident qui nous arrive, comme l'herbe
qui confesse l'influence de la plus légère rosée tombée sur
elle; et ne perdions pas notre temps à expier la négligence
des occasions passées, ce que nous appelons faire notre
devoir. Nous nous attardons dans l'hiver quand c'est déjà
le printemps. Dans un riant matin de printemps tous les
péchés des hommes sont pardonnés. Ce jour-là est une
trêve au vice. Tandis que ce soleil continue de brûler, le
plus vil des pêcheurs peut revenir[2]. À travers notre innocence recouvrée nous discernons celle de nos voisins. Il se

---

1. Ovide, *Métamorphoses*, I, 1. (Traduit en anglais sans doute par Thoreau.)
   Le Vent d'Est se retira vers l'Aurore et le royaume nabathéen,
   Et le Persan, et les cimes placées sous les rayons du matin.

   L'homme naquit. Soit que cet Artisan des Choses,
   Origine d'un monde meilleur, l'eût tiré de la divine semence;
   Soit que la terre, récente et nouvellement séparée du haut
   Éther, eût retenu quelques graines du ciel, son congénère.
2. Isaac Watts, *Hymnes et chansons spirituelles*, I, hymne 88.

peut qu'hier vous ayez connu votre voisin pour un voleur, un ivrogne, ou un sensuel, l'ayez simplement pris en pitié ou méprisé, désespérant du monde ; mais le soleil luit, brillant et chaud, en ce premier matin de printemps, re-créant le monde, et vous trouvez l'homme livré à quelque travail serein, vous voyez comment ses veines épuisées et débauchées se gonflent de joie silencieuse et bénissent le jour nouveau, sentent l'influence du printemps avec l'innocence du premier âge, et voilà toutes ses fautes oubliées. Ce n'est pas seulement d'une atmosphère de bon vouloir qu'il est entouré, mais mieux, d'un parfum de sainteté cherchant à s'exprimer, en aveugle, sans effet, peut-être, tel un instinct nouveau-né, et durant une heure le versant sud de la colline n'est l'écho de nulle vulgaire plaisanterie. Vous voyez de son écorce noueuse d'innocentes belles pousses se préparer à jaillir pour tenter l'essai d'une nouvelle année de vie, tendre et fraîche comme la plus jeune plante. Oui, le voilà entré dans la joie de son Seigneur. Qu'a donc le geôlier à ne laisser ouvertes ses portes de prison, — le juge à ne renvoyer l'accusé, — le prédicateur à ne congédier ses ouailles ! C'est qu'ils n'obéissent pas à l'avis qu'à demi-mot Dieu leur donne, ni n'acceptent le pardon que sans réserve Il offre à tous.

« Un retour à la bonté produit chaque jour dans la tranquille et bienfaisante haleine du matin, fait qu'au regard de l'amour de la vertu et de la haine du vice on approche un peu de la nature primitive de l'homme, tel les rejetons de la forêt qui fut abattue. De semblable manière le mal que l'on fait dans la durée d'un jour empêche les germes de vertus qui commençaient à rejaillir de se développer, et les détruit.

« Une fois que les germes de vertu se sont ainsi vus empêchés à maintes reprises de se développer, le souffle bienfaisant du soir ne suffit pas à les conserver. Dès que le souffle du soir ne suffit plus à les conserver, la nature de l'homme, alors, ne diffère pas beaucoup de celle de la brute. Les hommes, en voyant que la nature de cet homme ressemble à celle d'une brute, croient qu'il n'a jamais possédé le sens inné de la raison. Sont-ce là les vrais et naturels sentiments de l'homme ? »

The Golden Age was first created, wich without any avenger
Spontaneously without law cherished fidelity and rectitude.
Punishment and fear were not ; nor were threatening words
　read
On suspended brass ; nor did the suppliant crowd fear
The words of their judge ; but were safe without an avenger.
Nor yet the pine felled on its mountain had descended
To the liquid waves that it might see a foreign world,
And mortals knew no shores but their own.
[...]
There was eternal spring, and placid zephyrs with warm
Blasts soothed the flowers born without seed[1].

Le vingt-neuf avril, comme je pêchais au bord de la rivière près du pont de l'Angle-de-Neuf-Acres, debout sur l'herbe et les racines de saule tremblantes, où guettent les rats musqués, j'entendis un cliquetis singulier, un peu comme celui des bâtons que les gamins font jouer avec

1. Ovide, *Métamorphoses*. (Traduit en anglais sans doute par Thoreau.)
L'Âge d'Or fut tout d'abord créé, qui sans nul justicier,
Spontanément sans loi chérit fidélité, droiture.
N'étaient ni châtiment, ni crainte ; non plus que lus nuls termes de menace
Sur l'airain suspendu ; ni ne redoutait la parole de ses juges
La foule suppliante, sauve alors sans vengeur.
Non encore le pin abattu sur ses montagnes n'était descendu
Vers l'élément liquide afin d'aller voir un monde étranger,
Les mortels ignoraient d'autres rives que les leurs.
[...]
Il régnait un printemps éternel et les calmes zéphyrs caressaient
De leurs chauds effluves les fleurs nées sans graine.

leurs doigts, quand, regardant en l'air, j'observai un faucon, tout fluet et gracieux, l'air d'un engoulevent, en train tour à tour de s'élever tel une ride et de dégringoler d'une verge ou deux, en montrant le dessous de ses ailes, qui luisait comme un ruban de satin au soleil, ou comme l'intérieur nacré d'un coquillage. Ce spectacle me rappela la fauconnerie avec ce qu'il y a de noblesse et de poésie associées à cette chasse. Le merlin, me parut-il qu'on eût pu l'appeler, mais peu m'importe son nom. Il s'agissait du vol le plus éthéré que j'eusse jamais contemplé. Il ne voltigeait pas simplement comme un papillon, ni ne planait comme les buses, mais folâtrait avec une orgueilleuse confiance dans les plaines de l'air; montant et encore avec son rire étrange, il répétait sa libre et superbe chute, en roulant sur lui-même tel un cerf-volant, pour se relever de son orgueilleuse culbute comme si jamais il n'eût posé la patte sur la *terra firma*. Il semblait qu'il fût sans compagnon dans l'univers — à s'amuser là tout seul — et n'en demander d'autres que le matin et l'éther avec quoi il jouait. Il n'était pas solitaire, mais faisait solitaire toute la terre au-dessous de lui. Où était la mère qui l'avait couvé, sa famille, et son père dans les cieux? Habitant de l'air, on l'eût dit rattaché à la terre par quelque œuf couvé un jour en la fente d'un rocher; à moins que le nid de sa naissance n'eût été fait à l'angle d'un nuage, tressé de bordures d'arc-en-ciel et de soleil couchant, garni de quelque douillet brouillard de la Saint-Jean dérobé à la terre? Son aire aujourd'hui quelque nuage escarpé.

Sans compter que je me procurai un excellent plat de poissons d'or et d'argent et de cuivre étincelant, qu'on eût dit un fil de joyaux. Ah! j'ai pénétré dans ces marais le matin de plus d'un premier jour de printemps, sautant de motte en motte, de racine de saule en racine de saule, alors que la vallée sauvage de la rivière et les bois étaient baignés d'une lumière si pure et si brillante qu'elle en eût réveillé les morts, s'ils eussent sommeillé dans leurs tombes, comme d'aucuns le supposent. Nul besoin de preuve plus forte d'immortalité. Tout ne peut que vivre dans une telle lumière. Ô Mort, où était ton aiguillon? Ô Tombe, où était ta victoire, alors[1]?

Notre existence au village croupirait sans les forêts et les prairies inexplorées qui l'entourent. Il nous faut le tonique de la nature inculte — de temps à autre patauger dans les marais où guettent le butor et le râle, et entendre le grondement de la bécassine; renifler la senteur du roseau murmurant là où seul quelque oiseau plus sauvage et plus solitaire bâtit son nid, et le vison rampe le ventre au ras du sol. Empressés à tout explorer et tout apprendre, nous requérons en même temps que tout soit mystérieux et inexplorable, que la terre et la mer soient infiniment sauvages, non visitées, et insondées par nous parce que insondables. Nous ne pouvons jamais avoir assez de la Nature. Il nous faut nous retremper à la vue de la vigueur inlassable, de contours puissants et titanesques — la côte avec ses épaves, la solitude avec ses arbres vivants et ses arbres morts, le nuage chargé de tonnerre, la pluie qui dure trois semaines et produit des inondations. Il nous faut voir nos bornes dépassées, et de la vie librement pâturer où jamais nous ne nous égarons. Nous sommes ragaillardis à la vue du vautour en train de se repaître d'une charogne qui nous dégoûte et nous décourage, repas d'où il tire santé et force. Il y avait dans le sentier conduisant à ma maison un cheval mort, qui me forçait parfois à me détourner de mon chemin, surtout la nuit lorsque l'air était lourd, mais la certitude qu'il me donna du robuste appétit et de l'inébranlable santé de la Nature compensa pour moi la chose. J'aime à voir que la Nature abonde de vie au point que les myriades puissent sans danger se voir

---

1. Paul, Ier, *Corinthiens*, XV, 55.

sacrifiées et laissées en proie réciproque ; que de tendres organismes puissent être avec cette sérénité enlevés à l'existence en étant écachés comme pâte — têtards que les hérons engloutissent, tortues et crapauds écrasés sur la route ; et que parfois il a plu de la chair et du sang ! Étant donné la fréquence de l'accident, nous devons voir le peu de compte qu'il faut en tenir. L'impression qu'en éprouve le sage est celle d'innocence universelle. Le poison n'est pas empoisonné après tout, pas plus que ne sont fatales nulles blessures. La compassion est un terrain fort intenable. Il lui faut être expéditive. Ses arguments ne supporteront pas de se voir stéréotypés.

Dès les premiers jours de mai, les chênes, hickorys, érables et autres arbres, tout juste bourgeonnant parmi les bois de pins qui entourent l'étang, impartissaient au paysage un éclat comparable à la lumière du soleil, surtout les jours couverts, comme si le soleil perçant les nuées brillait timidement çà et là sur les versants. Le trois ou quatre mai je vis un plongeon dans l'étang, et durant la première semaine du mois j'entendis le whippoorwill, la grive rousse, la litorne, le moucherolle verdâtre, le chewink et autres oiseaux. J'avais entendu depuis longtemps la grive des bois. Le moucherolle brun, une fois encore déjà revenu, avait jeté un regard par ma porte et ma fenêtre, pour voir si ma maison était assez caverne pour lui, se tenant suspendu sur ses ailes bourdonnantes les griffes recourbées, comme s'il s'agrippait à l'air, tout en faisant l'inspection des lieux ; le pollen-soufre du pitchpin bientôt saupoudra l'étang et les pierres et le bois pourri le long de la rive, au point qu'on eût pu en recueillir un plein baril. Ce sont les « pluies de soufre » dont on nous parle. Il n'est pas jusque dans le drame de Kâlidasa[1] : *Çakuntala*, que nous ne voyions des ruisseaux teints en jaune par la poudre

1. Poète et dramaturge de l'Inde, réputé l'un des grands poètes du monde.

d'or du lotus. Et de la sorte les saisons allaient se dérou-
lant en l'été, comme on flâne dans l'herbe de plus en plus
haute.

Ainsi se compléta ma première année de vie dans les
bois et la seconde lui fut semblable. Je quittai finalement
Walden le six septembre 1847.

CONCLUSION

Au malade les médecins avec sagesse recommandent un changement d'air et de paysage. Dieu soit loué, ici ne résume pas le monde. Le marronnier d'Inde ne pousse pas en Nouvelle-Angleterre, et l'oiseau-moqueur s'entend rarement en ces parages. L'oie sauvage a plus du cosmopolite que nous, qui rompt le jeûne au Canada, prend un lunch dans l'Ohio, et se nettoie la plume pour la nuit dans un bayou du Sud. Le bison lui-même, jusqu'à un certain point, marche de pair avec les saisons, qui ne broute les pâturages du Colorado que jusqu'au moment où l'attend une herbe plus verte et plus tendre du côté de Yellowstone. Encore croyons-nous que si sur nos fermes on abat les clôtures de bois pour empiler des murs de pierre, voilà des bornes désormais fixées à nos existences, et nos destins arrêtés. S'il est fait choix de vous pour secrétaire de mairie, parbleu, impossible d'aller à la Tierra del Fuego cet été, mais il se peut néanmoins que vous alliez au pays du feu infernal. L'univers est plus vaste que nos aperçus du même.

Toutefois, nous devrions regarder plus souvent par-dessus la poupe de notre bâtiment, en passagers curieux, et ne pas faire le voyage en matelots bornés qui fabriquent de l'étoupe. L'autre côté du globe n'est que le chez-lui de notre correspondant. Voyager, pour nous, n'est que suivre l'arc de grand cercle, et les médecins ne traitent que les maladies de l'épiderme. Tel court en Afrique du Sud chasser la girafe, qui devrait assurément courir après tout autre gibier. Combien de temps, dites-moi, chasserait-on la girafe, si on le pouvait? La bécassine et la bécasse peuvent offrir de même un rare plaisir, mais j'augure que ce serait plus noble gibier de se tirer soi-même.

> Direct your eye right inward, and you'll find
> A thousand regions in your mind
> Yet undiscovered. Travel them, and be
> Expert in home-cosmography[1].

Que signifie l'Afrique — que signifie l'Ouest? Notre propre intérieur n'est-il pas blanc sur la carte, quelque noir qu'il puisse se trouver être, comme la côte, une fois découverte? Est-ce la source du Nil, du Niger, ou du Mississippi, ou un passage nord-ouest autour de ce continent-ci, qu'il s'agit de trouver? Sont-ce là les problèmes qui importent le plus à l'espèce humaine? Franklin est-il le seul homme perdu, pour que sa femme mette cette ardeur à le chercher? Mr. Grinnel[2] sait-il où il est lui-même? Soyez plutôt le Mungo Park, le Lewis et Clarke et Frobisher, de vos propres cours d'eau et océans; explorez vos propres hautes latitudes — avec des cargaisons de viandes conservées pour vous soutenir, s'il est nécessaire; et empilez les canettes vides jusqu'au ciel pour enseigne. Les viandes conservées ne furent-elles inventées que pour conserver la viande? Que dis-je? Soyez un Colomb pour de nouveaux

---

1. Dirige ton œil droit en toi, et vois
   Mille régions en ton âme
   Encore à découvrir. Parcours-les, et sois
   Expert en cosmographie-du-chez-soi.
2. Henry Grinnell, marchand de New York, monta deux expéditions pour aller à la recherche de Franklin, l'explorateur.

continents et mondes entiers renfermés en vous, ouvrant de nouveaux canaux, non de commerce, mais de pensée. Tout homme est le maître d'un royaume à côté duquel l'empire terrestre du tzar n'est qu'un chétif État, une protubérance laissée par la glace. Encore certains peuvent-ils se montrer patriotes qui n'ont pas le respect d'eux-*mêmes*, et sacrifient le grand au moindre. Ils aiment la boue dont leur tombe est faite, sans professer ombre de sympathie pour l'esprit qui cependant peut animer leur argile. Le patriotisme est une lubie qu'ils ont en tête. Que signifiait cette Expédition de Reconnaissance dans la Mer du Sud[1], avec tout son étalage et sa dépense, sinon la reconnaissance indirecte de ce fait qu'il est des continents et des mers dans le monde moral, pour lesquels tout homme est un isthme ou un canal, encore qu'inexploré par lui, mais qu'il est plus facile de naviguer des milliers et milliers de milles à travers froid, tempête et cannibales, dans un navire de l'État, avec cinq cents hommes et mousses pour vous aider, qu'il ne l'est d'explorer seul la mer intime, l'océan Atlantique et Pacifique de son être.

> *Erret, et extremos alter scrutetur Iberos.*
> *Plus habet hic vitæ, plus habet ille viæ*[2].

Let them wander and scrutinise the outlandish Australians :
I have more of God, they more of the road[3].

  Quel besoin d'aller faire le tour du monde pour compter les chats de Zanzibar ? Toutefois faites-le jusqu'à ce que vous soyez en mesure de mieux faire, et que peut-être vous

---

1. Expédition de 1838-1842.
2. Dernières lignes du poème de Claudien : *Sur un vieillard de Vérone.*
3. Qu'ils errent et aillent scruter les lointains Australiens.
   J'ai plus de Dieu, ils ont plus de route.

trouviez quelque «Trou de Symmes[1]», par lequel enfin atteindre à l'intérieur. Angleterre et France, Espagne et Portugal, Côte-de-l'Or et Côte des Esclaves, tous font face à cette mer intime; mais nulle barque ne s'en est aventurée hors de vue de terre, quoique ce soit sans doute le chemin direct de l'Inde. Alors même que vous apprendriez à parler toutes langues, et vous conformeriez aux coutumes de toutes nations, iriez plus loin que tous voyageurs, seriez naturalisé sous tous climats, et forceriez le Sphinx à se fracasser la tête contre une pierre, obéissez cependant au précepte du vieux philosophe, et Explore-toi toi-même. C'est ici qu'il faut de l'œil et du nerf. Ce ne sont que les déconfits et les déserteurs qui vont à la guerre, les lâches qui partent et s'enrôlent. Lancez-vous maintenant sur cette très lointaine route d'ouest, qui ne s'arrête ni au Mississippi ni au Pacifique, plus que ne mène à une Chine ou à un Japon usés jusqu'à la corde, mais conduit droit comme une tangente à cette sphère-ci, été et hiver, jour et nuit, soleil couché, lune couchée, et, pour finir, terre couchée aussi.

On prétend que Mirabeau se livra au vol de grand chemin «pour se rendre compte du degré de résolution nécessaire à celui qui veut se mettre en opposition formelle avec les lois les plus sacrées de la société». Il déclarait qu'«il ne faut pas au soldat qui combat dans les rangs moitié autant de courage qu'à un brigand de métier», — «que l'honneur ni la religion ne se sont jamais mis en travers d'une résolution ferme et mûrement réfléchie». C'était viril, suivant qu'en va le monde; et cependant c'était vain, sinon désespéré. Un homme plus sain se fût trouvé assez souvent en «opposition formelle» avec ce

---

1. Symmes, qui, vers 1818, avait imaginé de croire à l'existence d'un vaste trou perçant le globe du pôle Sud au pôle Nord, et dans lequel on pouvait aussi vivre.

qu'on estime «les lois les plus sacrées de la société», en obéissant à des lois encore plus sacrées, et de la sorte eût mis sa fermeté à l'épreuve sans s'écarter de son chemin. Ce n'est pas à l'homme à prendre cette attitude vis-à-vis de la société, mais c'est à lui à se maintenir dans l'attitude, quelle qu'elle soit, où il se trouve par suite d'obéissance aux lois de son être, qui n'en sera jamais une d'opposition à un gouvernement juste, s'il a la chance d'en rencontrer un.

Je quittai les bois pour un aussi bon motif que j'y étais allé. Peut-être me sembla-t-il que j'avais plusieurs vies à vivre, et ne pouvais plus donner de temps à celle-là. C'est étonnant la facilité avec laquelle nous adoptons insensiblement une route et nous faisons à nous-mêmes un sentier battu. Je n'avais pas habité là une semaine, que mes pieds tracèrent un chemin de ma porte au bord de l'étang; et quoique cinq ou six ans se soient écoulés depuis que je ne l'ai foulé, encore est-il fort distinct. Je crains, il est vrai, que d'autres ne l'aient adopté, contribuant de la sorte à le laisser visible. La surface de la terre est molle et impressionnable au pied de l'homme; tel en est-il des chemins que parcourt l'esprit. Que doivent être usées autant que poudreuses donc les grand-routes du monde — que profondes les ornières de la tradition et de la conformité! Je ne souhaitai pas de prendre une cabine pour le passage, mais d'être plutôt matelot de pont, et sur le pont du monde, car c'était là que je pouvais le mieux contempler le clair de lune dans les montagnes. Je ne souhaite pas de descendre maintenant.

Grâce à mon expérience, j'appris au moins que si l'on avance hardiment dans la direction de ses rêves, et s'efforce de vivre la vie qu'on s'est imaginée, on sera payé de succès inattendu en temps ordinaire. On laissera certaines choses en arrière, franchira une borne invisible; des lois nouvelles, universelles, plus libérales, commenceront à s'établir autour et au-dedans de nous; ou les lois anciennes à s'élargir et s'interpréter en notre faveur dans un sens plus libéral, et on vivra en la licence d'un ordre d'êtres plus élevé. En proportion de la manière dont on simplifiera sa vie, les lois de l'univers paraîtront moins complexes, et la solitude ne sera pas solitude, ni la pauvreté, pauvreté, ni la faiblesse, faiblesse. Si vous avez bâti des châteaux dans les airs, votre travail n'aura pas à se trouver perdu; c'est là qu'ils devaient être. Maintenant posez les fondations dessous.

C'est de la part de l'Angleterre et de l'Amérique une demande ridicule, que vous parliez de manière qu'elles puissent vous comprendre. Les hommes pas plus que les champignons ne croissent de la sorte. Comme si c'était important, et qu'il n'y en ait pas assez sans elles pour vous comprendre. Comme si la Nature ne pouvait admettre qu'un seul ordre d'intelligences, ne pouvait entretenir les oiseaux aussi bien que les quadrupèdes, les créatures volantes aussi bien que les rampantes, et si les *hue* et *dia*, que cocotte peut comprendre, étaient le meilleur langage. Comme s'il n'était de salut que dans la stupidité. Ce que je crains surtout, c'est que mon expression ne puisse être assez *extra-vagante* — ne puisse s'éloigner assez des bornes étroites de mon expérience quotidienne, pour être adéquate à la vérité dont j'ai été convaincu. *Extravagance!* cela dépend de la façon dont vous êtes parqué. Le bison migrateur, en quête de nouveaux pâturages sous d'autres latitudes, n'est pas aussi extravagant que la vache qui d'un coup de pied renverse le seau, franchit la clôture et court après son veau, à l'heure de la traite. Je désire trouver où parler *hors* de limites; tel un homme en un moment de veille à des hommes en leurs moments de veille; car je suis convaincu de ne pouvoir assez exagérer même pour poser la base d'une expression vraie. Qui donc ayant entendu un accord de musique craignit de jamais plus à l'avenir parler de façon extravagante ? En vue du futur ou possible nous devrions vivre en état de parfaite flaccidité et tout à fait indéterminés sur l'avenir, nos grandes lignes confuses et obscures de ce côté ; de même que nos ombres révèlent une insensible transpiration vers le soleil. La vérité volatile de nos mots devrait continuellement trahir le manque de justesse du relevé final. Leur vérité se voit instantanément *ravie*, seul demeure le monument littéraire. Les mots qui expriment notre foi et notre piété ne sont pas définis ; encore qu'ils soient significatifs et parfumés comme encens pour les natures supérieures.

Pourquoi toujours descendre au niveau de notre perception la plus lourde, et louer cela comme sens commun ? Le sens le plus commun est le sens des hommes qui dorment, qu'ils expriment en ronflant. Nous inclinons parfois à classer les gens doués d'une fois et demie d'intelligence avec les niais (*half-witted*) auxquels il n'en est imparti qu'une moitié, parce que nous n'apprécions qu'un tiers de leur intelligence. Il y aurait des gens pour trouver à redire aux rougeurs de l'aurore, si jamais il leur arrivait de se lever assez tôt. «On prétend, si j'en crois la légende, que les vers de Kabir ont quatre sens différents — illusion, âme, intellect, et la doctrine exotérique des Védas» ; mais en cette partie-ci du monde les écrits d'un homme comportent-ils plus d'une interprétation que l'on considère la chose comme motif à grief. Tandis que l'Angleterre s'ingénie à guérir le black-rot des pommes de terre, n'y aura-t-il personne pour s'ingénier à guérir le black-rot du cerveau, tellement plus répandu et tellement plus fatal ?

Je ne suppose pas avoir atteint à l'obscurité, mais je serais fier qu'on ne trouvât dans ces pages à cet égard de défaut plus fatal qu'il n'en fut trouvé à la glace de Walden. Les clients du Sud lui reprochèrent sa couleur bleue, qui témoigne de sa pureté, comme si elle était bourbeuse, et préférèrent la glace de Cambridge qui est blanche, mais a le goût d'herbes. La pureté qu'aime les hommes ressemble aux brouillards qui enveloppent la terre, non pas à l'éther azuré qui est au-delà.

Certaines gens nous cornent aux oreilles que nous autres Américains, et généralement les modernes, sommes des nains intellectuels en comparaison des anciens, ou même des hommes du temps d'Élisabeth. Mais en quoi cela touche-t-il à l'affaire? Mieux vaut goujat qu'empereur enterré. Ira-t-on se pendre parce qu'on appartient à la race des pygmées, et ne sera-t-on pas le plus grand pygmée qu'on peut? Que chacun s'occupe de ce qui le regarde, et s'efforce d'être ce qu'il a été fait.

Pourquoi serions-nous si désespérément pressés de réussir, et dans de si désespérées entreprises? S'il nous arrive de ne point marcher au pas de nos compagnons, la raison n'en est-elle que nous entendons un tambour différent? Allons suivant la musique que nous entendons quels qu'en soient la mesure ou l'éloignement. Il n'importe pas que nous mûrissions aussi vite qu'un pommier ou un chêne. Changerons-nous notre printemps en été? Si l'état de choses pour lequel nous sommes faits n'est pas encore, quelle serait la réalité à lui substituer? Nous n'irons pas faire naufrage sur une réalité vaine. Érigerons-nous avec peine un ciel de verre bleu au-dessus de nous, tout en étant sûrs, lorsqu'il sera fait, de lever les regards encore vers le vrai ciel éthéré loin au-dessus, comme si le premier n'existait pas?

Il était un artiste en la cité de Kouroo disposé à chercher la perfection. Un jour l'idée lui vint de fabriquer un bâton. Ayant observé que dans une œuvre imparfaite le temps entre pour élément, alors que dans une œuvre parfaite le temps n'entre pour rien, notre homme se dit: Il sera parfait de tous points, ne devrais-je faire d'autre chose en ma vie. Il se rendit sur l'heure dans la forêt en quête de bois, résolu à ne pas employer de matière mal appropriée ; et dans le temps qu'il cherchait, rejetant branche sur branche, ses amis un à un le délaissèrent, attendu qu'ils vieillissaient au milieu de leurs travaux et mouraient, alors que lui pas un moment ne prenait d'âge. L'unité de son dessein et de sa résolution, jointe à une piété élevée, le dotait, à son insu, d'une perpétuelle jeunesse. N'ayant fait aucun compromis avec le Temps, le Temps se tenait à l'écart de sa route, soupirant seulement à distance, incapable qu'il était de le soumettre. Il n'avait pas trouvé de souche de tous points convenable que la cité de Kouroo était une ruine chenue, et c'est sur l'un de ses tertres qu'il s'assit pour peler la branche. Il ne lui avait pas donné la juste forme que la dynastie des Kandahars était à son déclin et que du bout de la branche il écrivit le nom du dernier de cette race dans le sable, puis se remit à l'ouvrage. D'ici à ce qu'il eût adouci et poli le bâton, Kalpa n'était plus l'étoile polaire ; et il n'y avait pas encore mis la virole ni la pomme adornée de pierres précieuses que Brahma s'était-il éveillé puis endormi maintes fois. Mais pourquoi m'attardé-je à parler de ces choses ? Lorsque la dernière touche fut mise à son œuvre, celle-ci soudain s'éploya sous les yeux de l'artiste surpris en la plus pure de toutes les créations de Brahma. En faisant un bâton il avait fait un nouveau système, un monde de larges et belles proportions ; dans lequel toutes passées que fussent cités et dynasties anciennes, de plus pures et plus glorieuses avaient pris leurs places. Et voici qu'il s'apercevait au tas de copeaux encore frais à ses pieds, que, pour lui et son œuvre, le premier laps de temps avait été une illusion, qu'il ne s'était écoulé plus de temps que n'en demande un simple scintillement du cerveau de Brahma pour tomber sur l'amadou d'une cervelle humaine et l'enflammer. La matière était pure et son art était pur ; comment le résultat pouvait-il être autre que merveilleux[1] ?

Nulle face que nous puissions donner à une affaire jamais ne nous présentera pour finir autant d'avantage que la vérité. Celle-ci seule est d'un bon user. Pour la plupart nous ne sommes pas où nous sommes, mais dans une fausse position. Par suite d'une infirmité de notre nature, supposant un cas, nous nous plaçons dedans, et nous voilà dans deux cas en même temps, ce qui rend doublement difficile de s'en tirer. Aux heures saines nous n'envisageons que les faits, le cas qui est. Dites ce que vous avez à dire, non pas ce que vous devez dire. Toute vérité vaut mieux que faire semblant. On demanda à Tom Hyde[2], le chaudronnier debout au pied du gibet, s'il avait quelque chose à dire. Sa réponse fut : « Dites aux tailleurs de se souvenir de faire un nœud à leur fil avant d'entreprendre le premier point. » La prière de son compagnon est tombée dans l'oubli.

Si humble que soit votre vie, faites-y honneur et vivez-la ; ne l'esquivez ni n'en dites de mal. Elle n'est pas aussi mauvaise que vous. C'est lorsque vous êtes le plus riche qu'elle paraît le plus pauvre. Le chercheur de tares en trouvera même au paradis. Aimez votre vie, si pauvre qu'elle soit. Peut-être goûterez-vous des heures aimables, palpitantes, splendides, même en un asile des pauvres. Les fenêtres de l'hospice reflètent le soleil couchant avec autant d'éclat que celles de la demeure du riche ; la neige fond aussitôt devant sa porte au printemps. Je ne vois pas comment un esprit calme ne pourrait vivre là aussi content et y nourrir des pensées aussi réjouissantes qu'en un palais. Souvent les pauvres de la ville me semblent mener la vie la plus indépendante qui soit. Peut-être sont-ils simple-

1. Ce conte passe pour avoir été entièrement imaginé par Henry David Thoreau.
2. Tom Hyde, sujet de Boston, pendu comme voleur.

ment assez «grands» pour recevoir sans crainte. On se croit en général au-dessus des secours qu'accorde la ville; mais plus souvent arrive-t-il qu'on n'est pas au-dessus de se secourir soi-même par des moyens déshonnêtes, qui devraient attirer plus de déconsidération. Cultivez la pauvreté comme une herbe potagère, comme la sauge. Ne vous embarrassez point trop de vous procurer de nouvelles choses, soit en habits, soit en amis. Retournez les vieux, retournez à eux. Les choses ne changent pas; c'est nous qui changeons. Vendez vos habits et gardez vos pensées. Dieu veillera à ce que vous ne manquiez pas de société. Fussé-je relégué dans le coin d'un galetas pour le reste de mes jours, telle une araignée, que le monde resterait tout aussi vaste pour moi tant que je serais entouré de mes pensées. Le philosophe a dit: «D'une armée de trois divisions on peut enlever le général et la mettre en désordre; de l'homme le plus abject et le plus vulgaire on ne peut enlever la pensée.» Ne cherchez pas si anxieusement à vous développer, à vous soumettre à maintes influences pour être joué; ce n'est que dissipation. L'humilité comme la ténèbre révèlent les lumières célestes. Les ombres de pauvreté et de médiocrité s'amoncellent autour de nous, «et voyez! la création s'élargit à nos yeux[1]». Nous sommes souvent remis en mémoire que, nous fût-il accordé l'opulence de Crésus, nos visées doivent toutefois rester les mêmes, et nos moyens essentiellement les mêmes. En outre, si vous vous trouvez limité dans votre champ d'action par la pauvreté, si vous ne pouvez acheter livres ni journaux, par exemple, vous n'en êtes que réduit aux plus significatives et vitales expériences; vous voilà contraint de traiter avec la matière qui présente le plus de sucre et le plus d'amidon. C'est dans la vie voisine de l'os que

---

1. Tiré du fameux sonnet, *Night and Death*, de Joseph Blanco White, son œuvre unique, le *sonnet d'Arvers* des Anglais.

réside le plus de suavité. Vous voilà préservé d'être un homme frivole. Nul jamais ne perd sur un niveau plus bas par magnanimité sur un niveau plus élevé. La richesse superflue ne peut acheter que des superfluités. L'argent n'est point requis pour acheter un simple nécessaire de l'âme.

J'habite l'angle d'un mur de plomb, dans la composition duquel fut versé un peu d'alliage d'airain. Souvent, à l'heure de ma méridienne, me parvient du dehors aux oreilles un confus *tintinnabulum*. C'est le bruit de mes contemporains. Mes voisins me parlent de leurs aventures avec de beaux messieurs et de belles dames, des notabilités qu'ils ont rencontrées à dîner; mais je prends aussi peu d'intérêt à telles choses qu'au contenu du *Daily Times*. L'intérêt et la conversation tournent de préférence autour de la toilette et des bonnes manières; mais une oie est encore une oie, de quelque habit qu'on l'affuble. Ils me parlent de Californie et Texas, d'Angleterre et des Indes, de l'Honorable Mr. *** de Géorgie ou du Massachusetts, tous phénomènes transitoires et éphémères, au point de me donner envie de sauter hors de leur cour tout comme le Mameluck bey. J'aime à revenir à mes façons de voir, — non à marcher en procession avec pompe et étalage, en un lieu apparent, mais à marcher de pair avec le Bâtisseur de l'univers, si je peux, — non à vivre en cet inquiet, nerveux, remuant, vulgaire Dix-Neuvième Siècle, mais à rester là debout ou assis pensif tandis qu'il passe. Que célèbrent les hommes? Ils sont tous en comité d'organisation, et d'heure en heure attendent le discours de quelqu'un. Dieu n'est que le président du jour, et Webster, son orateur. J'aime à peser, me tasser, graviter vers ce qui m'attire avec le plus de force et de justice, — non à me pendre au fléau de la balance pour tâcher de peser moins, — non à supposer un cas, mais à prendre le cas tel qu'il est; à suivre le seul sentier que je peux, et celui sur lequel nul pouvoir ne saurait me résister. Je n'éprouve aucune satisfaction à commencer une voûte avant de m'être assuré une fondation solide. Ne jouons pas à kittlybenders[1]. Partout se trouve un fond sérieux. Le voyageur, lisons-nous, demanda à l'enfant si le marais qui s'étendait devant lui avait un fond résistant. L'enfant répondit affirmativement. Mais voici que le cheval du voyageur enfonça jusqu'aux sangles, sur quoi le voyageur dit à l'enfant : «Je croyais que tu m'avais dit que cette fondrière avait un fond résistant. » «Mais oui, elle en a un, répondit l'enfant, mais vous n'en êtes pas encore à moitié route. » Ainsi en est-il des fondrières et sables mouvants de la société ; mais vieux l'enfant qui le sait. Seul est bien ce qui est pensé, dit ou fait — suivant certain rare accord. Je ne voudrais pas être de ceux qui iront sottement enfoncer un clou dans le simple galandage et le plâtre ; tel exploit me tiendrait éveillé la nuit. Donnez-moi un marteau, et que je tâte où est la poutre. Ne comptez pas sur le mastic. Enfoncez droit votre clou et rivez-le si sûrement que vous puissiez, vous éveillant la nuit, penser à votre travail avec satisfaction, — un travail à propos duquel vous n'auriez pas honte d'invoquer la Muse. De la sorte Dieu vous aidera, et de la sorte seulement. Il n'est pas de clou enfoncé qui ne devrait être comme un nouveau rivet dans la machine de l'univers, avec vous pour assurer la marche du travail.

Mieux que l'amour, l'argent, la gloire, donnez-moi la vérité. Je me suis assis à une table où nourriture et vin riches étaient en abondance, et le service obséquieux, mais où n'étaient ni sincérité, ni vérité ; et c'est affamé que j'ai quitté l'inhospitalière maison. L'hospitalité était aussi froide que les glaces. Je songeai que point n'était besoin de glace pour congeler celles-ci. On me dit l'âge du vin et le renom de la récolte ; mais je pensai à un vin plus vieux,

---

1. Jeu américain qui consiste à courir sur la glace mince et fléchissante.

un plus nouveau, et plus pur, d'une récolte plus fameuse, qu'ils ne possédaient pas, et ne pouvaient acheter. Le style, la maison et les jardins, et le «festin», ne sont de rien pour moi. Je rendis visite au roi, mais il me fit attendre dans son antichambre, et se conduisit comme quelqu'un désormais incapable d'hospitalité. Il était en mon voisinage un homme qui habitait un arbre creux. Ses façons étaient véritablement royales. J'eusse mieux fait en allant lui rendre visite.

Combien de temps resterons-nous assis sous nos portiques à pratiquer des vertus oisives et moisies, que n'importe quel travail rendrait impertinentes? Comme si l'on devait, commençant la journée avec longanimité, louer un homme pour sarcler ses pommes de terre; et dans l'après-midi s'en aller pratiquer l'humilité et la charité chrétiennes avec une bonté étudiée! Songez à l'orgueil de la Chine et à la satisfaction béate des humains. Cette génération-ci incline un peu à se féliciter d'être la dernière d'une illustre lignée; et à Boston, Londres, Paris, Rome, pensant à sa lointaine origine, elle parle de son progrès dans l'art, la science et la littérature avec complaisance. N'y a-t-il pas les Archives des Sociétés Philosophiques, et les Panégyriques publics des *Grands Hommes*! C'est le brave Adam en contemplation devant sa propre vertu. «Oui, nous avons accompli de hauts faits, et chanté des chants divins, qui jamais ne périront», — c'est-à-dire tant que nous pourrons nous les rappeler. Les Sociétés savantes et les grands hommes d'Assyrie, — où sont-ils? Quels philosophes et expérimentateurs frais émoulus nous sommes! Pas un de mes lecteurs qui ait encore vécu toute une vie humaine. Ces mois-ci ne peuvent-être que ceux du printemps dans la vie de la race. Si nous avons eu la gale de sept ans[1], nous n'avons pas encore vu à Concord la cigale de dix-

---

1. Expression courante, pour dire qu'on a subi un fléau.

sept ans[1]. Nous connaissons une simple pellicule du globe sur lequel nous vivons. La plupart d'entre nous n'ont pas creusé à six pieds au-dessous de la surface, plus qu'ils n'ont sauté à six pieds au-dessus. Nous ne savons pas où nous sommes. En outre, nous passons presque la moitié de notre temps à dormir à poings fermés. Encore nous estimons-nous sages, et possédons-nous un ordre établi à la surface. Vraiment, nous sommes de profonds penseurs, nous sommes d'ambitieux esprits ! Lorsque là debout au-dessus de l'insecte qui rampe dans les aiguilles de pin sur le plancher de la forêt, et s'efforce d'échapper à ma vue, je me demande pourquoi il nourrira ces humbles pensées, et cachera sa tête de moi qui pourrais, peut-être, me montrer son bienfaiteur, en même temps que fournir à sa race quelque consolant avis, je me rappelle le Bienfaiteur plus grand, l'Intelligence plus grande, là debout au-dessus de moi l'insecte humain.

Il se déverse dans le monde un incessant torrent de nouveauté, en dépit de quoi nous souffrons une incroyable torpeur. Qu'il me suffise de mentionner le genre de sermons qu'on écoute encore dans les pays les plus éclairés. Il y a des mots comme joie et douleur, mais ce ne sont que le refrain d'un psaume, chanté d'un accent nasillard, tandis que nous croyons en l'ordinaire et le médiocre. Nous nous imaginons ne pouvoir changer que d'habits. On prétend que l'Empire britannique est vaste et respectable, et que les États-Unis sont une puissance de première classe. Nous ne croyons pas qu'une marée monte et descend derrière chaque homme, laquelle peut emporter l'Empire britannique comme un fétu, si jamais il arrivait à cet homme de lui donner abri dans le port de son esprit. Qui sait quelle sorte de cigale de dix-sept ans sortira du

1. Espèce de sauterelle qui ne fait son apparition que tous les dix-sept ans, et apparut en 1852 dans plusieurs comtés du Massachusetts.

sol la prochaine fois? Le gouvernement du monde où je vis ne fut pas formé, comme celui de Grande-Bretagne, dans une conversation d'après-dîner verre en main.

La vie en nous est comme l'eau en la rivière. Il se peut qu'elle monte cette année plus haut qu'on n'a jamais vu, et submerge les plateaux desséchés; il se peut même, celle-ci, être l'année fertile en événements, qui chassera de chez eux tous nos rats musqués. Ce ne fut pas toujours terre sèche là où nous demeurons. J'aperçois tout là-bas à l'intérieur les bords escarpés qu'anciennement le courant baigna, avant que la science commençât à enregistrer ses inondations. Tout le monde connaît l'histoire, qui a fait le tour de la Nouvelle-Angleterre, d'une forte et belle punaise sortie de la rallonge sèche d'une vieille table en bois de pommier ayant occupé soixante années la cuisine d'un fermier, d'abord dans le Connecticut, puis dans le Massachusetts, — issue d'un œuf déposé dans l'arbre vivant nombre d'années plus tôt encore, ainsi qu'il apparut d'après le compte des couches annuelles qui le recouvraient; qu'on entendit ronger pendant plusieurs semaines pour se faire jour, couvée peut-être par la chaleur d'une fontaine à thé. Qui donc entendant cela ne sent réchauffée sa foi en une résurrection et une immortalité? Qui sait quelle belle vie ailée, dont l'œuf resta enseveli pendant des siècles sous maintes couches concentriques de substance ligneuse dans la vie sèche et morte de la société, déposé d'abord dans l'aubier de l'arbre vert et vivant, lequel s'est peu à peu converti en simulacre de sa tombe bien accommodée, — par hasard entendue ronger pendant des années pour se faire jour par la famille de l'homme, étonnée, assise autour de la table de fête, — peut inopinément paraître hors du mobilier le plus vulgaire et le plus usagé de la société, pour enfin savourer sa belle vie d'été!

Je ne dis pas que John ou Jonathan se rendront compte

de tout cela ; tel est le caractère de ce demain que le simple laps de temps n'en peut amener l'aurore. La lumière qui nous crève les yeux est ténèbre pour nous. Seul point le jour auquel nous sommes éveillés. Il y a plus de jour à poindre. Le soleil n'est qu'une étoile du matin.

DU MÊME AUTEUR

Aux Éditions Gallimard

WALDEN OU LA VIE DANS LES BOIS (L'Imaginaire nº 239).

« JE VIVAIS SEUL, DANS LES BOIS », texte extrait de *Walden ou La vie dans les bois* (Folio 2 € nº 4745).

DE LA SIMPLICITÉ !, texte extrait de *Walden ou La vie dans les bois* (Folio Sagesses nº 6305).

LES CITATIONS ÉCOLOGIQUES AVANT L'HEURE, relevées par Isabelle Schlichting (Folio Entre Guillemets nº 21).